上海越江道路隧道设计

主 编 王 莉 刘 涛 刘伟杰
副主编 徐正良 周质炎 陈 鸿 宁佐利 闫治国 胡 波

同濟大學出版社
TONGJI UNIVERSITY PRESS

内容提要

本书针对上海市当地的地质水文条件、社会需求以及实际使用状况，从设计、施工、管理、运营等方面，广泛调研了上海市已经修建的多条越江道路隧道，对地下道路隧道的建筑、土建和机电部分的关键设计参数进行总结和归纳，形成了若干道路隧道和地下隧道工程的设计技术标准及道路隧道标准化设计细则，以作为对现行规范的有益补充，为日后类似工程的建设提供必要的技术支撑。

本书可供从事道路隧道及市政工程领域工作的设计和科研人员学习参考，也可供高等院校相关专业的师生使用。

图书在版编目(CIP)数据

上海越江道路隧道设计 / 王莉，刘涛，刘伟杰主编.
-- 上海：同济大学出版社，2016.11
ISBN 978-7-5608-6294-1

Ⅰ.①上… Ⅱ.①王… ②刘… ③刘… Ⅲ.①水下隧道—隧道工程—设计 Ⅳ.①U459.5

中国版本图书馆 CIP 数据核字(2016)第 082413 号

上海越江道路隧道设计

王 莉 刘 涛 刘伟杰 **主编**

责任编辑 高晓辉 **责任校对** 徐春莲 **封面设计** 陈益平

出版发行 同济大学出版社 www.tongjipress.com.cn
(地址:上海市四平路 1239 号 邮编:200092 电话:021-65985622)
经 销 全国各地新华书店
印 刷 同济大学印刷厂
开 本 787 mm×1092 mm 1/16
印 张 18.5
字 数 462 000
版 次 2016 年 11 月第 1 版 2016 年 11 月第 1 次印刷
书 号 ISBN 978-7-5608-6294-1

定 价 68.00 元

本书编委会

序

我国城市道路隧道建设发展迅速，经历了由小直径向大直径、由单层向双层、由短向长、由单点进出向多点进出的发展趋势。以上海市为例，已经成功建设了打浦路隧道、延安东路隧道、外环隧道、大连路隧道、复兴东路隧道、翔殷路隧道、上中路隧道、沪崇苏长江隧道、人民路隧道、新建路隧道、打浦路隧道（复线）、外滩隧道、西藏南路隧道、龙耀路隧道、军工路隧道、虹梅南路隧道、长江路隧道等十余条越江道路隧道，并在长期的建设实践和探索中积累了丰富的经验和教训。

本书针对上海市当地的地质水文条件、社会需求以及实际使用状况，从设计、施工、管理、运营等方面深入调研了该市已经先后修建的多条越江道路隧道；对地下道路隧道的规划布局、土建和机电部分的关键设计参数进行总结和归纳，形成了若干越江道路隧道和地下隧道工程的设计技术标准及道路隧道标准化设计细则，以作为对现行规范的有益的补充，为日后复杂条件下类似工程的建设提供了必要的技术支撑。

本书作为上海市建设、设计单位在长期研究实践过程中的成果总结，内容丰硕，对道路隧道建筑设计、结构设计、通风系统设计、给排水及消防给水系统设计、供配电系统设计、照明系统设计及监控系统设计等多个方面均进行了详细的阐述，集中体现了我国多年来越江道路隧道建设的许多研究成果及其最新发展动态。

相信该书的出版将对提高上海市乃至全国地下道路隧道的设计和建设质量将起到积极的指导作用；同时也有助于将越江道路隧道领域诸多新工艺和新技术推广应用到工程实践中，提升越江道路隧道的建设与运营水平。

我乐意写述了上面的一点文字，是为序。

孙钧

中国科学院院士，同济大学教授

2016 年仲秋重阳佳节于同济园

前　言

我国近几年在多个城市开展了大量的越江道路隧道建设。与当前道路隧道大规模建设相比，对道路隧道系统性设计的总结和研究却相对较少。越江隧道建设出现了由小直径向大直径、由单层向双层、由短向长、由单点进出向多点进出的发展趋势，少量的城市道路隧道设计规范难以适应情况复杂多变的建设条件。目前国内尚没有书籍对城市道路隧道设计开展系统性总结和研究。在以往的隧道工程建设过程中，上海已经成功建设十余条越江道路隧道，在长期的实践和探索中积累了大量的经验和教训。

本书沿着"总结—调研—研究"的路线，对上海市已经修建的多条越江道路隧道建筑、土建和机电方面的关键设计参数进行了系统的总结和归纳，形成了若干道路隧道工程的设计技术标准，集中体现了我国多年越江道路隧道建设过程中建筑设计、工程结构设计、通风系统、给排水与消防系统、供配电系统、照明系统及监控系统等方面的最新研究成果及发展动态。该书的出版对提高上海乃至全国其他地区地下道路隧道的设计和建设质量将起到积极的指导作用；同时也有助于越江道路隧道领域的新方法和新技术推广应用到工程实践中，提升越江道路隧道的建设与运营水平。

本书主要内容包括以下8个方面：

(1) 第1章　绪论，分析了近年来我国越江道路隧道的建设力度与规模；同时，介绍了国内外地下道路隧道中建筑设计、结构设计及机电设备设计等方面的研究现状与发展趋势。

(2) 第2章　建筑设计，探讨了隧道设计、横断面设计、管线与设备用房布置、洞口设计、车道内装饰设计、管理中心及风塔设计的特点与技术要求。

(3) 第3章　结构设计，阐述了明挖结构和盾构隧道结构的设计要点；同时介绍了附属结构、防水设计及耐久性设计等方面的内容。

(4) 第4章　通风系统设计，在对现有运营隧道调研分析的基础上，详细介绍了隧道内通风系统的设计技术要求及现阶段常用的通风设备。

(5) 第5章　给排水及消防给水系统设计，评估了隧道消防、给排水系统及灭火设施的设计现状；同时系统地介绍了给排水及消防系统的设计要求和主要设备。

(6) 第6章　供配电系统设计，评估了隧道内供配电系统的设计标准和应用现状；同时介绍了供配电系统的设计技术要求与现有设备的技术要求。

(7) 第7章　照明系统设计，以现有多种照明系统的配置与对比为基础，分析了照明系统的设计方案、设计技术要求及设备技术要求。

(8) 第8章　监控系统设计，在设计汇总、调研分析与总结的基础上，介绍了道路隧道内监控系统的设计技术要点与布置方式。

本书涉及的研究成果是在上海市建交委科研项目(建管 2011-009-002)资助下完成的。在成果的完成过程中得到了上海城投公路投资(集团)有限公司、上海市城市建设设计研究总院、上海市隧道工程轨道交通设计院、上海市政工程设计研究总院(集团)有限公司、上海市消防局、同济大学等单位的大力支持和帮助,在此表示衷心的感谢。

感谢孙钧、刘建航、王振信、乔宗昭、邵理中、华国强、陆锦隆、胡维撷、俞加康、张海、孙长胜、朱祖熹、申伟强、曹文宏、俞明健等一批资深专家在隧道领域所作的开创性工作以及为上海隧道建设所作的巨大贡献,他们的成果也是本书撰写的基础和动力所在。

感谢同济大学出版社对本书出版发行的大力支持以及所作的辛勤工作。

由于地下道路隧道设计具有设计方法各异、设计成果离散性大的特点,作者对其认识水平有限,书中难免存在不足之处,恳请读者批评指正。

编　者

2016 年 10 月

目　录

第1章 绪　　论

随着我国经济建设的高速发展，城市总体交通需求在持续增长，交通运输线路的规划与建设日益迫切，尤其是跨越或穿越水域的桥梁、隧道工程。该类工程的建设极大地缓解了城市交通的过江压力，促进了沿江两岸的经济交流与发展。由于道路隧道埋设于地下，具有不影响水域通航，不影响自然景观和运营受自然气候影响小的优点，我国越江道路隧道工程已进入了前所未有的发展建设时期，而且在规模上不断创造新的纪录。

近年来，我国隧道施工技术不断进步，使得不同断面形式、不同尺寸大小隧道结构的实践成为可能。目前，越江隧道建设出现了由小直径向大直径、单层向双层、短向长、单点进出向多点进出的发展趋势。隧道直径的增大，不仅提高了旅客乘车的舒适度，还有利于逃生通道的建设；从长远角度考虑，较大的断面对通行能力或使用性能方面也有很大的发展空间。由于隧道断面增大，给隧道内各种机电、消防设施的布置及断面形式的合理选择提供了多种方案。因此，道路隧道建筑设计方面取得了较大的突破，不同的隧道横断面及其内各种设施的设计方案层出不穷。

在世界各国的城市隧道建设中，主要采用盾构法、明挖法两大系列技术及各种辅助工法。日本是盾构隧道技术广泛使用的国家之一，根据日本隧道协会的统计，日本每年采用盾构施工的隧道长度达到300 km左右。由于日本国土面积小，城市建筑物高度集中，不得不在地下进行大规模的立体交叉施工，这些外在的施工条件决定了盾构隧道施工工法在日本地下工程中的地位。根据日本1991年对东京、大阪等主要城市的统计，在总长75 224 m的城市隧道工程中，盾构法占60.9%，明挖法占33%，其他工法的比例占6.1%。在建筑物密集和对周围环境影响限制严格的大城市中，盾构法具有明显的优势。我国近几年在多个城市都有较大规模的道路隧道建设，据不完全统计，国内已建成的大直径盾构法道路隧道有20座以上。在上海已建的大量大型道路越江隧道中，主要为盾构法隧道(仅有一条为沉管法隧道)。盾构技术除在上海有较为成熟的使用外，南京、长沙等地也开始了应用，此外南水北调工程穿黄隧道也使用了大直径盾构施工工法[1]。在明挖隧道方面，由于缺乏专门的设计、计算理论，往往实践先于理论。参照国内外深基坑施工的成功经验，逐步形成了以水泥土搅拌墙、地下连续墙为主流的单一型和复合型支护形式。经过长期的实践和探索，积累了许多成功的经验。

在道路隧道机电技术方面，挪威公路管理署和公路理事会颁布的道路隧道通风、照明及污染等方面的设计准则，在世界范围内具有一定的影响力和代表性，挪威也是向世界道路协会(PIARC)提供大量实测数据的主要国家之一。总体上说，隧道机电系统的研究已经有了一定基础，但是在隧道机电系统的评价研究中，多未涉及对隧道机电系统未来运行状态的预估评价，在运行现状与运行趋势上仍然缺乏总体性、整体性的评价。

与我国道路隧道大规模建设相比，对道路隧道设计标准化方面的总结研究却相对较少。以上海市为例，目前，上海市城市地下空间开发正以前所未有的速度发展，整个社会对地下道路隧道的需求也越来越大。进入21世纪以来，上海市穿越黄浦江的隧道工程发展较快，除建成通车的大连路隧道、翔殷路隧道、复兴东路隧道、西藏南路隧道、打浦路隧道、龙耀路隧道、上中路隧道、长江西路隧道、外滩通道、军工路隧道、外环隧道、新建路隧道、延安东路隧道、长江隧道、人民路隧道、虹梅南路隧道等，在建的有周家嘴路隧道、沿江通道、江浦路隧道、龙水南路隧道等，初步构筑成黄浦江两岸道路交通一体化的基本格局。然而，在城市道路隧道设计方面的标准，仅有上海地方颁布《道路隧道设计规范》(DG/T J08-2033-2008)，由于道路隧道体系庞大，现有规范很难适应情况复杂多变的施工条件。在以往的隧道工程建设过程中，上海积累了大量的经验和教训，已经具备了对已建隧道的设计参数、设计要点进行统计分析，并提炼出指导性建设意见的条件。

本书针对上海市特殊的地质水文条件、社会需求以及实际使用状况，按照“总结—调研—研究”的路线，从设计、施工、管理、运营等方面广泛调研了上海市已经修建的地下道路隧道，对地下道路隧道的建筑、土建和机电部分的关键设计参数进行了总结和归纳，形成了若干道路隧道和地下隧道工程的设计技术标准及道路隧道标准化设计细则，以作为对现行规范的有益补充和调整，从而提高上海市的地下道路隧道设计和建设质量，更好地发挥道路隧道的服务功能，并为日后类似工程的建设提供必要的技术支撑。

1.1 道路隧道建筑设计现状

地下道路建筑设计内容主要包括隧道横断面设计及设施设计，国内外的设计发展可以归纳为以下几个方面。

1. 道路隧道空间利用的集约化发展

地下道路建设有多种功能，跨越天堑或障碍物，或通过立体交通解决城市道路点状或区域交通矛盾。然而城市内可供建设地下通道的空间是有限的，而且隧道埋深较大，改、扩建的难度很大。因此在一定程度上，地下通道的用地空间属于一种不可再生的资源。另外由于资金、技术等条件的限制，隧道的规模往往是有限的。因而，如何高效、合理地利用地下通道资源，适应城市交通可持续发展的要求，是隧道设计的关键技术之一。

对隧道空间的充分利用集中体现在横断面设计中，即在有限的结构断面中合理组织隧道功能，最大限度地提高隧道通行能力。在实际工程设计中，主要着眼于挖掘隧道横断面中行车空间的潜力。

1）专用道路隧道

根据地下道路的服务功能，可将一般车辆(车道宽度3.5 m，高度4.5 m)与小车车辆分开，制定小车专用道标准(车道宽度3.0～3.25 m，车道高度3.2～3.5 m)。不同标准的地下道路服务于不同的车辆行车功能，功能更加明确，空间也大大集约，行车的安全性措施也更有针对性。

城市主干路隧道中，法国A86隧道是首条小车标准隧道，如图1-1所示。上海复兴东路隧道是我国首条建成的小车标准隧道，之后建成了外滩通道，如图1-2所示。

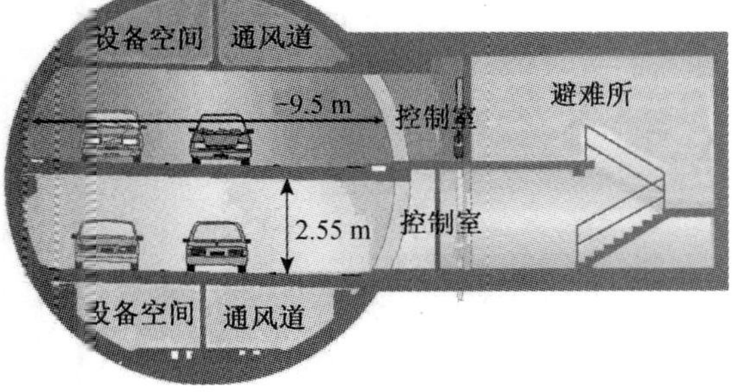

图 1-1　法国 A86 隧道

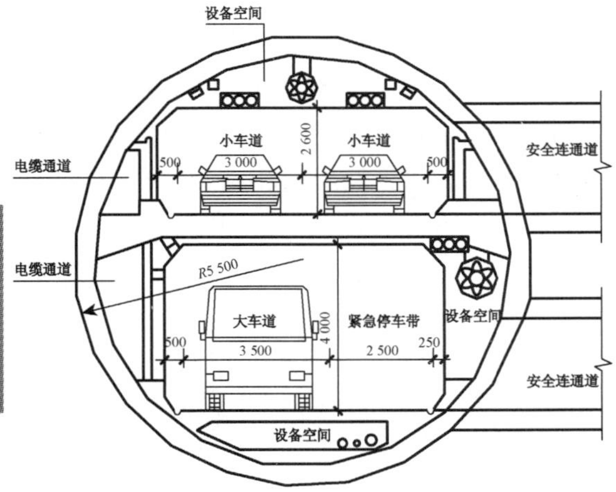

图 1-2　复兴东路隧道

另外一种类型的是地下车库联络道路。地下车库联络道路是为改善城市区域到发交通，连接各地块车库而修筑的地下公共通道，设有独立的出入口，是城市支路的重要补充，车道采用小车标准，如图 1-3 所示。这种特殊类型的小车专用道路最早出现在日本，例如品川站东口地区地下车库连接通道、汐留地区地下车库连接通道。我国自北京中关村地下交通环廊（2003 年建成）工程开始，也逐步发展这种类型的地下道路，目前全国有十多项工程建成或在建，例如无锡高铁新区地下环路、北京奥林匹克公园环路等。

图 1-3　地下车库联络道路

2）多功能隧道

以往盾构法隧道、山岭隧道中常利用车道板下部多余的结构空间布置隧道自身需要的设备管廊、新风排风道、逃生救援设施等。多功能隧道是隧道横断面利用的一次系统性突破，将多种市政功能集合于一体，最大限度地集约了空间。

（1）多车道双层隧道。法国 A86 隧道创新采用了双层隧道横断面，在一定的空间内设置了最大的车道数。之后双层隧道在国内得到了推广应用。在上中路隧道、军工路隧道、外滩通道、迎宾三路隧道工程中，该技术已经趋于成熟。盾构法隧道的车道数从一般单孔 2～

3 车道发展到单孔 4～6 车道，隧道通行能力大大提升。

（2）与其他交通功能集约。道路交通功能还可以与轨道交通等其他交通功能合建在同一断面中。盾构法隧道、矿山法隧道因断面限制较大，一般功能单一。上海长江隧道首次在盾构法隧道中将轨道交通功能与公路隧道合一，如图 1-4 所示；在建的武汉三阳路隧道也将轨道交通与城市道路交通相结合。矿山法隧道也出现了双层隧道，例如云龙山隧道将人行交通置于车行交通之上，充分利用的拱顶空间，如图 1-5 所示。

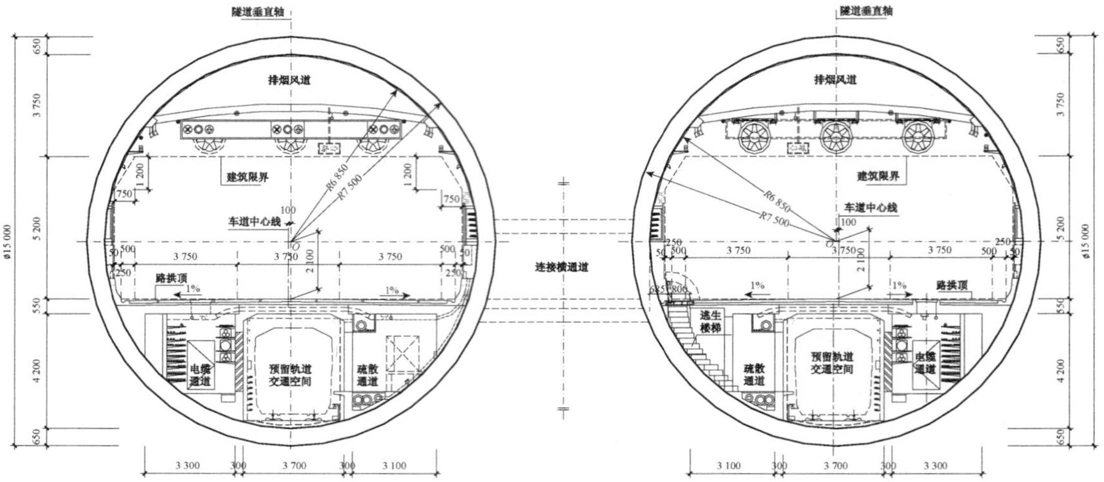

图 1-4　长江隧道

图 1-5　云龙山隧道

（3）与市政功能集约隧道。隧道除自身行车功能之外，同时也可作为社会管线信道、市政排水信道。例如马来西亚的 SMART 隧道既可用于行车，还可用于泄洪、排水，如图 1-6 所示。上海新建越黄浦江隧道均要求预留社会管线的桥架过江，上海长江隧道中则集约了

220 kV 的高压过江电缆。

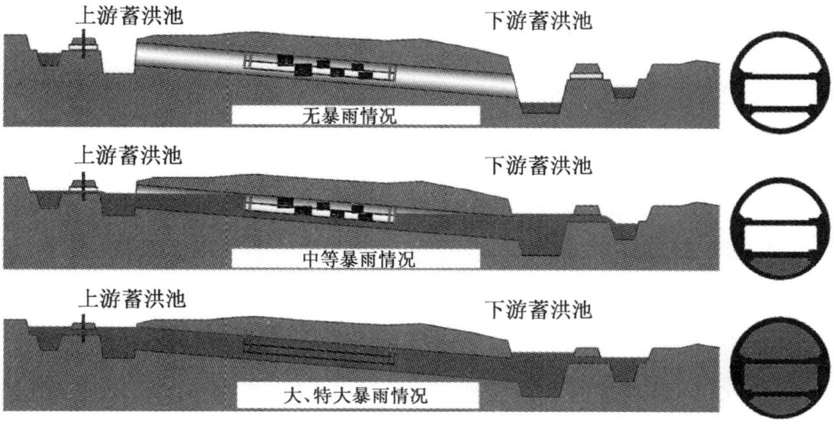

图 1-6　马来西亚 SMART 隧道

2. 道路隧道特有设施的发展

1）集约化管理中心

隧道管理中心的职责是日常的运营维护、事故工况的应急救援。地下道路因防火、防灾的要求高于地面道路工程，且现场配备的设施多、设施系统复杂，因此管养要求不同。地下道路管养往往独立，体制上造成了已建工程"一个工程一个管理中心"的现状。单条隧道管理中心一般用地 3 000～5 000 m²，建筑面积 2 000～4 000 m²。随着土地资源的紧缺，多条隧道或相关市政工程集中设置管理中心，有利于节约土地、提高土地利用率；也便于充分利用隧道管理、应急的人力、物力资源；对提高隧道管理水平和区域交通的服务水平有帮助。

在隧道建设过程中，尝试过管理中心与其他市政建筑合建，属于用地上的集约。随着监控技术的发展，上海人民路隧道集约了新建路、东西通道、延安东路隧道、陆家嘴环路等 5 条隧道的管理功能，实现真正意义的集约。5 条隧道服务的车辆类型、车速、道路功能比较相近，均属于一级隧道，其工程安全、运营管理设施的配置基本一致，五合一管理中心设置有利于统一管理、维护及备品备件的配置。

2）隧道风塔的设计

城市道路隧道为城市交通带来了便捷，然而为了排放隧道内的污染空气，隧道设计需根据隧道排风功能，解决配套隧道风塔的选址、形式设计等一系列问题。隧道如果选址在环境敏感度低、道路红线宽度宽的地区，可采用分散排放方式。而实际工程中，城市隧道往往选址在环境复杂、道路集中的城市中心区域，因此多采用集中排风方式。设置集中的高排风塔，目的是通过将隧道污染空气集中高空排放后稀释，确保地面一定影响范围内的空气达到空气质量标准，同时减少隧道洞口的污染空气排放量。

隧道风塔排出的废气，即是隧道内车辆行驶的废气，主要含有氮氧化物、一氧化碳、粉尘等成分。其中，氮氧化物是致癌物质，其他物质也都会对环境产生不利的影响。随着环境保护理念深入人心，风塔这样的污染源渐渐不受欢迎。隧道排风塔对空气产生污染，并可能伴随噪声问题，因此规划方面对风塔选址，以及对周边的新建建筑的性质、高度都有严格的控制；景观设计方面，高风塔又高又细，对城市景观的冲击也很大。城市隧道风塔设计如何摆脱这样的困境，合理选址，并能和城市的景观协调，是隧道建筑设计的重要课题之一。

在城市道路工程实践中，通过环境评估、技术评估等手段提高选址的合理性，并从周围的建筑、自然和人文环境中寻找景观设计的灵感，不断尝试取得工程功能需求、环境保护和景观融洽三方面的综合平衡，逐渐形成了与高层建筑合建、与市政建筑合建、与商业建筑合建的各种类型的风塔。

目前，日本、澳大利亚悉尼的道路隧道排风设计采用了更为先进的汽车尾气净化处理技术，通过脱硝技术、静电除尘技术降低主要污染物氮氧化物和粉尘的含量。随着这些技术的成熟和国产化，从根本降低污染成为可能，也将会为隧道及其配套风塔设计带来全新变革。

3）绿色技术在隧道行车安全（光过渡）、防噪等方面的应用

导光管照明起源于18世纪，但受材料和工艺水平的限制，其在100年后才大规模投入生产。光导照明系统的工作原理是通过室外的采光装置捕获室外的自然光，将其导入系统内部并经光导装置高效传输，最后由漫射器将光线投到所需的任何地方。因光导照明和传统照明相比具有经济、节能、环保、光线柔和等突出优点，以张青文等[2]、王丽华和仇玉良[3]、许景峰等[4]为代表的一些研究人员发现了光导技术在隧道照明中的应用前景，并进行了可行性分析。在相关研究的支撑下，无锡太湖大道隧道在三种工况段设置了光导管，其中两处为洞口段，一处为基本段；长江路隧道也计划在浦西匝道出入口97 m范围内采用光导照明系统，预计一年可节约电12万度，减少照明能耗40%以上。

城区隧道出入口若靠近居民住宅区，其对噪声环境就会提出相当高的要求。以此为出发点，洞口防噪隔声棚应运而生。冯励凡等[5]基于新建路隧道浦西主线的隔声降噪需求，对隔声棚的建筑设计、布置方案和风险控制等进行了一定的研究。关于隧道内的降噪，目前的主流思想是探索与需求适应的新材料，将其使用在路面、洞壁等处，以达到预期效果。

4）隧道内装饰的应用

隧道内装饰具体选用何种材料、何种方案，需视装饰标准、装饰目的、公路隧道等级或地理位置、材料来源及工程造价等具体条件选定[7]。刘明高等[7]对不同内装饰材料的特性及适用范围开展了相关研究，包括混凝土（即保持混凝土本色，未装饰）、涂料、面砖（瓷砖）、带涂层的纤维混凝土板、铝板和搪瓷钢板等。总体而言，隧道内装饰材料应具有如下特点：①内装材料必须具有不怕水、耐各种酸碱及氯化物的腐蚀、耐老化等特性；②内装材料必须具有足够的耐火性，在高温的情况下不分解出大量的有毒气体及烟雾；③内装用墙面材料的正面必须具有高度的光漫反射能力，表面要平整、光滑，不易沾污、积灰，容易清洁，耐刷洗；④内装材料必须具有良好且耐久的装饰性，材料要平整，色彩要淡雅，不生锈、不褪色、不发霉、不变形，而且材料幅面尺寸宜大；⑤内装材料必须具有一定的抗弯强度及刚度、轻质、占用空间少、容易加工安装、调换方便与价格低廉。

1.2 道路隧道结构设计现状

1. 结构设计计算理论

各国根据各自的实际情况、应用习惯、地质条件等都形成了一整套相对完整和独立的衬砌结构设计方法与理论。为了促进全世界各国隧道工程的发展，国际隧道与地下空间协会

(ITA)在 1978 年成立了隧道结构设计模型研究组，收集各会员国采用的地下结构设计模型，并将目前常用的隧道结构设计模型分为四种：

(1) 连续体或不连续体模型。地层可模拟为均质的或异质的，各向同性的或各向异性的，模拟为二维或三维的弹性介质。衬砌既可模拟为具有抗弯刚度的梁单元，也可模拟为连续体。计算采用解析解(弹性、塑性、黏弹性等)和数值解(有限元、边界元法等)。

(2) 基础梁模型(又称作用-反作用模型)。作用的地层压力由给出的荷载表示，而地层抵抗变形的被动反作用则用 Winkler 地基模量模拟。

(3) 收敛约束模型。根据隧道径向向内位移和支护反力的相互作用特征曲线，以及表示衬砌结构受力变形的支护限制线，用两者的交点表示的支护抗力值设计衬砌结构。

(4) 经验方法(工程类比法)。隧道的初步支护，很多是根据经验来选择的。如果把从成功的隧道工程中取得的经验转用到相似的新隧道工程上，这种方法则更简单、更可靠。

刘建航和侯学渊[8]在《盾构法隧道》一书中，根据我国地下结构设计的特点，将隧道设计模型分为经验类比模型、荷载结构模型、地层结构模型和收敛限制模型四种。

荷载结构法就是将地层对结构的作用当作产生作用在地下结构上的荷载(包括主动的地层压力和被动的地层抗力)，以计算衬砌在荷载作用下产生的内力和变形的方法。荷载结构模型是使用最多的一种，我国地下铁道及铁路隧道设计规范中均推荐使用。采用这种设计模型，计算方法简单，工作量小，具有明确的受力概念及清楚的安全系数评价方法。

地层结构法则是将衬砌与地层一起构成受力变形的整体，并按连续介质力学原理来计算衬砌和周边地层的计算方法。地层结构模型(或称连续体模型)将地层和衬砌结构视作共同受力的统一体，可以分别计算衬砌和地层的内力，并据此验算地层的稳定性和进行结构截面设计。从理论上讲，这种模型是最为合理的，但由于实际情况的复杂性，目前只有小部分问题取得了解析解，一部分是在作各种简化条件下的近似解，而大部分问题只能依赖数值解。对于数值解而言，由于岩土本构关系的复杂性、岩土计算参数确定的不精确性及其结果的难以验证的特点，往往计算结果未能在工程中得到直接应用，只能作为设计人员的定性参考。

收敛约束模型，是以测试为主的设计方法，因此它能提供直觉的材料，以更确切地估计地层和结构的稳定性和安全程度，常受到现场人员的欢迎。但收敛约束法的原理还不完善，存在很多问题难以解决，如地层和衬砌的相应曲线目前仍无法确定，因此该方法仍只能停留在定型描述阶段。

在上述四类衬砌结构设计模型中，各类模型都有其适用条件和优缺点。由于地下结构的设计受到各种复杂因素的影响，而这些因素的影响规律还没有完全被人们所认识，故使理论计算的结果常与工程实际有较大的不符，很难用作确切的设计根据。即使内力分析采用了比较严密的理论推导，其计算结果往往也需要用经验类比来加以判断和补充，可以说隧道设计是一种基于经验的艺术。因此，经验设计法隧道设计仍占有重要的地位。

自从盾构法隧道问世以来，国内外学者围绕盾构隧道结构设计计算方法进行了不懈的探索。在当前盾构隧道结构设计中，普遍采用荷载结构法，包括修正惯用法、多铰圆环计算法、梁-弹簧模型法及梁-接头不连续模型法。修正惯用法通过引入横向刚度有效率，对管片环整体抗弯刚度进行折减，表征了接头引起的管片衬砌结构整体抗弯性能降低的特性。多铰圆环模型采用铰结构模拟了管片接头的抗弯效应，但该方法适用于围岩条件较好的地质条件。梁-弹簧模型采用直梁或曲梁单元模拟管片环衬砌结构体，采用弹簧单元模拟管片接头的力学效应，从而能够较为有效地反映管片拼装效应的影响。由于管片接头的相邻两管片间的转角是不连续的，运用梁-弹簧模型不能直接和精确地得到管片接头的内力和张开位移，Hashimoto 等[9]提出了能够描述接头非连续性的梁-接头模型，在此基础上，朱合华等[10]提出了一种新的盾构隧道结构设计计算方法——梁-接头不连续模型法。

曾东洋和何川[11]以南京地铁南北线为研究对象，运用上述几种荷载-结构法对盾构隧道衬砌结构的内力和变形进行了分析对比，研究表明不同设计方法对盾构隧道管片接头力学性能的假设不尽相同，从而使得工程设计过程中，因设计者采用不同设计方法计算所得控制衬砌结构设计的力学参数(如结构变形、内力大小及分布等)产生较大差异，导致设计过于保守或偏于不安全。因此，在设计衬砌结构时不能简单地采用一种方法，除了用多种方法外，还应和量测分析、经验判断结合起来。

2. 隧道结构混凝土的耐久性

在环境影响因素方面，由于隧道结构直接与岩土体和地下水接触，因此研究岩土体和地下水对混凝土腐蚀及钢筋锈蚀就成为隧道结构耐久性研究的一项重要的工作。

我国土壤试验研究工作最早开始于 1958 年，在国家科委领导下，于 1959 年至 1964 年期间，在全国建立了一批土壤试验站。通过分期开挖和分析研究，取得了宝贵的腐蚀数据，了解了重要的腐蚀规律。“七五”期间，全国土壤腐蚀网站分别在沿海地区、酸性土壤地区和西部地区建立了一批新的试验站，“九五”期间，又针对一些典型严酷的土壤，新建一批重点实验室。有些数据和研究成果已应用于三峡工程建设等国家重点建设工程，取得了很好的社会效益和经济效益[16]。除此之外，马孝轩等[17-18]通过对长期埋置于全国土壤腐蚀网站的混凝土构件的试验分析，对混凝土和钢筋混凝土材料在我国各类土壤中的腐蚀情况作了系统研究和总结。

在地下水影响方面，Brown 和 Doerr[19]，Brown 和 Badger[20]对南加利福尼亚某长期遭受含有硫酸盐的地下水侵蚀的基础进行了检测，分析了该地下水对混凝土的侵蚀产物、分布情况及形成机理；王建秀等[21]对秦岭隧道地下水化学异常、对衬砌混凝土的腐蚀以及防治对策进行了研究。然而，岩土体和地下水环境比较复杂，差异较大，对地下结构造成的侵蚀也不尽相同，如土壤 pH 值、地下水中侵蚀物的种类和浓度等，都对混凝土结构的耐久性有重要影响。为此，目前地下结构设计和施工在耐久性方面均采取了严格的构造和工艺措施，但应该看到，对耐久性的研究深度与规模还远远不够。许多地下钢筋混凝土结构，由于混凝土耐久性不足，造成多数项目远远达不到预期的使用寿命或预期的使用功能，有的在使用过程中不得不投入大量的资金进行维修，带来严重的经济损失和不良的社会影响。

越江隧道地质条件复杂，地下水含量丰富，对于这种地下水丰富的水文地质条件，隧道施工和运营过程中，耐久性问题极为突出。日本曾以东京湾越湾高速公路盾构隧道为对象进行了耐久性与防蚀性的研究，开展了管片的耐海水试验。我国在水底隧道耐久性方面也有一定研究。杨林德和黄慷[25-26]利用蒙特-卡罗法(MC)模拟计算了管片构件耐久性失效风险值，通过对管片结构体系各类风险因素的层次化分析，确定了隧道结构的耐久性失效风险等级，并提出了耐久性失效风险的防治措施及对策。乔宗昭等[27]以上海长江隧道为例，通过对水底盾构隧道工程所在地的环境条件分析，提出了水底隧道的耐久性设计的总体要求、设计构思及具体使用要求。由于越江隧道是不可拆除或不可逆结构，投入运营后车辆运行密度极高，使用条件苛刻，一旦损坏则不易或不可更换。但现阶段对越江盾构隧道的研究主要集中于材料层面和耐久性实时监测方面，未能突出其结构所处的环境、受力以及结构构造特征，尚未针对越江盾构隧道结构耐久性研究建立系统的研究方法及理论体系。

1.3 道路隧道机电设备设计现状

1. 通风技术

通风问题的研究，最早出现于铁路隧道中。后来，由于道路隧道的出现，特别是在近几十年内道路隧道建设高速发展，针对道路隧道的通风研究也就空前活跃。1973 年，开始的空气动力学和隧道通风国际研讨会(International Symposium on the Aerodynamics and Ventilation of Vehicle Tunnels)，每三年召开一次，会上各国隧道通风专家展示自己的研究成果，大大推进了通风技术的发展。隧道通风的研究方法，主要是通过理论计算、模型实验分析及结合实地量测并运用计算机数值模拟，获得隧道内风速场、压力场、温度场的分布，从而制定出隧道通风的最佳方式和最佳控制方案。

日本隧道界对道路隧道纵向通风做出了重大贡献，编制的日本道路公团设计要领，已被很多国家借鉴。

各国的隧道通风专业人员都致力于通风计算的程序化。最具代表性的是瑞典的 Bring[28]在 IDA(输入数据汇编程序)环境下编制的一套用模块模拟的程序。与传统的程序相比，该程序的优点是灵活，易于维护，适用性、可延展性好和执行时间适中；不足之处是模拟计算功能单一，不便于进行方案比选和各种计算之间的转换，模拟参数中的经验值太多，影响计算结果的精度。

我国的道路隧道建设起步较晚，对隧道通风的研究也落后于欧洲和日本。对于道路隧道纵向通风设计一维常规计算，我国大体上是借用日本道路公团设计要领的相关方法，并于 2014 年颁布了《公路隧道通风设计细则》(JTG/T D70/2-02-2014)。至于纵向通风设计计算程序化问题，结合成渝高速公路中梁山隧道的建设首次作了探索性的研究，但编制的程序互相独立，且只是针对单一的通风系统，如全射流纵向通风系统或竖井吸出式纵向通风系统[29]。王永东等[30]运用组合结构法原理编制了计算程序 LVSRT，可以对隧道纵向通风各种系统进行正向和反向计算；夏永旭和赵峰[33]、赵峰和夏永旭[34]编制了隧道通风计算程序 VDSHT，实现了纵向、横向、半横向及混合通风系统的计算。

隧道火灾通风问题是通风研究中不可缺少的部分。虽然道路隧道火灾发生概率很小，一旦发生，对人员生命安全和隧道设施安全的危害是极大的。国外很早就开展了对火灾通风的研究。为了确保必要通风量来有效地控制火灾发生时的烟雾不产生逆流，在纵向通风常规计算中一般用一个临界风速作为风速下限值。而对于多维和动态研究，由于其复杂性，一般通过模型实验和计算流体动力学方法进行模拟分析。1993 年，美国相关部门进行了纪念碑隧道火灾通风试验计划(MTFVTP)，研究在不同的通风系统下，隧道在 100MW 的汽油燃烧时烟和热的扩散规律。国内外各大火灾试验室通过实体试验、CFD 模拟等多种方法，对隧道火灾时的烟气流动特征提出通风排烟标准。PIARC 在 1999 年发布 *Fire and Smoke Control in Road Tunnels* 05.05.B，2004 年发布了 *Systems and Equipment for Fire and Smoke Control in Road Tunnels* 等导则，在隧道火灾场景确定、烟流控制、结构耐火设计准则等方面提高了详细的要求和建议；我国则颁布了《公路隧道通风设计细则》(JTG/T D70/2—02—2014)。除此之外，我国的工程实践中也不断创新，如上海长江隧道使用的重点排烟技术将烟雾控制在有限的范围内，可以改善阻塞工况的疏散条件；秦岭终南山隧道在分段通风排烟技术上也取得了一定突破[35]。

2. 消防技术

随着地下道路建造长度越来越长，断面越来越大，交通量越来越多，消防的矛盾也越来越突出，由于隧道与外界直接连通的通道少，环境封闭，逃生条件和烟、热排除的出口有限，运营风险客观存在。而交通事故、可燃性危险品泄漏事故极易导致火灾事故发生，所以道路隧道火灾是目前大家普遍关注的问题。由于隧道火灾具有随机性大、成灾时间短、烟雾大、温度高、扑救困难、疏散困难等特点，一旦发生，后果往往极其严重。

火灾不但会导致整条线路交通的瘫痪，极大地影响正常的生产和生活的进行，导致社会经济的损失。同时火灾会带来很严重的社会负面影响，降低公众对隧道及地下工程安全性的信任。此外，火灾后隧道及地下工程的损伤评估、修复加固以及正常使用功能的恢复会耗费相当数量的人力、物力和财力。特大恶性火灾事故已成为世界范围内影响经济发展和社会安定的严峻社会问题。因此，世界各国对隧道及地下工程消防与救援技术研究都非常重视，并被专门列为当今重要的研究课题。国际隧道协会 ITA，国际道路协会 PIARC，以及荷兰 NOA、瑞典 SPF、德国 STUVA 等组织，自 1990 年开始，分别开展了 EUREKA EU499、DARTS、FIT、UPTON、SIRTAKI、SAFE-T 等各项计划，全面研究隧道火灾特征、危害及防火技术，并取得了一定的成果、制定了一些技术要求和标准。例如日本的《公路隧道应急设施国家安全标准》，欧盟的《关于跨欧公路网内隧道安全设施最低要求法案》等。

国外关于道路隧道运营管理和防灾救灾预案的研究，起步较早，也经历了许多挫折，可以说每一次的重大火灾都对研究有一次大的推动。欧洲、美洲各国和日本的一些特长隧道都有自己专门的运营管理手册和防灾救灾预案。特别是 MontBlanc 隧道、Tauen 隧道和 St. Gotthard 隧道发生火灾后，隧道管理部门改建了原来的隧道通风与防灾救灾系统，并制定了比较完善的救灾预案。对于隧道火灾研究，国外研究的方式主要有三种：一是统计分析方法；二是模型试验方法；三是数值模拟方法[36]。

1）统计分析研究

20 世纪 80 年代初期，为改善道路隧道、铁路隧道和城市地铁的防火条件，前联邦德国运输部委托有关部门进行了一次综合性的调查，在这一项目研究中，他们对 1970—1985 年间世界范围内 85 个城市中隧道火灾情况进行调查，而且对火灾的频率、起因、范围、防火方法及火灾造成的损失，作了详细的调查分类，形成了大量的宝贵文献，通过统计分析，提出了相应的隧道防火救灾对策。

2）实物及模型试验研究

20 世纪 60 年代，日本在矿山巷道进行了火灾模型试验，目的主要是针对采矿的安全，制定防护措施。试验内容包括火灾燃烧的温度、燃烧传播速度、火灾带长度、防火带长度等。1965 年，瑞士以汽油为火源，在 Ofenegg 隧道进行火灾试验，测试在一定风速下隧道中的烟雾运动、气体温度、气体成分和可见度。他们同时给出了机械通风的尺度。这些研究成果后来被直接用来指导美国弗吉尼亚西部的 Memorial 隧道设计(1993—1995 年)。1966 年,瑞士道路隧道安全委员会在废弃的铁路隧道内进行火灾发生后的救援试验,试验的主要目的是研究不同量级火灾时,选择不同灭火剂的效果;研究各种通风方案防火救灾的功能,同时对烟尘分布进行了观测。20 世纪 70 年代,英国火灾研究所在废弃的道路隧道内进行了 5 次火灾试验,主要研究火灾时隧道内烟雾的厚度和扩散情况。20 世纪 60—90 年代,以前联邦德国为主的西欧八个国家共同出资进行交通隧道防火问题的专门研究——尤里卡 EU499“火桶”(EUREKA EU499 “Firetun”)项目,探讨隧道发生火灾的原因、火灾的燃烧过程及其救援防治措施。他们在隧道中对汽车、地铁车辆、铁路客车进行了燃烧试验,目的是为了研究火灾对结构的破坏程度,寻找保护人身、财产安全的最佳方法及考察消防队员救护和灭火的比较方案。

3) 数值模拟研究

虽然大量的试验为隧道防灾研究提供了宝贵而可靠的资料,但是不管是全尺寸试验或是小尺寸的模型试验都需要耗费大量的人力物力,而且后者也不能用来换算所有的全尺寸现象。采用计算机对隧道内火灾发生、发展和烟气流动进行数值模拟计算,成了隧道火灾的另一种研究方法。1970—1975 年,美国帕森斯·布尔克霍夫领导小组开发了地铁环境模拟计算机程序(SES)。后来,英国防火研究所采用计算流体力学方法(CFD),建立了隧道火灾数值计算流体动力学预测模型,通过动量、质量、能量和种类守恒方程式,求解在三维空间和时间内的数值解;日本 Haukur 等[31]利用 k-ε 双参数湍(紊)流模型,对火灾隧道中的空气流和烟雾进行三维数值模拟,计算了长 600 m,坡度分别为平坡、−4%和−8%的下坡隧道的火灾发展过程。

近年来,我国隧道火灾的统计分析研究也取得了一定进展。夏永旭等[32]研究了山西雁门关公路隧道的防火救灾;王辉和王丹等[37]搜集了国内近几年来公路隧道火灾事故的相关资料,对火灾事故发生的原因、造成的损失等多方面进行了统计分析;张晓磊[38]基于隧道火灾统计分析的基本理念,建立起公路隧道火灾数据信息管理系统,并使用该系统做出了一定的分析研究;赵东平等[39]则主要侧重铁路隧道火灾事故,以火灾规模为核心进行了相关的统计分析。除此之外,国内众多学者结合秦岭终南山特长公路隧道防火救灾研究课题,运用隧道火灾物理模型试验和数值模拟方法,研究了火灾时隧道主洞、竖井、横通道内温度场、压力场的分布及烟雾的扩散规律,提出了隧道火灾时的通风组织方案,并简要探讨了隧道火灾防治与救援的基本策略[36, 40-41]。朱合华和闫治国[42]系统阐述了隧道火灾特性、火灾应急通风与排烟、火灾监控与预警及火灾疏散救援等问题。

随着研究的不断深入,我国台湾的八卦山隧道、坪林隧道,香港的海峡隧道都制定了自己的防灾救灾预案;北京的潭峪沟隧道、浙江的大溪岭隧道、猫狸岭隧道等,也不同程度地制定了自己的管理试用手册,但问题较多,而且没有防灾救灾紧急预案。

城市道路是正在快速发展的方向,隧道的类型、形式不断更新。目前规范标准又再一次滞后于工程建设的需求。早期我国的隧道防灾设计一般是参考国外隧道,针对性的技术规范较少。近年来为了提高了标准与国际接轨,《公路隧道交通工程设计规范》(JTG/TD 71—2004)对于公路隧道的防火提出了较为科学、系统的标准;《公路隧道消防设计施工管理技术规程》(DBJ 53—14—2005)、《建筑设计防火规范》(GB 50016—2005)首次将城市道路防火纳入规范。国内国际相关技术标准主要包括以下几个主要方面。

1）隧道分类分级标准及设备配置

为了隧道交通安全，世界各国根据隧道长度、交通量，再依据隧道内的年事故概率来进行隧道分级，并以此作为隧道交通工程设施配置的依据。日本《公路隧道应急设施国家安全标准》、挪威《公路隧道设计手册》、我国《公路隧道交通工程设计规范》（JTG/TD71—2004）都根据自己的研究成果制定了分级标准。美国消防协会NFPA制定了NFPA 502 *Standard for Road Tunnel, Bridges, and other Limited Access Highway*，对不同类型隧道的消防要求进行了规定，包括火灾探测、火灾通风、火灾消防设备。欧盟制定了《关于跨欧公路网内隧道安全设施最低要求法案》、日本制定了《日本建设省道路隧道紧急用设施设置基准》。

由于建筑防火设计对双层隧道、小车专用隧道、超长特大隧道、多出口隧道都没有研究，在实际应用中已经不能满足工程实践的需求。上海在一系列工程及全比例实验的基础上制定了《道路隧道设计规范》（DG/TJ 08—2033—2008），首次运用了国际通用的安全分级理念，对双层隧道、超长隧道也有了一定的条款规定，但对于多出口隧道、地下车库联络道缺少相应的条款规定。

2）隧道火灾特征与结构被动防火保护

国际隧协和欧洲各国相关组织对不同车辆火灾进行了试验，对隧道火灾温度分布、升温曲线进行了总结归纳（HC、RWS、RABT等曲线），并进行高温下隧道衬砌结构的破坏情况的试验，明确被动防火保护标准。国际隧协WG6发布了 *Guidelines for Structural Fire Resistance for Road Tunnels* 导则，对公路隧道衬砌结构防火中火灾场景的确定、隧道分类、衬砌材料高温性能、防火保护措施等提供了相应的建议和要求[43]；德国1985年制定了 *RABT Guidelines for Equipment and Operation of Road Tunnels*，1994年进行了第一次修订，2003年进行了第二次修订；1995年又制定了 *ZTV-Tunnel Additional Technical Conditions for the Construction of Road Tunnels*，其中对隧道内升温曲线以及结构的防火措施进行了规定；英国制定了BD78/99 *Design Manual for Roads and Bridges* 用于指导运用消防安全工程方法对隧道进行防火设计。

3）消防设施

上海20世纪70年代建成的打浦路隧道内，仅设置了最为基本的消防设施：消火栓系统和灭火器。80年代设计的延安东路北线隧道内，设置了消火栓系统、泡沫消火栓系统和灭火器。手动泡沫消火栓系统，用水量小，操作简便，能与消火栓系统结合工作，对扑灭隧道内油类火灾有很好的效果。90年代初建设的延安东路南线隧道，除了设置最基本的消火栓、自救式灭火喉、灭火器之外，在该隧道的江中段内设置了水喷雾系统进行试验，开创了自动水消防系统在国内隧道应用的先例。该系统能在中控室内遥控启动，以50 m隧道长度作为一个保护区段，对规模小于5 MW的火灾有扑灭效果。此后设计的大连路隧道、外环隧道、复兴路隧道都在封闭段内都选择了同样的消防系统组合。由于水喷雾系统受到了设备安装空间小、供水量小、排水困难等因素的制约，不能按系统灭火的标准进行设计，只能按防护冷却、控火的标准设计，仅能扑灭初期火灾，为消防队员进入隧道灭火创造一定的条件。

2005年底竣工通车的上海翔殷路越江隧道，因其浦东出口与高化厂的易燃气体丁二烯储罐及煤气贮罐相距较近，为扑灭这些易燃气体可能在隧道内引起的火灾，在隧道内设置了消火栓、自救式灭火喉、灭火器、泡沫-水喷雾联用灭火系统。该灭火系统可以使单一水喷雾系统的控火转为灭火，这是在原有的水喷雾系统的基础上又向前发展了一大步。泡沫-水喷雾联用灭火系统在验收过程中进行了多次灭火试验，其对隧道内发生的油类流淌火灾，能在极短的时间内扑灭，灭火效果大大优于水喷雾系统。这是该系统首次在国内隧道中应用，为此后国内多条越江隧道选用该系统奠定了基础并提供了成功的经验。至今在上海的上中路、军工路、西藏路、新建路、人民路、外滩通道、迎宾三路隧道等城市道路越江隧道内都选用了该系统，同时国内一些越江过海的长大隧道如崇明越江通道、南京长江隧道、武汉长江隧道、厦门东通道等都设计了水喷雾-泡沫联用灭火系统。

第 2 章　建 筑 设 计

2.1　隧道建筑设计

2.1.1　设计流程

城市道路隧道的建筑设计,应根据项目所处阶段而开展相应工作,详见图 2-1。

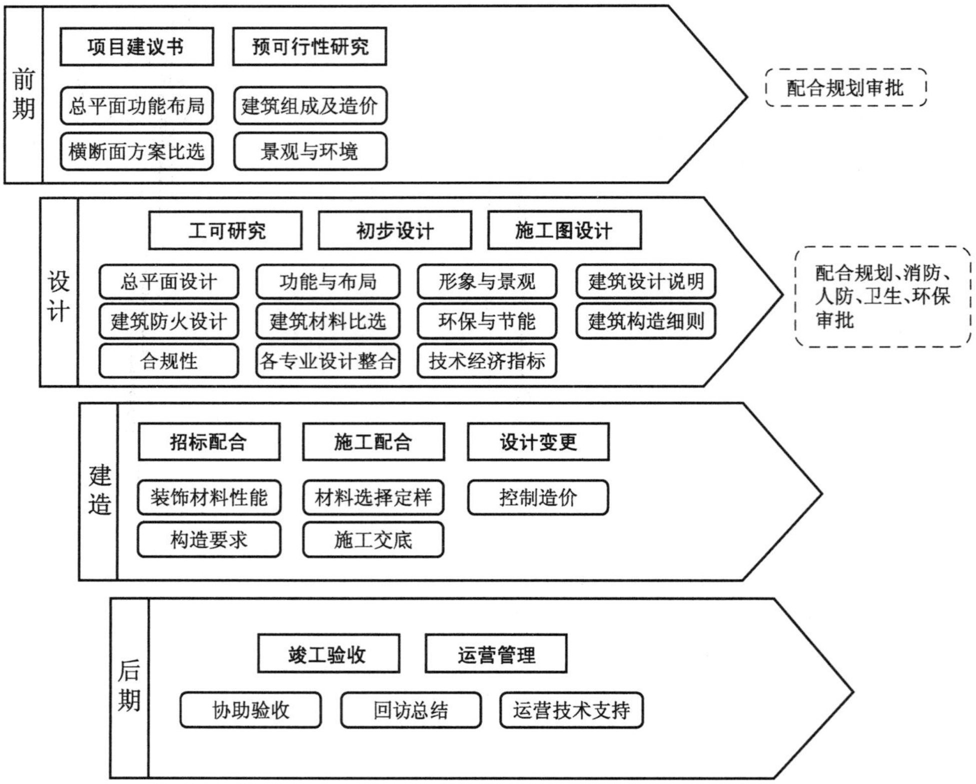

图 2-1　建筑设计各阶段工作汇总

2.1.2　设计内容

城市道路隧道的建筑设计,其主要包括以下内容。

1. 工程总体布置

应根据道路设计、规划用地、城市景观、环境保护及防灾的要求,进行隧道主体、地下及地面附属设施的布置。

地下附属设施一般包括：

(1) 雨、污水泵房；

(2) 集中或分散布置的地下设备用房，包括通风排烟机房、消防泵房、弱电机房、变电所及社会通信机房等。

地面附属设施一般包括：

(1) 运营管理中心；

(2) 地面风井、采光井等设施；

(3) 地面设备用房，包括通风排烟机房、消防泵房、弱电机房、变电所、社会通信机房等；

(4) 人员出入口；

(5) 应急救援车辆停车场及值班室；

(6) 检查亭。

2. 隧道建筑与装修设计

(1) 隧道横断面设计，包括盾构法横断面、矩形隧道横断面、沉管法横断面及敞开段断面设计；

(2) 隧道主体进行设备及设备箱、安全逃生设施(包括人员疏散、车辆疏散口设施)、管线管廊的布置；

(3) 工作井、连接井建筑；

(4) 雨水泵房、废水泵房、变电所、通风机房、监控设备室等地下或地面附属设备用房建筑设计；

(5) 洞口人防门等人防设施；

(6) 隧道主体装修设计，包括封闭段侧墙、侧墙装饰板，隧道洞口与栏杆、光过渡、声屏障、减噪棚等；

(7) 建筑构造设计，例如横截沟、盖板、防撞侧石等节点；

(8) 管理中心总平面布置、建筑设计、装修设计、节能设计。

3. 其他

(1) 配合绿化设计；

(2) 配合管线综合设计；

(3) 配合沿线相关工程的衔接设计。

2.1.3 设计服务

1. 配合审批程序

(1) 配合取得工程的建设审批单位对立项、工可或初设各阶段设计报告的批复，对审查意见做出回复；

(2) 配合进行城市建设规划管理部门的两证一书的报审；

(3) 配合进行消防、人防、园林、环保及卫生等有关主管部门的报审；

(4) 专项咨询，如特长、超长隧道的防灾专项、环评等；

(5) 招标阶段配合进行招标文件编制。

2. 现场服务

(1) 设计交底、图纸会审及工程例会等；

(2) 现场问题分析、方案优化及沟通;
(3) 设计变更、调整及优化工作等;
(4) 效果图定样、样品制作及现场定样。

2.2 隧道横断面设计

城市道路隧道主体设计包括了隧道平面、横断面及纵断面的设计,其中横断面设计是隧道建筑设计最核心的内容。根据工程实际应用情况,对 2003 年及以后建成的上海上中路隧道、外滩隧道等多条盾构法隧道,对其常用横断面形式进行了统计,见表 2-1。

表 2-1　隧道常用横断面形式

隧道工程	越江段	岸边段	综合空间利用情况
上中路隧道	盾构法双层圆隧道,外径 14.5 m	每层为双孔一管廊	双层,预留社会光缆桥架
军工路隧道	盾构法双层圆隧道,外径 14.5 m	每层为双孔一管廊	双层,预留社会光缆桥架
人民路隧道	盾构法单层圆隧道,外径 11.36 m	双孔一管廊形式,单孔无管廊形式	预留社会光缆桥架
新建路隧道	盾构法单层圆隧道,外径 11.36 m	双孔一管廊形式,单孔无管廊形式	预留社会光缆桥架
龙耀路隧道	盾构法单层圆隧道,外径 11.36 m	双孔一管廊形式	预留社会光缆桥架
打浦路隧道(新)	盾构法单层圆隧道,外径 11.0 m	单孔侧管廊形式	预留社会光缆桥架
西藏南路隧道	盾构法单层圆隧道,外径 11.36 m	双孔一管廊形式,中间管廊上部设置风道	预留社会光缆桥架
外滩隧道	盾构法双层圆隧道,外径 13.95 m	北段双层无管廊形式;南段局部单层双孔,中间设地面采光通风口形式	双层,六车道为最大单洞车道数
上海长江隧道	盾构法双层圆隧道,外径 15.0 m	双孔一管廊形式	公轨合建,220 kV 电缆过江,社会光缆过江
虹梅南路越江隧道	盾构法单层圆隧道,外径 14.5 m	双孔一管廊形式	消防救援车辆通行环通道和预留社会光缆桥架

2.2.1 横断面设计要素

横断面设计主要与建筑限界、设备安装、疏散要求及日常维护有关,同时应满足结构布置的合理性要求,并适当考虑施工综合偏差。其中,建筑限界是横断面设计的关键,它取决于车道数、通行车辆类型及设计行车速度。横断面相关设计要素如下。

1. 建筑限界

(1) 建筑限界的宽度=车道+两侧侧向净宽，而高度=通行净高。

(2) 通行净高：公路或城市道路通行集装箱卡车的最小净高为 5.0 m；城市道路通行各种汽车的最小净高为 4.5 m，小型车专用道通行净高为 3.2 m。而大型车或混行车道车辆限高 4.0 m，小型车车辆限高 3.0 m，也可以根据车辆特殊性做特别的规定。

(3) 车道宽度：大型汽车或大、小型汽车混行车道宽度采用 3.75 m、3.5 m，小型汽车专用车道宽度可采用 3.25 m、3.0 m。

(4) 通行车辆类型限制：城市道路隧道一般不通行危险品车辆。

2. 设备安装空间

隧道横断面中布置的设备主要包括：

(1) 单体设备或终端：射流风机、车道信号灯、照明灯具(加强照明灯具、基本照明灯具、应急照明灯具)、火灾探测器、扬声器、水喷雾头、监控摄像机、COVI 检测仪、可变情报板和环形线圈等。

(2) 各种设备箱：包括消火栓箱、水喷雾箱、灭火机箱、电话箱、照明配电箱、风机控制箱、弱电控制箱等。

(3) 管线与电缆：各种水管，包括消火栓管、水喷雾管、排水管等；以及各种电缆，包括动力电缆、照明电缆、漏泄电缆、监控电缆等。

横断面设计中的设备，一般应集中、模数化布置在以下空间内：

(1) 建筑限界顶部与隧道结构顶板之间：布置单体设备与终端、部分管线与电缆。

(2) 建筑限界顶部与隧道结构侧壁之间：布置各种设备箱、管线与电缆。

(3) 专用电缆通道：布置各种管线与电缆，设置在车道孔之间、车道一侧或圆隧道车道板下。

3. 安全疏散设施

(1) 排烟风道：布置在顶部或侧面。

(2) 人行横通道：双孔隧道之间设置人行横通道，间距不大于 250～300 m，通行宽度不小于 1.2 m，高度不小于 2.1 m。

(3) 车行横通道：双孔隧道之间设置车行横通道，水底隧道一般设置在工作井内，岸边段隧道中间距不大于 1 000 m，通行宽度 4.0 m，高度同建筑限界高度。

(4) 其他形式的安全设施：还包括纵向安全通道、上下层疏散楼梯、直接安全口、向下疏散楼梯、向下疏散滑梯等。

4. 日常维护

根据日常维护、检修要求，城市道路隧道如施工工艺、经济造价允许时，可以设置检修带。检修带宽度 0.75 m，高度 2.5 m。

2.2.2 盾构法圆形隧道设计

根据目前上海盾构机械的情况，圆形隧道主要有四种直径：11.36 m、13.95 m、14.5 m 和 15.0 m，其通用断面及扩展运用方案可参见表 2-2。

表 2-2　　　　盾构法圆形隧道形式

圆形隧道直径	横断面布置	工程案例
外径 ϕ11.36 m 内径 ϕ10.36 m	40 km/h,单层, 双车道 3.75 m+3.5 m,高度 4.5 m	人民路、新建路隧道、西藏南路隧道
	60 km/h,单层, 双车道 3.75 m+3.5 m,高度 4.5 m	龙耀路隧道
其他可行方案	40 km/h,双层, 上层双小车道宽 3.0 m×高 2.6 m 下层单大车道宽 3.5 m×高 4.0 m	复兴东路隧道 (上层偏低,车辆仅通行小车)
	单层,40 km/h、60 km/h、80 km/h(仅限城市道路),3.75 m+3.5 m;高度 4.5 m(向下疏散口不入车道);车道高度 5.0 m(向下疏散口不侵入车道)	
外径 ϕ13.95 m 内径 ϕ12.75 m	双层,60 km/h 上下六车道 3.0 m×3,高度 3.2 m	外滩隧道(通行蓝牌照小车)
	双层,40 km/h 上下四车道宽 3.5×2,高度 4.5 m	迎宾三路
其他可行方案	单层,40 km/h,3.5 m×3,高度 4.5 m 单层,60 km/h,3.5 m×2+3.25 m,高度 4.5 m; 双层,60 km/h,3.5 m×2,高度 4.5 m,3.25 m×2,高度 3.2 m	
外径 ϕ14.50 m 内径 ϕ13.30 m	双层,60 km/h,上下四车道 宽 3.25×2,3.5×2,高度 4.5 m	军工路、上中路隧道
	单层,60 km/h,3.5 m×2+3.75 m,高度 4.5 m	虹梅南路越江隧道
其他可行方案	单层,40 km/h,3.75 m×3,车道高度 4.5 m、5.0 m 单层,60～80 km/h,3.75 m+3.5 m×2,车道高度 4.5 m、5.0 m	
外径 ϕ15.0 m 内径 ϕ13.7 m	单层,80 km/h 三车道 3.75 m×3,高度 5.2 m	上海长江隧道(公路隧道)
其他可行方案	单层三车道,40～80 km/h,车道宽 3.75 或 3.5 m,高 4.5 m、5.0 m 均可 双层,40～60 km/h,每层 3.75 m+3.5 m,高 4.5 m 双层六小车道(空间浪费较多,不经济)	

相应的隧道横断面结构形式,可参见图 2-2。

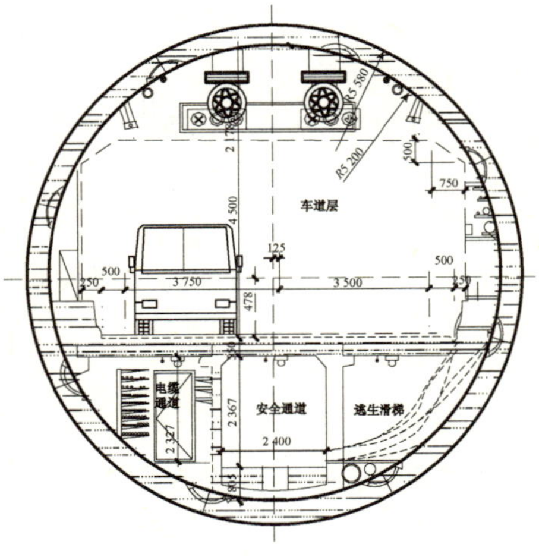

(a) 龙耀路隧道(ϕ11.36 m)

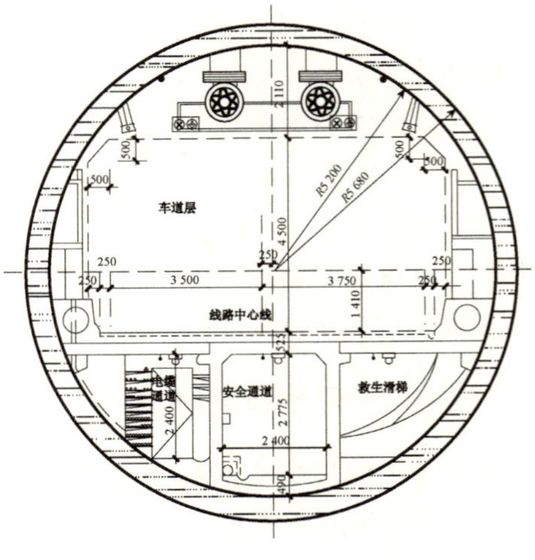

(b) 人民路隧道新建路隧道(ϕ11.36 m)

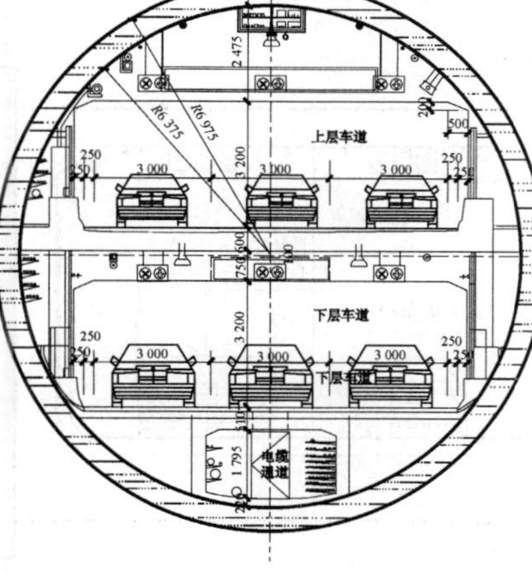

(c) 外滩通道($\phi 13.95$ m)

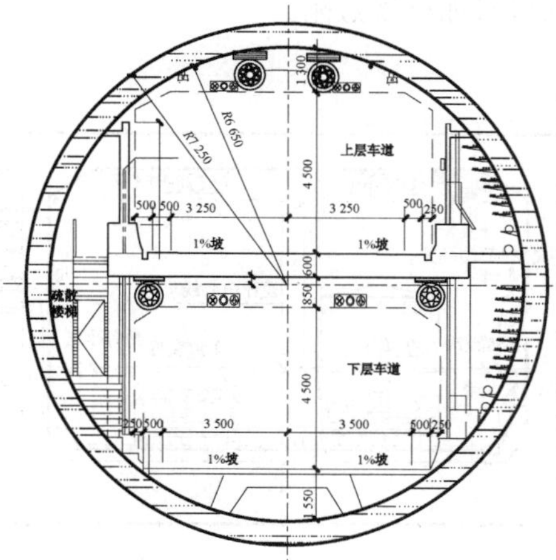

(d) 上中路隧道军工路隧道($\phi 14.5$ m)

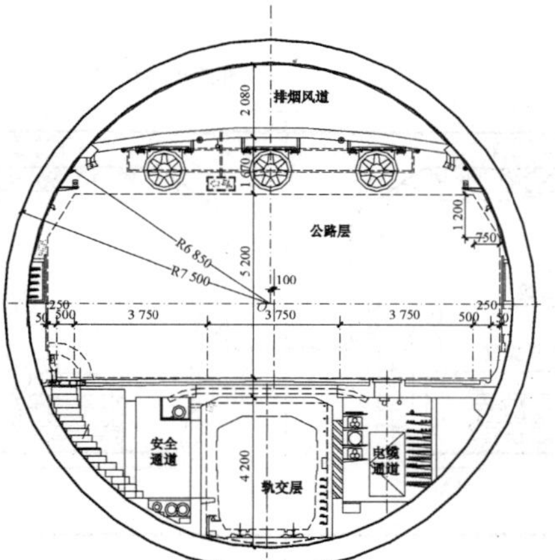

(e) 上海长江隧道($\phi 15.0$ m)

图 2-2 隧道工程圆隧道横断面图

2.2.3 矩形隧道横断面设计

矩形隧道建造一般采取大开挖的方式,因而其断面形式可以根据路面情况而定,目前主要有以下几种形式。

(1) 车道孔+管廊。管线集中管廊布置,符合消防的管线空间与车道形成分隔的形式要求。车道孔中间设置管廊适用于工作井外暗埋段等线间距较宽的位置。管廊空间独立,检修方便,一般分为电缆通道、安全通道和集水沟层,见图 2-3。西藏南路隧道管廊上部作为了风道层,则安全通道兼做电缆通道,同时采用防火分隔将电缆通道与安全通道部分分开。

(2) 车道孔无管廊。管线布置在隧道车道侧面,有火灾隐患的管线采用防火桥架将槽盒与车道空间隔开,多用于结构宽度受限情况下的主线、单孔匝道的布置,见图 2-4—图 2-6。

(3) 隧道顶部设置通风采光口。通过该作法,可以改善隧道光环境,并有利于火灾时排烟。新建路隧道、外滩隧道均设置了这样的开孔。为避免雨水直接进入影响行车安全,建议设置地面口时加设顶盖棚。

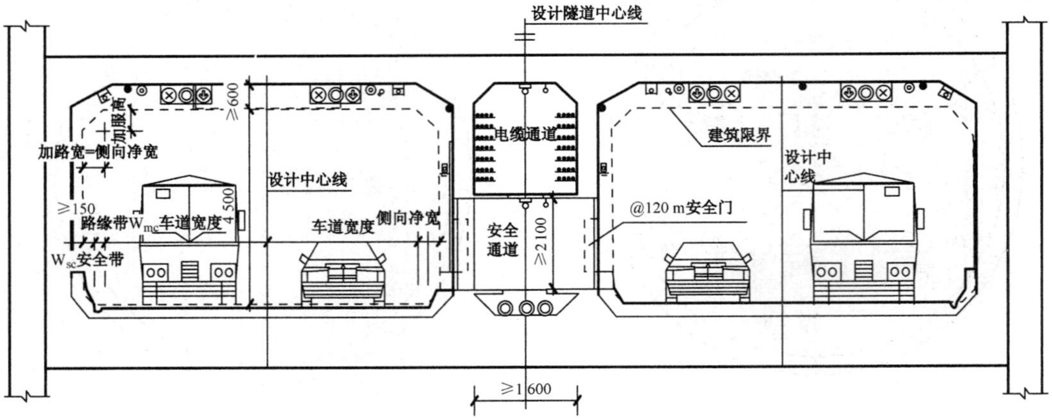

图 2-3　双孔有管廊横断面图

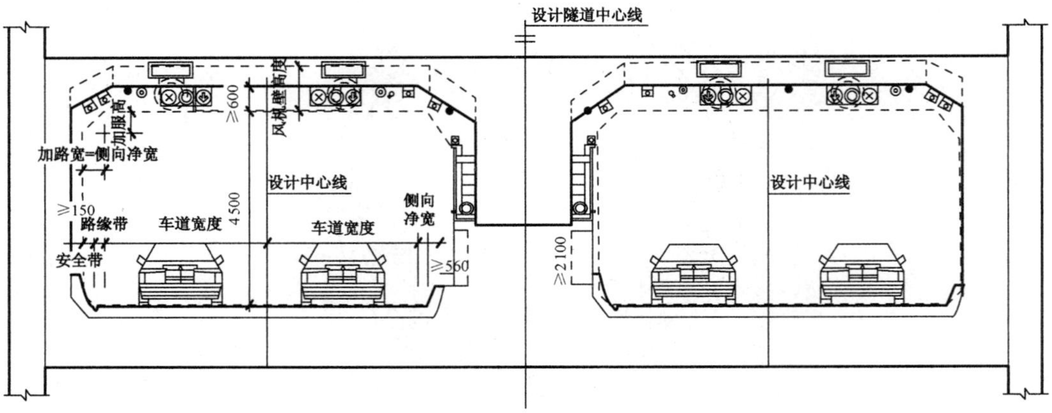

图 2-4　双孔无管廊横断面图

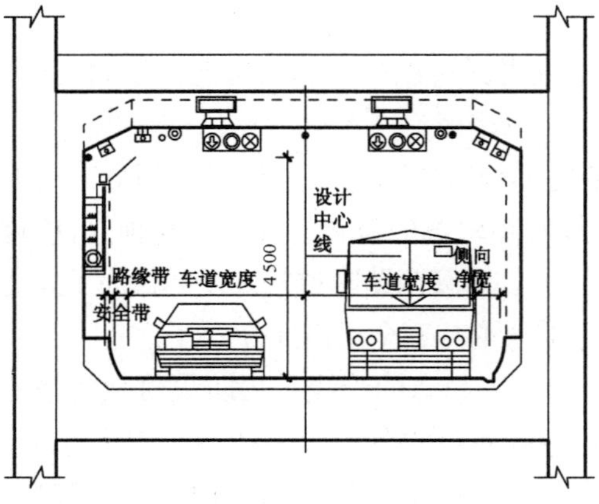

图 2-5　单孔横断面图

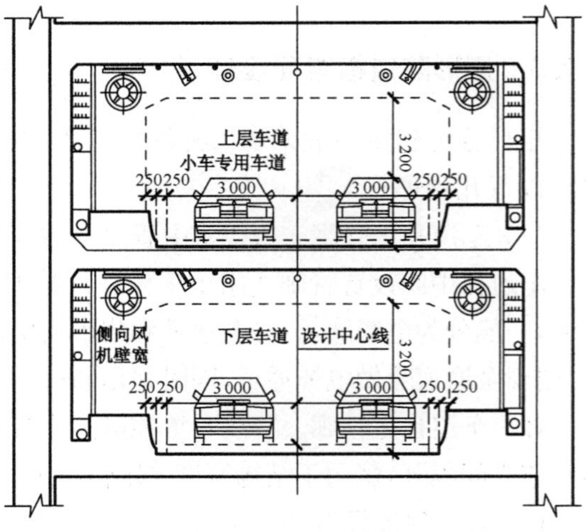

图 2-6　双层横断面图

2.2.4 横断面设计总结与优化

由于工程条件、使用功能及地区差异等不同，隧道横断面设计还可以从以下几个方向进行调整与优化。

1. 集约化利用横断面空间的要求

在隧道横断面设计中，集约化利用空间的形式有两种。

1）双层隧道

双层隧道，直接增加车道数，空间利用效率大大提高。双层隧道设计关键如下：

(1) 双层隧道各层车道正常运营时车行功能各自独立，事故火灾时互相疏散，互为备用。

(2) 双层隧道由于空间的限制，车道的技术标准常选用小型车甚至突破小型车的技术标准，因此需充分考虑车道高度、宽度对救援车辆的限高要求。

(3) 双层隧道空间较低时，内部空间设计需充分考虑较低空间的视觉效果，与照明配合避免眩光。

(4) 隧道空间极其紧张，宜通过管线综合设计合理安排设备与管线。管线可以共享，宜在其中一层设置专用电缆管线通道，将干管、与防灾救援相关的应急管线置于其中，减少意外损坏。

2）市政功能合建或管线利用隧道过江

工程案例有上海长江隧道的公路＋轨道交通，马来西亚 SMART 隧道的道路＋排水泄洪功能，设计关键要求如下：

(1) 合建的市政功能及进入的社会管线应经过安全性的评估，原则上高压电缆、有爆炸危险的管线，大水量压力管道均不宜进入隧道。

(2) 不同市政功能必须功能各自独立，设备设施系统也应独立，以避免相互之间的干扰，社会管线进入隧道除光缆外均宜单独分仓设置。

2. 合理确定隧道结构净空

外滩隧道的横断面空间过于狭窄，易造成施工不便。龙耀路隧道行车速度按 60 km/h，因考虑逃生滑梯口不进入车道，导致盾构横断面空间过于狭窄，疏散口洞口宽度偏小；同时限界顶部与结构之间的距离也较小，对施工误差会有较高要求。因此，圆形隧道必须考虑预留限界顶角与结构之间的合适的余量，建议管线穿越较多部位间距不小于 200 mm，管线较少的不小于 150 mm。当设置排烟风道时，风道面积不小于 8 m^2，且满足通风计算要求，横断面应适当放大。

3. 合理布置安全疏散救援设施

向下疏散口是圆形隧道段特有的疏散形式，若侵入车道，必须考虑车道轮压的作用。轮压对疏散口盖板的牢固、锁扣的开启便利性会有不利的影响，且事故时容易被车辆挡住而不能使用，因此建议布置向下疏散口，不宜侵入车道。向下疏散口受空间制约时，可以采用楼梯或滑梯两种形式。由于楼梯的逃生、反向救援能力强，故为首选，而采用滑梯则需考虑消防员反向攀爬的助力要求。

采用纵向疏散方案，即主要利用车道板下部空间疏散救援时，需考虑救援车辆行驶的空间要求。

4. 合理布置设备

外滩隧道因隧道空间较小，横断面中布置的设备在运营时有矛盾的地方：

(1) 消防水喷雾喷头按间距 5 m 布置，与可变情报板的距离过小，喷头喷出的扩散型水雾，因受可变情报板阻挡，直接落下形成水幕。

(2) 三车道的宽度较大，下层隧道建筑限界上方的空间是 0.75 m。采用的远近消防水喷雾头，理论上可以喷至三车道，但由于喷头安装高度限制，喷头的抛物线的喷水方向很快被结构顶板阻挡，形成水幕。

因此对于空间较低的隧道，且车道宽度大于两车道时，其设备布置需考虑双侧布置。

2.2.5 设计标准化

城市道路隧道横断面设计的标准化，主要从两个方面着手：一是对现有盾构法圆形隧道横断面进行标准断面设计，直径为 11.36 m、13.95 m；二是建立标准横断面体系，在直径 14.5～16.0 m 之间，以 0.5 m 为增量形成标准断面系列。基于目前工程的实践经验，先完成ϕ14.5 m、ϕ15.0 m 标准横断面设计，然后逐步实现 ϕ15.5 m、ϕ16.0 m 横断面的设计标准化。

根据本章 2.2.1 节关于隧道横断面设计要素的分析，影响盾构法圆形隧道直径标准化设计的主要因素有：

(1) 建筑限界的宽度与高度，即行车空间，其尺寸由以下因素决定。

① 设计车速 60 km/h 以下，两侧向净宽分别为 0.5 m，设计车速 60 km/h 及以上，两侧向净宽分别为 0.75 m；

② 混行车道单根车道宽度 3.5 m，高度 4.5 m，专用小车车道宽度 3.25 m，高 3.5 m。

(2) 单层车道数两车道时，一般要设置紧急停车带；单层车道数三车道可不设置。

(3) 横断面采用单层布置形式时，设备空间设置在建筑限界以上、车道板以下，安全疏散设施为横向通道或向下疏散方式；横断面采用双层布置形式时，车道侧面也需考虑设备布置，安全疏散为上下层疏散楼梯。

(4) 3 km 以上地下道路宜设置排烟道，排烟道一般采用顶式，双层横断面的下层排烟道自下向上需要 0.5 m 的净空。

(5) 施工误差宜按 5～10 cm 考虑。

(6) 上海目前使用过的盾构机械最大直径为 ϕ15.43 m(即圆形隧道外径 15.0 m)。尽管日本已成功研制出世界上最大直径盾构机为 ϕ17.45 m，但直径越大，盾构机制造以及施工难度都很大。

根据以上要求，总结归纳出城市道路隧道横断面布置形式，如表 2-3 所示。

表 2-3　圆形隧道横断面布置

隧道类型	车速/($km \cdot h^{-1}$)	混行车道标准				计算最小外径/m
		形式	车道宽度 3.5 m，高度 4.5 m；紧急停车带宽 2.5 m	限界宽度/m	重点排烟道	
城市道路隧道	<60	单层	单层双车道	8.0	不设	11.36
			单层双车道设紧急停车带	10.25	设置	12.8
			单层三车道	11.5	设置	13.8
		双层	双层四车道	8.0	不设	14.3
					设置	14.8

续表

隧道类型	车速/(km·h^{-1})	混行车道标准				计算最小外径/m
		形式	车道宽度 3.5 m,高度 4.5 m;紧急停车带宽 2.5 m	限界宽度/m	重点排烟道	
城市道路隧道	<60	双层	双层四车道设紧急停车带	10.25	不设	15.8
					设置	16.3
			双层六车道	11.5	不设	17.0
					设置	17.3
		专用小车标准				计算最小外径/m
		形式	车道宽度 3.25 m,高度 3.5 m;紧急停车带宽 2.5 m	限界宽度/m	重点排烟道	
		双层	双层四车道	7.5	不设	12.3
			双车道设紧急停车带	9.75	不设	14.0
					设置	14.5
			双层六车道	10.75	不设	14.8
			双层六车道		设置	15.3
	≥60	单层	单层双车道	8.5	不设	11.36
			单层双车道设紧急停车带	10.5	设置	13.0
			单层三车道	12.0	设置	14.3
		双层	双层四车道	8.5	不设	14.5
					设置	15.0
			双层四车道设紧急停车带	10.5	不设	16.0
					设置	16.5
			双层六车道	12.0	不设	17.5
					设置	18.5
		专用小车标准				计算最小外径/m
		形式	车道宽度 3.25 m,高度 3.5 m;紧急停车带宽 2.5 m	限界宽度/m	重点排烟道	
		双层	双层四车道	8.0	不设	12.5
			双层四车道设紧急停车带	10.0	不设	14.3
					设置	14.8
			双层六车道	11.25	不设	15.3
					设置	15.8
公路隧道	80	单层	三车道	12.75	设置	15.3

为得出更一般性的结论，现将隧道横断面布置形式及应用情况进行统计，并形成相应的适用情况分析图，如图 2-7 所示。

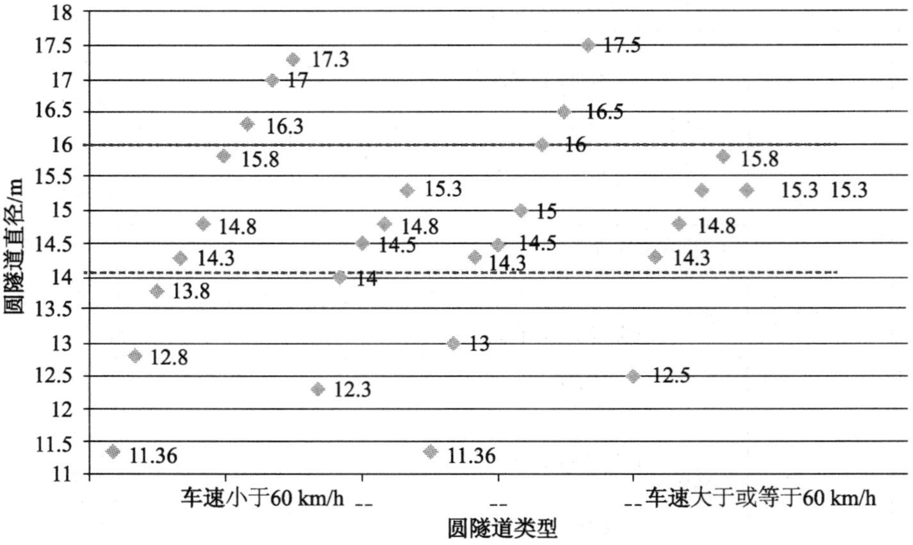

图 2-7　适用情况分析图

由图 2-7 可见，直径在 14.3～16 m 范围的隧道横断面布置形式，使用频次最高。从目前城市道路隧道的集约化设计趋势来看，直径较大的盾构容纳的车道数更多，利用形式更为灵活。因此圆形隧道标准化拟将该范围的直径进一步归并，按照 0.5 m 一个档次形成系列，即按照 ϕ14.5 m，ϕ15 m，ϕ15.5 m，ϕ16 m…的多级直径形成系列。其中 ϕ14.5 m，ϕ15.0 m 已经有工程实践，作为两种基础形式，对其建筑/结构布置形成通用图。而 ϕ15.5 m，ϕ16.0 m更大直径的盾构，则可通过今后的工程实践进一步补充与完善。相关横断面适应性分析可见表 2-4。

表 2-4　　圆形隧道横断面适应性分析

直径/m	频次	标准化直径系列/m	适用范围					
			道路	车速/(km·h^{-1})	层数	车型	车道数	排烟道
13.8	1	14.5	城市道路隧道	<60	单层	大	3	√
14.0	1				双层	大	4	
14.3	3				双层	小	4+紧停	
				≥60	单层	大	3	√
14.5	2				双层	大	4	
					双层	小	4+紧停	

续表

直径/m	频次	标准化直径系列/m	适用范围					
			道路	车速/(km·h⁻¹)	层数	车型	车道数	排烟道
14.8	3	15.0	城市道路隧道	<60	双层	大	4	√
15.0	1				双层	小	6	
				≥60	双层	大	4	√
					双层	小	4+紧停	√
15.3	3	15.5	城市道路隧道	<60	双层	小	6	√
				≥60	双层	小	6	√
			公路隧道	80	单层	大	6	√
15.8	2	16.0	城市道路隧道	<60	双层	大	4+紧停	
				≥60	双层	大	4+紧停	
16.0	1				双层	小	6	√

通过上述分析，城市道路隧道横断面布置建议统一。

1. 横断面设计细则

横断面设计要素及其相关的技术标准：建筑限界、设备空间、专用管廊、检修带、安全疏散设施、通风排烟设施。

2. 根据车道数、速度要求进行横断面的标准图设计

(1) ϕ11.36 m 圆隧道横断面标准图——车速 60 km/h 以上或以下，单层单向两车道。

(2) ϕ13.95 m 圆隧道横断面标准图——车速 60 km/h 以下，双层四车道。

(3) ϕ14.5 m 圆隧道横断面标准图——车速 60 km/h 以下，双层四车道。

(4) ϕ15.0 m 圆隧道横断面标准图——车速 80 km/h，单层单向三车道；车速 60 km/h 以上，双层四车道。

(5) 矩形隧道暗埋段横断面标准图——车速 80 km/h，60 km/h 以上及以下，双孔双向四车道。

相应的圆形隧道标准横断面形式，见图 2-8。

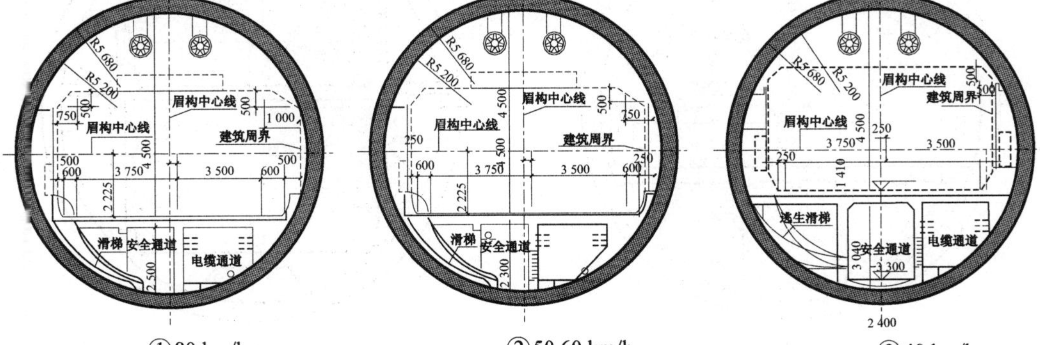

ϕ11.36m圆隧道横断面标准图

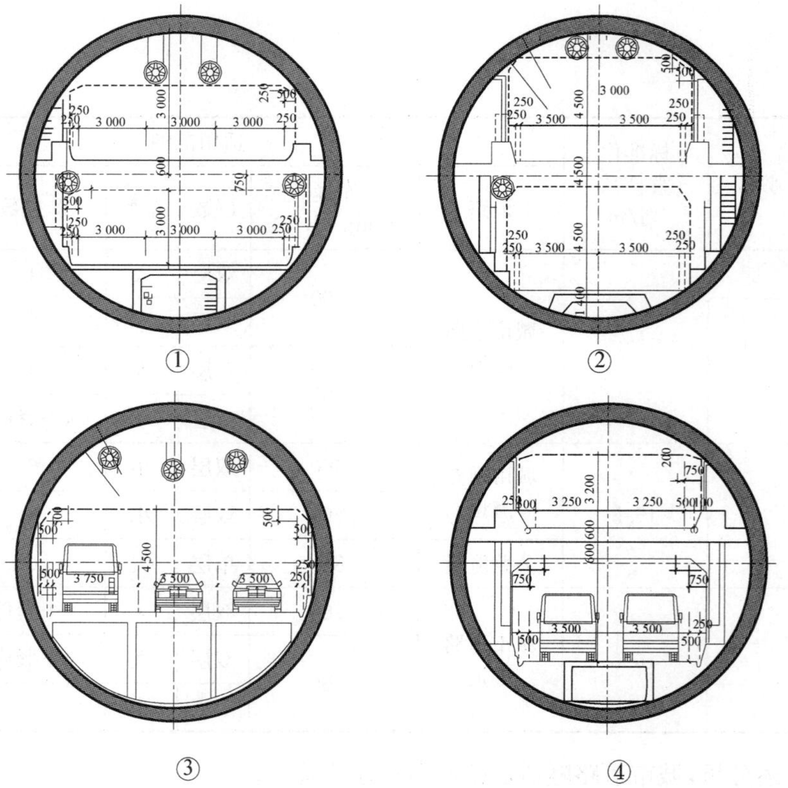

ϕ13.95m圆隧道横断面标准图

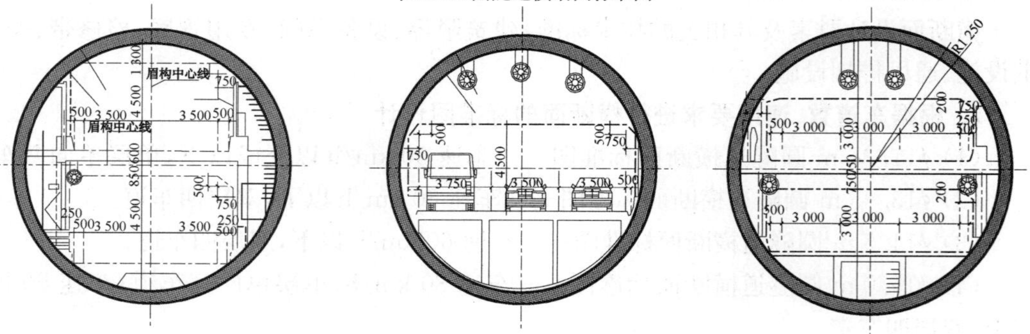

ϕ14.5m圆隧道横断面标准图

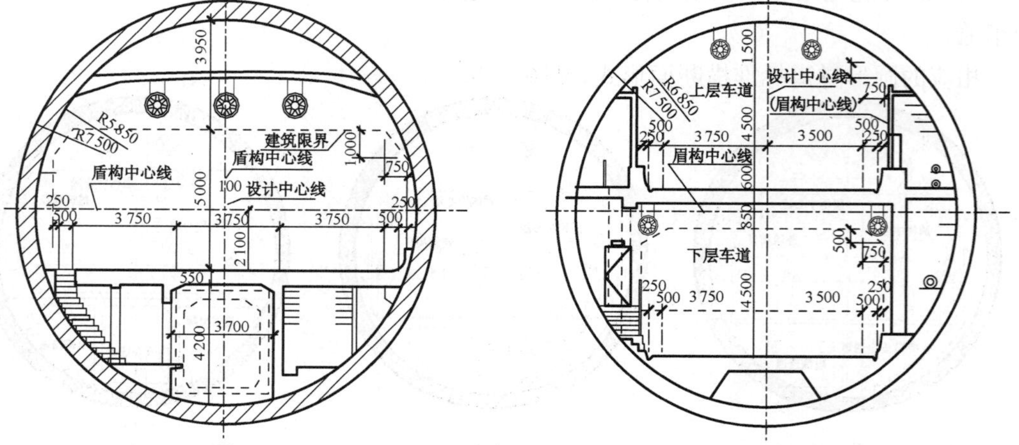

⑨ ⑩

ϕ15.0 m圆隧道横断面标准图

图 2-8 圆形隧道横断面标准化形式一览

2.3 管线及设备用房布置

2.3.1 设计内容

1. 管线布置

管线布置包括隧道内管线、设备区管线的布置。设备区管线包括隧道用供电、照明、弱电、给排水电缆管线及社会用管线等。

2. 设备用房布置

包括隧道通风、消防泵房、变电所、雨水、废水泵房等的布置。

2.3.2 预埋管、预留孔设计原则

工程施工图设计之初，隧道工程应统一预埋管施工图设计原则：

(1) 制定统一的隧道预留箱孔的尺寸。

(2) 确定照明、供电、弱电、给排水等设备系统预埋管的种类、位置及材质要求。

(3) 为社会管线穿越预留的要求。

2.3.3 优化措施

1. 变电所及其外接线井设计

隧道工程的变电所一般位于地下，变电所电缆进线井在周边路网的管线井中标高最低，导致电缆沟接通时水灌入，结构容易有渗水，另外接线井接入易漏水。因此，对于城市道路隧道的外接线井设计，有以下优化措施与建议：

(1) 外接线井严禁直接接入高压室，应设置单独的电缆井或接入电缆夹层，并配套设置排水设施。

(2) 地下变电所、弱电设备用房靠外墙部分应设置离壁墙，并设置外结构与离壁墙之间的排水设施。

2. 集中设备用房区设计

集中设备用房区主要包括变电所、风机房、弱电控制室、值班室、社会无线接入室等，常设置在工作井、暗埋段上方、暗埋段侧面位置，其设计遵循以下原则：

(1) 变电所根据电压等级 10 kV、35 kV 的变电所设计要求，合理布置，用房空间考虑设备布置、搬运通道和设备散热的要求。变电所、风机房设备搬运所需走廊净宽为 2.5 m。

(2) 根据消防规范要求设置楼梯间，楼梯深度不超过 10 m 的疏散楼梯间采用封闭楼梯间，其他均采用防烟楼梯间，楼梯间设置机械排烟措施。楼梯间需要在层内转换的，通道按照扩大前室设计。

(3) 地下的集中设备用房区走廊应设置通风设施，提高工作环境质量。

(4) 有外墙的地下设备用房，例如风机房、消防泵房应设置排水沟，并设置排水设施，装修面层应考虑找坡要求。

(5) 集中设备用房区的集水坑设施应采用专用泵房、专设泵池的做法，避免因集水面积大而加大蒸发，导致区内湿度过高，设备锈蚀。

(6) 集中设备用房区的功能用房均需设置统一的门牌，标明功能。楼梯、电梯口、主要流线的转折位置应设置楼层的布置图，便于使用者辨识方向。

3. 地面设施

(1) 隧道地面设施应在规划报审阶段经过规划审批，满足退界，出入口设置，建筑立面造型、建筑高度、日照影响(对周边住宅产生遮挡的)等各项要求。

(2) 地面设施需考虑防盗，应设置在可以监视的范围，或公共区域便于监视的范围。同时所有地面设施均需设置可靠的防盗保护措施：门窗采用防盗格栅，空调室外机等设施防盗笼，同时设置摄像机监视。

(3) 地面开口需结合区域排水情况考虑防淹，风口不低于 0.8 m，出入口设施地坪应高于地面 0.45 m。

(4) 所有电器用房应考虑对外门窗、通风口的防鼠设施。

(5) 有噪音的设备用房与其他民用建筑合建时，例如合建风道、通风机房等，应采用合理的抗机械震动、降低噪音的技术措施。

2.3.4 集中设备用房的设计标准化

根据集中设备用房的特点，可以在工程中对以下用房进行标准化设计，包括用房的长、宽、净高尺寸：

(1) 消防泵房；

(2) 35 kV、1 kV 变电所的系列设备用房，包括变压器室、35 kV 变电室、低压变电室、照明配电室、弱电设备用房、直流屏室等，如图 2-9 所示。

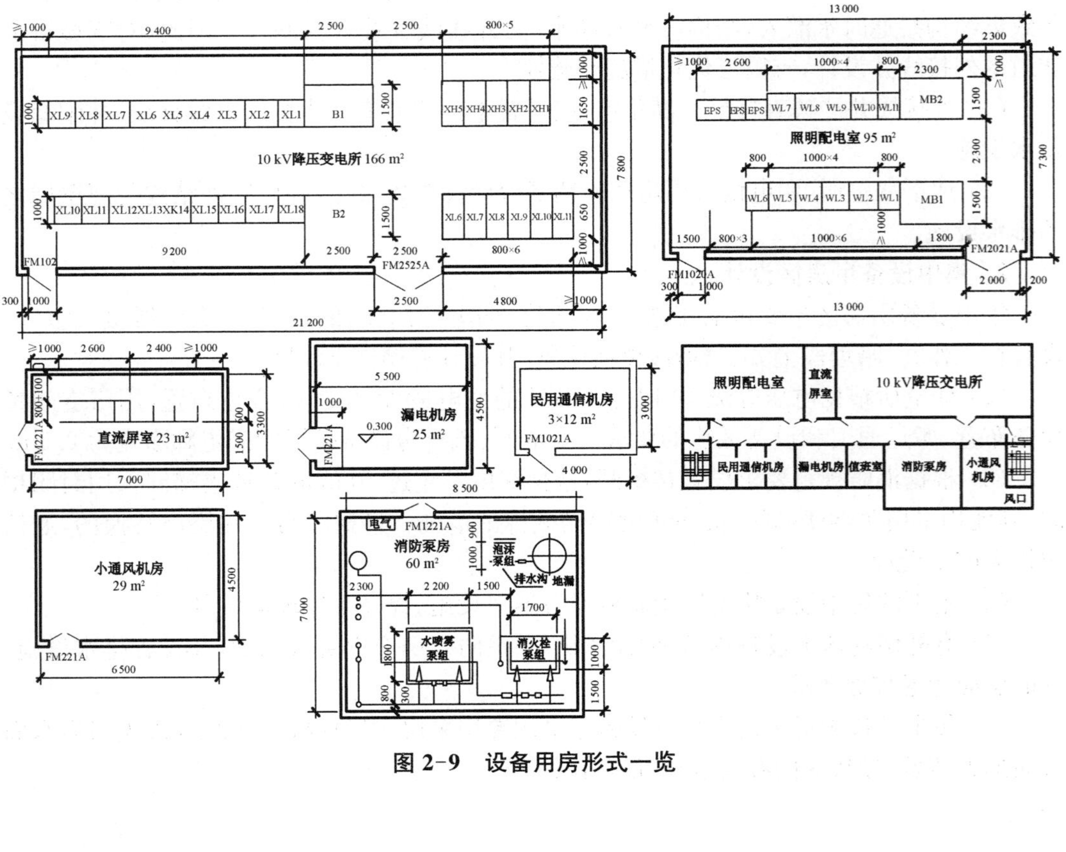

图 2-9 设备用房形式一览

2.4 隧道车道内装饰

2.4.1 设计内容

隧道车道的装饰设计包括以下内容：

(1) 隧道车道内装饰：车道侧墙板、顶部防火内衬。装饰设计方案、材料选择、构造设计应考虑道路隧道行车功能安全要求，并适应内环境的污染、震动、活塞风、结构变形等综合要求。

(2) 隧道引道装饰：引道侧墙与栏杆、引道口装饰收头、隧道铭牌。引道段装饰方案应与地面环境协调统一，在满足防护安全的基础上，结合绿化、栏杆造型，形成视觉通透、形式低调的地面设施效果。

2.4.2 车道侧墙板

1. 车道侧墙板技术要求

隧道车道侧墙板兼具美观、隐藏管线及防撞的功能。根据各类材料安装后的运营效果，建议侧墙装饰板整体构造总体上应满足以下要求，详见表 2-5。

表 2-5　侧墙装饰板整体构造技术要求

项目	分项	指标	技术要求
外观	板材	平整度(钢板基材)	$D\leqslant 0.2\%$(计算公式参见表面平整度表)$D=2(X2+X)/3$ 其中，D 的单位为 mm；X 为钢板长度，m
		平整度(增强纤维水泥板基材)	≤2 mm
		规格尺寸	参见装修图纸要求，根据现场变形缝、箱孔、安全门位置调整，除箱孔之间外，尽量减少块面小于 2/3 标准值的情况
		分缝	缝隙均匀，整体感觉流畅，竖向分缝与箱门错缝处，错缝宽度不小于 0.3 m
		分缝缝宽	横向缝宽不小于 20 mm，竖向缝宽不小于 10 mm
		色彩	配色、图案符合试验段装修图纸要求，色彩均匀，同种色彩无明显色差
		视觉	整体外表观感美观，制作精细，板面均匀、光滑； 侧墙装饰面的顶部和底部线条顺滑； 隧道曲面段板面顺滑
		反射系数	60%～85%，漫反射
	箱孔门	平整度	≤2 mm
		材料	同装饰板
		开启	开启顺滑、轻便，消防箱开启角度不小于 175°

续表

项目	分项	指标	技术要求
外观	箱孔门	铰链锁扣	箱孔表面与装饰板面一样平整，无突出物，锁扣开启方便并安全； 锁扣不会因为非人为(震动等)因素开启，且不会因为变形、锈蚀而不能开启
		颜色	同周边装饰板无色差
	龙骨	一般要求	龙骨系统保证整个围壁系统耐久、可靠、牢固，并方便调整；材料优于相关国家规范标准
构造	整体构造	可靠性	能够长期承受隧道内频繁车辆通行产生的正负风压的影响(正压≥3 100 Pa；负压≥3 100 Pa)，不会发生脱落、断裂
		耐久性	25 年
		耐洗刷性	可由机械清洗车长期洗刷
		防火性	不燃性，防火等级 A 级，搪瓷钢板和背后管线有绝缘性构造
		环保性	无毒、无放射性，火灾时无毒
		易维护性	表面不产生静电，不易污染、易清洁；维护简便，组装灵活，便于更换

2. 隧道侧墙装饰设计

1）隧道侧墙装饰形式

隧道侧墙装饰形式的案例资料，可参见表 2-6。墙面色彩宜采用浅色，超长、特长隧道墙面色彩可分段变化，避免行车视觉疲劳。设备箱宜采用统一形式，以模数化的方式布置。消防设备箱及应急电话应有明显的识别标志。安全疏散口应有明显标识，形成有效的疏散救援视觉引导。

表 2-6　　工程装饰做法一览表

隧道名称	侧墙装饰板高度/m	颜色与图案	材料	块面尺寸
上中路隧道	上层 2.66 下层 3.25	上部乳白色，下部浅蓝紫色	面砖	590 mm×280 mm
军工路隧道	上、下层 3	中间两条橙色条带	聚氨酯面水泥增强纤维板	
人民路隧道	2.955	白色＋黄色＋白色＋黄色条带	瓷面水泥增强纤维板	每条带 3.05 m 长×0.610 m 高
新建路隧道	3.142	白色＋灰色＋黄色＋灰色条带	瓷面水泥增强纤维板	每条带 3.05 m 长×0.610 m 高
西藏南路隧道			聚氨酯面水泥增强纤维板	
打浦路隧道(老)	2.04	银灰、黄色、白色，两色叠合循环	彩涂钢板	

续表

隧道名称	侧墙装饰板高度/m	颜色与图案	材料	块面尺寸
打浦路隧道(新)	2.96	银灰、黄色、白色，两色叠合循环	彩涂钢板	2 400 mm(长)×880 mm(高) 2 400 mm×880 mm 2 400 mm×1 200 mm
外滩隧道	上层 1.8 下层 2.4	由上至下，白色、浅蓝、深蓝三层	搪瓷钢板	1.5 m 长×0.6 m 高(0.8 m 高下层)
龙耀路隧道	3.11	灰色+蓝色+白色+蓝色+灰色	聚氨酯面水泥增强纤维板	每条带 2.44 m 长×0.600 m 高

2）隧道侧墙板材料选择

隧道侧墙常用的装饰材料包括面砖、装饰板两类，均为不燃 A 级材料。由于地下道路隧道功能、内部空间尺度与形式有差别，设计时需要根据材料的适用性进行合理选择。表 2-7 给出了常用墙板材料的相关信息。

表 2-7　　常用墙板材料一览表

装饰材料	常用尺寸、特点	适用隧道类型
隧道专用自洁镀膜涂料	—	下立交、短隧道； 近远郊车流量较少的地下道路
面砖	面砖采用湿贴工艺时，尺寸不宜超过 600 mm×300 mm； 价格经济、维护简便	货运隧道； 城市外围对景观要求较低的隧道； 下立交、短隧道
陶瓷薄板	单板 1～2 m，龙骨系统； 价格中档、维护简便、景观效果较好； 脆性材料，需采用可靠措施应对隧道长期针对环境特点	运隧道； 交通流量较大城市隧道
涂装增强纤维水泥板	单板 1.2～2.4 m 可以根据方案横板布置，龙骨系统； 价格中档、维护简便、景观效果较好； 维护时可能造成板材的损坏	客运隧道； 交通流量大的城市隧道
搪瓷钢板	单板最大长度 2.0 m，最大高度 1.2 m，龙骨系统； 价格高档、维护简便、景观效果好； 需根据隧道净空，特别关注板材亚光度，以及对近处照明的反光情况	客运、货运隧道； 隧道净空较大，3 车道及以上，净空较高的隧道； 对景观要求较高的隧道； 交通流量大的城市隧道
涂装金属板	单板最大长度 2.0 m，最大高度 1.2 m，龙骨系统； 价格高档、维护简便、景观效果好； 面层偏软，对洗刷有要求	客运隧道； 对景观要求较高的隧道； 交通流量较大城市隧道

综合考虑材料的装饰效果、经济性及耐久性，以及厂家现场安装与后期运营维护等因素，在隧道净空高度较高的隧道中，如果经济上允许，搪瓷钢板的整体刚度高、装饰效果好。

对于景观装饰要求不高的隧道，首选面砖；而对景观要求高的隧道可选择钢基涂装板，可做出图案化的效果。一般情况下，可选择性价比较好的涂装增强纤维水泥板。

3. 隧道装饰板构造及优化

结合多项工程实践，发现以下问题并提出相应的优化措施：

(1) 隧道侧墙装饰宜简洁，宜取横向引条线，避免竖向线条。侧墙装饰高度比例关系是景观协调的关键，建议采用表 2-8 的高度。同时色彩以白色为底，图案淡雅。侧墙装饰板颜色偏深时，对增加车道的亮度不利。

表 2-8　　推荐侧墙装饰高度一览表

车道层环境特征	推荐侧墙装饰高度（自防撞侧石以上计）/m
双车道	3
三车道	3～3.7
小车专用车道	2.4

(2) 涂装增强纤维水泥板的构造方面，其板面较大、本身的韧性不足，故在洗刷时有明显的变形，影响使用寿命，建议龙骨系统设计时应增强中部的支撑效果。另外隐框构造不适合隧道环境，装饰板当采用板边开槽，嵌入式的隐框构造时，由于板边薄、应力集中会导致板边破损掉落，影响行车安全。

(3) 隧道的装饰板压条的材料厚度和锚固强度应加强，如压条材料偏薄，在冷热交替的不利气候时，发生材料的热胀冷缩变形，表观不平整。

(4) 需统一箱门铰链、锁扣的构造，避免其随着隧道内活塞风非人力开启。建议采用牢固性好的全铰链，以及上下插入结构或龙骨的插销。

(5) 统一各类箱门的标号、标示，并根据管养要求进行编号，如图 2-10 所示。

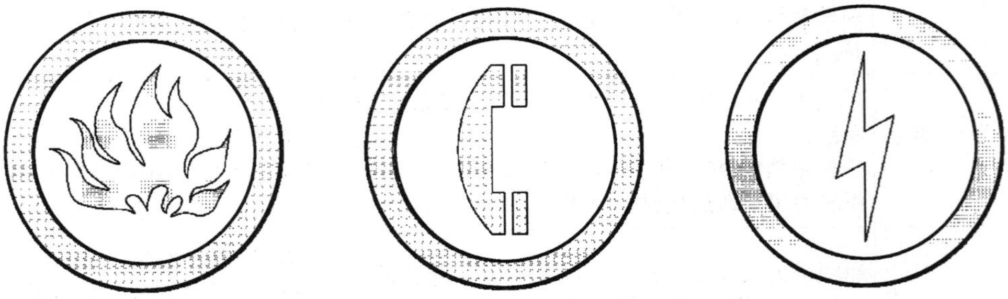

图 2-10　设备箱门标识示意图

2.4.3　防火板

1. 各条隧道防火内衬设置情况

上海越江隧道防火内衬多采用防火板，个别采用防火涂料。表 2-9 给出了相关隧道工程的防火内衬设计信息。图 2-11 和图 2-12 分别为圆隧道和矩形段侧墙装饰、防火内衬布置图。

表 2-9　各条隧道防火保护范围一览表

隧道应用	特征/标准	防火内衬	安装部位		安装方式
			圆隧道段	矩形暗埋段	
打浦路隧道（老）	单孔单层 RABT 曲线 1.5 h	防火板 A	侧墙上部圆隧道拱顶及顶部排烟道内	车道顶板，顶板下两侧侧墙各约 1 m，及排烟道顶部	防火板共厚 22 mm，双层错缝拼装，用膨胀螺栓固定在结构上
人民路隧道新建路隧道	双孔单层 RABT 曲线 2 h	防火板 B	侧墙上部圆隧道拱顶	车道顶板，顶板下两侧侧墙各约 1 m	防火板 20 mm，单板密缝拼装，用膨胀螺栓固定在结构上
外滩隧道军工路隧道上中路隧道	单孔双层 RABT 曲线 2 h	防火板 B	上层侧墙顶以上全部拱顶，下层车道顶板和顶板下两侧侧墙各约 1 m	同上	防火板 20 mm，单板密缝拼装，用膨胀螺栓固定在结构上，圆隧道侧墙部分采用龙骨系统
上中路隧道	双孔单层	防火涂料	同上	同上	防火涂料 25 mm 膨胀螺栓点阵，拉钢丝网，分层喷涂
长江隧道	双孔双层 RABT 曲线 2 h（烟道板 0.5 h）	防火板 A 防火纤维	上层车道侧墙上部圆隧道拱顶，烟道板采用防火纤维	同上	防火板共厚 22 mm，双层错缝拼装，用膨胀螺栓固定在结构上；防火纤维在结构现浇时添加

注：表中 A，B 是指不同厂家产品，本表为实际使用情况，不涵盖厂家所有产品系列。

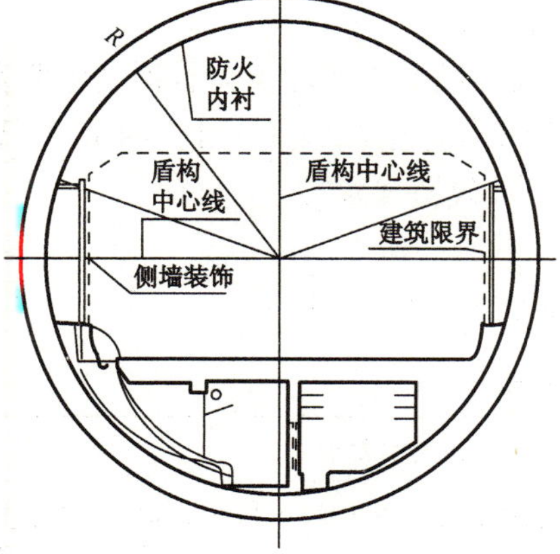

(a) 单层车道

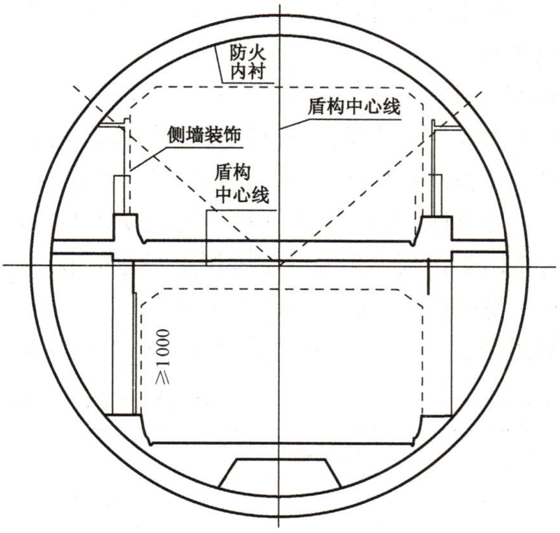

(b) 双层车道

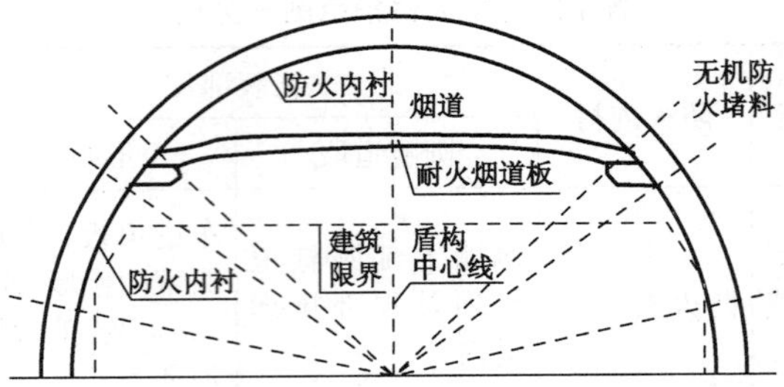

(c) 排烟风道

图 2-11　圆隧道侧墙装饰、防火内衬布置一览

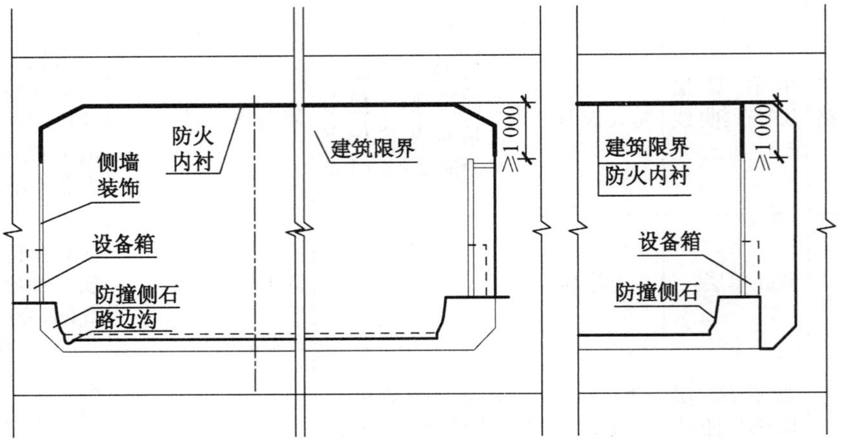

图 2-12　矩形段侧墙装饰、防火内衬布置一览

2. 顶部防火内衬技术要求

常用防火内衬材料有防火板、防火涂料、结构添加防火纤维。防火涂料适用于变形缝间距较大的矩形隧道，防火板适用于变形缝间距较小的隧道，防火纤维运用较少，目前仅用于排烟风道板。

顶部防火内衬总体上应满足以下要求：

(1) 耐久性：顶部防火内衬应能耐隧道环境 25 年以上。

(2) 环保性：顶部防火内衬应无辐射，不含石棉，在高温或受火条件下无有毒气体散发。

(3) 防火性：顶部防火内衬应达到 RABT、HTC 标准升温曲线下，耐火时间不低于 1.5 h、2 h，烟道板达到 0.5 h(根据上海地标道路隧道设计规范要求)。

(4) 易维护性：维护简便，便于更换。

隧道防火板、防火涂料的构造技术要求可以参见表 2-10、表 2-11。

表 2-10　　隧道防火板技术要求一览表

序号	检验项目	技术要求
1	耐火性能(h)	采用对应隧道等级的曲线标准及耐火极限，判定标准：混凝土表面 25 mm 处钢筋的温度不超过 300℃，混凝土表面温度不超过 380℃

续表

序号	检验项目	技术要求
2	燃烧性能	不燃
3	外观质量总要求	隧道防火保护板应平整、不应有裂纹、分层、缺棱、鼓泡、缺角、凹陷、孔洞等缺陷
4	尺寸偏差	板材长度和宽度偏差±3 mm，板材对角线之差应＜5 mm，板材厚度＜10 mm 时，厚度偏差±1 mm，板材厚度＜10 mm 时，厚度偏差±1.3 mm
5	边缘平直度	板材的边缘平直度应小于 0.3%，板材与参考之间的最大距离应＜5 mm
6	面密度/(kg·m^{-2})	≤25
7	干态抗弯强度/MPa	不小于 6
8	吸水饱和状态抗弯强度/MPa	不低于干态抗弯强度的 70%
9	吸湿变形率(24 h，%)	≤0.2
10	耐水性(30 h)	无开裂、起层、脱落、允许轻微发胀和变色
11	吸水率	不大于 12%
12	耐酸耐碱性(15 h)	无开裂、起层、脱落、允许轻微发胀和变色
13	产烟毒性	不低于 GB/T 20285 的 ZA_1
14	抗反卤性*	无水珠、无反潮
15	耐湿热性(30 d)	无开裂、起层、脱落、允许轻微发胀和变色
16	耐冻融循环性(15 次)	无开裂、起层、脱落、允许轻微发胀和变色
17	耐烟雾腐蚀性(30 次)	无开裂、起层、脱落、允许轻微发胀和变色

* 有卤化可能性的板材需要测试。

表 2-11　　隧道防火涂料技术要求一览表

序号	检验项目	技术要求
1	耐火性能	涂层厚度 20 mm+2 mm 耐火性能时间 2.0 h
2	在容器中的状态	经搅拌后呈均匀稠厚液体，无结块
3	干燥时间(表干)/h	≤24
4	粘结强度/MPa	≥0.1
5	干密度/(kg·m^{-3})	≤800
6	耐水性/h	经 720 h 试验后，涂层不开裂、起层、脱落，允许轻微发胀和变色
7	耐酸性/h	经 360 h 试验后，涂层不开裂、起层、脱落，允许轻微发胀和变色
8	耐碱性/h	经 360 h 试验后，涂层不开裂、起层、脱落，允许轻微发胀和变色
9	耐冻融循环试验/次	经 15 次试验后，涂层不开裂、起层、脱落、变色
10	耐湿热性/h	经 720 h 试验后，涂层不开裂、起层、脱落，变色

除上述指标以外，隧道防火内衬还应满足以下要求：

(1) 防火内衬构造图由材料供货商提供，构造应与送交验收测试的构造一致，并经设计、业主方的认可。

(2) 在防火内衬安装之前，必须先把照明灯具、扬声器、电缆等设备的安装脚头或支架安装好。待防火内衬安装后，再做设备安装，并注意对防火内衬的保护，以确保防火效果。

(3) 防火内衬安装应不对结构体安全产生影响，并不影响建筑限界和设备安装空间。

(4) 对隧道顶部，影响逃生、救援安全的露明设备管线，防火内衬需设置保护构造。需要保护的内容包括：应急照明电缆、风机电缆、防灾通信等电缆等，根据设计要求进行保护。

(5) 防火材料外涂颜色或面层处理建议为深色，有利于发光标牌在深色背景中对比明显。不宜在柴油车比例较大、环境污染较大的车辆隧道中采用浅色效果。城市隧道做顶棚发光等特殊装饰效果时，需避免造成视线干扰。

3. 问题与改进

1) 防火涂料

防火涂料施工工序灵活可以先附设管线后喷涂，也可先喷涂后附设管线，施工工期长。防火涂料有较好的透水性，容易发现漏点，并及时处理。

上中路隧道圆隧道段，防火涂料有三处掉落，均在变形缝处，事前没有迹象，如图 2-13 所示。分析后认为，防火涂料在两种环境下容易掉落：有漏水点或变形度大的地方。其中变形大的位置不容易及时发现变形的影响。因此建议：

(1) 盾构法隧道段变形缝间距 1.5～2.0 m，变形缝过密；矩形隧道的变形缝间距较大，间距 20～60 m，因此防火涂料产品适用于矩形隧道。变形缝处一般需要设置引渗漏水措施，防火涂料在此处也是相应断开的。

(2) 防火涂料设计施工中的关键分别是：厚型涂料需采取中间拉结措施保持涂料整体性，采用效果好的基面处理方法保证涂料与结构体可靠粘结。

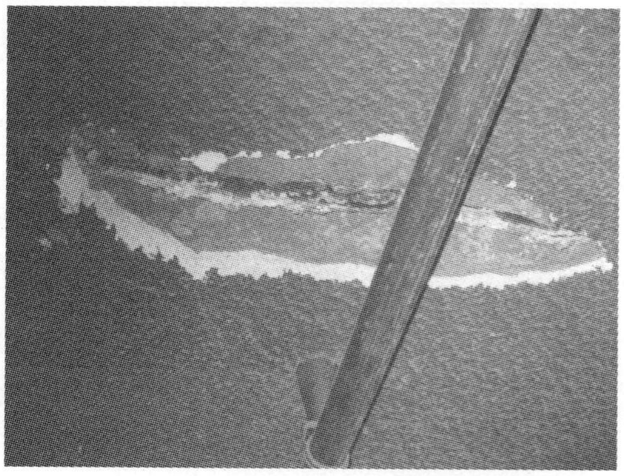

图 2-13　防火涂料变形缝处掉落情况

2) 防火板

防火板施工简便、工期短。防火板用膨胀螺栓固定在结构上，安装构造比较牢靠。但膨胀螺栓数量众多，容易碰到钢筋。防火板原为浅色，需要做深色颜色层以符合隧道内景观色彩要求。目前工程的防火板颜色层均采用了表面贴深色 PVC 薄膜、板缝采用同色胶带的做法。由于胶带的耐久性、粘贴效果难以保证，故多条隧道出现了胶带掉落的现象。因此建议：

(1) 由于防火板不易发现漏点，防火板施工之前必须完成堵漏或引水措施。

(2) 防火板颜色层可以喷涂与板材性质接近的涂料层，例如无机不燃的深色涂料，并应在出厂前喷涂完成，现场对板缝处进行补涂。

(3) 结构变形缝处，一般采用防火板直接铺贴的方式，装修不做特殊处理。外滩隧道、人民路隧道矩形隧道段的变形缝有渗漏，对防火板的耐久性不利。因此装修增加了一个 U 形的不锈钢的排水槽引流，对发现漏点和保护板材都有好处。

2.4.4 引道

1. 引道侧墙与栏杆

1) 引道侧墙材料的选用及效果

工程分别采用了两种形式：干挂花岗岩、清水混凝土涂料。

新建路隧道洞口采用了仿清水涂装，从最后的施工效果来看，有很多不足：清水混凝土涂料有开裂现象，并有色差；变形缝不容易掩盖，设备箱门材质反差较大；施工人员的工艺水平较低等都影响了最终效果，不建议采用。

2) 干挂花岗岩设计

花岗岩材料硬度高、耐久耐清洁，更适合室外环境。敞开段侧墙面采用亚光面花岗岩板材(例如烧毛面、凿毛面)，颜色宜用浅灰色、浅黄色等浅色系，不宜采用白色或大面积深色。为控制成本，设计建议块面的不宜过大。另外从视觉习惯上，拼缝宜铅垂，箱门与拼缝对位也为铅垂。

3) 箱门设计

箱门面层材料采用了不锈钢、不锈钢面仿石喷涂两种做法。仿石喷涂使箱门与侧墙颜色相近，但在开敞环境积灰严重。建议直接采用花岗岩面板，并加强铰链的处理，以增加牢靠度。

4) 手孔盖板

手孔有不锈钢盖板或箱门、花岗岩箱门的做法，后者效果较好。花岗岩手孔门较重，因此不能用在太大的孔上。开启构造需牢靠，避免自行开启。

5) 引道栏杆

隧道敞开段位于道路范围内时，应充分考虑其对道路两侧的视线遮挡，可通过设置不小于 0.81 m 的挡墙＋上部栏杆的形式增加视觉的通透性。敞开段挡墙高度应比隧道外侧地面高至少 1.05 m 以上，当两侧是地面道路时，挡墙的安全高度从道路的侧石顶计算。同时外侧建议布置不小于 1m 的绿化带，种植灌木，形成有效的遮挡。

由于隧道引道口的辅道或相关交叉口的标高经常在实施阶段调整，因此引道栏杆的高度也需及时调整，避免过高影响视线，过低不满足安全要求。

2. 灯具

引道口灯具一般分为高杆灯和壁灯两种。

高杆灯照度均匀、覆盖面大、数量少，是首选的形式。安装在引道栏杆上，栏杆需考虑设置灯柱。高杆灯的形式一般选择简洁大方的款式，取同样的高度。人民路隧道的高杆灯是施工单位自行选择的，形式不佳，如图 2-14 所示。

壁灯与引道装饰结合一体设计，引道形式低调，适用于外滩隧道这类环境景观要求高的隧道。壁灯除满足照度要求以外，其形式需考虑减少眩光。

3. 引道口收头

引道口收头装饰，设计考虑引道栏杆收头美观、安装工程铭牌、侧石与道路顺接。

(a) 人民路隧道　　(b) 打浦路隧道

图 2-14　引道段实景

4. 隧道铭牌

隧道中英文发光铭牌设置在隧道光过渡棚架口部上；如不设光过渡，设置在暗埋段洞口墙上。洞口顶部的铭牌中文字高度 0.9～1.2 m，或根据引道段宽度规模设计合适的高度。洞口装饰施工需待发光铭牌、通信天线的管线敷设好后施工，避免施工交叉造成装饰面破损。

一般铭牌采用红色 LED 发光字，材料选择主要考虑在道路环境下的耐久性，字体不褪色。

5. 防噪屏

防噪屏高度、隔音量根据环评要求确定技术标准，形式、颜色考虑与引道景观协调。

2.4.5　装饰板构造设计标准化

涂装增强纤维混凝土板在隧道工程中应用的性价比较高，可对其进行标准化设计，构造设计需与厂家配合进行，详细如下：

(1) 根据产品特点，确定装饰板单元的宽度尺寸，如图 2-15 所示。

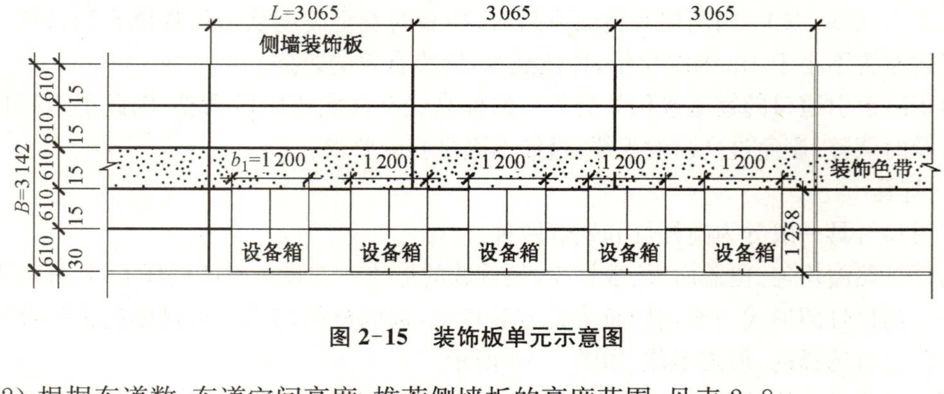

图 2-15　装饰板单元示意图

(2) 根据车道数、车道空间高度，推荐侧墙板的高度范围，见表 2-8。

(3) 确定箱孔标准尺寸和装饰板单元的对位关系，插销形式；箱门上允许挂物的要求；箱门标示、编号的编制原则、箱门立面设计标准图；建议箱门编号以英文开头为准，按车行方向编号。

(4) 根据厂家的产品配色，根据隧道特点形成数种装饰方案，工程运用参见图 2-16。

(a) 军工路隧道　　(b) 人民路隧道

(c) 龙耀路隧道　　(d) 打浦路隧道

(e) 西藏路隧道　　(f) 长江隧道

图 2-16　隧道内景

2.5　洞口光过渡

2.5.1　设计内容

(1) 设置自然光过渡的洞口，应通过减光板或减光措施，达到一定的减光效果，配合人工光过渡（加强照明）实现光过渡的功能，并具有一定的节能效果。

(2) 不设自然光过渡的洞口，完全由人工光过渡（加强照明）改善进洞的“黑洞效应”、出洞的“白洞效应”。

表 2-12 给出了上海地区城市隧道洞口光过渡的工程实例资料。

表 2-12　　洞口光过渡设置一览表

隧道名称	光过渡设置(长度)		形　　式
	主线	匝道	
上中路隧道	45 m	无	钢结构棚
军工路隧道	45 m	无	钢结构棚
人民路隧道	32 m	无	钢结构棚
新建路隧道	190 m	未设	浦西为吸音光过渡棚
西藏南路隧道	浦东设置、浦西未设	无	钢格栅棚
打浦路隧道(老)	浦西约 70 m 浦东无	无	封闭式钢结构棚
打浦路隧道(新)	无	无	
外滩隧道	未设	未设	—
龙耀路隧道	30 m	30 m	钢结构棚

2.5.2　问题与改进

工程建设与运营中发现以下问题：

(1) 外滩隧道的延安东路出入口，考虑造型美观，没有中间隔墙。在运营初期的一次火灾时，发生了烟气从出口排出，再从进口吸入的“短路”现象。因此在类似的出入口，应设置 15 m 长，高度不小于 1.5 倍洞口高度的中隔墙，形式设计兼顾美观要求。

(2) 人民路隧道根据原地面道路情况，最早将光过渡长度定为 20 m。后由于考虑到光过渡的美观性，发现 20 m 的造型空间，若只设置单片弧板会使其在整体上略显单薄，若设置双片则在起翘弧度及整体美感上反而难以处理，故将光过渡长度由原先的 20 m 增长为 32 m，使得造型更加流畅，富有层次感。

(3) 新建路浦西主线出入口采用隔声棚形式，由于隔声棚的防火是按隧道主体设计，采用的防火板达 10 mm 厚，整体荷载较大，后来采用加大压条和设保护网等措施。建议以后此类隔声棚的主体结构耐火极限不低于二级，消防设施配置还需根据隧道火灾风险性进行配置，图 2-17 所示。

综合以上情况，对于隧道洞口光过渡设计做如下建议：

(1) 以下类型的隧道需要设施光过渡：40 km/h 车速以上，走重型车辆，或是隧道出口与上午 7:00—9:00、下午 17:00—19:00 的太阳方位角重合度较高的隧道。

(2) 光过渡形式现代动感，避免高度过高形成地面道路的视线遮挡，与环境统一协调。光过渡设计的形式与材质的选择，应避免形成严重的光斑(图 2-18)及光斑的闪动频率过高。

(3) 装饰材料耐久，构造牢靠安全，适合隧道的震动和尾气污染的环境；设置遮光棚的排水设施，避免形成水帘。

(4) 长江西路隧道采用光导技术，通过设置光导管，引入自然光，白天部分代替或全部加强照明，达到节电的目的，该做法需通过实验后确定效果。

图 2-17　新建路隧道洞口

图 2-18　上中路隧道洞口光过渡

2.6　管理中心及其他管养配套

2.6.1　设计内容

根据日常管养、事故应急的需要，隧道通常一边设置管理中心，另一边设置应急点。管理中心设计内容主要包括：

(1) 选址方案：工可初设阶段进行选址方案设计，并配合甲方完成规划选址及用地审批；

(2) 规划方案报审：完成建筑方案设计，配合甲方完成规划、卫生、环保及消防等方案报审；

(3) 施工图设计：管理中心建筑设计、装修设计(中控室防静电专项设计)等。

2.6.2　设计要点

1. 规模控制

管理中心的一般设计规模是：用地面积 3 000 m^2，建筑面积 2 000 m^2，如多条隧道合建的管理中心，每条按照 1 500 m^2 计。根据管养要求，车位数一般为应急大车位 5 个、应急小车位 2 个，办公车位 10～15 个。

应急点一般结合隧道设备用房区设置，例如与风塔用地结合设计。应急点需设置值班用房，车位配置大车位 1 个，小车位 2 个。部分隧道应急点没有专门用地，可在隧道地面道路绿化内设置。

2. 管理中心建设形式

管理中心由于隧道独立管理的需要，一般选择市政用地单独建设。由于人民路隧道、新建路隧道位于城市中心区，用地选址及其困难，最终采用了多隧合一的合建形式，参见

表 2-13。

表 2-13　　管理中心建设规模一览表

隧道名称	规模			建设形式
	用地面积/m^2	建筑面积/m^2	停车位/个	
上中路隧道	2 997	1 574	12	单建
军工路隧道	4 042	2 739	15	与隧道浦西风塔合建，与区域性 35 kV 开关柜站邻建
人民路隧道 新建路隧道	3 448	5 249	28	人民路、银城东路下立交、新建路、东西通道、延安东路隧道五隧合一管理中心，并与区域性 35 kV 变电站邻建
打浦路隧道 龙耀路隧道	5 626	2 675	40	打浦路隧道新线、老线，龙耀路隧道合建
外滩隧道	9 905	地面 2 340 地下 1 800	15	管理中心位于综合商业开发地块，与办公、市政等多用途合建

3. 管理中心功能设计

隧道管理中心功能包括中控室等设备用房、管养班组用房、办公用房以及配套用房。一般需要为交警、路政等其他相关接管单位预留管理用房。

4. 管理中心装修设计

管理中心一般采用中档装修，中控室及其设备用房按照计算机房分级，需采用防静电专项设计。

2.6.3　改进措施

合建管理中心的规模控制核心在中控室的规模，人民路由三合一到五合一的方案调整过程中，由于土建限制，中控室面积偏小，导致显示屏的数量偏少。

隧道管理中心与其他工程合建时，考虑管养的安全及便捷，其所需的用房应尽可能地独立区域，避免流线交叉，设备配套也应相对独立。否则在具体工程设计中，例如外滩隧道管理中心的部分走廊没有明确划分归属，相关单位的维护职责难以分割。

合建管理中心的规模控制，其中较为重要的是如何确定中控室的规模。以人民路隧道为例，由于土建限制，中控室面积不能因合建共用而相应放大，导致显示屏的数量偏少，为运营带来不便。

中控室布置中，控制台与大屏的间距根据平面高度确定，一般应适当放大至 4 m。双排的控制台建议考虑后排升起，减少视线遮挡。控制台不能采用反光材料、色彩不宜过淡、不宜采用容易渗透的材料，可考虑石英石、高密度板贴皮等硬度高、不易磨损和污染的产品。

当管理中心的停车位难以满足要求时，可在总图设计中考虑地面道路绿化内停车。

不在围墙内的地面建筑设施，例如风亭、出入口、通风给排水设施，不宜用绿化遮挡，并需考虑防盗设施。

2.6.4 集约化设计

根据管养要求，对集合 2 条以上隧道或其他管理功能的集约化隧道管理中心，制定设计要点如下。

1. 集约化管理中心的必要性

在管养主体相对集中的前提下，管理中心集约化设计，有利于节约土地，提高地下道路网络化管理水平，提高多条隧道的管养效率。

集约化管理中心有多种方式：

(1) 与其他市政功能合建，节约用地；

(2) 与地块开发功能合建，节约用地；

(3) 相邻或距离多条隧道管理中心合建，节约用地、管养人员共用，节约相应的管养设施。

2. 管理中心用房面积构成

隧道管理中心由中央控制、设备用房和维护管理用房组成。设备用房常用尺寸及设计要点如下。

1) 消防泵房、控制中心消防泵房

一般尺寸：净高 3.5 m、长 12 m、宽 5 m。

设置位置：宜设置在地面一层，如设置在地下，应设置在地下一层或地下二层，且室内地坪与室外地面高差不大于 10 m。

2) 变电所

包括变电室、直流屏室、照明配电室。

一般尺寸：变配电室 26 m×8 m(内净)，直流屏室：8×4 m，值班室：15 m^2，照明配电室 13×4 m 或 8×6.5 m；净高 4 m，设电缆夹层，夹层净高 2 m。

设置位置：变电所宜设置在地面一层，如不得不设置在地下一层，应考虑设置离壁式隔墙、排水明沟等排水措施。变配电室，照明配电室均需设 2 个出口。门向外开，并考虑设备搬运、吊装的通道。

3) 空调机房

根据建筑规模确定用房面积。如变电所设置在地下一层，需附设机械通风机房。

综合中控室及其设备用房的面积要求如下：

(1) 中央控制室 230 m^2，建议尺寸长 19 m，宽 12.1 m；

(2) 控制室的设备用房 100 m^2，建议尺寸长 12 m，宽 8.5 m。

以上两部分用房宜左右相邻，中间采用玻璃隔断，也可将控制室设置于设备用房上方，用房尽量方整，一般不能设置在地下，控制室用房内在主屏视线范围内不得立柱，主屏宽度约 12 m。架空地板面与吊顶间净距≥4.2 m，架空地板 0.3 m。

维护及办公管理用房面积建议如下：

(1) 班组用房 3×80 m^2，附设更衣间 2×15 m^2。

(2) 备品仓库：60 m^2(可设置在地下，与维护用房联系方便)。

(3) 维修车间：90 m^2(应设置在底层、并直接对外开门)。

(4) 办公室：运营 5×20 m^2、工程 6×30 m^2、行政部门 50 m^2、会议室 70 m^2。

2.7 风塔

2.7.1 设计内容

风塔设计内容包括场址选择、功能设计、外立面景观设计。

2.7.2 设计要点

隧道的通风地面设施包括高风塔、低风亭、敞开(半敞开)风口等形式。通风设施的形式和高度取决于排风方式及环评大气污染物评估结果。位于市中心区或建成区的隧道一般设置高排风塔。当隧道如果周围没有敏感建筑，有条件设置低风亭、敞开(半敞开)风口时，其形式隐蔽、对景观影响少，是一种很好的设计手段，可以设置在不小于 3 m 的地面道路绿化带中。

高排风塔选址、建筑设计都有一定的难度，风塔选址的要点包括：

(1) 保证通风功能。排风机房及风塔的设计，需要满足排风流线顺畅要求、风机安装及维护要求，风塔的通风面积与高度要求、新风口排风塔的安全间距要求。通风设计中高风塔应与隧道洞口有一定的间距，100～200 m，一般担负 70%的废气排放。

(2) 满足规划用地要求。在新建区规划一般预留了市政用地，但是在建成区则需谨慎选址。选址主要考虑用地面积条件以及周边建筑性质，避让学校、住宅、医院等敏感建筑。风塔用地面积还需考虑所设有恶地下设备用房出入口、吊装孔，或养护用房、应急或管养停车场的面积需求。风塔面积与隧道长度、隧道通行车辆的类型有关，通行一般车辆的隧道 40～80 m^2，走重车、集装箱卡车的 80～120 m^2。

(3) 满足环保要求。隧道排风塔需通过环境评估，确定排风量、排风高度以及风塔影响范围，并对后续新建建筑有规划控制要求。控制要求集中在两个方面：

① 敏感建筑物与风塔间距，一般 50～100 m 内无敏感建筑，隧道洞口 50 m 内无新建敏感建筑。

② 新建建筑物的高度，根据环保的国标要求，200 m 内新建建筑应低于风塔 5 m。

根据环保监测的需要，风塔上还需设置检测孔及必要的登高设施。隧道工程案例的的环保要求可参见表 2-14。

表 2-14　　隧道环保要求举例

工　程	位　置	建 设 形 式
军工路隧道	浦西风塔	风塔高度不低于 36 m，50 m 以内无新建敏感建筑
	洞口	道路红线外 30m 无新建建筑
龙耀路隧道	浦西风塔	风塔高度不低于 28 m，50 m 内无高度大于 20 m 的敏感建筑；100 m 内不新建高度大于 20 m 的敏感建筑
	洞口	洞口外 40 m 无新建敏感建筑

(4) 满足规划景观环境要求。风塔的景观设计需要根据规划部门对其景观控制要求进

行，例如黄浦江两岸设置风塔时，景观控制区范围为 50 m，其内设置的风塔需要进行专项评审。

2.7.3 实例汇总

在工程实践中，风塔、风亭设计进行了多种形式的设计尝试，单建、合建与改建均取得了良好的成果(图 2-19)，表 2-15 给出上海多条隧道的风塔形式汇总情况。

表 2-15 风塔形式一览表

工 程	数量/个		风口高度/m	建 设 形 式
上中路隧道	浦西	1	24	单建，路中绿化带
	浦东	10	1	R=2 m 蘑菇式(风机)低排风亭，路中绿化地
军工路隧道	浦东	1	37	路侧单建
	浦西	1	36	与管理中心合建
人民路隧道	浦东	1	24	与东昌路轮渡站合建
	浦西	1	24	与城隍珠宝商城贴邻合建
新建路隧道	浦东	14	1	低敞开风井
	浦西	1	28	路侧单建
西藏南路隧道	浦东	1		单建
	浦西	1		单建
打浦路隧道(老)	浦西	1	>25	老风井改建
打浦路隧道(新)	浦东	1	21	老风井改建
外滩隧道	北段	1	105	与城投控股大厦(核心筒)合建
	南段	1	26	改造原有泵站
			1	2.85~4.45 m 宽，长度 400 m，上下层并线段设置中间采光、通风口
龙耀路隧道	浦西	1	28	单建
	浦东	1	28	单建

(a) 人民路隧道浦西风塔

（b）人民路隧道浦东风塔

（c）上中路风塔

（d）外滩通道南风塔

图 2-19　风塔

2.7.4 改进措施

人民路浦西风塔由于现场条件的限制，风塔出风口面积较小，且风口扁长，因此在调试时，出风不畅，风机不得不增加软起动功率。

敞开直排式风塔，正下方一般均设置了集水坑和雨水沟，但是仍会有雨飘入机房内部，因此风机房此处需增加排水沟与整个排水系统沟通。

隧道采用路中绿化带敞口低排风的形式时，建议考虑地下道路补充设置纵向排水沟措施，避免雨量过大时对路面影响过大。

2.8 建筑构造

2.8.1 沟、盖板及防撞侧石

1. 沟

城市道路隧道建筑构造中的沟主要包括横截沟、路边沟，其设计要点如下。

(1) 横截沟

横截沟根据排水功能要求设计，一般设置在暗埋段洞口内，接入雨水泵房，且应设置 2 条以避免水量大时溢出；隧道内道路最低点设置 1 条横截沟；工作井内设置一条横截沟以减少消防时的排水距离。

横截沟采用整体式铸铁沟盖板，耐久性较好，噪音较小，安全性能好。

从外观来看构造做法有两种，高沟或低沟边混凝土带。低沟边混凝土带，沥青层与深色铸铁盖板平接，色彩接近，景观较好。但沥青侧与盖板的接口处，在运营过程中容易损坏。高沟边带的做法，沥青摊铺时的接口处理相对容易，但因为有三种不同的材质组成，轮压后噪声与前种做法比有所增大，如图 2-20 所示。

(a) 低沟边　　(b) 高沟边

图 2-20 整体式横截沟

施工期间根据预埋件浇筑与沥青层摊铺顺序，有先做预埋件和后开槽式两种做法。横截沟及沟边混凝土带先做，横截沟面突出道路垫层约 80 mm，因此在沥青摊铺时，中粒式层需要人工压实交界处。沥青先摊铺而后开槽的做法，难度在于横截沟安装时与已完成路面取平有一定的困难。

边沟需要设置预埋管，与横截沟直接沟通，避免横截沟面过水时排水不及，导致水没有被及时收集，扩大湿路面的影响范围，如图 2-21 所示。

图 2-21 浅边沟积水情况

横截沟考虑日常维护的要求，建议可开启块(1 块)和固定块(2 块)间隔设置，末端必须保证是可开启块。

2) 路边沟

路边沟有两种形式，除外滩隧道、西藏南路隧道采用了浅槽式外，其他隧道均采用了深槽式。

外滩隧道因圆隧道段内空间余量极小，道路边沟采用了浅槽式。浅槽式占用隧道高度空间较小、形式比较美观，但蓄水、排水功能比较弱。一是消防水系统启动后，路面的积水影响的范围大。二是最低点附近，道路纵坡坡度很小，加上施工误差，最低点未必在设计的位置，而是有所偏移，需要在此段改成深槽式，排到最低点。三是沥青层与道路基层之间的渗水无法排除，如车速快、车辆重的道路可能降低道路面层的耐久性。

2. 板

而城市道路隧道建筑构造中的板主要包括检修口盖板、向下疏散口盖板，其设计要点如下。

1) 检修口盖板

隧道路面检修口盖板包括泵孔、人孔(泵房、电缆通道等)，采用低沟边混凝土横截沟同类型产品，道路沥青与盖板平接。形式较为美观，如图 2-22 所示。

上中路隧道最低点泵房采用了混凝土盖板，这类盖板造价低，但是平整度、外观、轮压噪声都差一些。

龙耀路等其他隧道最低点泵房采用了铸铁盖板，这类盖板造价较高，但是平整度、外观、轮压噪声都比较好。

(a) 混凝土盖板

(b) 整体式铸铁盖板

图 2-22 盖板实例

2）向下疏散口盖板

向下疏散口设计时，分为进入车道、不进入车道两种位置，因此盖板设计需选取合适的荷载。翔殷路隧道、上海长江隧道均采用钢板式的盖板，如图 2-23 所示。

（a）翔殷路隧道盖板　　（b）上海长江隧道盖板

图 2-23　向下疏散口盖板实例

3. 防撞侧石

为了保护隧道，一般情况下，隧道采用 810 mm 的标准高型防撞侧石。

外滩隧道通行小车，虽然有较好的安全性，但整体的内景观效果侧石偏高，可以采用 500 mm 的防撞侧石。外滩隧道部分风机悬挂在车道的两侧，防撞侧石随着侧壁形成的壁龛凹入，车辆有可能驶入凹处而撞坏风机。

有时横断面内，防撞侧石的宽度较宽，应考虑减少混凝土方量的优化做法，例如上中路隧道防撞侧石内放置了空心塑料管，以减少方量；外滩隧道南段防撞侧石宽度满足侧墙装饰板和设备箱安装要求后，与结构之间形成凹槽，考虑排水措施。防撞侧石顶面宽度，在建筑限界之外不小于 450 mm。

2.8.2　道口检查亭

运营管养单位希望隧道进洞口设置检查亭，特别是容易发生误入的位置。考虑道口 2 人值班、交警也可能使用的情况，检查亭最低标准按 2 人设置（4 m^2），有条件的按照 3 人考虑。

因防撞需要，检查亭的整体强度需增大，且保温性能应提高，建议采用高速公路检查亭及其防撞构造。检查亭出入口不要直接对着道路，建议向后面分隔带开门，提高人员安全。亭内建议分隔成两间，其中一间配置上、下水（可进入雨水系统），检查亭附近需有厕所。

2.8.3　构造标准化设计

对横截沟、路边沟、防撞侧石、检修口盖板、向下疏散口盖板标准化设计，参见图 2-24，其中涉及成品盖板的，需与厂家合作设计。

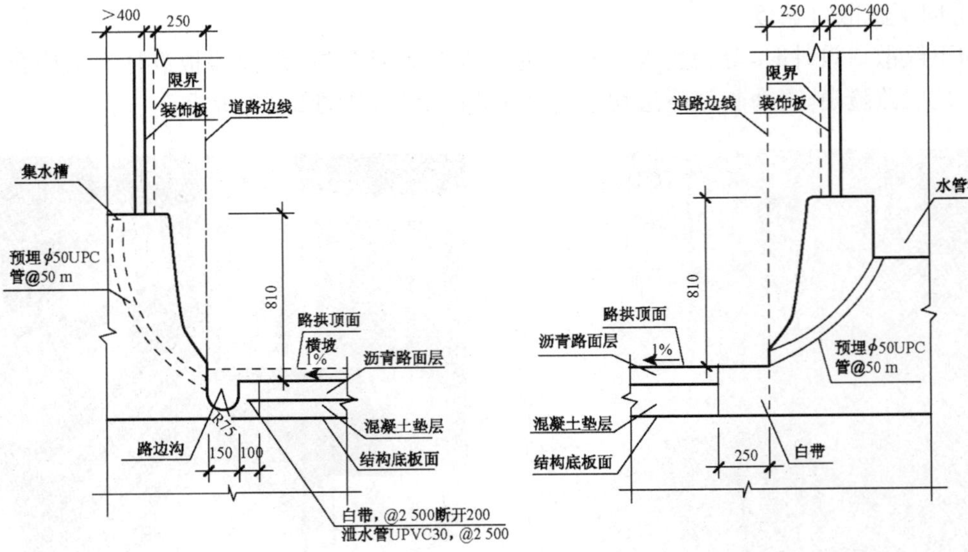

(a) 防撞侧石

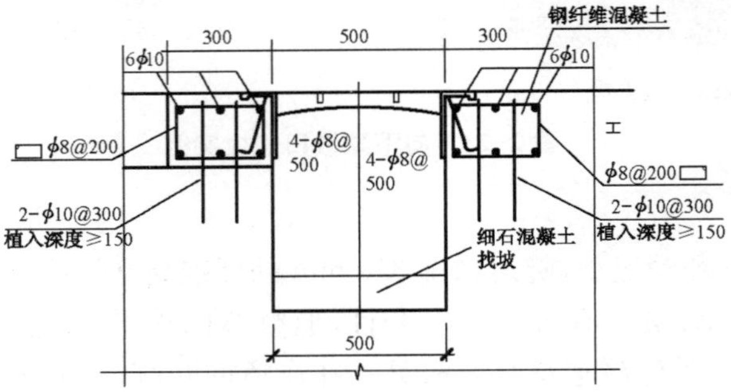

(b) 横截沟

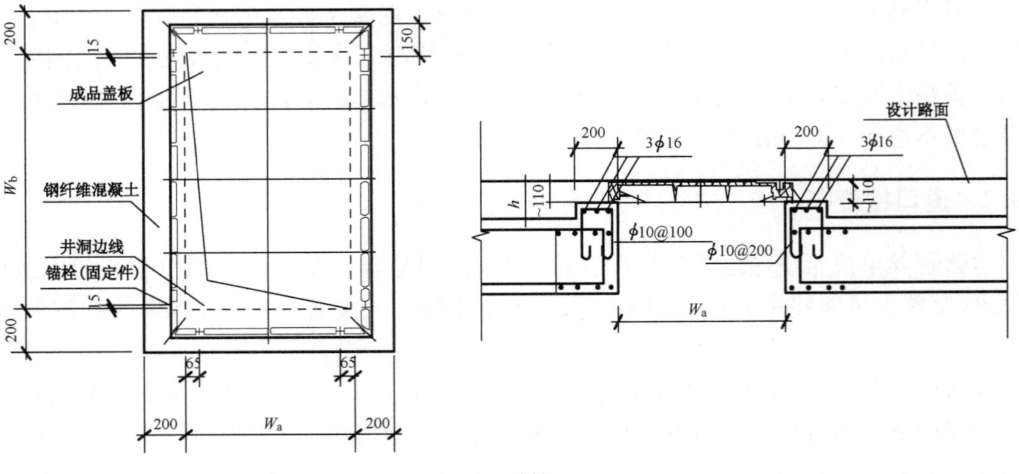

(c) 盖板

图 2-24　构造标准化设计

第3章　结构设计

道路隧道的结构设计，主要包括圆形隧道、明挖结构、附属结构、防水及耐久性等内容。城市道路隧道各个阶段的结构设计工作汇总如图 3-1 所示。

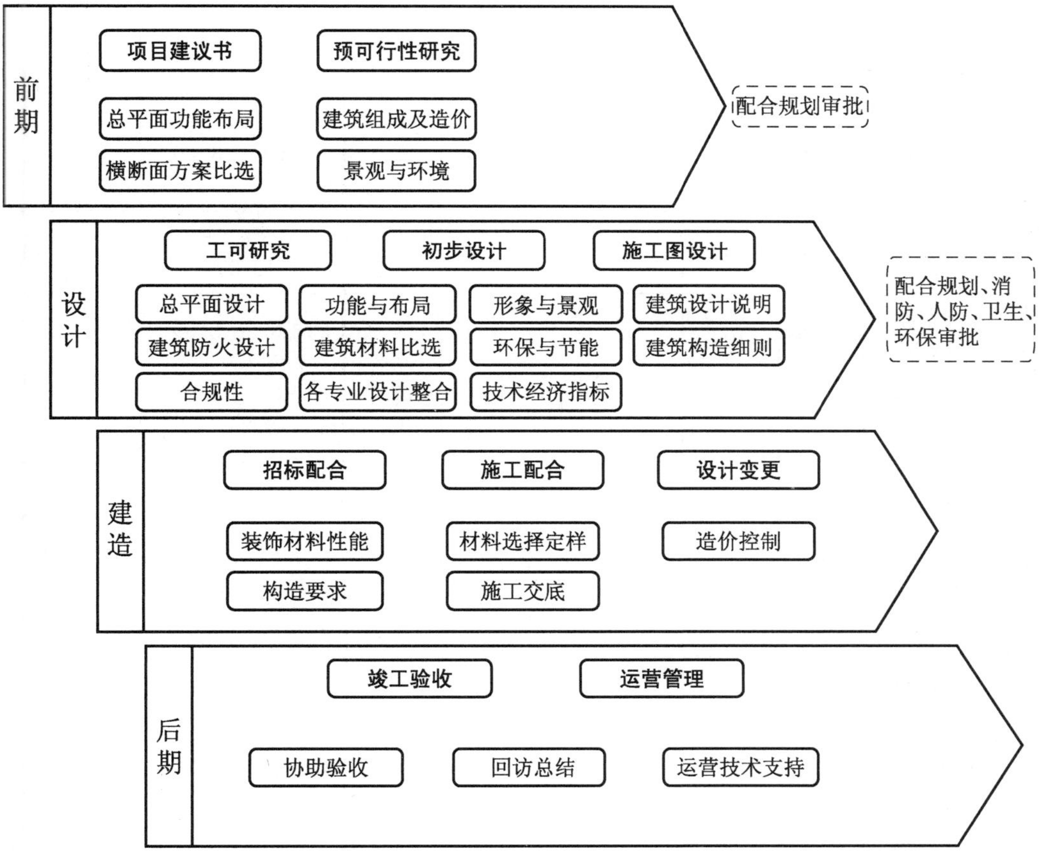

图 3-1　结构设计主要工作

通过对上海部分已建道路隧道设计资料的统计分析(表 3-1)，结合相关设计规范的具体要求，形成道路隧道基本设计原则如下：

(1) 主体结构安全等级为一级，设计使用年限为 100 年。

(2) 结构抗震设防类别为乙类，结构抗震设防烈度为 7 度，并按 8 度采取抗震构造措施。

(3) 结构设计需按 6 级人防抗力等级验算，并设置相应的防护措施。

(4) 明挖隧道结构应按最不利情况的最高地下水位(历史最高水位)全部水浮力进行抗浮稳定验算,在不考虑侧壁摩阻力时,其分项系数不得小于 1.10;当计入侧壁摩阻力时,其抗浮安全系数不得小于 1.05。

(5) 圆隧道结构进行抗浮验算时,应按最不利情况验算,自重抗浮分项系数施工阶段取 1.1,使用阶段取 1.2;有效压重抗浮分项系数施工阶段取 1.1,使用阶段取 1.2。

表 3-1　　上海部分已建道路隧道设计标准

工程规模	工程实例	技术标准							圆隧道外径/m
		道路等级	设计使用年限/年	设计行车速度/(km·h^{-1})	抗震设防标准/度	人防抗力标准/级	主线通行限界/m		
							路面宽度	通行净高	
单层双管双向六车道	长江西路隧道	主干路	100	60	7	6	0.25+0.5+3.75×3+0.5+0.25=12.75	5.2	15.0
	崇明越江隧道	高速公路	100	100	7	6	0.25+0.5+3.75×3+0.5+0.25=12.75	5.2	15.0
	虹梅路隧道	主干路	100	60	7	6	0.25+0.5+3.5×2+3.75+0.5+0.25=12.25	4.5	14.5
双层双管双向八车道	军工路隧道	快速路	100	80	7	6	大车道 0.25+0.5+3.5×2+0.5+0.25=8.5 小车道 0.25+0.5+3.25×2+0.5+0.5=8.25	4.5	14.5
	上中路隧道	快速路	100	80	7	6			
双层单管双向六车道	外滩通道	主干路	100	40	7	6	0.5+3.0×3+0.5=10	3.2	13.95
	迎宾三路隧道	次干路	100	40	7	6	0.25+0.25+3.5×2+0.25+0.25=8	4.5	13.95
单层双管双向四车道	西藏南路隧道	次干路	100	40	7	6	0.25+0.5+3.5+3.75+0.5+0.25=8.75	4.5	11.36
	仙霞西路隧道	次干路	100	40	7	6	0.25+0.25+3.5+3.75+0.25+0.25=8.25	4.5	11.36
	新建路隧道	次干路	100	40	7	6	0.25+0.25+3.5+3.75+0.25+0.25=8.25	4.5	11.36
	龙耀路隧道	次干路	100	40	7	6	0.25+0.5+3.5+3.75+0.5+0.25=8.75	4.5	11.36
	人民路隧道	次干路	100	40	7	6	0.25+0.25+3.5+3.75+0.25+0.25=8.25	4.5	11.36
	翔殷路隧道	快速路	100	80	7	6	0.25+0.5+3.5+3.75+0.5+0.25=8.75	4.5	11.36

续表

工程规模	工程实例	技术标准							圆隧道外径/m
		道路等级	设计使用年限/年	设计行车速度/($km \cdot h^{-1}$)	抗震设防标准/度	人防抗力标准/级	主线通行限界/m		
							路面宽度	通行净高	
双层双管双向六车道	复兴路隧道	次干路	100	40	7	6	大车道 0.25+0.25+3.5+2.5+0.25=6.75 小车道 0.25+0.25+3.0×2+0.25+0.5=7	4.0 2.6	11.0
单层双管双向四车道	大连路隧道	次干路	100	40	7	6	0.25+3.5+3.75+0.25=7.75	4.5	11.0
	打浦路隧道	次干路	100	40	7	6	0.25+3.5+3.75+0.25=7.75	4.5	11.0

3.1 盾构圆形隧道结构

3.1.1 几何设计

1. 曲线半径

圆形隧道段所能采用的最小曲线半径取决于隧道的直径、盾壳内藏管片的长度、盾构车架的长度以及其内部的走行系统等，盾构机的选型要与工程条件相匹配，一般情况下最小平曲线半径为(45～80)D(D 为隧道外径)，在对盾构设备的适应能力进行核实后可减小最小曲线半径。表 3-2 给出了上海多条已建盾构圆形隧道的最小平曲线半径。

表 3-2　　隧道最小平曲线半径统计

序号	隧道名称	隧道外径 D/mm	最小平曲线半径 R/m	R/D
1	上中路隧道	14 500	1 000	69
2	人民路隧道	11 360	550.25	48
3	军工路隧道	14 500	1 370	94
4	外滩通道	13 950	550	39
5	翔殷路隧道	11 360	2 045.2	180
6	复兴东路隧道	11 000	500	45
7	大连路隧道	11 000	500	45
8	长江西路隧道	15 000	910.8	61
9	崇明越江隧道	15 000	4 000.1	267
10	打浦路复线隧道	11 000	380	35

续表

序号	隧道名称	隧道外径 D/mm	最小平曲线半径 R/m	R/D
11	西藏南路隧道	11 360	700	35
12	仙霞西路隧道	11 360	950	84
13	新建路隧道	11 360	2 500	220
14	龙耀路隧道	11 360	750	66
15	迎宾三路隧道	13 950	700	50

由表 3-2 可见，在已统计的越江隧道中，打浦路隧道复线工程最小平曲线半径为380 m，仅为 35 D，是目前国内外同规格盾构隧道中最小的，该工程在小半径曲线段采用了1.5 m环宽的常规管片与 0.75 m 的小环宽管片组合的模式拟合曲线，施工过程未出现异常，结构使用状况良好。图 3-2 是隧道的最小曲线半径范围与隧道外径关系图。

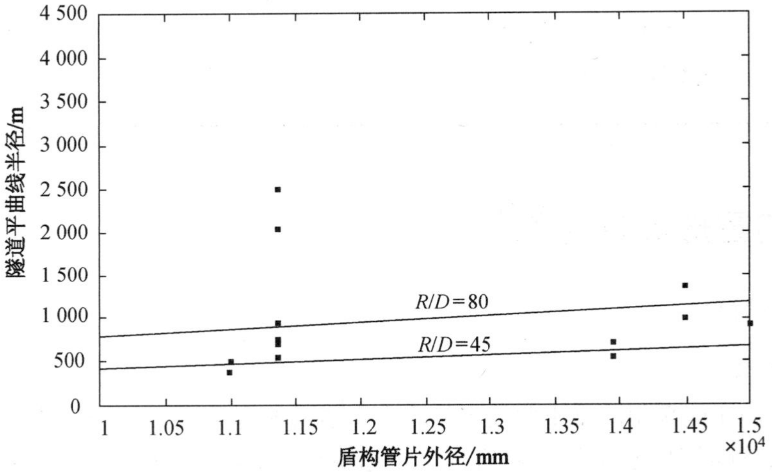

图 3-2　最小曲线半径与隧道外径关系图

2. 最大纵坡

隧道纵坡设计的主要控制因素在于满足道路车辆通行要求外，尚应满足盾构机动力系统以及配套设备系统的要求。已建隧道中，复兴东路隧道的纵坡最大，达到 5.59%，仙霞西路、人民路隧道的最大纵坡为 5%，迎宾三路隧道的最大纵坡为 5.5%。相关隧道最大纵坡统计可参见表 3-3。

表 3-3　　盾构段隧道最大纵坡统计

隧道名称	上中路隧道	人民路隧道	军工路隧道	外滩通道	翔殷路隧道	复兴东路隧道	大连路隧道	崇明越江隧道	打浦路复线隧道	西藏南路隧道	仙霞西路隧道	新建路隧道	龙耀路隧道	迎宾三路隧道	长江西路隧道
最大纵坡/%	4.5	5	4.5	5	4.2	5.6	4.3	2.9	4.8	4.8	5	4.5	5	5.5	4

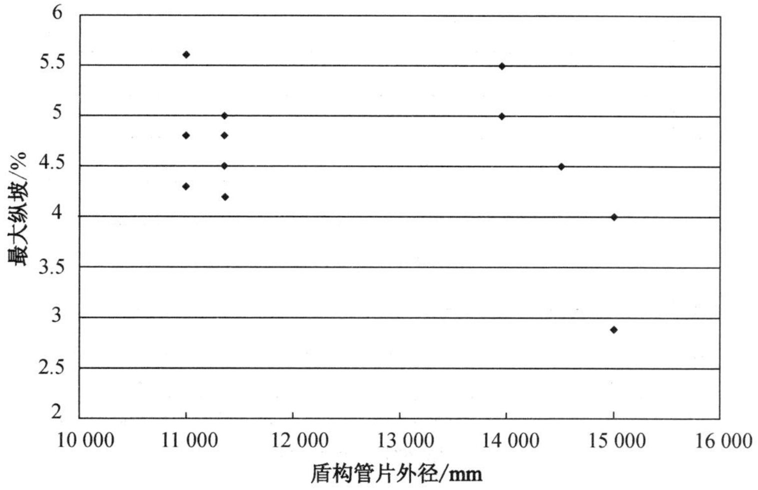

图 3-3 最大纵坡与隧道外径关系图

3. 隧道线形的选择——平纵断面的拟合

隧道的中心线是由直线及曲线组成。设计常常采用楔形衬砌环来实现盾构隧道在曲线上偏转及纠偏，楔形衬砌环最大宽度与最小宽度之差称为楔形量。一般来说，楔形量的确定具有经验性，应考虑管片种类、环宽、直径、曲线半径、曲线区间楔形管片环使用比例、管片制作的方便性、盾尾操作空隙因素综合确定；管片楔形量还必须为施工留出适当的余裕。楔形衬砌环结构如图 3-4 所示。

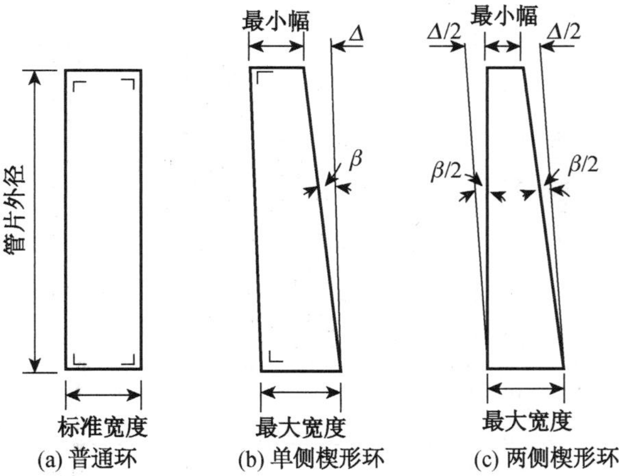

注：β—楔形角；Δ—楔形量。

图 3-4 楔形衬砌环结构

而楔形量与转弯半径存在一定的关系，如图 3-5 所示。图中，阴影部分是管片的平面投影，圆弧是隧道设计中心线，圆弧中心点 O_1 是隧道的转弯半径所在的中心点，O_2 是理论上能拼出的最小转弯半径时的圆心，则 $O_2P < O_1P$。

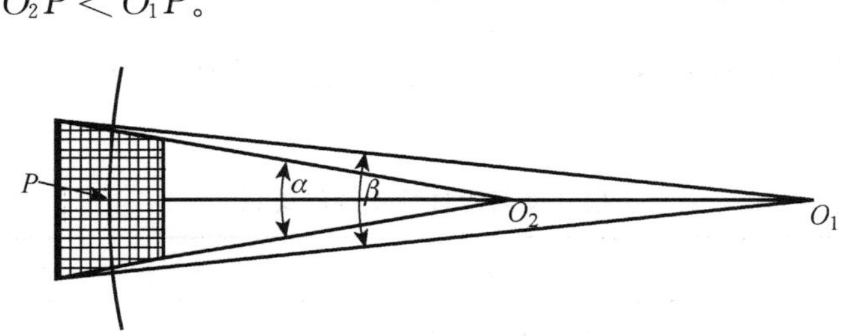

图 3-5 楔形量与转弯半径示意图

而已建隧道管片外径与楔形量的相互关系，可参见图 3-6。

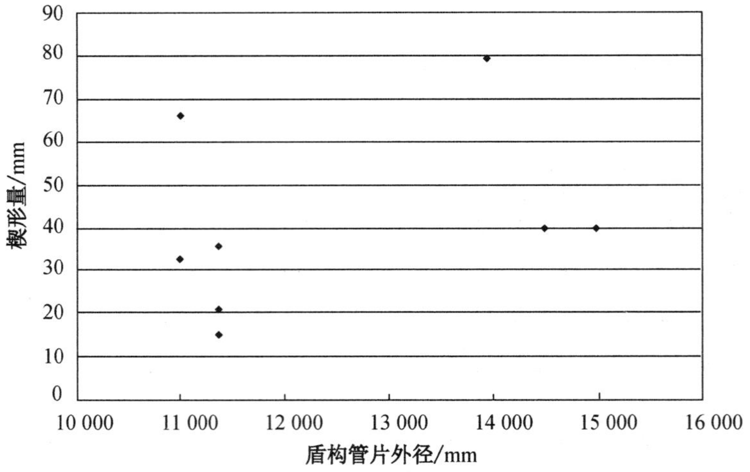

图 3-6　上海已建隧道管片楔形量的统计

日本曾统计管片外径与楔形量的相关关系，如图 3-7 所示。

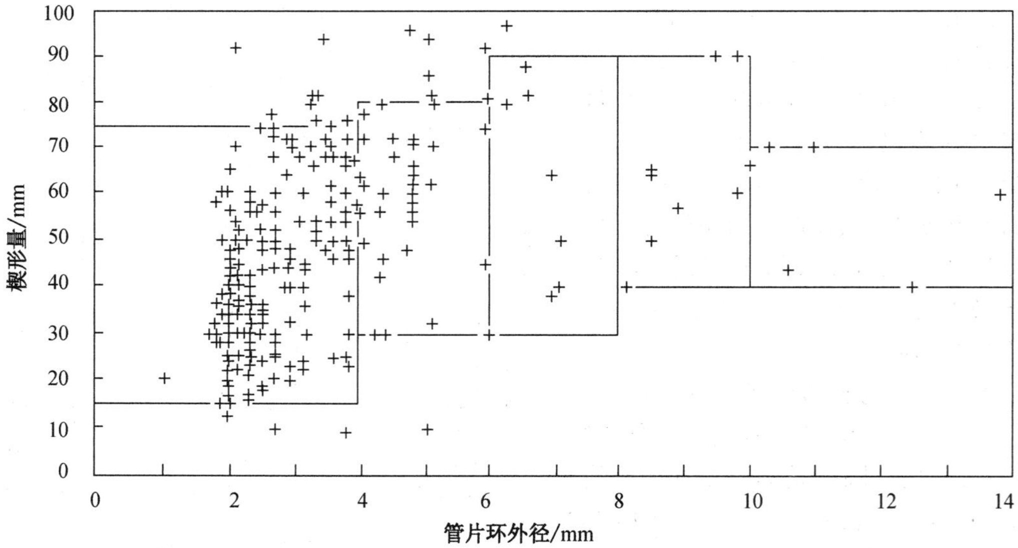

图 3-7　楔形量的施工统计

日本《盾构工程用标准管片(1990 年)》规定，管片环外径与楔形量的关系如表 3-4 所示。

表 3-4　楔形量与管片环外径的关系

管片环外径 D_0/m	$D_0<4$	$4\leqslant D_0<6$	$6\leqslant D_0<8$	$8\leqslant D_0<10$	$10\leqslant D_0$
楔形量/mm	15～75	30～80	30～90	40～90	40～70

而在上海已建道路隧道工程中，仅有部分 11 m 级的盾构采用了标准环＋楔形环形式，大多数采用的是通用型管片。

从理论上而言，通用管片可适用于所有单圆盾构施工的隧道工程，其理由在于，通过通用管片的有序旋转可完成直线段、不同半径的曲线段以及空间曲线段。在隧道的实际设计过程中，通用管片更适用于轴线存在较多曲线段以及空间曲线段的隧道。同时，通用管片只采用一种类型的楔形管片环，经过组合优化，使得楔形管片适用于直线段隧道和曲线隧道。由于只需一种管片类型，可节省钢模数量，且管片拼装自动化程度高。

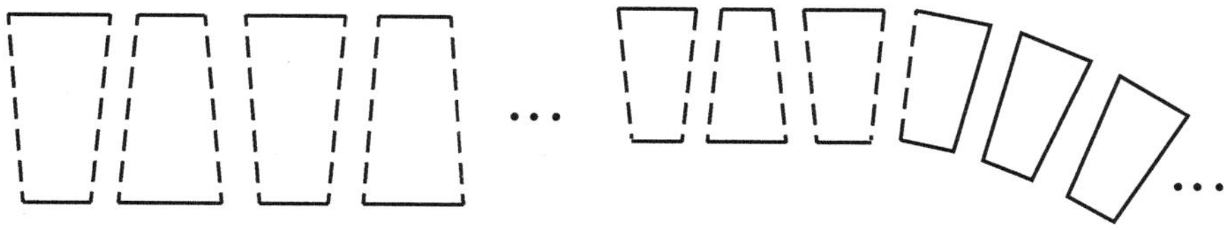

(a) 直线段　　(b) 曲线段

图 3-8　通用环拟合线路

当采用通用管片拟合曲线时，通缝拼装情况下，最小转弯半径的计算可采用如下公式：

$$R_a = \frac{B \times D_1}{2\Delta} \tag{3-1}$$

错缝拼装时，则可按下式计算理论最小转弯半径：

$$R_a = \frac{B \times D_1}{2\Delta\left[1 - 2\sin\left(\frac{\pi}{n}\right)\right]} \tag{3-2}$$

式中　Ra——管片理论上的最小转弯半径；

n——纵向螺栓的分组数，即拼装点位总数；

B——管片环宽；

D_1——管片外径；

Δ——单面楔形量。

另外，还有一种为左右楔形衬砌环，这种管片组合形式采用了两种类型的楔形衬砌环，根据线路偏转方向及施工纠偏的需要，设计左转弯、右转弯楔形衬砌环，在直线段通过左转弯和右转弯衬砌环一一对应组合形成直线，相应的管模类型有两种。

施工前，根据设计轴线的走向和管片的几何特征对管片预先进行统筹安排，即“设计排版”；施工时，根据测得的盾构走势和管片姿态进一步确定新的选型方案。管片的线形拟合往往通过盾构导向系统、管片排版拟合系统进行分析。

单一管线衬砌的楔形量宜控制在较小范围内；而复合式衬砌，可视管片结构为临时承载结构或降低刚度参与永久承载，可采用较大楔形量，比如 50～100 mm。

由于竖曲线常常是平曲线的几倍到几十倍，因此在线性拟合时容易忽视；需要注意的是，由于重力的因素，竖曲线实施时更易出现错台或张开现象，进而引起破损或漏水。因此，应重视在有竖曲线情况下的管片排版情况。

4. 盾构隧道间的最小距离

为了减少对先推进盾构隧道的影响，两条隧道间需保留一定的安全距离，即隧道间的最小净距,表 3-5 给出了上海多条已建隧道间的最小水平净距。

表 3-5　隧道间的最小水平净距统计

序号	隧道名称	衬砌圆环外径 D /mm	双管间的最小净距 s /m	s/D
1	上中路隧道	14 500	8.97	0.62
2	人民路隧道	11 360	3.8	0.33
3	军工路隧道	14 500	8.45	0.58
4	外滩通道	13 950	—	—
5	翔殷路隧道	11 360	6	0.53
6	复兴东路隧道	11 000	6	0.55
7	大连路隧道	11 000	6	0.55
8	长江西路隧道	15 000	10.1	0.67
9	崇明越江隧道	15 000	7.9	0.53
10	打浦路复线隧道	11 000	13.6	—
11	西藏南路隧道	11 360	5.9	0.52
12	仙霞西路隧道	11 360	6.4	0.56
13	新建路隧道	11 360	6	0.53
14	龙耀路隧道	11 360	4.89	0.43
15	迎宾三路隧道	13 950	—	—

由表 3-5 可见,最小水平净距一般为(0.5～0.6)D(D 为隧道外径)。工程受限时,也可采取一定的工程措施来减少两条隧道间的距离。例如,人民路隧道盾构进出洞处盾构隧道间的最小距离仅 3.8 m(约 0.33D),施工时在两隧道间采取了钻孔灌注桩隔离措施,减少对已建隧道的影响,图 3-9 为已建的多条隧道的最小水平净距与隧道外径关系图。

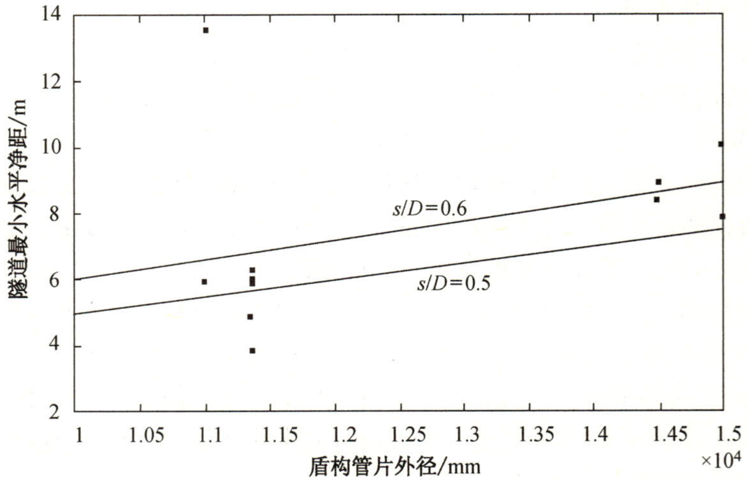

图 3-9　隧道间最小水平净距与隧道外径关系分布图

5. 隧道最小覆土厚度

盾构最小覆土厚度与工程地质、周边环境有关，覆土厚度越小，对地面的影响越大。表3-6给出了上海多条已建隧道的最小上覆土厚度统计数据。

表 3-6　　隧道最小覆土厚度统计

序号	隧道名称	衬砌圆环外径 D/mm	最小覆土厚度 h/m	h/D
1	上中路隧道	14 500	8.03	0.55
2	人民路隧道	11 360	6	0.53
3	军工路隧道	14 500	9.2	0.63
4	外滩通道	13 950	9	0.65
5	翔殷路隧道	11 360	6.9	0.61
6	复兴东路隧道	11 000	7.7	0.7
7	大连路隧道	11 000	7	0.64
8	长江西路隧道	15 000	9.4	0.63
9	崇明越江隧道	15 000	7	0.47
10	打浦路复线隧道	11 000	9.7	0.88
11	西藏南路隧道	11 360	8.5	0.75
12	仙霞西路隧道	11 360	7	0.62
13	新建路隧道	11 360	6	0.53
14	龙耀路隧道	11 360	8.35	0.74
15	迎宾三路隧道	13 950	6.6	0.47

由表3-6可见，为了减少明挖段的长度及深度、节约工程投资，在工程条件允许的情况下，尽量采用较小的覆土厚度，盾构的最小覆土厚度一般取在(0.53～0.70)D(D为隧道外径)，图3-10为已建的多条隧道的最小覆土厚度与隧道外径关系图。

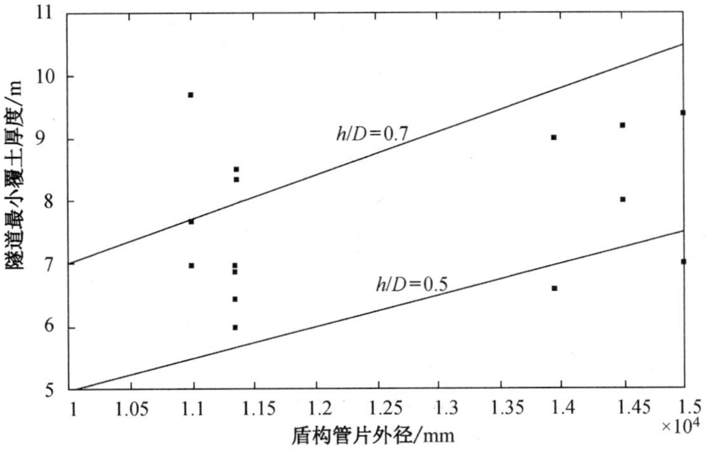

图 3-10　隧道最小覆土厚度与隧道外径的离散分布图

6. 横断面设计

对于道路路隧道，除要按照规定的级别考虑建筑限界之外，还需要考虑一定的富余量（如检修通道、照明设备、防灾设备、监视设备、通风设备，如射流风机、内装修和附属设备的空间）和盾构施工误差来确定。施工误差一般为 50～150 mm，并结合施工条件来确定。

道路隧道中会考虑在一定的间隔设置紧急停车带而缩小路面宽度或变更断面尺寸，由于盾构隧道施工时不能更改断面，因此在净空断面拟合时，还需综合地考虑隧道的耐久性、施工性和经济性。盾构隧道断面增大，造价增加，结构自稳性会变差；但从长期考虑，较大的断面对通行能力或使用性能方面有很大的发展和富裕空间。

7. 管片分块

管片是在工厂制作好的预制件，在构筑隧道时运至现场并拼装成环。管环通常由 A 型管片（标准块）、B 型管片（邻接块）和 K 型管片（封顶块）构成，见图 3-11。

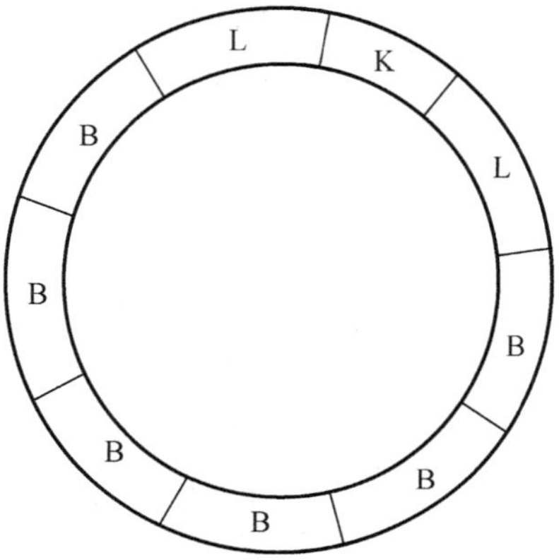

图 3-11　管片分块示意图

通常，随着盾构直径的增大，管片分块数量增加。但较少的管片分块具有降低施工制造成本、加快拼装速度和衬砌提高止水性能等优点，但是单块管片尺寸和重量将会增加，给管片搬运和拼装等施工带来诸多问题。另外，从结构受力和变形的角度看，不同的分块形式（分块数量、管片大小的差异、K 块大小等）对结构分析也有一定的影响，因此设计中应对管片分块数量以及形式进行综合地研究。

道路隧道除了管片结构设计外，还要考虑行车道板的结构设计，通常考虑轮载的最不利位置、自重荷载的等作用效应，对结构进行内力计算。

3.1.2　管片设计

管片设计是按隧道的横断面和纵断面方向分别来进行的。通常情况下，按横断面方向的设计来决定管片的断面设计，根据地震及地基沉降的影响等来分析研究纵断面方向上管片的断面设计。可以认为管片按照横断面进行设计，按照纵断面进行稳定性验算。目前，对于横断面的设计较为成熟，纵断面的稳定性设计国内做得不多。

1. 管片类型

管片按照材质的不同，主要可分为钢筋混凝土管片、铁质管片、钢管片及钢板与钢筋混凝土复合管片（图 3-12）。

而按照断面形式的不同主要有箱形、平板形管片，详见图 3-13。

钢筋混凝土管片成本低，耐久性好，是目前常用的管片形式。钢管片和铸铁管片的延性和强度好，管片较轻，安装运输方便，耐蚀性好，机械加工后管片精度高，能有效地防渗抗漏，常用于隧道通过高层建筑或桥梁地段，以及地层不均匀的地段。复合管片的构造形式是：外周、内弧面或外弧面采用钢板焊接，在钢壳内部用钢筋混凝土浇灌，形成由钢板和钢筋混凝土复合的管片，常用于区间隧道的特殊段，如隧道与工作井交界处，旁通道连接处，变形缝处，垂直顶升段及有特殊要求的泵房交界和通风井交界处等。有时也用于高压水条件下的

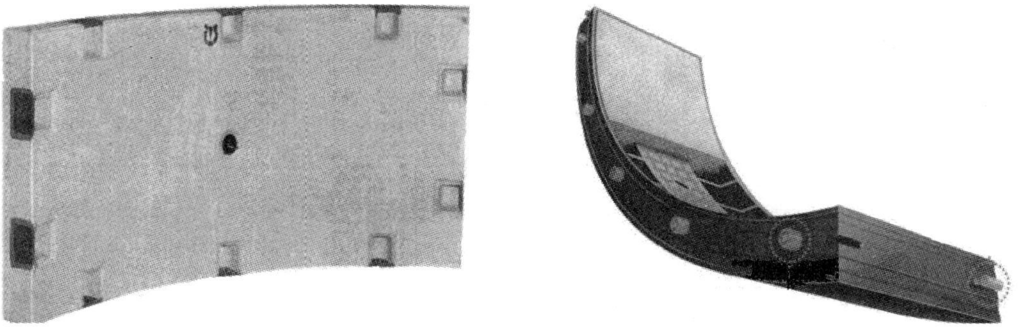

(a) 钢筋混凝土管片　　　　(b) 复合管片

图 3-12　管片的类型

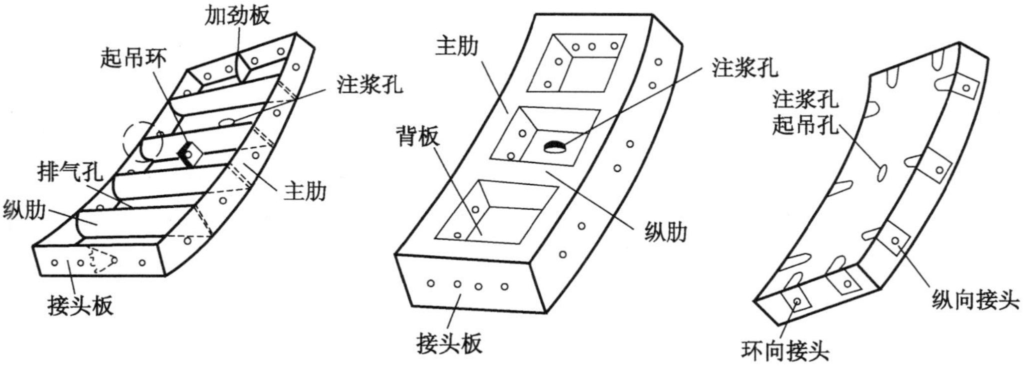

(a) 铸铁管片　　(b) 钢筋混凝土箱形管片　　(c) 平板形管片

图 3-13　管片的类型

输水隧道中。由于其耐腐蚀性差，造价较高，无特殊要求时不宜大量采用。

箱形管片是指因手孔较大而呈肋板型结构的管片。手孔大不仅方便螺栓的穿入和拧紧，而且也节省了大量的材料，并使单块管片重量减轻。箱形管片通常使用在大直径隧道中，但若设计不当时，在盾构推进油缸的作用下容易开裂。

平板型管片是指手孔较小而呈现曲板型结构的管片，由于管片截面削弱小，对盾构推进油缸具有较大的抵抗能力，正常运营时对隧道通风阻力也小。

目前，国内的盾构隧道大多采用平板型钢筋混凝土管片。

2. 管片厚度和环宽

1）管片厚度

管片厚度由隧道外径、土质条件、上覆土厚度、结构耐腐蚀性等因素共同确定，同时其厚度还必须能够承受住施工时的千斤顶推力，并考虑隧道的使用目的。当管片厚度太薄时，施工时容易产生损伤，进而导致结构稳定性变差。通常厚度增加结构强度变大，且结构的内力会有所增大。表 3-7 是多条相关隧道的衬砌圆环厚度分析表。

表 3-7　衬砌圆环厚度分析表

序号	隧道名称	衬砌圆环外径 D/mm	管片厚度 A/mm	A/D
1	上中路隧道	14 500	600	0.041
2	人民路隧道	11 360	480	0.042
3	军工路隧道	14 500	600	0.041
4	外滩通道	13 950	600	0.043
5	翔殷路隧道	11 360	480	0.042
6	复兴东路隧道	11 000	480	0.044
7	大连路隧道	11 000	480	0.044
8	长江西路隧道	15 000	650	0.043
9	崇明越江隧道	15 000	650	0.043
10	打浦路复线隧道	11 000	480	0.044
11	西藏南路隧道	11 360	500	0.044
12	仙霞西路隧道	11 360	500	0.044
13	新建路隧道	11 360	480	0.042
14	龙耀路隧道	11 360	480	0.042
15	迎宾三路隧道	13 950	600	0.043

由表 3-7 可见，管片的厚度一般为管片外径的 4%左右，大直径的管片厚度约为外径的 4.5%。而隧道衬砌管片厚度与隧道外径关系，可参见图 3-14。

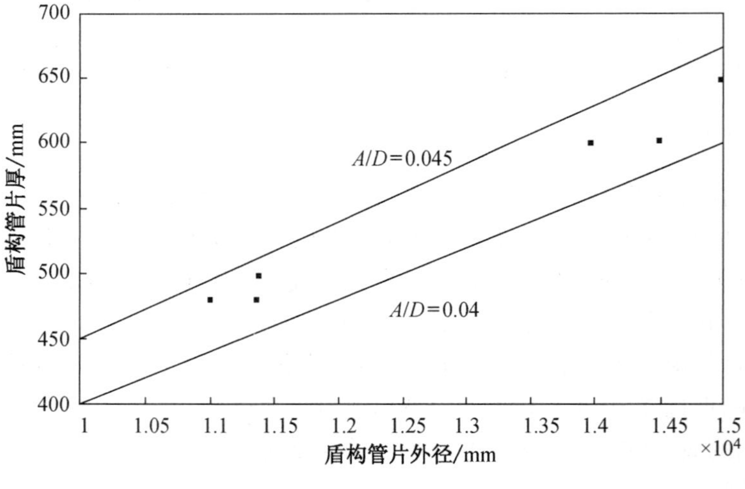

图 3-14　管片厚度与外径关系分布

由图 3-14 可见，隧道衬砌管片厚度随隧道外径增大而增大，且在调研的隧道中，管片结构厚度与衬砌圆环的外径之比为 0.0 414～0.044。

2) 环宽

从搬运、拼装和曲线部位的施工性来看，管片宽度小对施工较为有利，但是环宽的减小将增大管片环数的增加，进而也会导致环缝接头数量的增大，从降低管片制作成本、提高施工速度和提高止水性等角度看，较大的环宽较为有利，但施工时又会有所不便，且对盾构千斤顶的行程要求加大。同时，随着盾构断面的加大，环宽也随之增加，调研的隧道中，衬砌圆环环宽有 2.0 m、1.5 m 两种类型，直径大的隧道选用较大的衬砌环宽。

设计中，管片环宽的选择应根据隧道的断面、线形、造价、防水，并结合实际的施工经验等因素综合确定。

3. 接头构造

管片接头一般包括接缝、螺栓及其附近(如螺栓孔)的部位。接头的设计需要从力学、防水及施工运输等方面进行考虑。总的来说，接头的构造一般有连接件、榫槽、传力衬垫、弹性密封垫和嵌缝等部分组成。

1) 接头形式

接头的对接方式主要有全面对接式、部分表面对接式、键式、搭接式和凹式等。目前盾构箱形管片的接缝多采用平面接触连接，平板型管片多采用全面对接式或有凹凸榫槽的搭接形式。当采用凹凸榫槽的搭接形式时，管片接头抗剪验算的时候，一般不考虑凹凸榫槽的抗剪能力，仅将其看成抗剪的储备。

2) 接头紧固件

按照接头的紧固方法不同，可分为有螺栓连接(直螺栓、弯螺栓、斜插螺栓、贯通螺栓等)、无螺栓连接及销钉连接等。

目前国内盾构隧道的接头多采用螺栓连接形式，通常环间螺栓的尺寸小于等于管片与管片之间的连接螺栓直径。接头螺栓的配制可采取以下方法：

(1) 对于混凝土平板型管片，尤其需要考虑接头部的应力传递和配筋上的制约、与楔形管片的匹配等可制作性和截面缺损部分的平衡等因素，确定管片宽度方向的螺栓配置；

(2) 对于箱形混凝土管片，当管片厚度较小时，多沿宽度方向一排均匀配置 3 根螺栓，管片厚度较大时，可按照双排布置，外侧 2 根，内侧 3 根；

(3) 对于环间接头螺栓，不论管片的种类和高度如何，大多为 1 排配置在离管片内侧 1/4～1/2 的位置上。

钢管片的接头螺栓设计时，采用以管片边缘为回转中心的模型计算螺栓受力；混凝土管片则按照螺栓被视为受拉钢筋的钢筋混凝土截面进行设计和验算。

3) 传力衬垫

在接缝处设置的传力衬垫可作为管片接头受力的缓冲，控制管片开裂。由于传力衬垫的弹性模量远小于混凝土，因此衬垫的厚度对接头刚度的影响较大，可以认为接头的变形很大程度上取决于衬垫的变形。

4) 嵌缝和弹性密封垫

嵌缝是在管片环缝、纵缝的内侧设置的嵌缝槽，在槽内添加止水材料来达到防水的目的，通常是接缝弹性密封垫防水的补充，断面形式如图 3-15 所示。

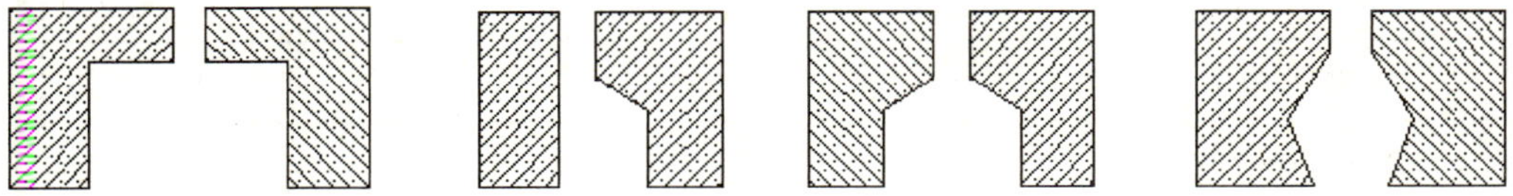

图 3-15　嵌缝槽形式示意图

弹性密封垫是加设在接缝处防止外部水渗进隧道的一道防线，根据盾构尺寸、设计水压力的不同，可沿管片厚度方向设置一道或两道密封垫防水。

嵌缝是将隧道允许渗漏量的水引导至规定位置，是一种排水的方法。根据《盾构法隧道防水技术规程》的要求，只有达到一级防水的工程，嵌缝防水才是必选项目，在已建的隧道中，大部分隧道衬砌环、纵缝进行了嵌缝，嵌缝材料采用了聚合物水泥砂浆或密封胶。

5）射流风机与管片的连接

射流风机是盾构隧道中悬吊于车行道上方的较重的设备，射流风机动荷载往往达到其静荷载的数倍甚至数十倍，其与管片的连接安全度要求较高。射流风机与管片的连接形式有锚栓连接、化学植筋连接、预埋钢板及与管片螺栓连接等多种形式，其中化学植筋连接材料耐久性及动力疲劳性能较差，该种连接模式不建议采用；射流风机与管片螺栓连接形式存在螺栓结构受力不清晰等问题，不建议采用；预埋钢板连接方式在通用管片中受管片姿态难以控制的限制，在已建隧道中应用较少，但其安全性能较高，建议在条件允许的情况下，尽量采用预埋钢板的连接形式，可采用调整射流风机里程及前后几环管片姿态的方式来控制预埋钢板管片的姿态；锚栓连接形式可于隧道贯通后钻孔连接，能满足射流风机的受力要求、安装简便，在已建隧道中应用较多。相关调研信息可见表 3-8 及表 3-9。

表 3-8　隧道嵌缝及射流风机连接形式统计表

序号	隧道名称	嵌缝范围及材料	射流风机与管片连接形式
1	上中路隧道	无要求	锚栓连接
2	人民路隧道	采用聚合物水泥防水砂浆或密封胶嵌填所有衬砌接缝	锚栓连接
3	军工路隧道	无要求	锚栓连接
4	外滩通道	采用聚合物水泥防水砂浆或密封胶嵌填所有衬砌接缝	锚栓连接
5	翔殷路隧道	采用聚合物水泥防水砂浆或密封胶嵌填所有衬砌接缝	锚栓连接
6	复兴东路隧道	采用聚合物水泥防水砂浆或密封胶嵌填所有衬砌接缝	锚栓连接
7	大连路隧道	采用聚合物水泥防水砂浆或密封胶嵌填所有衬砌接缝	锚栓连接
8	长江西路隧道	采用聚合物水泥防水砂浆或密封胶嵌填所有衬砌接缝	无连接
9	崇明越江隧道	采用聚合物水泥防水砂浆或密封胶嵌填所有衬砌接缝	无连接
10	打浦路复线隧道	采用聚合物水泥防水砂浆或密封胶嵌填所有衬砌接缝	与螺栓连接
11	西藏南路隧道	—	预埋钢板
12	仙霞西路隧道	—	预埋钢板
13	新建路隧道	全环	与螺栓连接
14	龙耀路隧道	全环	化学植筋连接
15	迎宾三路隧道	全环	锚栓连接

表 3-9　　衬砌结构信息统计表

技术参数 \ 隧道名称	长江西路隧道	崇明越江隧道	上中路隧道	军工路隧道	虹梅路隧道	外滩通道	迎宾三路隧道	西藏南路隧道	仙霞西路隧道	新建路隧道	龙耀路隧道	人民路隧道	翔殷路隧道	复兴东路隧道	大连路隧道	打浦路复线隧道
管片外径/mm	15 000	15 000	14 500	14 500	14 500	13 950	13 950	11 360	11 360	11 360	11 360	11 360	11 360	11 000	11 000	11 000
管片厚度/mm	650	650	600	600	600	600	600	500	500	480	480	480	480	480	480	480
环宽/mm	2 000	2 000	2 000	2 000	2 000	2 000	2 000	1 500	1 500	1 500	1 500	1 500	1 500	1 500	1 500	1 500
分块数	10	10	10	10	10	9	9	8	8	8	8	8	8	8	8	8
分块形式	7+2+1	7+2+1	7+2+1	7+2+1	7+2+1	6+2+1	6+2+1	等分	等分	等分	等分	5+2+1	5+2+1	5+2+1	5+2+1	5+2+1
楔形管片形式	双面	双面	双面	双面	双面	双面	双面	单面	单面	双面	双面	双面	双面	双面	双面	双面
楔形管片楔形量/mm	40	40	40	40	40	79.72	79.72	36	36	15.49	21.3	21.3	15.5	66	33	66
拼装形式	错缝	错缝	错缝	错缝	错缝	错缝	错缝	错缝	错缝	错缝	错缝	错缝	错缝	错缝	错缝	错缝
管片类型	通用	通用	通用	通用	通用	通用	通用	通用	通用	标准	标准	标准	标准	标准	标准	标准
混凝土强度	C60	C60	C55	C55	C60	C60	C60	C55	C55	C50	C50	C50	C50	C50	C50	C50
抗渗等级	P12	P12	P12	P12	P12	P12	P12	P10	P10	S10	S12	P12	P10	P10	P10	S10
深埋最大覆土	30	29.4(25)	33.2	28.9	43	25	26.5	25		29	25	27.5	29.1	28.1		26.8
中埋最大覆土	23	20	—	—	30	—	23	—	—	—	—	—	—	—	—	—
浅埋最大覆土	15	15	20	21.2	18	12	17	18	18	18	18	18	18.5	15	—	18
深埋管片含钢量/(kg·m^{-3})	181	184(163)	158	145	205	167	180	179		195	190	192	192	—	—	159
中埋管片含钢量/(kg·m^{-3})	154	148	—	—	154	—	170	—	—	—	—	—	—	—	—	—
浅埋管片含钢量/(kg·m^{-3})	134	138	143	133	125	137	156	152	154	163	164	164	159	—	—	137
纵向连接形式	斜螺栓	斜螺栓	斜螺栓	斜螺栓	斜螺栓	斜螺栓	斜螺栓	直螺栓	直螺栓	弯螺栓	弯螺栓	弯螺栓	弯螺栓	弯螺栓	弯螺栓	弯螺栓
纵向螺栓直径	M30	M30	M27	M27	M27	T30	T30	M30	M30	M30	M30	M36	M36	M36	M36	M36
纵向螺栓数量/环	38	38	38	38	38	34	34	32	32	32	32	32	32	32	32	32
环向连接形式	斜螺栓	斜螺栓	斜螺栓	斜螺栓	斜螺栓	斜螺栓	斜螺栓	弯螺栓	弯螺栓	弯螺栓	弯螺栓	弯螺栓	弯螺栓	弯螺栓	弯螺栓	弯螺栓
环向螺栓直径	M39	M39	M36	M37	M38	T36	T36	M36	M36	M36	M36	M36	M36	M36	M36	M36
环向螺栓数量/环	20	20	20	20	20	18	18	32	32	24	24	24	24	24	24	24

4. 预留注浆孔与螺栓孔

1）注浆孔

目前，由于多采用盾尾同步注浆技术，每块管片上的注浆孔大多只有一个，多用于二次注浆，注浆孔的减少对衬砌防水有利。注浆孔位于管片的中心，且未沿着管片厚度方向全部贯通，外层混凝土保护层厚度宜根据抗冲切计算确定，原则上不宜小于 70 mm。设计时，其注浆孔径的大小须根据使用的注浆材料确定，一般采用内径 50 mm。

2）螺栓孔

表 3-10　　混凝土平板型管片螺栓孔尺寸范围　　单位：mm

螺栓直径	16	18	20	22	24	27	30	33	36
螺栓孔直径	19	21～23	23～25	25～27	27～29	30～32	33～36	36～39	39～41

注：螺栓直径为螺栓规格；螺栓孔直径为最小处的尺寸。

5. 封顶块(K 块)的设计

1）K 块的大小

K 块的大小对于结构内力有一定的影响，研究计算表明 K 块存在会导致管片的弯矩和剪力的最大值有所增加且 K 块的位置的变形量有所增加，同时当小 K 块位于拱底部的时候其受力不合理；但增大 K 块对于施工拼装不利，因此，设计前对于 K 块大小的选择也应有所重视。

2）K 块的插入角度和接头角度

管片的拼装是从隧道底部开始，先安装标准块（A 管片），依次安装相邻块（B 管片），最后安装封顶块（K 管片）。K 块根据管片拼装方式的不同，有从隧道内侧向半径方向插入的径向插入型、从隧道轴向插入的轴向插入型以及两者并用的类型(图 3-16)。目前多采用径向插入和轴向插入并用的形式，径向搭接 2/3 管片宽度，再轴向插入。

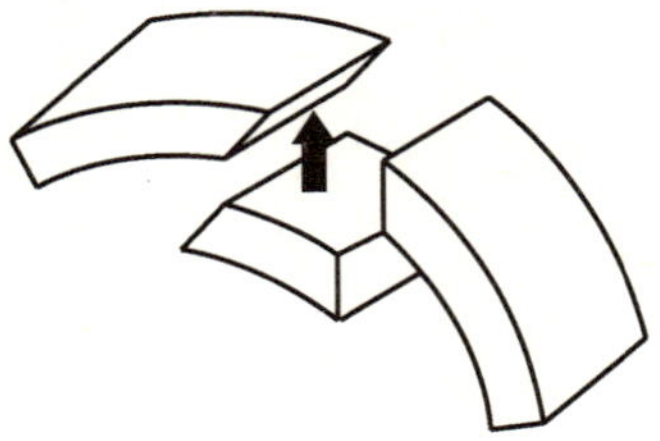

(a) 径向插入

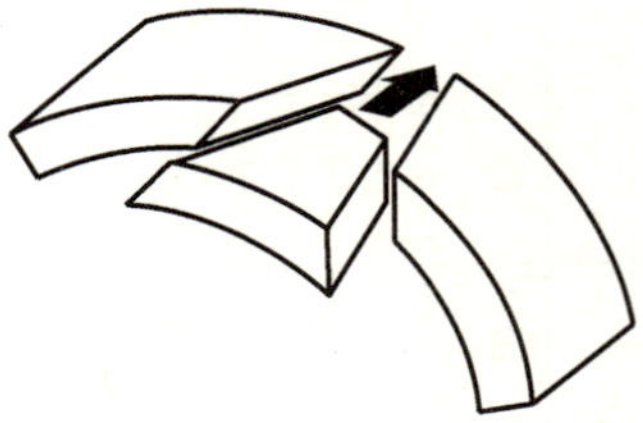

(b) 轴向插入

图 3-16　K 管片的插入形式

对于径向插入型管片，K 块需要有一定的接头角度(α_r)，见图 3-17。其中，$\alpha_r = \theta_k/2 + \omega$(式中，$\omega$ 为便于 K 块插入所设定的富裕角度，通常为 2°～5°)，在不妨碍操作的情况下，设计时宜取小值；θ_k 为管片圆心角。

对于轴向插入的管片，K 块需要设定接头角度以便于 K 块沿轴向的插入，通常插入角 α_1 多设计为 17°～24°，见图 3-18 其值多取决于施工条件。随着管片圆心角、厚度的增大，插入角也会有所增加。

目前设计的 K 管片多为接头角度和插入角度均有的情况。

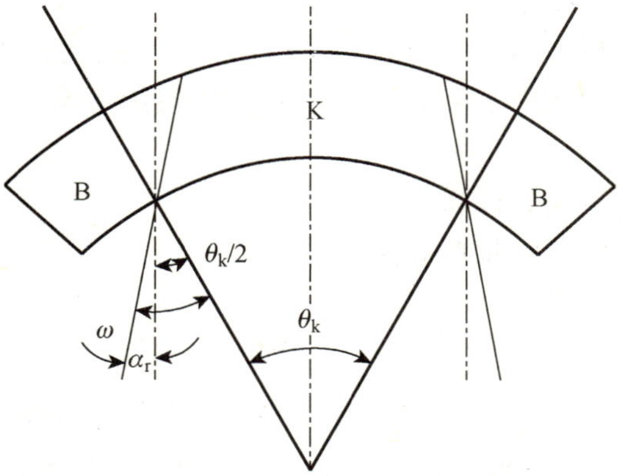

图 3-17　K 块沿半径方向插入的接头角度

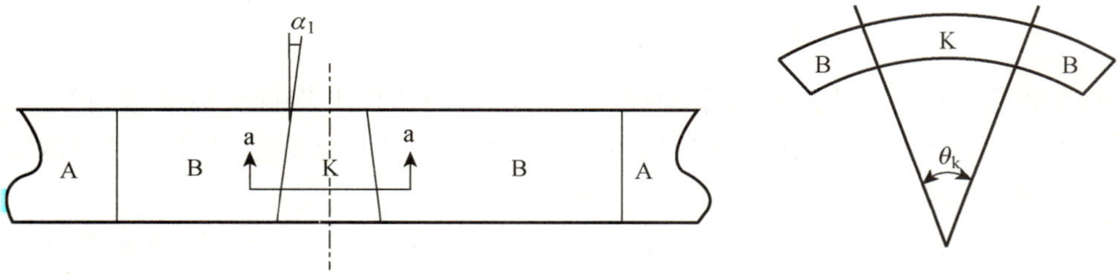

图 3-18　K 块沿轴向插入角

3.1.3　结构验算

1. 衬砌结构计算方法与模型

目前，对于管片衬砌的设计大多采用荷载-结构模型，使用极限状态法或容许应力法。也有采地层结构模型的三维有限元计算方法。按照对于接头的处理方式不同，管片衬砌设计方法大致可以分为以下三种：①管片环视作抗弯刚度均匀的圆环；②将管片环视作铰接圆环；③将管片环视作有旋转弹簧连接的圆环。

从具有代表性的设计方法来看，对于第①种，有惯用设计法和修正惯用设计法；对于第②种有多铰圆环解析法；对于第③种，则有梁-弹簧模型、壳-弹簧模型、梁-接头模型、壳-接头模型等。

按照计算模式的不同，可将管片计算模型进行分类，如图 3-19 所示。

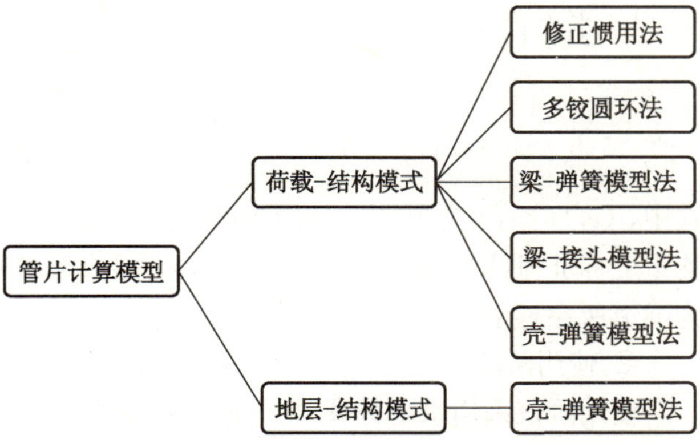

图 3-19　按照计算模式不同的管片计算模型分类

1)（修正）惯用法

修正惯用法与惯用法一样，均是将管片环视为刚度均等的环，但其在惯用法的基础上引入了抗弯刚度折减系数 η（$\eta<1$，一般取 0.5～0.8）和弯矩调整系数 ζ（一般取 0.2～0.4），以

接头刚度的降低代表衬砌环的整环刚度的下降。参数 η 和 ζ 值因管片的种类、接头的结构形式、错缝拼装方式以及结构形式的不同而不同，主要是根据实验或经验来确定，其计算荷载系统与惯用法相同。当模型中 $\eta=1,\zeta=0$ 时，则成为惯用法模型，因此该模型实际上是对修正惯用法模型的修正。

管片受到的荷载按下列公式计算。

（1）隧道顶部竖向土压力标准值 q_1：

$$q_1 = q_0 + \sum_i \gamma_i h_i \tag{3-3}$$

式中，q_0 为地面超载标准值，一般取 20 kPa；γ_i 为隧道顶各层土的重度标准值(kN/m^3)，地下水位以上土层取天然重度，地下水位以下土层水土分算时取浮重度、水土合算时取饱和重度；h_i 为隧道顶各层土的厚度(m)。

（2）隧道拱背土压力标准值 q_G：

$$q_G = \gamma_t R_H (1-\cos\alpha) \tag{3-4}$$

式中，γ_t 为隧道所穿越的土层内水平轴线以上各层土的加权平均重度标准值(kN/m^3)，地下水位以上土层取天然重度，地下水位以下土层水土分算时取浮重度、水土合算时取饱和重度；R_H 为隧道计算半径(m)。

（3）隧道顶、底部水平向土压力标准值 e_1，e_2 应根据施工阶段与使用阶段分别进行计算：

① 施工阶段

a. 水土分算

$$e_1 = q_1 \tan^2\left(45° - \frac{\phi}{2}\right) - 2\cot\left(45° - \frac{\phi}{2}\right) \tag{3-5}$$

$$e_2 = e_1 + 2\gamma'_{t1} R_H \tan^2\left(45° - \frac{\phi}{2}\right) \tag{3-6}$$

式中，γ'_{t1} 为隧道所穿越土层的加权平均重度标准值(kN/m^3)，地下水位以上土层取天然重度，地下水位以下土层取浮重度；C 为隧道所穿越土层的加权平均黏聚力标准值(kPa)；ϕ 为加权平均内摩擦角标准值(°)。

b. 水土合算

$$(e_1) = \lambda q_1 \tag{3-7}$$

$$(e_2) = e_1 + 2\lambda \gamma_{t1} R_H \tag{3-8}$$

式中，(e_1)，(e_2) 为顶、底部水平向水土压力标准值(kPa)；γ_{t1} 为隧道所穿越土层的加权平均重度标准值(kN/m^3)，地下水位以上土层取天然重度，地下水位以下土层取饱和重度；λ 为隧道所穿越土层的侧压力系数。

② 使用阶段

使用阶段采用水土分算，土侧压力系数取静止土压力系数：

$$e_1 = K_0 q_1 \tag{3-9}$$

$$e_2 = e_1 + 2K_0\gamma'_{t1}R_H \tag{3-10}$$

$$K_0 = \alpha - \sin\phi' \tag{3-11}$$

式中，K_0 为隧道穿越土层的静止土压力系数；α 为土层系数，当隧道穿越砂土、粉土时取 1.0，穿越黏性土、淤泥质土时取 0.95；ϕ' 为隧道所穿越土层的加权平均有效内摩擦角标准值(°)。

(3) 衬砌自重标准值 g(kPa)按如下公式计算：

$$g = \gamma_c t \tag{3-12}$$

式中，γ_c 为隧道衬砌结构的重度标准值(kN/m^3)；t 为管片厚度。

(5) 静水压力标准值 q_w按如下公式计算：

$$q_w = \gamma_w[H_1 + R_H(1-\cos\alpha)] \tag{3-13}$$

式中，γ_w 为地下水的重度标准值(kN/m^3)；H_1 为隧道顶部的静水头高度(m)。

水土分算时，静水压力沿隧道四周布置，方向指向隧道圆心；水土合算时，不另计静水压力。

(6) 底部地基竖向反力标准值 q_2以平衡其他竖向力计。

当按水土分算时，q_2按如下公式计算：

$$q_2 = q_1 + \left(1-\frac{\pi}{4}\right)\gamma_t R_H + \pi g - \frac{\pi\gamma_w R_H}{2} \tag{3-14}$$

当按水土合算时，q_2按如下公式计算：

$$q_2 = q_1 + \left(1-\frac{\pi}{4}\right)\gamma_t R_H + \pi g \tag{3-15}$$

侧向土抗力 PP 由隧道受上述力作用变形后被动产生，土抗力作用于隧道后又会影响结构的最终变形。因此，土抗力和隧道变形相互影响，耦合作用。土抗力图形通常假设呈等腰三角形，其范围为隧道水平轴线上下 45°之内，如图 3-1 所示。计算土抗力首先需要准确计算隧道圆环水平直径处变形 y。水平直径处变形 y 与隧道所受的所有荷载及土层水平抗力系数 k 有关，《道路隧道设计规范》(DG/TJ08—2033—2008)中给出如下公式进行计算：

$$y = \frac{(2q_1 + 0.4292\gamma_t R_H + \pi g - e_1 - e_2)R_H^4}{24(\eta EI + 0.045kR_H^4)} \tag{3-16}$$

式中，η 为隧道衬砌抗弯刚度折减系数；E 为隧道衬砌材料的弹性模量(kPa)；I 为隧道断面的惯性矩(m^4)；k 为隧道穿越土层的抗力系数(kN/m^3)。

上述公式针对水土合算的情况，当水土分算时，水平直径处变形 y 与静水压力也有关，应考虑静水压力对其的贡献，可按如下公式计算：

$$y = \frac{\left(2q_1 + 0.4292\gamma_t R_H + \pi g - e_1 - e_2 - \frac{\pi}{2}\gamma_w R_H\right)R_H^4}{24(\eta EI + 0.045kR_H^4)} \tag{3-17}$$

式(3-16)、式(3-17)中 $0.4292\gamma_t R_H$ 为拱背土压力对水平直径处变形 y 计算值的贡献，其推导原理基于将弧形拱背压力折算成合力等效的矩形压力荷载。由于实际拱背压力为弧形，此项数值存在一定误差，当隧道覆土较浅、土层抗力系数较大时，计算所得的三角形抗力值偏差也较大，对结构内力计算有一定影响。目前尚未有文献对其进行研究。我们针对弧形拱背土压力工况进行解析推导，给出采用基于弧形拱背土压力推导出的水平直径处变形 y 计算公式：

水土合算时：
$$y=\frac{(2q_1+0.3145\gamma_t R_H+\pi g-e_1-e_2)R_H^4}{24(\eta EI+0.045kR_H^4)} \tag{3-18}$$

水土分算时：
$$y=\frac{(2q_1+0.3145\gamma_t R_H+\pi g-e_1-e_2-\frac{\pi}{2}\gamma_w R_H)R_H^4}{24(\eta EI+0.045kR_H^4)} \tag{3-19}$$

算出圆环水平直径处变形 y 后，三角形抗力按如下公式计算：

$$PP=ky(1-\sqrt{2}\mid\cos\alpha\mid) \tag{3-20}$$

管片环是具有 ηEI 刚度的均质圆环，由于接头的存在，将向相邻管片传递部分弯矩，使得错缝拼装管片间内力进行重分配，其中，$(1+\zeta)M$ 为主截面的设计弯矩，接头的设计弯矩取为 $(1-\zeta)M$，如图 3-20 和图 3-21 所示。

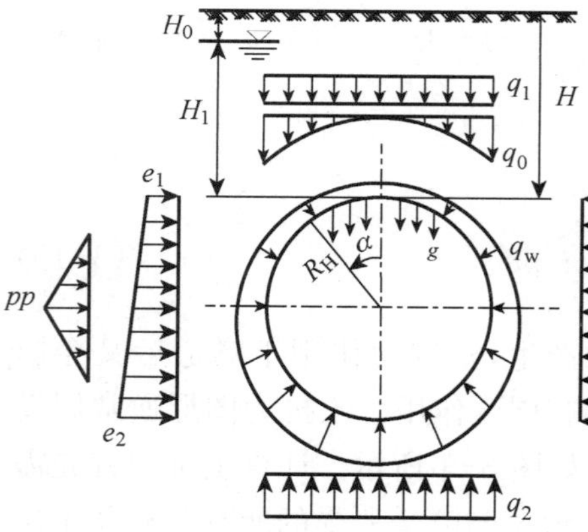

图 3-20　均质圆环模型计算简图

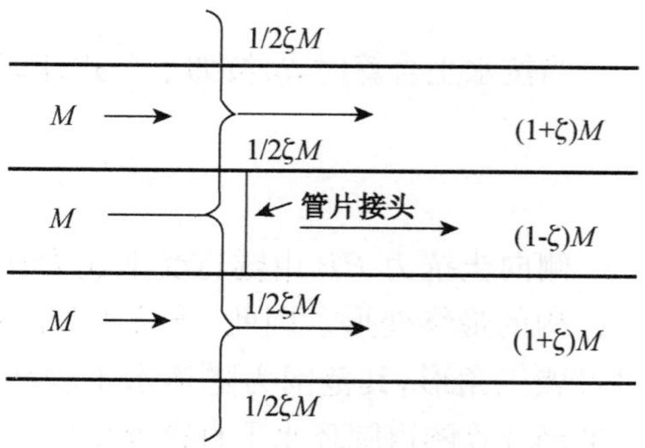

图 3-21　接头引起的弯矩传递

有关惯用法管片截面内力计算公式可参见表 3-11。

表 3-11　惯用法管片截面内力计算公式

荷载	截面位置	内力	
		弯矩 M	轴力 N
自重 g	$0\sim\pi$	$gR_H^2(1-0.5\cos\alpha-\alpha\sin\alpha)$	$gR_H(\alpha\sin\alpha-0.5\cos\alpha)$
竖向地层压力 q_1	$0\sim\pi/2$	$q_1R_H^2(0.193+0.106\cos\alpha-0.5\sin^2\alpha)$	$q_1R_H(\sin^2\alpha-0.106\cos\alpha)$
	$\pi/2\sim\pi$	$q_1R_H^2(0.693+0.106\cos\alpha-\sin\alpha)$	$q_1R_H(\sin\alpha-0.106\cos\alpha)$

续表

荷载	截面位置	内力	
		弯矩 M	轴力 N
拱背土压力 q_G	$0\sim\pi/2$	$\gamma_t R_H^3(0.5\alpha\sin\alpha+0.25\sin\alpha\sin2\alpha+0.0436\cos\alpha+0.5\cos^2\alpha+0.3333\cos^3\alpha-0.84)$	$\gamma_t R_H^2(\sin^2\alpha-0.25\sin\alpha\sin2\alpha-0.5\alpha\sin\alpha-0.0436\cos\alpha)$
	$\pi/2\sim\pi$	$\gamma_t R_H^3(-0.2146\sin\alpha+0.0436\cos\alpha+0.16)$	$\gamma_t R_H^2(0.2146\sin\alpha-0.0436\cos\alpha)$
静水压力 q_w	$0\sim\pi$	$-\gamma_w R_H^3(0.5-0.25\cos\alpha-0.5\alpha\sin\alpha)$	$\gamma_w R_H^2(1-0.5\alpha\sin\alpha-0.25\cos\alpha)+\gamma_w H_1 R_H$
水平均布地层压力 e_1	$0\sim\pi$	$e_1 R_H^2(0.25-0.5\cos^2\alpha)$	$e_1 R_H\cos^2\alpha$
水平三角形地层压力(e_2-e_1)	$0\sim\pi$	$(e_2-e_1)R_H^2(0.25\sin^2\alpha-0.125+0.083\cos^3\alpha-0.063\cos\alpha)$	$(e_2-e_1)R_H\cos\alpha(0.063+0.5\cos\alpha-0.25\cos^2\alpha)$
地层竖向反力 q_2	$0\sim\pi/2$	$q_2 R_H^2(0.057-0.106\cos\alpha)$	$0.106q_2 R_H\cos\alpha$
	$\pi/2\sim\pi$	$q_2 R_H^2(-0.443+\sin\alpha-0.106\cos\alpha-0.5\sin^2\alpha)$	$q_2 R_H(\sin^2\alpha-\sin\alpha+0.106\cos\alpha)$

地层抗力系数对隧道结构最终的内力影响很大，当无实测资料时，可参考表 3-12。

表 3-12　地层抗力系数参考值

地基土分类		I_L、e、N 范围	地层抗力系数/(kN/m^3)
黏性土	软塑	$0.75<I_L\leqslant1$	3 000～9 000
	可塑	$0.25<I_L\leqslant0.75$	9 000～15 000
	硬塑	$0<I_L\leqslant0.25$	15 000～30 000
	坚硬	$I_L\leqslant0$	30 000～45 000
黏质粉土	稍密	$e>0.9$	3 000～12 000
	中密	$0.75<e\leqslant0.90$	12 000～22 000
	密实	$e<0.75$	22 000～35 000
砂质粉土 砂土	松散	$N\leqslant7$	3 000～10 000
	稍密	$7<N\leqslant15$	10 000～20 000
	中密	$15<N\leqslant30$	20 000～40 000
	密实	$N>30$	40 000～55 000

注：I_L为土的液性指数；e 为土的天然孔隙比；N 为标准贯入试验锤击数实测值。

2）多铰圆环法

多铰圆环法将管片接头作为铰结构来进行结构内力的计算。该设计思路起源于英国，工程实例在欧洲各国及苏联等较多。由于多铰的圆环本身是一个不稳定的结构物，其在隧道周围的围压作用下才成为稳定结构，因此，对作用于管环的荷载分布及地基反力的评价极为重要，伴随环的变形和变形而产生的地层抗力，大多采用温克尔（Winkler）的假设，用地基弹簧来表示地层和管片环间的相互作用。相比于其他设计方法，多铰圆环法计算所得管片环弯矩会有相当大的减少，有利于降低工程成本。但是，该方法受隧道所处围岩条件适应性所限，还需深入研究隧道施工对围岩的扰动影响以及隧道结构的防水可靠性等。

3）梁-弹簧模型（M-K 法）

梁-弹簧模型考虑错接头的拼装效应而采用的方法，又叫 M-K 法。梁-弹簧模型计算简图见图 3-22，该模型考虑了相邻环接头对于中间环内力的影响（通常取两个半环和中间整环计算，以中间整环作为分析对象），其重点是管片接头刚度的取值，即管片间的旋转刚度和环间的剪切刚度，对于接头刚度的取值，最好最直接的是通过管片接头试验确定，其次是采用经验类比和数值模拟的方法。

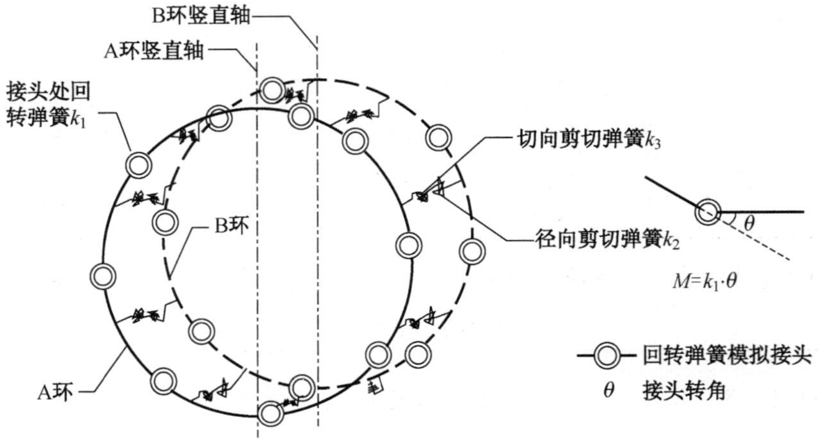

图 3-22 梁-弹簧模型计算简图

管片接头旋转刚度，是通过接头的 $M-\theta$ 关系曲线的斜率来表示的，目前国内外的研究普遍认为，该值的大小会随着管片结构形式的变化而变化。即使在管片结构形式确定的情况下，由于 $M-\theta$ 曲线具有非线性特征，使得 k_θ 在整个工作过程中也不完全是一个常量，一般只能通过有针对性的结构试验或者相应的数值模拟得到接头的 $M-\theta$ 关系曲线，再取主要工作区间曲线的（平均、割线、两点间）斜率作为接头旋转刚度 k_θ 的值。表 3-13、表3-14分别为国内、日本部分盾构隧道管片接头旋转刚度的取值。

表 3-13 国内部分盾构隧道管片接头旋转刚度值统计

工程名称	管片外径/m	管片				接头旋转刚度/($\times10^5$ kN·m·rad^{-1})
		厚度/cm	环宽/cm	分块形式	环向螺栓	
南京长江隧道	14.5	60	200	7+2+1	3M36 斜	3～7.5 −4～−9.5
武汉长江隧道	11	50	200	9 等分	4M36 弯	4，−2.4(模)
广深港狮子洋隧道	10.8	50	200	5+2+1		4，−5(模)

续表

工程名称	管片外径/m	管片				接头旋转刚度/($\times10^5$ kN·m·rad^{-1})
		厚度/cm	环宽/cm	分块形式	环向螺栓	
南水北调中线穿黄	8.7	40	160	4+2+1	4M30 直	0.45～0.61(试) −0.45～−0.52(试)
某水工盾构隧道	8.9	—	—	—	—	0.12～0.85(试)
成都火车站北站北延隧道	11	0.5	200	9 等分	2×2M36 直	4,−2.4
南京地铁南北线	6.2	35	120	3+2+1	—	0.52,−0.63(模)
南京地铁区间盾构隧道	6.2	0.35	100	3+2+1	—	0.5,−0.3(模)
广州地铁	6	30	150	3+2+1	2M24 弯	0.01,−0.023(模)

注:括号内容为计算旋转刚度所采用的方法,分别为试验方法(简称“试”)和数值模拟方法(简称“模”)。

表 3-14　　日本管片接头旋转刚度的参考值

管片			弹簧系数实测值 k_θ/(+)(kN·m·rad^{-1})	备注
外径/m	幅宽/m	厚度/m		
3.15	0.9	0.125	$(1.0\sim4.4)\times10^3$	钢板接头 1 根螺栓
4.05	0.9	0.175	$(2.2\sim21.0)\times10^3$	钢板接头 1 根螺栓
4.55	0.9	0.2	$(1.0\sim2.9)\times10^3$	钢板接头 1 根螺栓
			$(5.0\sim7.1)\times10^3$	系杆供接头 1 根螺栓
5.10	0.9	0.2	$(1.4\sim10.7)\times10^3$	系杆供接头 1 根螺栓
6.00	0.9	0.25	$(4.3\sim21.3)\times10^3$	钢板接头 1 根螺栓
6.90	1.0	0.35	$(1.9\sim3.0)\times10^4$	球墨铸铁接头 3 根螺栓
7.60	1.0	0.3	$(0.58\sim1.86)\times10^4$	球墨铸铁接头 2 根螺栓
			$(2.39\sim7.49)\times10^4$	系杆供接头 2 根螺栓
7.80(复合管片)	1.0	0.3	$(1.25\sim3.87)\times10^4$	钢板接头 2 根螺栓
			$(2.85\sim14.7)\times10^4$	系杆供接头 2 根螺栓
9.50(复合管片)	1.2	0.4	$(3.42\sim5.34)\times10^4$	系杆供接头 2 根螺栓
9.80(箱型管片)	1.0	0.55	$(1.44\sim5.18)\times10^4$	长大直螺栓接头 5 根螺栓
13.90	1.5	0.65	$(2.37\sim7.94)\times10^5$	系杆供接头 2 根螺栓
13.90(复合管片)	—	—	$(5.94\sim20.43)\times10^5$	系杆供接头 2 根螺栓

M-K 法通常是考虑三环管片,其中第一环和第三环取半环(图 3-23),荷载也取一半,因此能够较为准确地考虑错缝拼装下相邻环接头对中间环的影响。对于环间螺栓的剪切刚度,目前尚未确立用解析方式来评价该值的方法,如果过小评价该值,则计算结果偏于危险,当不能进行试验时,通常是采用该值为无穷大的计算方法。当考虑抗震情况时,多将环间剪切刚度不取为无穷大。

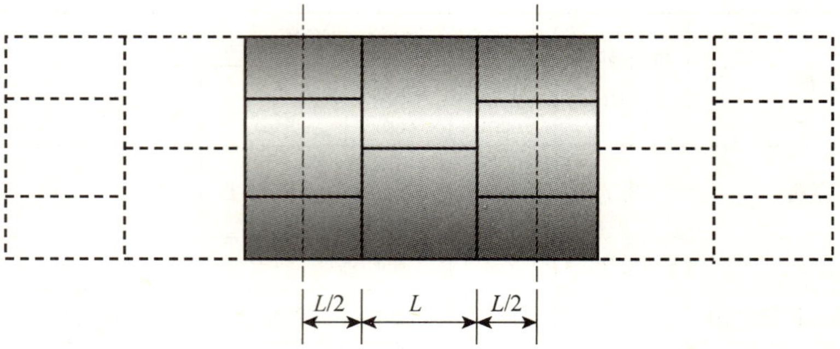

图 3-23 管片模型

4）弹性铰圆环链杆法

弹性铰圆环链杆法其实是简化了的 M-K 法，即只分析一环管片的内力，通过旋转弹簧来模拟管片之间的接头，通过径向和切向的土弹簧来模拟地层与管片的相互作用。也相当于通缝情况下的 M-K 法计算。

5）纵向计算

结构设计中，一般是根据平面应变假设，取隧道某 1 环或邻接 3 环为研究对象，采用静力模型，将研究对象的受力分析结果作为设计依据，而较少考虑隧道的纵向受力和变形行为。事实上，埋设于土层中的盾构隧道沿纵向为一个细长结构，柔性较大，当受到来自周围环境的干扰时更易发生变形，而当该变形增大到一定程度时则将导致结构的破坏性事故发生。

与管片环向变形特性相比而言，盾构隧道的纵向特性更为脆弱且其后果往往对隧道结构不利，如当纵向变形曲率达到一定量之后，隧道即可能出现环缝张开量过大而漏水或管片环纵向受拉破坏。盾构隧道的纵向受力变形与其环向结构性能密不可分，但这与隧道结构良好的横向变形适应能力相比并不突出，隧道变形的薄弱环节仍然是纵向特性。

对于采用盾构法修建而成的盾构隧道施工变形主要受以下三方面因素的影响：一是土体性质，即作为施工对象的土层压缩模量、黏聚力、内摩擦角等参数变化；二是施工过程中隧道、盾构机和相应地层的相互作用影响；三是盾构隧道施工因素，其中主要包括操作人员的熟练程度、机器自身结构性能、开挖仓密闭性等因素。

对于不同的研究内容，隧道纵向力学性能的模拟可以采用荷载-结构模型和地层-结构模型。通常是将一环内的管片进行刚度等效，简化块间接头；而对于环间接头，可以采用接触单元、弹簧单元、杆单元、梁单元或者实体单元进行模拟。

2. 计算荷载的取法

1）土压力

采用荷载-结构模型计算时，对于黏性土层往往采用水土合算的方法，砂性土层采用水土分算。目前，土压力的计算方法主要有如下形式：全土柱理论、太沙基理论、比尔鲍曼理论、谢家修理论、铁路隧道理论、普氏拱理论以及通过现场量测得出的土压力值。在有条件的情况下，最好能够通过现场量测得出接近实际的土压力的大小和分布形式，大量成果表明，实际的侧向土压力值大于计算的侧向土压力值，这对结构受力是较为有利的；计算理论方面，目前多采用的是泰沙基卸载拱理论和全土柱理论。

计算松动压力时，通常采用太沙基公式：

$$h_0 = \frac{B_1\left(1-\frac{c}{B_1\gamma}\right)}{K_0 \tan\phi}\left(1-\mathrm{e}^{-K_0\tan\phi\cdot\frac{H}{B_1}}\right)+\frac{P_0}{\gamma}\left(\mathrm{e}^{-K_0\tan\phi\cdot\frac{H}{B_1}}\right) \tag{3-21}$$

式中，$B_1 = R_0\frac{\cot(\pi/4+\phi/2)}{2}$，为隧道开挖影响宽度的一半；$h_0$ 为土的松动高度；K_0 为水平土压和垂直土压之比(一般可取 1.0)；ϕ 为土的内摩擦角；c 为土的黏着力；P_0 为地面荷载；γ 为土的单位体积重；R_0 为隧道外径。

但在 P_0/γ 小于 H 情况下，则采用

$$h_0 = \frac{B_1\left(1-\frac{c}{B_1\gamma}\right)}{K_0 \tan\phi}\left(1-\mathrm{e}^{-K_0\tan\phi\cdot\frac{H}{B_1}}\right)+\frac{P_0}{\gamma}\left(\mathrm{e}^{-K_0\tan\phi\cdot\frac{H_1}{B_1}}\right) \tag{3-22}$$

式中，H_1为换算覆盖层厚度，$H_1 = H + P_0/\gamma$。

作用于衬砌侧面的水平土压力，假定为由垂直土压乘以侧向土压系数所得的均变荷载。侧向土压系数(λ)虽也可以采用设计方法计算，但一般是结合地质条件和地基反力系数(k)选定。

2) 水压力

对于砂性土地层，采用水土分算时，从均匀受力的角度考虑，只要管片抗压强度满足要求，水压力越大，结构受力效果越好，越接近于轴心受压构件。因此从偏于安全的考虑，内力计算时采用最低的地下水位(或无水状况)得出的弯矩是最大的，相应的配筋量也是最大的。竖向水压力之差是作为浮力作用的，因此，需要根据其他荷载和其顶部的地基状况，对隆起加以研究。

3. 油缸顶推局部承压分析

管片开裂大多出现在施工阶段，且与盾构千斤顶推力直接相关，产生管片裂缝的原因主要为衬砌环面的不平整因素，使得千斤顶作用下产生管片的应力集中；以及当千斤顶合力不与衬砌中心重合时使得隧道纵向产生附加弯矩，易引起环间接头张开。

在设计阶段可采用数值法来模拟千斤顶作用下管片的受力状态，通过管片体的应力、接触状态分析等了解管片应力集中部位进而寻找解决方案，如手孔部位局部加强筋的配置等。

工程经验表明，在千斤顶的作用下，位于远离千斤顶一侧的管片环向接缝边缘是衬砌裂缝多发区，其走向多半是从手孔转角部位沿着与环缝大约 45°的方向延伸，手孔处靠近管片边缘的裂缝多于远离管片边缘一侧的裂缝。

4. 背后注浆压力分析

图 3-24 为注浆压力作用示意图。注浆压力的计算可采用如下公式：

同步注浆压力最小值 =(注浆孔所在点水土压力 + 压力损失 + 0.2 Bar) × 1.0

同步注浆压力最大值 =(注浆孔所在点水土压力 + 压力损失 + 0.2 Bar) × 1.25

其中，管道中的压力损失需要在盾构机现场组装时进行注浆试验来确定。

施工中，往往将注浆压力和注浆量两个参数同时考虑，以达到合理的壁后注浆效果。

对于盾构背后注浆压力对土体和管片的影响分析，可采用解析方法或数值模拟方法。

通常，在相同土质和注浆参数下，管片注浆对管片产生的压力要大于盾尾注浆对管片产生的压力。随着注浆浆液扩散半径的增大，其对管片产生的压力也会随之增加。注浆压力的大小对控制地层的竖向和水平变形均有较大的影响。

在注浆过程中，若注浆压力过大，将产生一系列的危害：

(1) 管片间的接头将可能受到严重的破坏，容易使管片错台，有可能引发重大的工程事故；

(2) 引起地表的有害隆起；

(3) 破坏管片衬砌；

(4) 损害盾尾的密封。

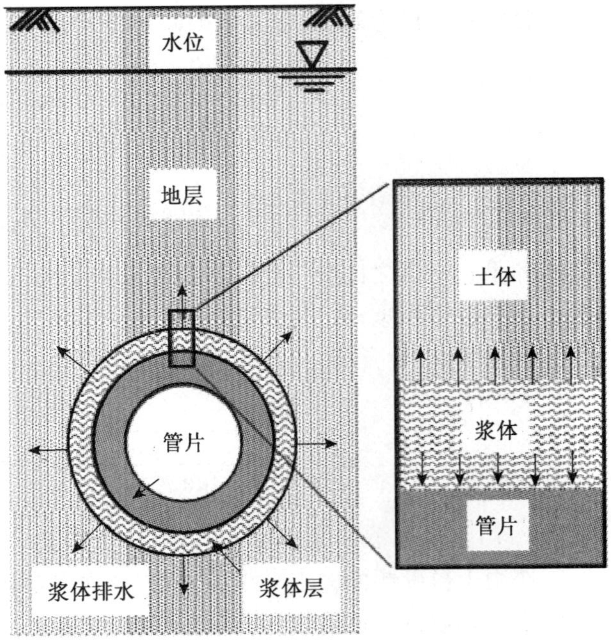

图 3-24　注浆压力作用示意图

若注浆压力过小，就无法保证注浆量，注浆将达不到预计的效果，注浆层将会有余留的空隙，地层将会向隧道方向移动，不仅地表将产生较大幅度的沉陷，而且影响地表建筑物与地下管线的安全。

5. 三维动态仿真分析——主要针对浅覆土、小净距或邻近重要建、构筑物

在城市中修建盾构隧道，各线路之间的近距离施工，以及隧道下穿、侧穿重要建、构筑物是不可避免的，为了能够较好地评价新建项目在施工中对既有建(构)筑物的影响，人们往往采用三维有限元软件来近似模拟实际情况，目前应用较多的为 FLAC、ANSYS 及 MIDAS-GTS 等。

盾构隧道施工中盾构机渐进向前，而周围土体则是相对静止的。有限元法难以做到完全模拟盾构的连续推进过程，必须作一定的简化。通常是建立地层-结构模型，将盾构推进作为一个非连续的过程来研究。假设盾构一步一步跳跃式向前推进，每次向前推进的长度(纵向)恰好为一个衬砌单元宽度，用改变单元材料的方法(刚度迁移法)反映盾构的前进。进而分析盾构隧道施工对既有建(构)筑物的影响以及对地层的扰动等。

在模拟盾构掘进的过程中，其中切削面开挖卸载的模拟以及壁后注浆的模拟(注浆区域以及注浆过程)是模型考虑的重点，也是影响模拟结果准确性的重要因素。

6. 地面沉降一般估算方法

目前，对于地表沉降的估算大多采用 Peck 公式，该公式是通过对隧道地表沉降的实测数据分析得到的，认为沉降曲线近似呈概率正态分布，施工引起的地表沉降是在不排水的条件下由地层损失所引起，地表沉降槽的体积应等于地层损失的体积，沉降槽横向分布可见图 3-25。

横向分布地面沉降估算公式为

$$s(x) = s_{\max}\exp\left(-\frac{x^2}{2i^2}\right) \tag{3-23}$$

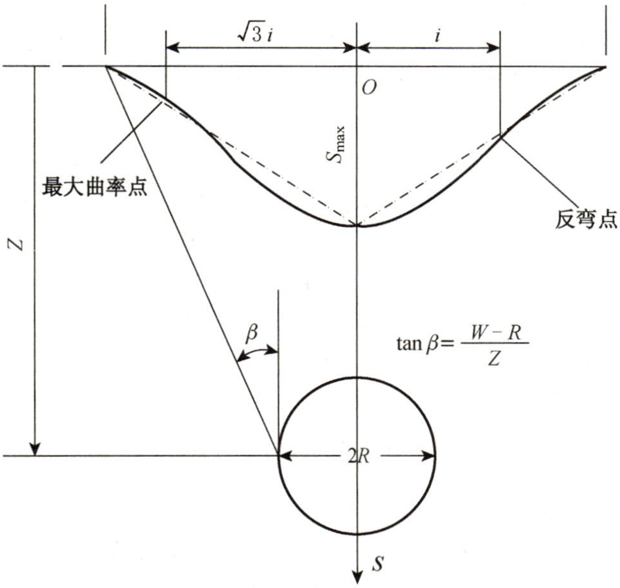

图 3-25 沉降槽横向分布示意

式中，$s(x)$ 为沉降量(mm)；s_{max} 为最大沉降量(mm)，$s_{max}=\frac{V}{\sqrt{2\pi}i}$；$x$ 为距隧道中心线处距离(m)；i 为沉降槽宽度系数(m)，可查图表或由公式 $i=\frac{Z}{\sqrt{2\pi}\tan\left(45°-\frac{\varphi}{2}\right)}$ 求得；V 为盾构隧道单位长度地层损失(m^3/m)；Z 为地面至隧道中心深度(m)。

Peck 公式中有两个重要参数：沉降槽宽度系数 i 和地层损失 V。

在 V 的理论计算中仅考虑了盾构机构造造成的地层损失，而实际施工中除这部分地层损失外，还有开挖面应力释放、盾体的摩擦剪切作用、壁后注浆等因素产生的地层损失，因此地层损失值和各施工参数之间的关系密不可分。

单位长度地层损失 V 等于隧道理论开挖面积 πR^2 与体积损失率 V_1 的乘积：

$$V=V_1\pi R^2 \tag{3-24}$$

通常，体积损失率多在 0.1%～0.5%之间。

7. 管片张开量分析

对于接缝张开量的计算，国内目前无统一的相关规定，既可以通过三维的数值模拟来直接计算，也可以通过计算得出的接头内力采用解析方法计算。采用解析方法计算纵缝的接缝张开量的思路主要有如下几种。

1）混凝土塑性＋压弯构件＋材料力学的方法

此方法假定受压区混凝土进入塑性阶段，按照偏心受压构件计算出管片的受压区高度，并近似为中性轴位置，再依据材料力学的知识直接求接缝张开量(图 3-26)。公式如下：

$$\delta=\frac{M^*\times(h-x)\times R_x}{K_\theta\times EI} \tag{3-25}$$

式中，M^* 为弯矩值(修正惯用法取断面最大正弯矩×$(1-\xi)$，梁-弹簧模型取接头处弯矩)；h 为管片厚度；x 为中性轴位置，多取为混凝土受压区高度；K_θ 为回转系数，根据经验，多为 $K_\theta=1$；R_x 为计算半径；EI 为管片刚度。

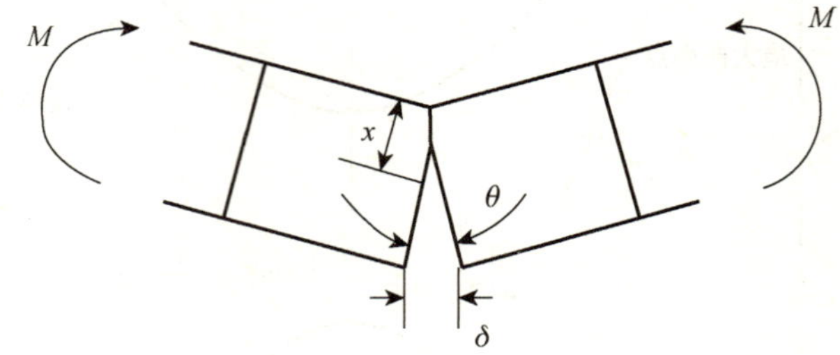

图 3-26　管片张开量计算示意

2）混凝土受弯构件方法

该方法是根据接缝处计算内力 M, N，把管片等效成钢筋混凝土受弯构件，按照钢筋混凝土截面核算办法计算管片纵缝张开量，计算简图如图 3-27 所示。

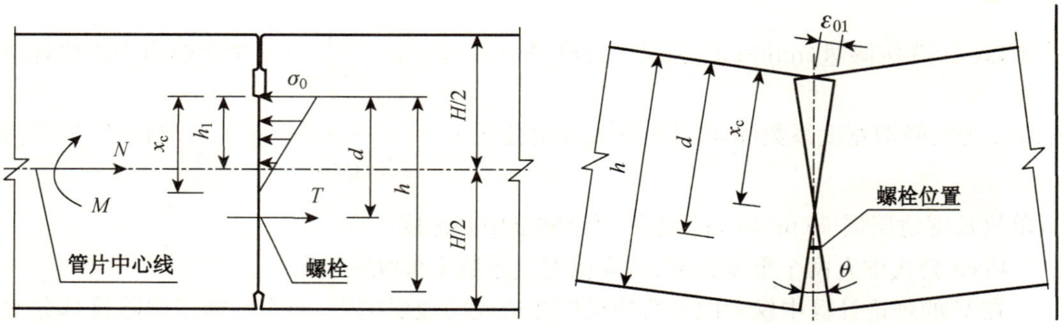

图 3-27　纵缝张开量计算简图

计算公式如下：

$$\frac{1}{\rho}=\frac{(\theta/2)^2}{[1+\theta/2]^{\frac{3}{2}}} \tag{3-26}$$

式中，ρ 为曲率半径，$\dfrac{1}{\rho}=\dfrac{M}{EI}$，$M$ 为计算弯矩，EI 为管片的抗弯刚度；θ 为接缝张开角。

3）梁-弹簧模型求解张开量方法

通过接头旋转刚度的定义可知，在弯矩已知后接头的旋转角度可通过公式直接求出。由于梁-弹簧模型可以直接计算出接头的内力(轴力、剪力以及弯矩)，因此可通过以下公式求出管片分离后的旋转角度：

$$\Delta\theta = M/K_\theta$$

式中，K_θ 为分离后的旋转刚度，可通过试验、解析、数值模拟等手段求出，也可假设其等于分离前的 K_θ。

8. **抗震分析**

盾构隧道设计时，为保证工程安全，应进行结构的抗震设计。与其他的地下建(构)筑物相比，盾构隧道是柔性结构，可以紧密地跟踪地基变位，因此能否正确地把握地震时的地基变位状态是设计准确与否的重点。

在地震作用时，从结构所在的地层条件及线形看，隧道破坏多位于软弱地基内或地层有突变的情况或者急曲线部位，另外还应注意结构所处地层是否存在松散的饱和砂层(均匀系数小)，此时应分析地震时砂土液化对结构的影响，再者，当隧道距离地上建(构)筑物的基础很近或者新建隧道附近有其他既有线或其他较为重要的地下建(构)筑物时，在抗震分析时也应进行考虑；从结构形式上看，沿纵向在结构有变化的地方(如隧道与竖井结合的部位、管片种类变化及二衬的有无等)也是地震时易发生破坏的部位，因此在抗震分析时也应加以重视，如图 3-28 所示。

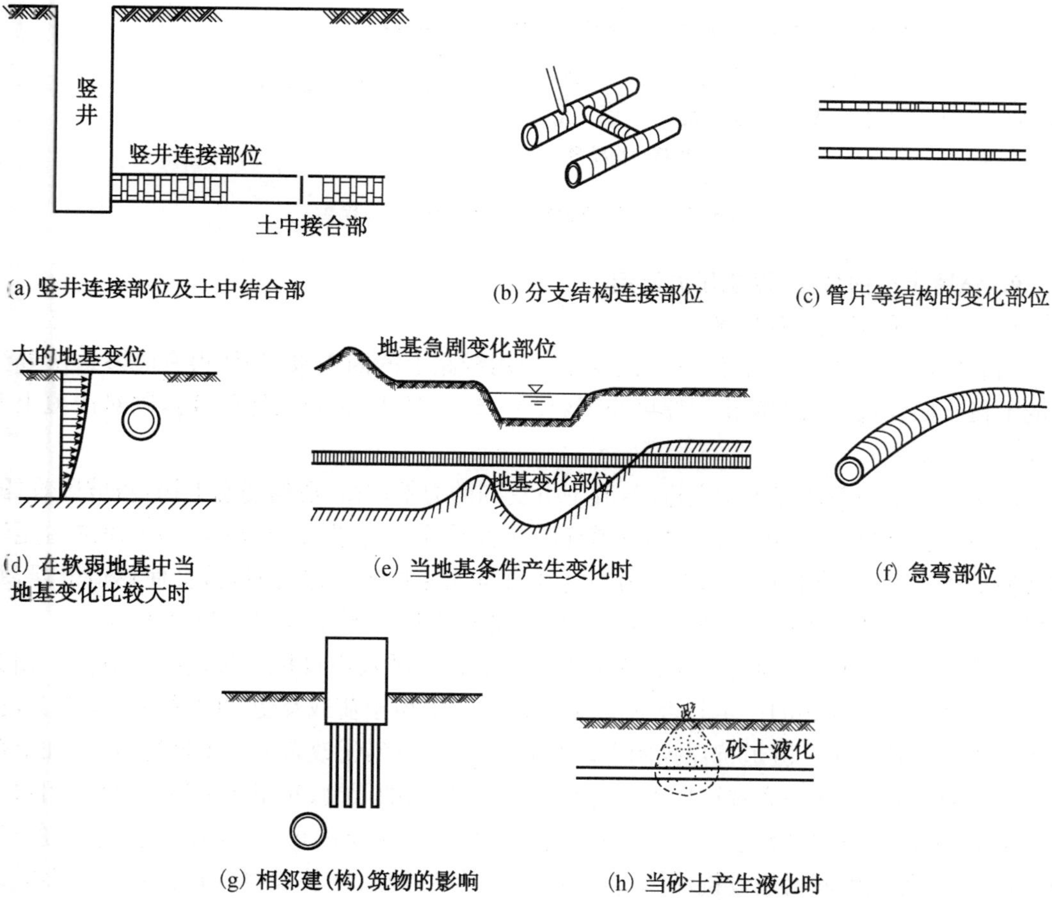

图 3-28　受地震影响较大的结构示意图

在地下结构工程抗震设计中，对受地震影响很大的隧道有三种较有代表性的方法：地震系数法、反应位移法和动力时程分析方法。除特别重大的工程项目和很复杂的结构和土质条件外，国际上通常使用拟静力计算方法验算结构横截面的结构强度和稳定性。我国现行《地铁设计规范》中关于抗震设计部分，规定基本采用反应位移法或地震系数法的拟静力计算方法进行分析，地震作用只与恒载和活载组合。在盾构隧道纵向抗震分析上，当只有管片一次衬砌时，大致可以采用梁结构模型及 FEM 模型两种。

梁结构模型采用的是荷载-结构模式，将沿纵向的管片看成梁、将隧道周边的土体作为地基弹簧作用在梁上。按照对于环间接头的处理方式不同，又可以分为等价刚度梁模型和梁-弹簧结构模型(图 3-29)。前者是以梁整体刚度降低来评价环间接头对结构刚度的影响;后者是采用轴向、旋转以及剪切弹簧来模拟环间接头。

FEM 模型为耦合地基与隧道的模型，通常采用三维计算模型。

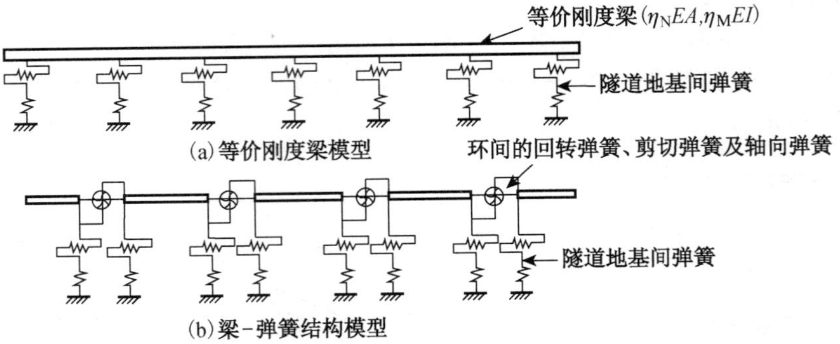

图 3-29　盾构隧道纵向的梁结构计算模型

9. 浅覆土段的抗浮、泥浆压力隆起

1）浅覆土段隧道抗浮问题

当盾构机穿越江、海、河、湖时，由于隧道使用线路上的因素限制，使得有时隧道所处位置的上覆土层较浅。当上覆土层厚度小于(1.0～1.5)D(D 为开挖外径)时，须对浅覆土上浮问题进行研究。

盾构机在水域下浅覆土中掘进时，其上下受到的力不均衡，盾构姿态上扬，压坡困难、隧道上浮，轴线难以控制。拼装完成的隧道环脱开盾尾后，由于管片受到周围地下水或盾尾注浆浆液的浮力作用，当管片上部土压力与管片自重无法抵抗上浮力时，就会使隧道上浮，并造成管片上方土体被动破坏。如果不采取相应加固对策，极易引起隧道开裂、漏水。

目前，对于隧道上浮问题较好的解决途径是通过三维数值模拟来确定控制方法。相关研究认为隧道上浮问题的产生与否不仅与管片自重、上覆土荷载及受到的浮力大小有关，也与管片本身特性有关。隧道抗浮控制可以有如下几种途径：①改善上覆土性能，可增加上覆土厚度，多适用于深水河底隧道加固；②由于航运及排水的限制，对于浅水河道，可采用水下注浆加固的方法，将水底地层做成不透水地层，增加上覆土层的重量；③在特别浅的覆土区域，可在注浆加固的同时增设抗浮结构，如抗拔桩及抗浮板；④从改善管片自身受力性能入手，诸如增加纵向螺栓数量、加大螺栓直径、加大螺栓紧固力、设置剪力键等；⑤采用比重大、抗剪强度高的可硬性浆液进行盾尾注浆等。另外，当采用泥水平衡盾构在水下浅覆土地段施工时，还应慎重确定泥水压力值，避免产生在较大的泥浆压力下地层劈裂进而引起水体倒灌现象。

2）泥浆压力使地层隆起问题

研究和经验表明，壁后注浆对围岩的变形影响较大。不合理的注浆压力会使围岩与结构之间出现不偶合，导致能量积聚过多而破坏支护结构。当注浆压力过大时能破坏围岩，严重时还会导致地表隆起。因此，水下浅覆土地区的泥浆压力控制也是保证工程安全的重要环节。

最佳的注浆压力的确定可先用解析的方法（通常考虑上部的土压力加上水压力以及管路压力损失等）结合数值方法（重点分析不同注浆压力下土体塑性区的范围，合理的注浆压力会使隧道的围岩变形量最小，围岩的塑性区出现最少）确定一个初始值，然后以该初始值为基础进行试注浆，再最终确定合理的注浆压力。

3.1.4 盾构开挖原理

由于盾构机种类的不同，其稳定切削面的机理就有所不同，目前常用的两种机械式盾构有土压平衡盾构和泥水平衡盾构两种。

泥水平衡盾构靠泥水及气压平衡切削面压力，控制灵敏度高，能减少对土层的扰动，但其泥水系统对场地的要求较高，同时盾构扰动土体受泥水系统的扰动存在较大的固结变形，后期土体的变形较大。在上海建成隧道中，除外滩通道、迎宾三路隧道采用土压平衡盾构以外，其余隧道皆采用了泥水平衡盾构。

土压平衡盾构在切削面的压力控制灵敏度相对较差，但其扰动土体后期变形相对较小，同时对场地要求较小，对环境的影响小。通过迎宾三路、外滩通道两条隧道的工程实践，土压平衡盾构在市区实施具有一定的优越性。

1. 土压平衡盾构

土压盾构维持切削面稳定的原理是依靠土舱内流塑状土体作用在切削面上的压力（包括泥土自重产生的土压力和盾构千斤顶的推力）与盾构前方地层的土、水压力平衡，减少对土体的扰动，控制地表沉降（图 3-30）。

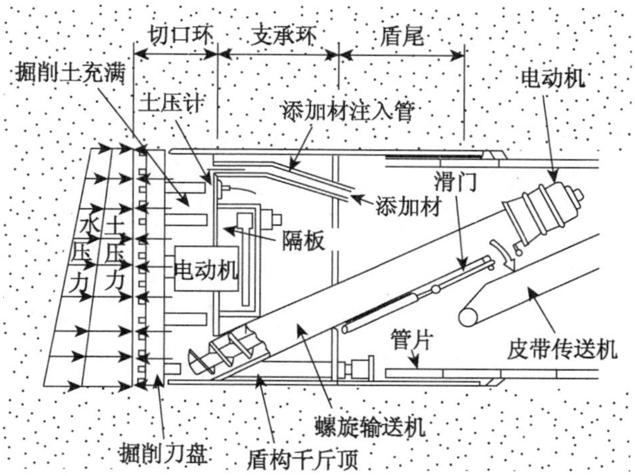

图 3-30 土压盾构稳定切削面原理

由图 3-30 可见，保持土压盾构在推进过程中的切削面稳定，可通过控制螺旋输送机的排土量、调节盾构千斤顶的推进速度和螺旋输送机转速这两种方法来实现。而土压盾构切削面稳定的必要条件为：

（1）泥土压力需平衡切削面上的土压力和水压力。

（2）利用螺旋输送机等排土机构，调节排土量。

（3）对需混入添加材的土质而言，注入的添加材必须可使泥土的流塑性和抗渗性提高到满足切削稳定的要求。

2. 泥水平衡盾构

泥水盾构的基本思路是以泥水舱内的泥水压力在切削面处形成泥膜或渗透区域，以稳定切削面。泥水作用在切削面土体上的压力称为泥水压力，为使切削面稳定，一般情况下所设定的泥水压力要比作用在切削面上的土水压力略高一些（20～50 kN/m^2）。掘进管理中泥水的品质、泥水压力及切削土量的管理是很重要的项目。相关原理可见图 3-31。

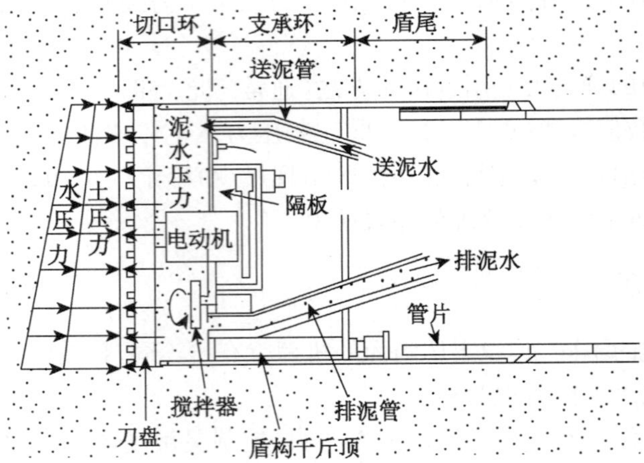

图 3-31　泥水盾构稳定切削面原理

3.1.5　注浆技术

对于闭胸式盾构而言，围岩变形的主要原因在于衬砌背后注浆的好坏。因为脱离盾尾后一段时间内，盾尾空隙接近无支撑状态，其变形或局部坍塌随着围岩扰动范围的增大而直接影响地表沉降程度。因此，壁后注浆技术对提高盾构隧道在施工过程中的稳定性具有十分重要的作用。壁后注浆按与盾构推进的时间不同，主要分为同步注浆、二次注浆。

1. 同步注浆

盾构同步注浆就是在隧道内将具有适当的早期及最终强度的材料，按规定的注浆压力和注浆量在盾构推进的同时通过注浆管注入盾尾与管片间空隙内。其目的如下：

(1) 尽早填充地层，减少地基沉降量，保证环境安全。

(2) 保证管片衬砌的早期稳定性和间隙的密封性。

(3) 作为衬砌防水的第一道防线，提供长期、均质和稳定的防水功能。

(4) 作为隧道衬砌结构加强层，具有耐久性和一定强度。

目前多采用多道、可更换的盾尾密封装置，其道数可根据隧道埋深、水位高低来定，通常取 2～3 道，见图 3-32。

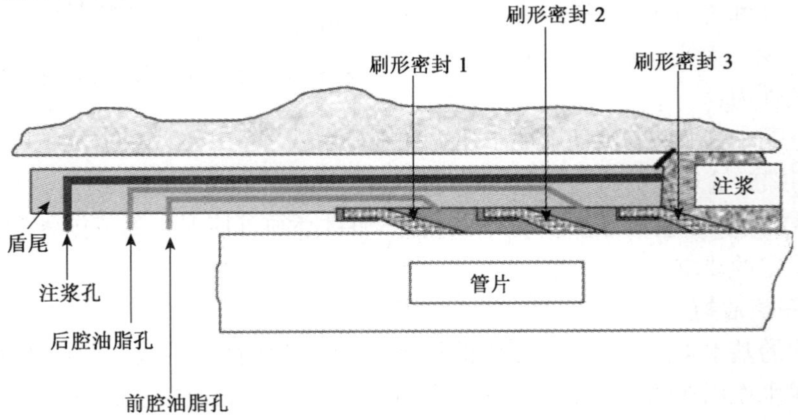

图 3-32　采用三道钢丝刷的盾尾密封系统

同步注浆主要技术参数有注浆量、注浆速度、注浆压力和注浆材料。应根据地层条件、隧道线路情况认真选择。

2. 二次注浆

二次注浆是对同步注浆的补充注浆(图 3-33)。其目的有：

(1) 填补一次注浆的未填充部分。

(2) 补充注浆材料的体积减少部分。

(3) 对盾构推力导致的在管片、注浆材料、围岩之间产生的剥离状态进行填充并使其一体化，提高止水效果。

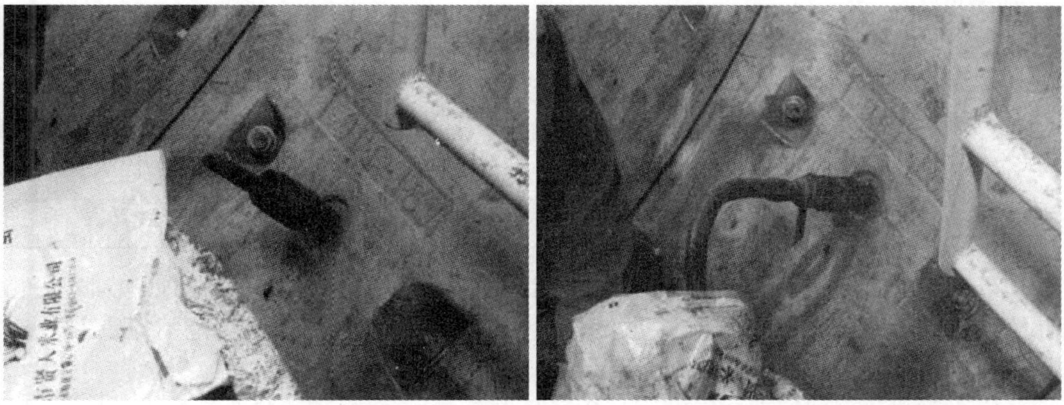

图 3-33 现场二次注浆

3.1.6 进出洞设计

1. 洞门预埋钢环

圆形隧道与盾构工作井接口为后浇环形钢筋混凝土井圈。为保证圆隧道结构与工作井结构的可靠连接，需在盾构工作井的洞门处预埋环形钢板。为保证盾构进出洞在打开洞门时水土尽量少流失，预埋环形钢板的直径一般比盾构机的外径大 500 mm 左右；另外在盾构出洞前还需通过预埋环形钢板上预留的螺栓孔安装铰链板、帘布橡胶板等出洞防水装置。

2. 进出洞土体加固

盾构进出洞时洞门处地层较软弱，需进行端头加固，地基加固范围一般为洞口外周围 $d/2$，加固长度为洞口外 $1d$；对于含砂地层考虑适当加大地基加固的长度和深度，且预设降水井。经加固后的土体要有良好的自立性，密封性及均匀性，其无侧限抗压强度 $q_u \geqslant 0.8 \sim 1.0$ MPa，土体渗透系数 $K \leqslant 1 \times 10^{-7}$ cm/s。同时由于加固区与非加固区土体软硬程度有差异，为避免工作井、加固区与非加固区间的不均匀沉降，宜在其间设置变形缝。

3. 井接头设计

圆形隧道与盾构工作井接口为后浇环形钢筋混凝土井圈，为保证圆隧道结构与工作井结构的可靠连接，需在洞门处预埋连接钢环，并在洞门混凝土管片环面预埋钢板，以便后浇环形井圈，使整个结构形成一整体。

3.1.7 监控量测

1. 施工监测

(1) 盾构施工中应结合施工环境、工程地质条件、施工方法与进度确定监控量测方案。

(2) 监控量测项目见表 3-15。

表 3-15 盾构施工监控量测项目

类别	量测项目	主要量测仪器
必测项目	施工线路地表和沿线建构筑物、管线变形	水准仪、全站仪
	隧道沉降	水准仪
选测项目	土体位移(包括垂直和水平)	水准仪、分层沉降仪、测斜仪
	管片内力	应力计
	地层压力	压力计
	孔隙水压力	孔隙水压计

(3) 线路纵向地表沉降观测点应沿线路中线按 3～5 环间距布设;横向地表沉降观测断面设置一般 50 m 间距,应按盾构掘进沿线环境保护要求重点设置,观测范围一般不小于中线两侧 10 m(大于隧道底埋深),测点间距 2～5 m。

(4) 监测频率:盾构切口前 20 m 至盾尾脱出后 30 m,2 次/天;掘进面前后小于 50 m 时 1 次/2 天;盾尾脱出 30 m 后,当变形速率大于 5 mm/d,不少于每天 2 次;当变形速率在 1～5 mm/d,不少于每天 1 次;当变形速率小于 0.5～1 mm/d,每 2 天 1 次;当变形速率小于 0.5 mm/d,每周 1 次或更长。

(5) 盾构穿越地面建筑物、地铁隧道、铁路、桥梁、防汛墙、地下管线等重要构筑物时,除应对穿越体进行观测外,还应增加对其周围土体的变形观测。

2. 永久监测

除施工监测外,在隧道两侧适当位置设置用于运营阶段沉降监测的永久水准点。每段结构监测点布于车行道车行方向右侧(双层隧道监测点布于下层车道层)变形缝两侧的防撞墙上,见图 3-34。

土建完成之后进行一次基准测量,该读数作为沉降观测的零点;第 1 年:前 6 个月每月监测 1 次,如前 6 个月情况正常,后 6 个月可调整为每 3 个月监测 1 次;第 2 年:1 次/3 月;第 3 年及以后:如前两年情况正常,则以后可调整为每 6 个月监测 1 次。

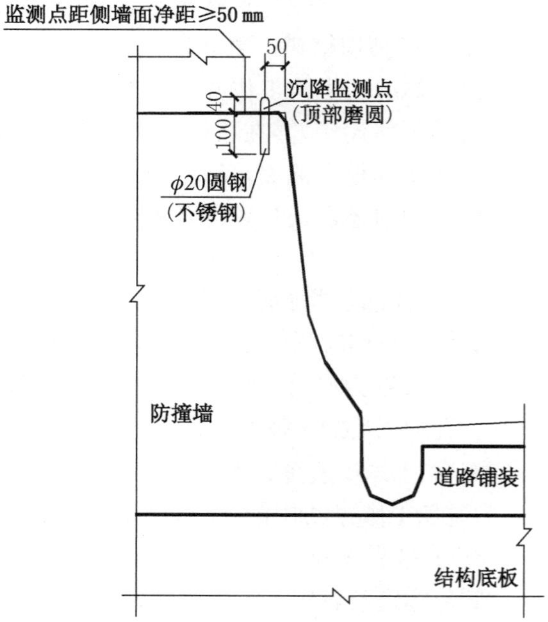

图 3-34 隧道沉降监测点布置

3.2 明挖隧道结构

明挖结构包括工作井、暗埋段、敞开段结构，通常采用明挖顺做法施工，结构形式为现浇钢筋混凝土矩形结构或 U 形结构，上海部分已建道路隧道明挖结构设计参数，其具体设计内容如下：

(1) 结构采用以概率理论为基础的极限状态设计方法，采用分项系数的设计表达式按承载能力极限状态、正常使用极限状态的要求进行下列的计算和验算：①结构构件的承载能力、变形计算；②结构构件的裂缝宽度验算；③整体稳定性(倾覆、滑移、上浮)验算；④按抗震设防标准进行抗震设计，并采用相应的构造措施。

(2) 结构设计应满足规划、运营、施工、防排水等要求，结构应具有足够的强度、刚度、稳定性和耐久性，满足使用功能要求。

(3) 结构内净尺寸应满足建筑限界、施工工艺要求，并考虑测量误差、施工误差、结构变形、位移等的影响。

(4) 明挖隧道结构应沿纵向一定间距及在结构、地基、基础或荷载发生变化的部分设置变形缝，并采取措施确保变形缝两边结构不产生影响行车安全的差异沉降。

(5) 对于结构基底的软弱地基应进行垂直承载力、地基变形和稳定性验算，并采取合理的措施进行地基加固。

(6) 明挖隧道结构设计中还包括对环境保护的设计，施工过程中尽可能减小对周围环境的影响；要根据工程所处的具体工程位置、周围环境条件及支护结构功能等确定基坑环境保护等级，根据基坑开挖深度分段确定基坑工程的安全等级，并按相应要求进行设计。在设计中应明确相应的技术措施和施工监测内容。

3.2.1 主体结构设计

1. 结构形式

根据建筑横断面的布置要求，暗埋段及敞开段常采用以下结构形式：

(1) 隧道暗埋段宜采用整体式多跨矩形钢筋混凝土结构。

(2) 隧道引道段宜采用 U 形钢筋混凝土结构，路面结构位于地下水位以上时，引道段可采用重力式挡墙结构。

(3) 采用地下连续墙作为围护结构时，地下连续墙可与内衬墙组成叠合式或复合式结构，或为永久性结构的一部分。

工作井结构为现浇钢筋混凝土结构，使用阶段从底到顶共有 5～6 层板，但在施工阶段除底板外各层板均不能施工，以便留出施工空间。为了保证施工期间的结构安全，结合工作井围护支撑布置，一般沿工作井深度方向设置两道水平框架——顶框架和中框架；对于两条隧道并行的工作井，在两根隧道中间沿隧道方向设置竖框架，即沿工作井壁竖向设置壁柱，顶框架和中框架上设中梁，底板上设底梁，从而形成竖向框架体系，以改善工作井的空间受力性能。因此在施工阶段，侧墙、顶框架、中框架、竖框架、底板等结构构件一起形成了稳定的空间受力体系。框架尺寸的确定，除需按施工期间结构受力确定外，尚应充分考虑盾构机安装时的空间要求。

工作井的内衬墙和地墙一般按叠合墙考虑，地墙作为主体结构的一部分参加工作井结构的整体受力，同时在工作井垂直隧道方向的内衬上预留圆洞和矩形洞，以连接盾构隧道和暗埋隧道。内衬墙设计时，应根据受力情况，以中框架为界，中框架以上受力较小，厚度一般为 0.5～0.8 m；中框架以下因为施工期间跨度大，埋深深，故厚度较大，一般为 0.8～1.2 m。

使用阶段工作井内需要根据车道和设备布置情况进行分层布置，自上而下分别设置顶板、下一层板、电缆层板（如有）、下二层板（车道层）、下三层板（小型设备层或车道层）、底板，并根据需要设置隔墙及出入楼梯等。结构的顶、下一层板一般可结合顶、中框架设置，在顶、中框架上预留板的接驳器。在框架与板结合处宜设置企口，以利于顶板抗剪，还可以保证新老混凝土的有效结合，并有效减少今后的接缝渗漏水现象。

根据顶板覆土厚度和跨度的不同，顶板厚度一般为 0.8～1.2 m，当在条件允许时，可将其大板结构改为梁板结构，能够减少板厚及配筋。下一层板一般是大型设备房（如风机房、变电所等），其下层是车道层，无法设柱或墙，所以跨度和荷载均较大，其板厚一般为 0.5～0.6 m，一般与中框架结合设计。车道层承受车辆荷载，因此板厚也较大，一般在 0.5～0.6 m，在板的中间还会设置横截沟以拦截暗埋段的水。在车道层下的设备层中，由于荷载和跨度均可以布置得较小，因此板厚一般不大，在 0.2～0.4 m。

2. 荷载确定及组合

根据运营阶段行车及设备布置要求，并考虑埋深、施工工法等因素，采用矩形框架结构，通常工作井基坑围护结构与侧墙采用复合墙形式。明挖结构的作用可分为永久作用、可变作用、临时作用和偶然作用。永久作用包括结构自重、水土压力和混凝土收缩等；可变作用包括温度荷载、车辆荷载等；偶然作用有地震作用、人防荷载、爆炸荷载等。荷载按结构承载能力极限状态及正常使用极限状态进行组合，采用荷载-结构模式，按荷载最不利组合进行结构的抗弯、抗剪、抗压、抗扭强度和裂缝宽度验算。

3. 结构分析

明挖段采用矩形结构进行分析，结构计算采用荷载-结构模式，按弹性地基上的框架结构进行分析，地基反力采用压弹簧模拟，桩基采用竖向拉压弹簧模拟。工作井采用梁板柱三维空间有限元模型进行分析，其中盾构井主体结构侧墙、层板按壳单元模拟，水平框架、梁和立柱按梁单元模拟。结构四周与土体间相互作用采用水平弹簧约束，底面采用垂直弹簧约束，施加重力，并在顶面土体上施加 30～50 kPa 地面荷载。结构按照施工期与运营期包络配筋，相关内容可见图 3-35 和图 3-36。

4. 结构抗浮

由于敞开段结构及部分暗埋段埋深覆土荷载小，需在底板下设置抗拔桩作为抗浮措施。抗拔桩采用 ϕ(800～1 200)mm 钻孔灌注桩，间距及桩长由计算确定。

工作井在盾构施工阶段，内部楼板未完成，顶板也没覆土，因此不采取措施其抗浮是不能满足设计要求的。施工期间可以在底板上设置泄水孔，当特殊情况下需要封闭泄水孔时，则必须采取措施降低地下水位或进行内部压重等施工措施，以满足施工阶段的抗浮需求。使用阶段，在工作井内各层楼板、隔墙等内部结构施工完成，顶板按要求进行覆土后，需要进行抗浮验算。

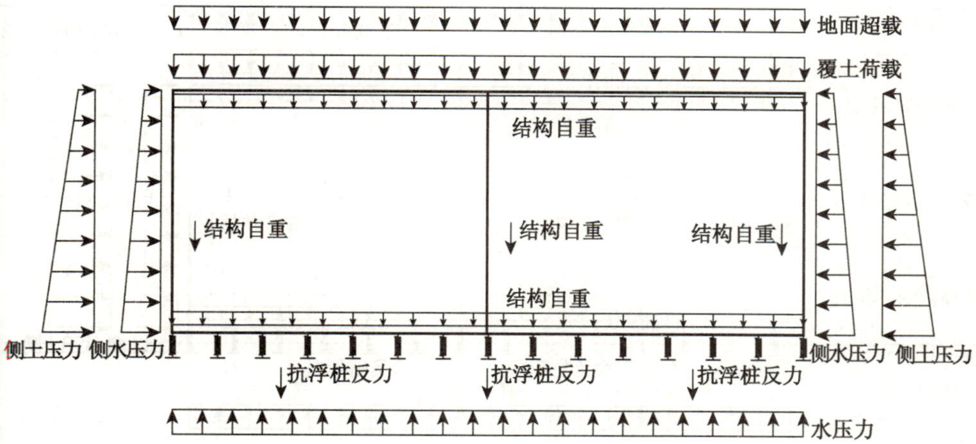

图 3-35　明挖结构断面计算简图

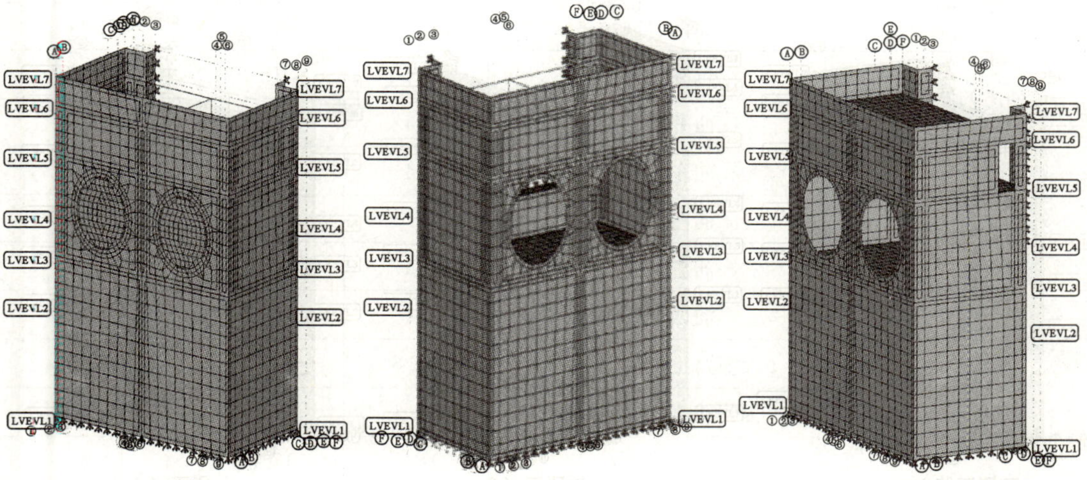

(a) 工况一　　(b) 工况二　　(c) 工况三

图 3-36　工作井主体结构计算模型

5. 主要构件的材料

根据对上海已建道路隧道的调研情况，主体结构根据不同埋置深度采用不同抗渗等级的混凝土(详见结构防水)，通常结构混凝土等级取 C35；混凝土垫层一般采用 C20 早强混凝土；依据现行《混凝土结构设计规范》的要求，目前主要推广 400 MPa 、500 MPa 级高强热轧带肋钢筋作为纵向受力的主导钢筋，淘汰 335 MPa 级热轧带肋钢筋的应用，用 300 MPa 级光圆钢筋取代 235 MPa 级光圆钢筋。

6. 工作井规模

工作井的规模取决于隧道在工作井处的线间距、盾构机的设备尺寸、盾构的安装空间及施工工序等。目前上海大型道路隧道的工作井尺寸见表 3-16。

表 3-16　　工作井尺寸

隧道名称	工作井名称	净宽/m	净长/m	圆隧道外径/m
大连路隧道	浦东	32.6	17	11
	浦西	33.2	17.8	11
复兴东路隧道	浦东(始发)	33.1	18	11
	浦西(接收)	32.3	17	11
打浦路复线隧道	浦东(始发)	19	18	11
	浦西(接收)	17	19	11
翔殷路隧道	浦东(始发)	34.4	18.9	11.36
	浦西(接收)	34.4	18.9	11.36
人民路隧道	浦东(始发)	29.4	16.4	11.36
	浦西(接收)	30.1	16.4	11.36
西藏南路隧道	浦东(始发)	34	18	11.36
	浦西(接收)	34	18	11.36
仙霞西路隧道	东井(接收)	34	18	11.36
	西井(始发)	34	18	11.36
新建路隧道	浦东(始发)	34	17	11.36
	浦西(接收)	36.3	17	11.36
龙耀路隧道	浦东(始发)	34	18	11.36
	浦西(接收)	34	18	11.36
外滩隧道	天潼路工作井(始发)	17.6	18.1	13.95
	福州路工作井(接收)	18.1	17.6	13.95
迎宾三路隧道	东井(接收)	18.1	17.6	13.95
	西井(始发)	19.9	18.1	13.95
上中路隧道	浦东	41.6	17.6	14.5
	浦西(调头井)	41.6	17.6	14.5
军工路隧道	浦东(调头井)	41.6	18.6	14.5
	浦西	42.1	18.6	14.5
崇明隧道	长兴岛工作井	44.6	18	15
	1号工作井	43.6	18	15

根据以上统计可见，上海的盾构隧道在工作井进出洞处的隧道净距在(0.33～0.67)D(D为隧道外径)之间，一般为(0.5～0.6)D。盾构进出洞间距过大会增加工作井宽度，而间距越小进出洞的风险就越大。对于过小的施工间距甚至需要采取一定的措施以减少对已建隧道的影响，如人民路隧道最小净距间距仅为3.7 m，施工时在两隧道间采取了钻孔灌注桩

隔离措施，减少对已建隧道的影响。

工作井两侧端墙至盾构机外壳间的安装间距在 1.38～3.89 m 之间，一般取 1.5～3 m，间距太小会造成安装不便，间距太大会增加工作井尺寸，从而增加占地和造价。工作井的长度一般由机头长度、盾尾、安装平台和安装空间等多个因素决定，若盾构机整体调头，在调头井中需同步考虑盾构整体调头所需的空间。

工作井尺寸确定与周边环境关系密切(图 3-37—图 3-39)，当条件受限时工作井尺寸需要根据实际情况进行缩减，如人民路隧道浦西工作井周边环境条件受限，隧道的最小净距仅 3.7 m (0.33D)，两侧的盾构安装空间也只留了 1.38 m，这样井的内净空就压缩为 29.4 m×16.4 m，比同类型的工作井净宽小 4.6 m。这些措施减少了对周边道路和管线的影响，但在盾构机安装、盾构进出洞等方面带来了很大难度。因此当周边环境允许时，设计时应尽可能保证合理的隧道净距和机械安装空间。

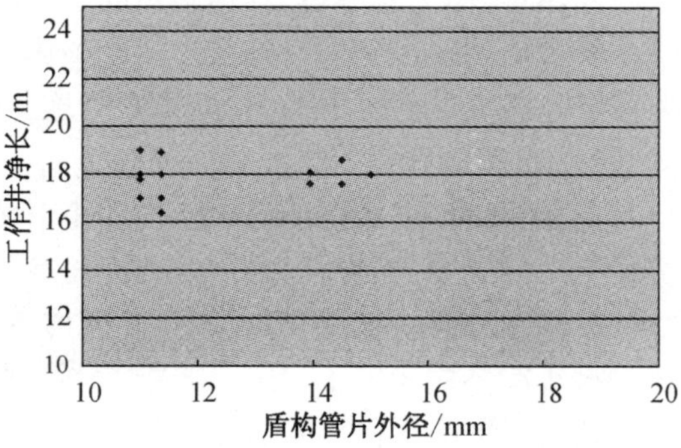

图 3-37　工作井净长与管片外径关系

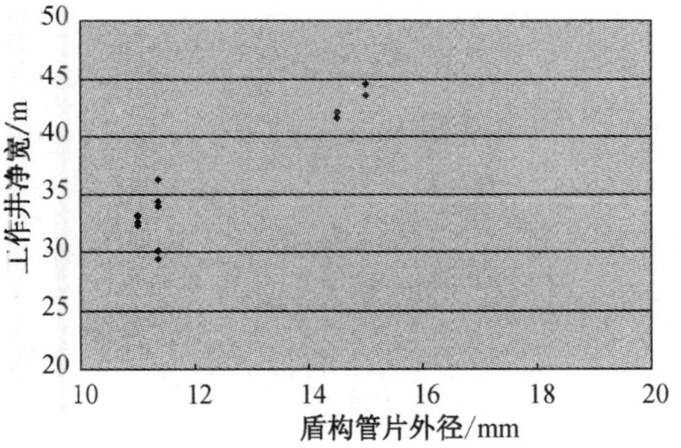

图 3-38　工作井净宽与管片外径关系(双线)

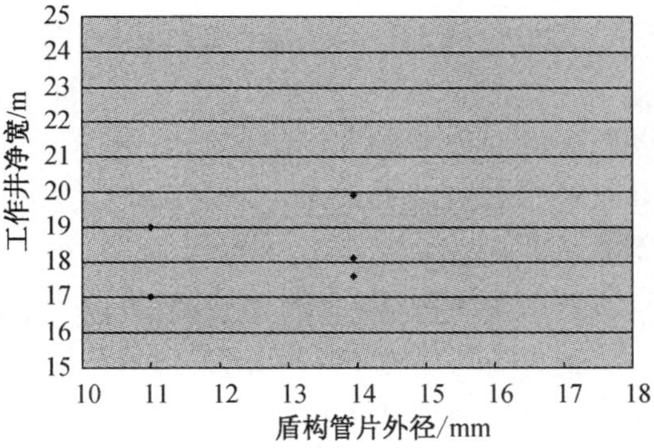

图 3-39　工作井净宽与管片外径关系(单线)

7. 工作井各阶段功能及工序要求

盾构工作井在施工阶段是盾构组装、拆卸及始发、接收的场所，是隧道最先开工和最后完工的结构；在使用阶段，它连接了圆形的盾构隧道和矩形的明挖隧道，是隧道内设备集中放置的区域，是隧道中的“枢纽”。同时盾构工作井开挖深度深，尺寸大，工况复杂，也是设计难度大，施工风险大的结构。

1) 施工阶段要求

根据盾构的施工筹划，工作井可以分为始发井、接收井、调头井等几种类型。

始发井是盾构出洞的工作井，一般是隧道最先开工的区域。工作井的尺寸需要考虑盾构的组装、管片调运、出土出泥等要求，始发井的内部平面长度(顺隧道线路方向)由盾构机长度和安装空间决定，而平面宽度(垂直于隧道线路方向)则主要取决于隧道出洞处的线路线间距、盾构直径以及盾构机组装时的操作空间要求。

接收井是盾构进洞时的工作井，一般是隧道最后完工的区域，其平面净空尺寸也同样受盾构机尺寸、隧道线路线间距和盾构的安装空间控制。

当双管隧道只采用一台盾构机进行施工时，需要设置一个盾构调头井。调头井一侧是盾构接收位置，一侧是盾构始发位置，由于需要进行盾构机的调头操作，因此要求底板上表面为一个平面，即底梁不得上翻，工作井的空间尺寸也须满足盾构调头时的施工空间要求。翔殷路隧道、军工路隧道、虹梅南路隧道等隧道采用了盾构整体调头技术。

隧道盾构工作井一般是与车架段整体施工的，当周边环境或工程筹划有特殊要求时，也可以采用独立井形式（不与暗埋段同时施工的工作井形式），如西藏南路隧道的浦西工作井。

2）使用阶段功能要求

工作井连接了圆形的盾构隧道和矩形的明挖隧道，其车道层上层（即工作井的下一层）的净空尺寸大，平面也较为规整，因此设备层一般布置在此层空间内。

在净空允许的情况下，在工作井的地下一层之下可设置电缆夹层，便于铺设电缆，电缆层的最小净高应大于 1.4 m。

双管隧道的工作井车道层一般设置调头车道，便于车辆在紧急情况下可以在此处进行调头。

工作井作为隧道暗埋段的最低点，需要在井内设置废水泵房，并设置横截沟拦截从暗埋段流向盾构段的水。

3）施工流程

始发井的正常施工流程是：施工围护—施工框架＋内衬—拆除支撑—组装盾构机—出洞＋拼装负环—盾构推进＋拼装管片—推进完成—拆除负环—施工各层板—安装＋调试设备。

接收井的正常施工流程是：施工围护—施工框架＋内衬—拆除支撑—进洞—拆除盾构机—施工各层板—安装＋调试设备。

当工期要求紧张时，可以将下一层的设备搬离工作井，另行在暗埋段布置，这样工作井的最后收头工作将不再影响设备的搬运和调试，如龙耀路隧道的接收井。

此外还可以在工作井始发井设计时考虑不拆除负环，节省负环的拆除时间，并可保留盾构内的运输通道，节约工期，如外滩隧道和迎宾三路隧道的始发井。

8. 主体结构含钢量统计分析

明挖接线段主体结构的含钢量受结构埋深、跨度的影响较大，调研隧道的含钢量分布差异性较大，实际设计过程中应通过精确化结构计算模型、合理控制计算参数取值范围、统一分布筋及其他构造钢筋的配筋达到对结构含钢量的控制。

3.2.2 围护结构设计

1. 基坑安全等级

通常设计执行《基坑工程技术规范》的要求，原《基坑工程设计规程》（DBJ 08—61—97）中，基坑等级分为三级，以基坑深度、环境保护要求和支护结构是否作为永久结构的一部分使用作为分级标准。随着城市建设的飞速发展，基坑工程的环境保护要求日趋严峻，以往的基坑等级划分方式已经很难准确的表达基坑工程的难易程度和确定合适的围护结构变形值等设计控制指标。

现行《基坑工程技术规范》中对基坑的安全等级如下：基坑开挖深度大于等于 12 m 或基坑采用支护结构与主体结构相结合时，属一级安全等级基坑工程；基坑开挖深度小于 7 m

时，属三级安全等级基坑工程；除一级和三级以外的基坑均属二级安全等级基坑工程；当基坑周边有重要建(构)筑物时，应根据规定提高基坑安全等级。

敞开段及暗埋段应根据不同基坑深度分段确定基坑安全等级，工作井的基坑深度大于12 m，属于一级基坑工程。

2. 基坑工程的环境保护等级

基坑工程环境保护等级的划分需要考虑的要素是环境保护对象的重要性程度和环境保护对象与基坑之间的距离。保护对象与基坑开挖边线的净距 s 应按基坑开挖面最外边线与保护对象地下部分(对建筑物指基础结构)的最小距离计算。环境保护对象的重要性程度主要考虑两类：一类是重要性程度非常高，如优秀历史建筑、有精密仪器与设备的厂房、其他采用天然地基或短桩基础的重要建筑物、轨道交通设施、隧道、防汛墙、原水管、自来水总管、煤气总管、共同沟等重要建(构)筑物或设施，其损坏往往会对社会生活产生巨大的影响和经济损失；另一类是重要性程度较高，如较重要的自来水管、煤气管、污水管等市政管线、采用天然地基或短桩基础的建筑物等，其损坏往往会对人们的生活产生一定程度的影响和经济损失。

目前，明挖结构设计执行《基坑工程技术规范》的要求，根据基坑周围环境的重要性程度及其与基坑的距离，基坑工程环境保护等级应分为以下三级，可参见表 3-17。

表 3-17　　基坑工程的环境保护等级

环境保护对象	保护对象与基坑的距离	基坑工程环境保护等级
优秀历史建筑、有精密仪器与设备的厂房、其他采用天然地基或短桩基础的重要建筑物、轨道交通设施、隧道、防汛墙、原水管、自来水总管、煤气总管、共同沟等重要建(构)筑物或设施	$s \leqslant H$	一级
	$H < s \leqslant 2H$	二级
	$2H < s \leqslant 4H$	三级
较重要的自来水管、煤气管、污水管等市政管线、采用天然地基或短桩基础的建筑物等	$s \leqslant H$	二级
	$H < s \leqslant 2H$	三级

注：①H 为基坑开挖深度，s 为保护对象与基坑开挖边线的净距；
②基坑工程环境保护等级可依据基坑各边的不同环境情况分别确定；
③位于轨道交通设施、优秀历史建筑、重要管线等环境保护对象周边的基坑工程，应遵照政府有关文件和规定执行。

基坑的环境保护等级则应根据基坑周边环境的重要性程度及其与基坑的距离确定。图 3-40 为一些隧道的工作井基坑施工实景图。

(a) 复兴东路隧道

(b) 翔殷路隧道

（c）龙耀路隧道

（d）新建路隧道

图 3-40　工作井基坑施工实景图

设计中应依据基坑安全等级及环境保护等级确定基坑围护结构变形控制指标和坑外地表沉降控制指标。

3. 围护结构选型及插入比分析

1）暗埋段及敞开段

暗埋段、敞开段基坑由深至浅渐变，结合上海工程地质情况及环境要求，围护形式有地下连续墙、SMW（型钢水泥土搅拌墙）、钻孔咬合桩和钻孔灌注桩等形式，各围护形式的适应深度如表 3-18 所示。

表 3-18　　已建道路隧道围护结构选型统计

隧道开挖深度＼围护类型		1.0 m 厚地下连续墙	0.8 m 厚地下连续墙	0.6 m 厚地下连续墙	钻孔灌注桩	SMW 工法	重力式挡土墙
军工路隧道	上限	26.95	17.75	13.82	—	10.20	3.20
	下限	19.38	14.62	7.85	—	4.12	2.32
打浦路隧道	上限	23.86	16.79	12.73	12.19	—	3.00
	下限	23.40	14.98	12.73	4.80	—	2.96
上中路隧道	上限	23.41	18.46	11.89	—	9.45	4.57
	下限	19.24	14.32	11.47	—	2.55	2.94
人民路隧道	上限	22.40	15.50	7.90	12.30	9.30	8.40
	下限	20.50	13.20	13.60	8.60	2.70	8.40
外滩通道北段	上限	20.40	16.20	13.70	—	10.65	—
	下限	16.66	12.70	10.99	—	3.25	—
外滩通道南段	上限	20.81	15.71	26.41	5.93	8.42	—
	下限	18.58	12.93	8.81	5.93	2.33	—
西藏南路隧道	上限	23.85	16.66	12.22	—	12.81	—
	下限	23.36	12.821	9.98	—	3.75	—
新建路隧道	上限	23.95	15.99	12.62	—	11.63	—
	下限	17.98	13.41	9.13	—	5.15	—

而有关重力式挡土墙对应开挖深度变化、ϕ800 钻孔灌注桩对应开挖深度变化、SMW 工法桩对应开挖深度变化以及地下连续墙对应开挖深度变化，可参见图 3-41—图 3-44。

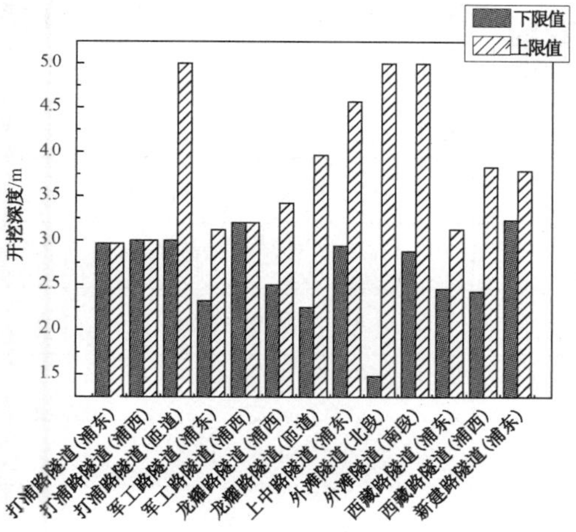

图 3-41　重力式挡土墙对应开挖深度变化

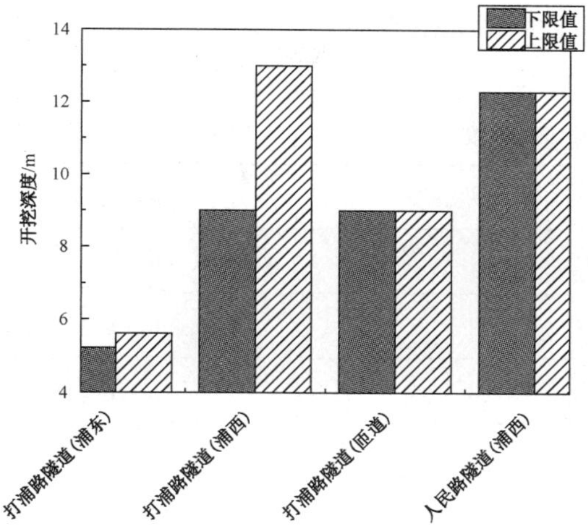

图 3-42　ϕ800 钻孔灌注桩对应开挖深度变化

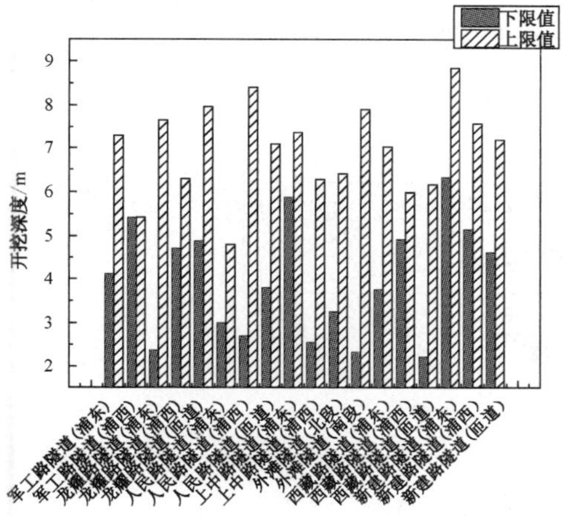

(a) ϕ650 SMW 工法桩

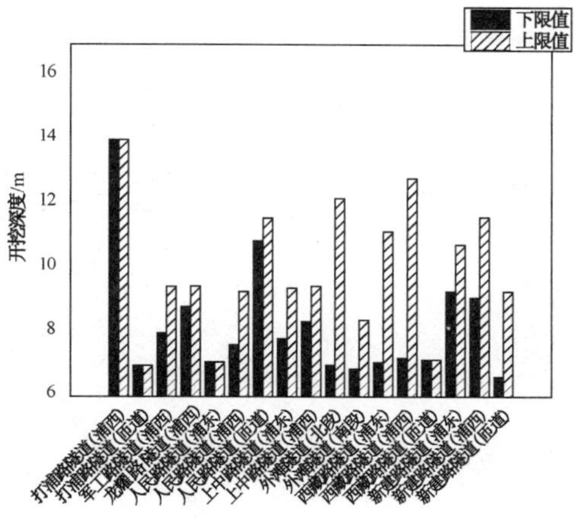

(b) ϕ850 SMW 工法桩

图 3-43　SMW 工法桩对应开挖深度变化

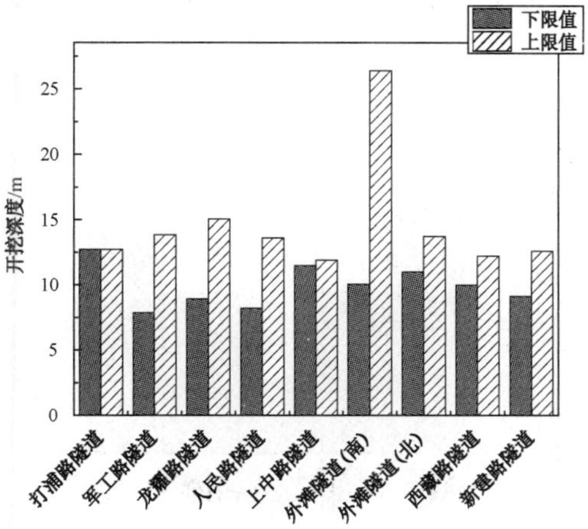

(a) 600 厚地下连续墙

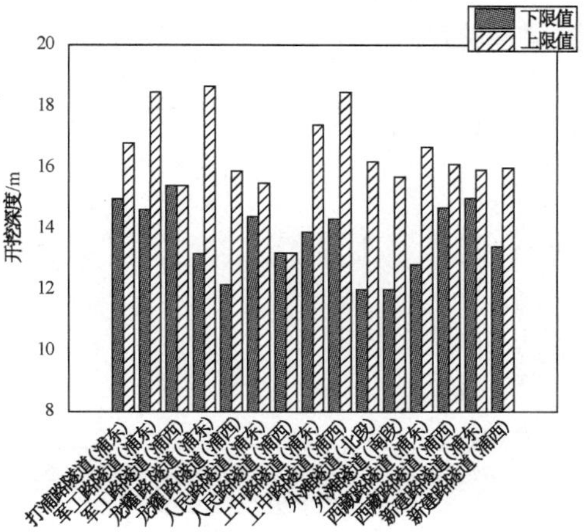

(b) 800 厚地下连续墙

图 3-44　地下连续墙对应开挖深度变化图

由图可见，在不考虑地质条件和环境影响的情况下，围护结构类型的选择跟基坑开挖深度有关系。相关已建隧道的开挖深度对应围护类型如表 3-19 所示。

表 3-19　　已建隧道的开挖深度对应围护类型

序号	围护结构类型	基坑深度范围/m
1	0.8 m 厚地下连续墙	12.5～19.7
2	0.6 m 厚地下连续墙	9.0～15.4
3	钻孔灌注桩	4.0～11.0
4	SMW 工法	2.9～12.0
5	重力式挡土墙	1.4～5.0

而不同围护结构开挖深度范围可参见图 3-45。

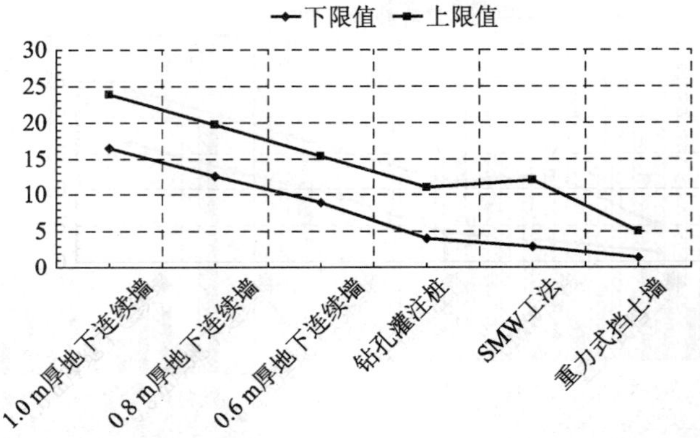

图 3-45　不同围护结构开挖深度范围

调研隧道基坑围护结构插入比范围如图 3-46—图 3-49 所示。

统计表明，调研隧道重力式围护结构的插入比主要分布在 1.1～1.8 区间内，同时，随着开挖深度的增加，插入比有逐渐减小的趋势。

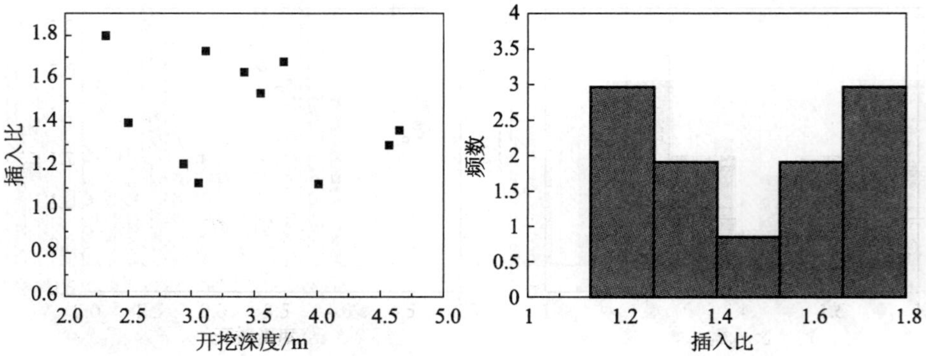

图 3-46　重力式围护结构不同深度对应插入比变化图

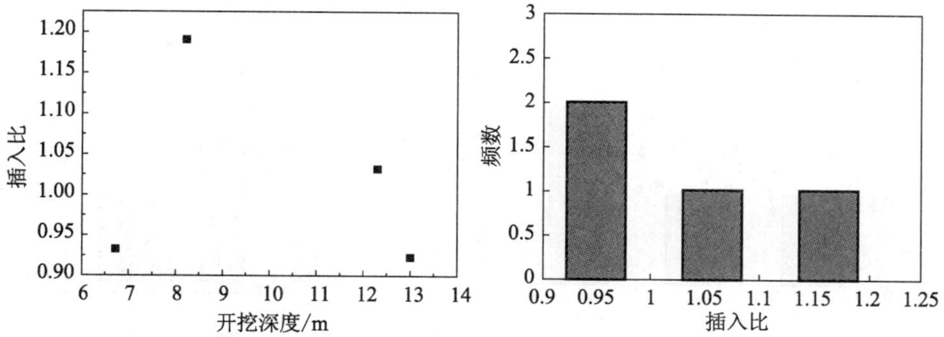

图 3-47 φ800 钻孔灌注桩不同深度对应插入比变化图

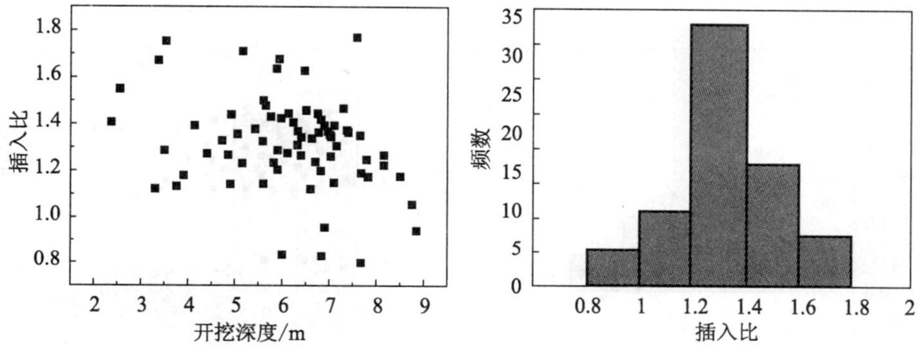

(a) φ650SMW 工法桩

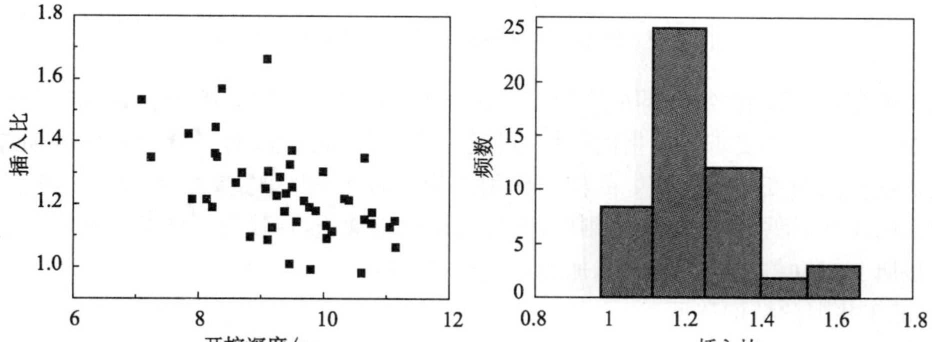

(b) φ850SMW 工法桩

图 3-48 SMW 工法桩不同深度对应插入比变化图

型钢水泥土搅拌墙围护结构型钢的入土深度主要由基坑整体稳定性、抗隆起稳定性和抗滑移稳定性综合确定，型钢插入比一般为 0.8～1.2；水泥土搅拌桩隔水帷幕入土深度满足基坑抗渗漏和抗管涌的要求，同时，水泥土搅拌桩入土深度应大于型钢入土深度。600 mm及 800 mm 厚地下连续墙的插入比在 0.7～1.0，1 000 mm 厚地下连续墙的插入比在 0.7～0.8，随着基坑深度的加大，插入比有逐渐减小的趋势，同时，采用地下连续墙围护时，通常主体结构与围护墙组成复合结构，共同受力，各种厚度连续墙支护深度可适当调整，根据计算结果确定。

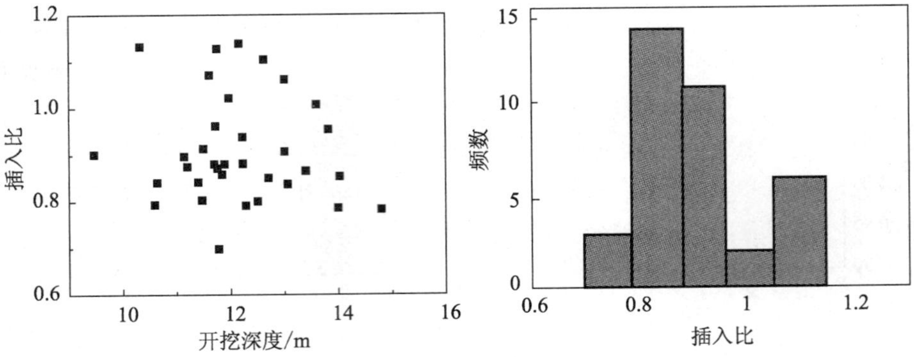

(a) 600 厚地下连续墙

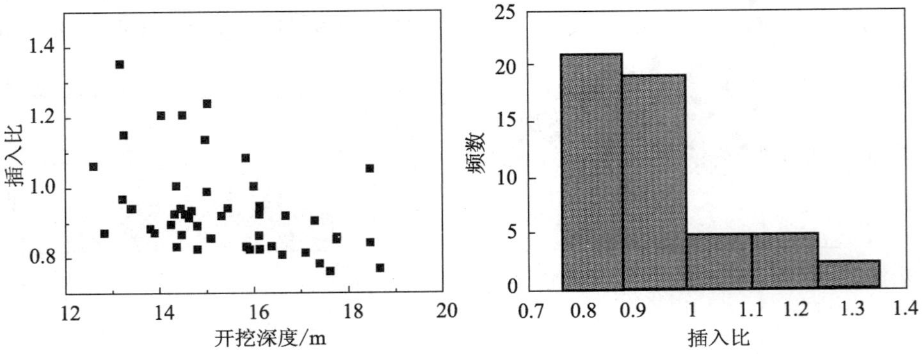

(b) 800 厚地下连续墙

图 3-9　地下连续墙不同深度对应插入比变化图

综上所述，板式围护结构的插入比需考虑围护结构的抗隆起、抗滑移、抗倾覆及整体稳定性。对于变形控制要求较严格的基坑，可适当增加插入深度；对于软土地区的超深基坑，墙趾进入硬土层对变形有着较好的控制作用。为了减小插入比，应尽可能减小最下道支撑至开挖面的距离，增强该道支撑的刚度；充分利用时空效应，尽快及时浇筑坑底垫层作底撑；以及对桩脚与被动侧土体进行地基加固或坑内降水固结。

2）工作井围护结构选型

目前的道路隧道盾构隧道的最小外径为 11 m，进出洞的覆土一般大于 0.5D（D 为隧道外径），再考虑盾构安装高度、底板厚度等因素，工作井的基坑深度将大于 20 m，基坑实施方案主要是地下连续墙围护明挖顺做法，表 3-20 为上海部分已建道路隧道工作围护结构设计参数。

表 3-20　　工作井不同类型围护结构选型统计

隧道名称	围护选型及插入比	最大开挖深度		插入比	
		1.0 m 厚	1.2 m 厚	1.0 m 厚	1.2 m 厚
1	打浦路隧道	23.86	—	0.72	—
2	军工路隧道	26.57	—	0.74	—

续表

隧道名称 \ 围护选型及插入比		最大开挖深度		插入比	
		1.0 m厚	1.2 m厚	1.0 m厚	1.2 m厚
3	人民路隧道	22.40	—	0.74	—
4	上中路隧道	—	24.20	—	0.78
5	外滩通道南段	—	26.41	—	0.82
6	西藏南路隧道	23.85	—	0.74	—
7	仙霞路隧道	21.50	—	0.86	—
8	新建路隧道	20.81	21.60	0.82	0.69

由于目前上海的城市隧道工作井周边均有较高的环境保护要求，因此已建的隧道中，其工作井围护结构均采用了地下连续墙的形式。根据工程位置、周围环境条件、基坑开挖深度，地墙厚度一般按如下原则选取：

(1) 开挖深度在 20～25 m 时，采用 1 m 厚地下连续墙作为围护；

(2) 开挖深度在 25 m 以上时，采用 1.2 m 厚地下连续墙作为围护。

在常规情况下，工作井与其后的暗埋段是一起实施的，两者之间的高差为 2～7 m。在高差较小时，两者之间可以采用重力式挡墙等围护形式，当高差较大时，两者之间多采用短地墙进行分割，也便于最下道支撑的布置。

工作井地下连续墙的入土深度主要取决于基坑土层情况和环境保护等级，需要通过基坑的整体稳定性、坑底抗隆起稳定性和绕最下道内支撑点的坑底抗隆起稳定性等基坑稳定性计算确定。图 3-50 为已建隧道工作井围护结构插入比范围。

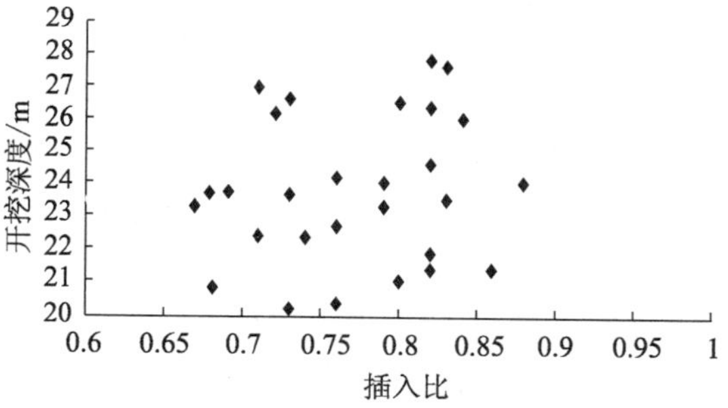

图 3-50　已建隧道工作井围护结构插入比范围

根据目前上海多条隧道工作井的插入比综合分析，已建盾构工作井的深度在 20～30 m，采用 0.8～1.2 m 厚地墙，基坑坑底多落⑤$_1$、⑤$_{1-2}$、⑥层上，基坑等级基本为一、二级，工作井基坑的地墙插入比为 0.67～0.88。土层情况和基坑等级对地墙插入比的影响很大，同时，一级基坑的插入比较类似土层情况下的二级基坑增加显著。在地层较差和基坑等级为一级时，基坑设计中可以通过在坑底和支撑底进行加固等方法进行加强，以减小地层变形和增加稳定性。相关统计汇总情况见表 3-21。

表 3-21　工作井基坑围护结构信息

隧道名称	工作井名称	基坑等级	坑底地层	支撑	加固
大连路隧道	浦东	二级	⑥	3 混凝土支撑+4 钢支撑	无
	浦西	二级	⑤$_{1-1}$	4 混凝土支撑+1 钢支撑	坑底裙边+抽条加固

续表

隧道名称	工作井名称	基坑等级	坑底地层	支撑	加固
复兴东路隧道	浦东(始发)	二级	⑤$_{1-2}$	4 混凝土支撑+1 钢支撑	坑底裙边+抽条加固
	浦西(接收)	一级	⑤$_{1-2}$	5 混凝土支撑+1 钢支撑	坑底裙边+抽条加固
打浦路复线隧道	浦东(始发)	一级	⑤$_2$	2 混凝土支撑+5 钢支撑	无
	浦西(接收)	二级	⑤$_1$	2 混凝土支撑+5 钢支撑	无
翔殷路隧道	浦东(始发)	二级	⑤$_1$	4 混凝土支撑+2 钢支撑	坑底裙边+抽条加固
	浦西(接收)	二级	⑤$_1$	4 混凝土支撑+1 钢支撑	坑底裙边+抽条加固
人民路隧道	浦东(始发)	二级	⑤$_1$	4 混凝土支撑+2 钢支撑	坑底裙边+抽条加固
	浦西(接收)	二级	⑥	4 混凝土支撑+1 钢支撑	坑底裙边+抽条加固
西藏南路隧道	浦东(始发)	二级	⑤$_{1-t}$	2 混凝土支撑+4 钢支撑	坑底裙边+抽条加固
	浦西(接收)	二级	⑤$_{1-2}$	2 混凝土支撑+4 钢支撑	坑底裙边+抽条加固
仙霞西路隧道	东井(接收)	二级	⑤$_1$	3 混凝土支撑+3 钢支撑	坑底裙边+抽条加固
	西井(始发)	二级	⑤$_1$	1 混凝土支撑+5 钢支撑	裙边加固
新建路隧道	浦东(始发)	二级	⑤$_{1-2}$	4 混凝土支撑+1 钢支撑	坑底裙边+抽条加固
	浦西(接收)	二级	⑤$_{1-2}$	4 混凝土支撑+2 钢支撑	坑底裙边+抽条加固
龙耀路隧道	浦东(始发)	二级	⑤$_1$	2 混凝土支撑+4 钢支撑	坑底满堂加固
	浦西(接收)	二级	⑤$_1$	4 混凝土支撑+1 钢支撑	裙边加固
外滩隧道	天潼路工作井(始发)	一级	⑤$_1$	5 混凝土支撑	坑底裙边+抽条加固
	福州路工作井(接收)	一级	⑤$_1$	5 混凝土支撑	支撑与坑底裙边+抽条加固
迎宾三路隧道	东井(接收)	一级	⑤$_1$	5 混凝土支撑+1 钢支撑	坑底裙边+抽条加固
	西井(始发)	二级	⑤$_1$	5 混凝土支撑	支撑与坑底裙边+抽条加固
上中路隧道	浦东	二级	⑤$_2$	5 混凝土支撑	坑底裙边+抽条加固
	浦西(调头井)	一级	⑥	5 混凝土支撑	坑底裙边+抽条加固
军工路隧道	浦东(调头井)	二级	⑥	5 混凝土支撑+1 钢支撑	无
	浦西	一级	⑤$_3$	5 混凝土支撑+1 钢支撑	坑底裙边+抽条加固/第三道支撑下加固
崇明隧道	长兴岛工作井	二级	⑥	5 混凝土支撑+1 钢支撑	满堂加固
	1 号工作井	二级	⑤$_1$	5 混凝土支撑+1 钢支撑	满堂加固

4. 围护结构含钢量分析

1) 钻孔灌注桩含钢量分析

依据调研统计分析，钻孔灌注桩的含钢量一般在 140～160 kg/m³，如图 3-51 所示。

2) 地下连续墙含钢量分析

依据对调研隧道围护结构含钢量的统计分析，600 mm 厚地下连续墙的含钢量在 160～240 kg/m³，800 mm 厚地下连续墙的含钢量在 160～240 kg/m³，1 000 mm 厚地下连续墙的含钢量在 160～200 kg/m³，1 200 mm厚地下连续墙的含钢量在 180～200 kg/m³。各种厚度连续墙含钢量如图 3-52所示。

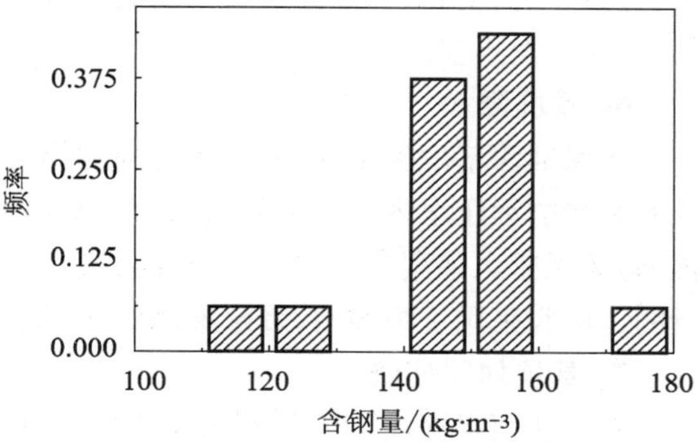

图 3-51 钻孔灌注桩含钢量分析

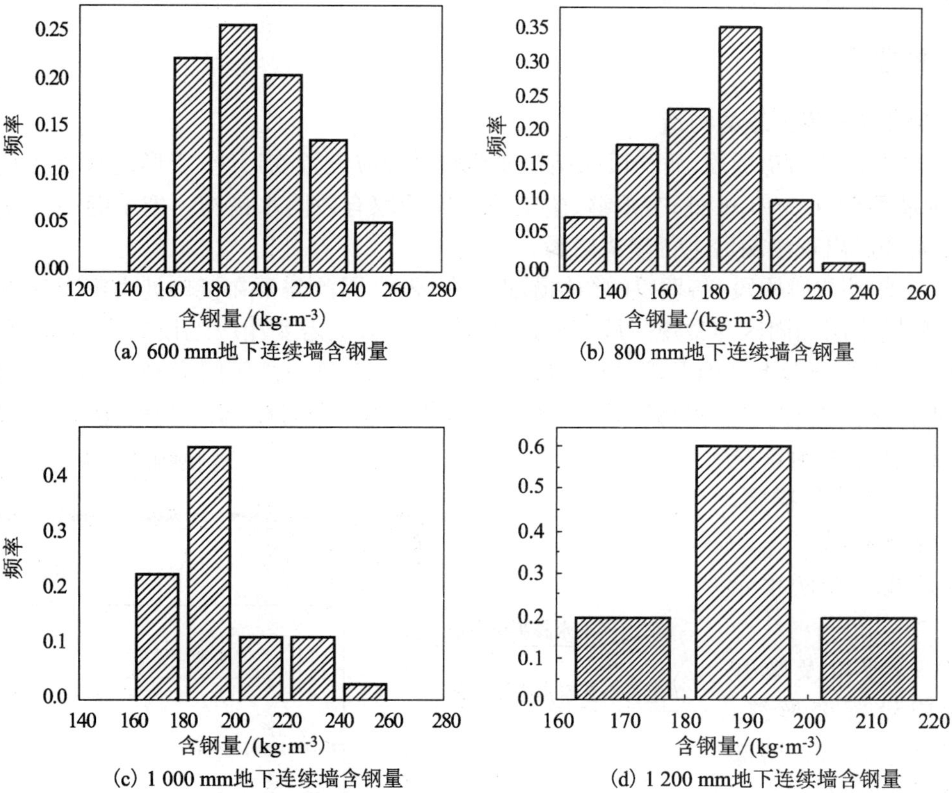

图 3-52 地下连续墙含钢量分析

5. 支撑形式

明挖段第一道支撑和工作井支撑原则采用钢筋混凝土支撑，其余一般采用钢管支撑；根据计算考虑钢管支撑强度及稳定性的要求。钢筋混凝土支撑水平间距 6～9 m；钢管支撑水平间距为 3～4.5 m。最下一层支撑在不影响主体结构底板施工的条件下，应尽可能降低，一般控制在 3.0～3.5 m。

工作井的支撑以斜撑为主，支撑形式可以采用混凝土支撑和钢支撑，其中混凝土支撑的养护周期较长，但支撑的刚度大、承载力大，因此混凝土支撑布置的间距较大，施工时可以获得较大的施工空间；钢支撑安装工期短，拆除也较为方便，但其刚度和承载力小，支撑布置较密，施工时挖土空间较小。

6. 基坑降水

为保证深基坑施工安全，并考虑到对邻近建、构筑物的保护，施工必须对场地孔隙潜水及有影响的承压水进行有效的且对地下水损失最小的措施处理。对孔隙潜水采用周边止水帷幕，对承压水采用坑内降水的处理措施，疏干基坑内的地下水，达到无水作业、稳定基坑的目的。坑底采用坑内降水，降水深度应达到基坑底以下 1 m。

7. 基坑加固处理

基坑加固根据地层情况和隧道埋深不同，常采用三轴搅拌桩、高压旋喷等方式，加固形式可采用满堂加固、裙边加固或抽条加固，根据对上海已建道路隧道的调研情况，坑底位于⑥层黏性土中可不做加固，⑤层土中一般须采取加固措施。对敞开段和覆土较浅段，坑底可采用钻孔桩，作为抗浮桩兼地基处理。

3.2.3 构造设计

1. 变形缝及施工缝的构造

(1) 在工作井与暗埋段、盾构段等结构变化较大处应设置变形缝，变形缝位置宜设置在工作井地墙外侧 0.5～1 m 处；变形缝、施工缝处应采取有效防水措施。施工缝中宜预留注浆管，以便今后出现渗漏后进行注浆堵漏。

(2) 工作井与盾构段、暗埋段的结构形式变化较大，因此需要在接口处由密至疏设置变形缝；盾构进出洞加固区与常规区域等处地基变化较大，也需要相应地设置变形缝；施工缝位置和间距应综合考虑结构形式、受力要求、施工方法、气象条件等因素确定；工作井框架、围檩在围护阶段先行实施，内衬后施工，两者之间结合面较难处理，是常见的漏点。因此，需要在设计中考虑预留全断面注浆管等类似措施，以便今后堵漏，图 3-53 为工作井施工缝防水示意图。

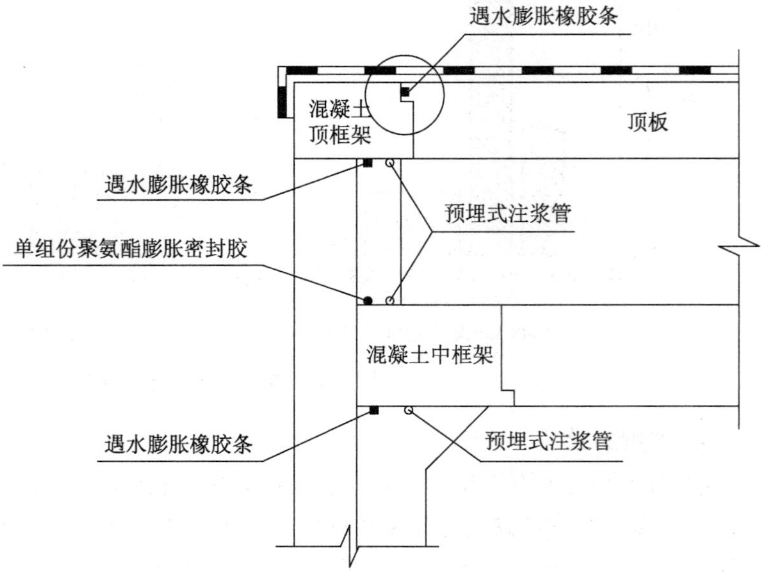

图 3-53 工作井施工缝防水示意

(3) 暗埋段及敞开段结构应设置变形缝，间距为 20～30 m，局部区段由于开孔及其他因素的制约导致缝距过大，应增设施工缝或采取其他结构措施。当因结构、地基、基础或荷载发生变化可能产生较大的差异沉降时，宜通过地基处理、结构措施或设置后浇带等方法，将结构的纵向沉降曲率和沉降差控制在变形允许范围内。

(4) 施工缝位置和间距应综合考虑结构形式、受力要求、施工方法、气象条件及变形缝的间距等因素，并吸取其他类似工程的经验确定。

2. 顶框架后浇板处理技术措施

工作井后浇板易在角部形成斜裂缝，这主要是由于工作井框架及先期浇筑的板整体刚度较大，后浇板混凝土结构存在固结收缩，易于在角部产生斜裂缝而渗漏水。可通过以下技术处理措施进行改进：

(1) 在顶框架与后浇板接缝处预留企口，既利于顶板抗剪，又可以减少接缝渗漏水现象。

(2) 顶板采用补偿收缩防水混凝土，掺加具有补偿收缩功能的微膨胀外加剂，并细化后浇板微膨胀混凝土的外加剂指标，使其基本能达到膨胀与水化收缩的平衡。

(3) 角部设置放射状细钢筋网片。

3. 钢围檩与钢支撑节点构造措施

钢围檩和钢支撑杆件的拼接一般应满足等强度的要求，但在实际工程中受到拼接现场施工条件的限制，很难达到要求，应在构造上对拼接方式予以加强，如附加缀板、设置加劲肋板等。同时应尽量减少钢围檩的接头数量，拼接位置也尽量放在围檩受力较小的部位，钢围檩与围护桩之间空隙应用高强度细石混凝土嵌实，如图 3-54 所示。

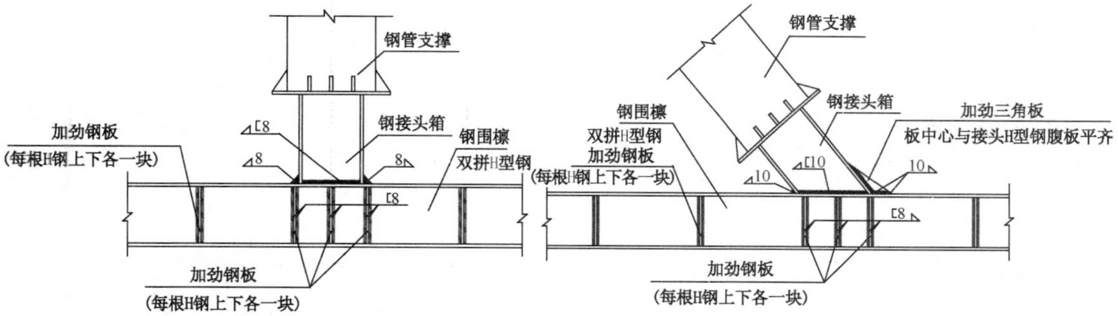

图 3-54 钢支撑与钢围檩的连接

4. 地下连续墙钢筋及钢筋连接器布置方式

受结构计算参数、规范标准提高的影响，地下连续墙的含钢量也在不断加大，由此导致钢筋间距越来越小，以致叠加内衬结构的预埋钢筋连接器后，地下连续墙的钢筋过密而影响混凝土的浇筑和振捣，直接影响混凝土的质量。

图 3-55 地下连续墙钢筋布置

地下连续墙作为主体结构的一部分，须满足结构耐久性的相关要求。地下连续墙中既布置有开挖阶段受力钢筋，同时在基坑回筑阶段内部结构板要与地下连续墙进行固结，因此需在地下连续墙内预埋钢筋连接器。钢筋接驳器除了接头区(两侧各约 200 mm)不能放置外,在浇捣混凝土的导管区也不能放置,应在两侧补足。下面根据地下连续墙钢筋及预留连接器的间距,分别给出不同厚度地下连续墙钢筋连接器的建议布置方式供参考,以满足地下连续墙导管的布置要求,从而更好地控制施工质量。

1) 600 mm 地下连续墙钢筋连接器的建议布置方式

以地下连续墙主筋及板连接筋间距均为@150 为例,说明地下连续墙主筋及钢筋连接器的布置方式。

(1) 下连续墙主筋布置原则

每幅地下连续墙的理论计算钢筋量 n=(地下连续墙幅宽/理论计算间距+1)根,按设计主筋间距进行布置,接头区的钢筋可并在接缝两侧,如图 3-56 所示。

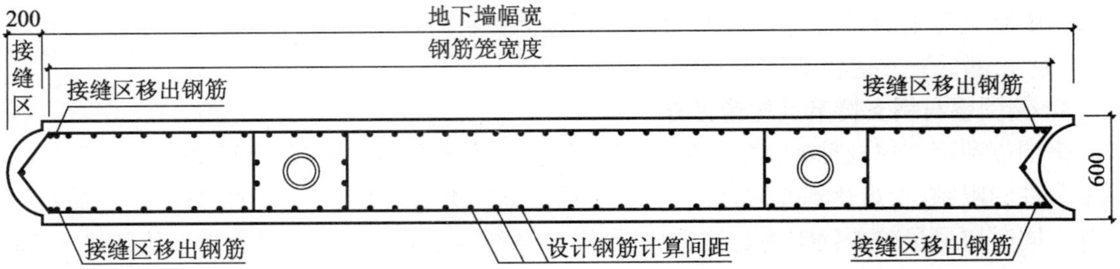

图 3-56　地下连续墙主筋布置

(2) 筋连接器的布置原则

钢筋连接器在接头区和导管区均不能放置,连接器并在导管区及接头区的两侧,其他区域钢筋连接器间距仍按板钢筋设计间距布置,如图 3-57 所示。

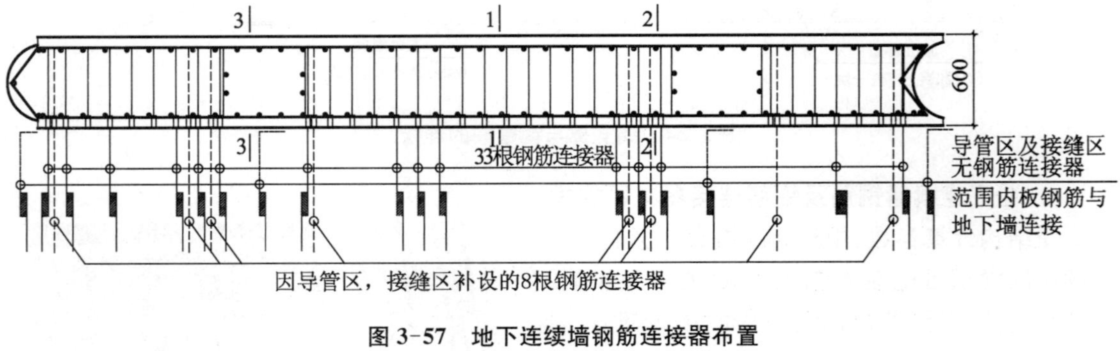

图 3-57　地下连续墙钢筋连接器布置

根据上述布置原则,连接器的布置分为三个不同的区段,不同区段连接器与板主筋的连接方式也不同,如图 3-58 所示。

正常范围:连接器间距按板主筋设计间距布置,与板主筋进行连接。

加密范围:导管及接头区范围内的连接器并在此范围,与已布置的连接器上下重叠布置,均与板中主筋连接。

导管及接缝区范围:不布置连接器,板中主筋弯入内衬。

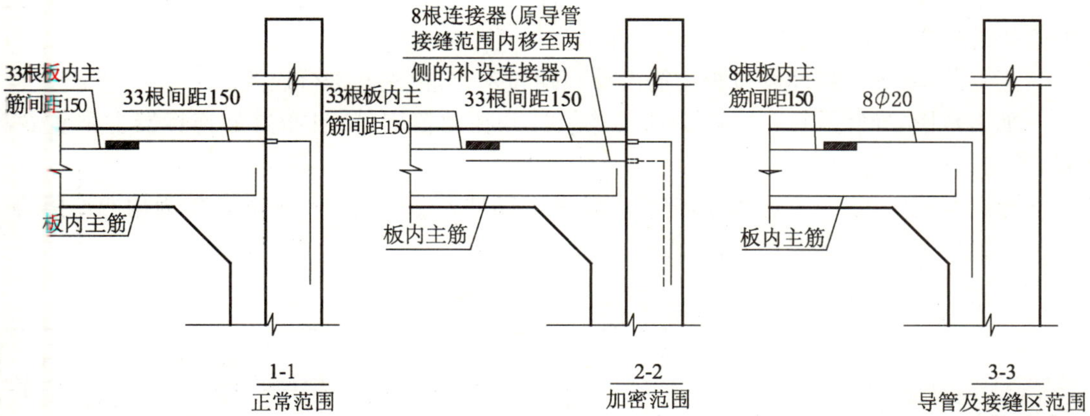

图 3-58　不同区段连接器与板主筋连接方式示意

2) 800 mm 地下连续墙钢筋连接器的建议布置方式

以地下连续墙主筋及板连接筋间距均为@150 为例，说明地下连续墙主筋及钢筋连接器的布置方式。

(1) 下连续墙主筋布置原则

每幅地下连续墙的理论计算钢筋量为 n=(地下连续墙幅宽/理论计算间距+1)根，按设计间距进行布置，接头区的钢筋可并在接缝两侧，如图 3-59 所示。

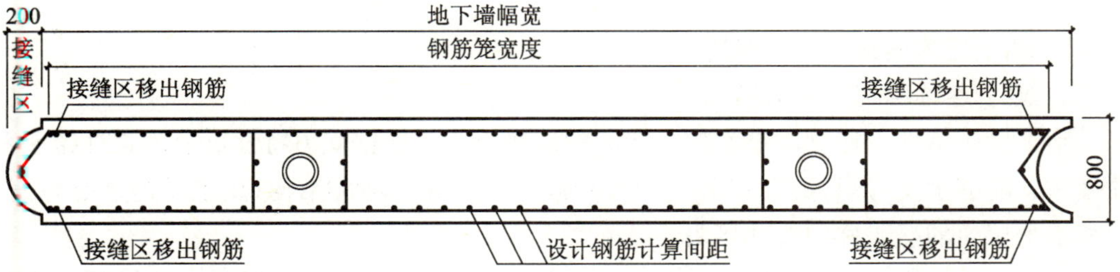

图 3-59　地下连续墙主筋布置

(2) 筋连接器的布置原则

钢筋连接器在接头区不能放置，在导管区可放置，但导管区钢筋连接器的预埋筋一般仅作为构造连接器，因此导管区和接头区的连接器并在导管区及接头区的两侧，其他区域钢筋连接器间距仍按板钢筋设计间距布置，如图 3-60 所示。

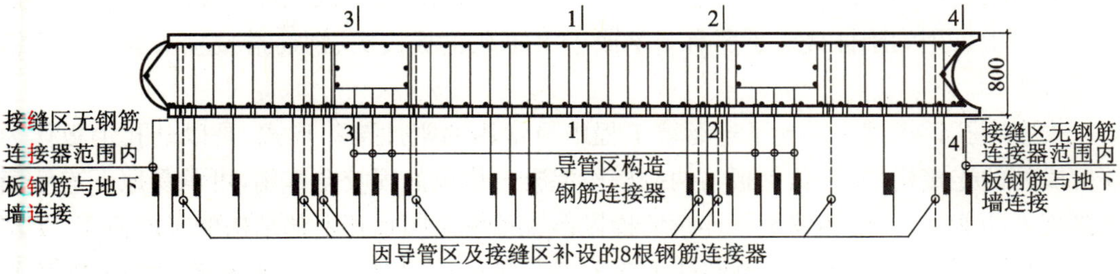

图 3-60　地下连续墙钢筋连接器布置

根据上述布置原则，连接器的布置分为四个不同的区段，不同区段连接器与板主筋连接的连接处理方式也不同，如图 3-61 所示。

正常范围：连接器间距按板主筋设计间距布置，与板主筋进行连接。

加密范围：导管及接头区范围内的连接器并在此范围，与已布置的连接器上下重叠布置，均与板中主筋连接。

导管区范围：仍布置连接器，连接器的预埋筋伸入墙体内约 150 mm，作为构造连接器。

接缝区范围：不布置连接器，板中主筋弯入内衬。

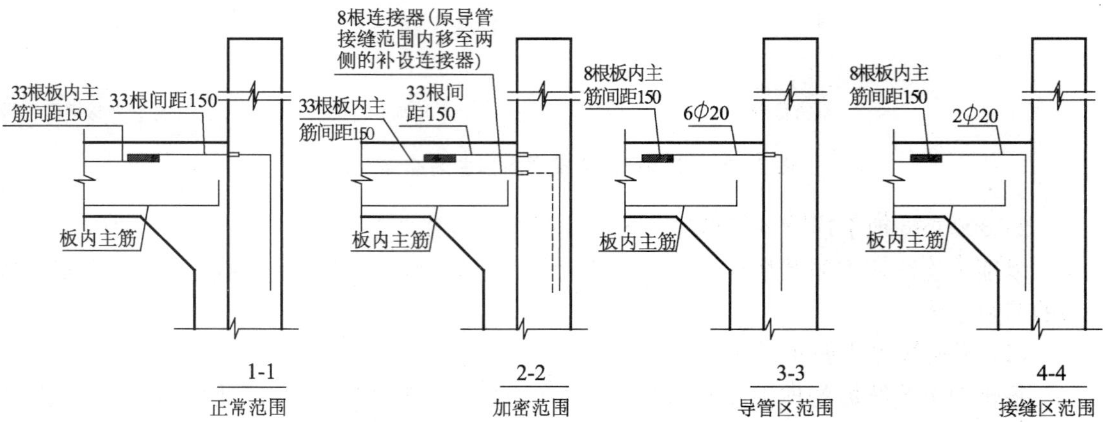

图 3-61　不同区段连接器与板主筋连接方式示意

5. 地下连续墙施工接头选用

1）地下连续墙施工接头形式

施工接头指地下连续墙单元槽段之间的连接接头。根据受力特性可分为柔性接头和刚性接头。能够承受弯矩、剪力和水平拉力的施工接头成为刚性结构，反之不能承受弯矩、剪力和水平拉力的接头称为柔性接头。

常用的柔性接头主要有锁口管接头、楔形接头、钢筋混凝土预制接头和橡胶止水带接头。柔性接头抗剪、抗弯能力较差，一般适用于对槽段施工接头抗剪、抗弯能力要求不高的基坑工程中。

圆形（或半圆形）锁口管接头、波形管（双波管、三波管）接头统称为锁口管接头，锁口管接头是地下连续墙中最常用的接头形式，锁口管接头构造简单，施工适应性较强，止水效果可满足一般工程的需要。

刚性接头可传递槽段之间的竖向剪力，当槽段之间需要形成刚性连接时，常采用刚性接头。工程中采用的刚性接头主要有一字或十字穿孔钢板接头、钢筋搭接接头和十字型钢插入式接头。

十字穿孔钢板接头是地下连续墙工程中最常用的刚性接头形式，是以开孔钢板作为相邻槽段间的连接构件，开孔钢板与两侧槽段混凝土形成嵌固咬合作用，可承受地下连续墙垂直接缝上的剪力，并使相邻地下连续墙槽段形成整体共同承担上部结构的竖向荷载，协调槽段的不均匀沉降；同时穿孔钢板接头亦具有较好的止水性能。当对地下连续墙的整体刚度或防渗有特殊要求时采用。表 3-22 给出了两种接头优缺点对比情况。

表 3-22　　锁口管接头与十字钢板接头优缺点比较

	优　　点	缺　　点
锁口管接头	构造简单；施工方便，工艺成熟；刷壁方便，易清除先期槽段侧壁泥浆；后期槽段下放钢筋笼方便；造价较低	属柔性接头，接头刚度差，整体性差；抗剪能力差，受力后易变形；接头呈光滑圆弧面，无折点，易产生接头渗水；接头管的拔除与墙体混凝土浇筑配合需十分默契，否则极易产生“埋管”或“塌槽”事故
十字钢板接头	接头处设置了穿孔钢板，增长了渗水途径，防渗漏性能较好；抗剪性能较好	工序多，施工复杂，难度较大；刷壁或清除墙段侧壁泥浆有一定困难；抗弯性能不理想；接头处钢板用量较多，造价较高

2）施工接头的选用原则

由于地下连续墙施工接头种类和数量众多，在实际工程中在满足受力和止水要求的前提下，应尽量选用施工简便、工艺成熟的施工接头，以确保接头的施工质量：

(1) 由于锁口管柔性施工接头施工方便，构造简单，一般工程中在满足受力和止水要求的条件下，地下连续墙槽段施工接头优先采用锁口管柔性接头；当地下连续墙超深顶拔锁口管困难时，建议采用钢筋混凝土预制接头或工字型钢接头。

(2) 当根据结构受力要求需形成整体或当多幅墙段共同承受竖向荷载，墙段间需传递竖向剪力时，槽段间宜采用刚性接头，并应根据实际受力状态验算槽段接头的承载力。

6. 竖向支撑系统的连接构造

竖向支撑系统钢立柱与临时支撑节点的设计，应确保节点在基坑施工阶段能够可靠地传递支撑的自重和各种施工荷载，如图 3-62 所示。

1）角钢格构柱与支撑的连接构造

角钢格构柱与支撑的连接节点，施工期间主要承受临时支撑竖向荷载引起的剪力，设计一般根据剪力的大小计算确定，并在节点位置钢立柱上设置足够数量的抗剪钢筋或抗剪栓钉。

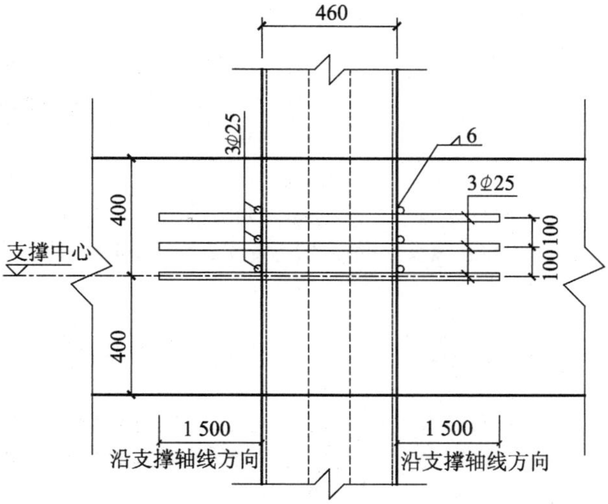

图 3-62　钢立柱设置抗剪钢筋与临时支撑的连接节点

2）钢立柱在底板位置的止水构造

钢立柱穿越基础底板范围常成为地下水往上渗流的通道，为防止地下水上渗，钢立柱在底板位置应设置止水构件，通常采用在钢立柱构件周边加焊止水钢板的形式。对于角钢拼接格构柱通常止水构造是在每根角钢的周边设置两块止水钢板，通过延长渗水途径起到止水目的，见图 3-63。对于钢管混凝土立柱，则需要在钢管位于底板的适当标高设置封闭的环形钢板，作为止水构件，为防止钢板角部混凝土振捣不密实而渗漏水，可于钢板与格构柱相交处设缓凝型遇水膨胀橡胶条。

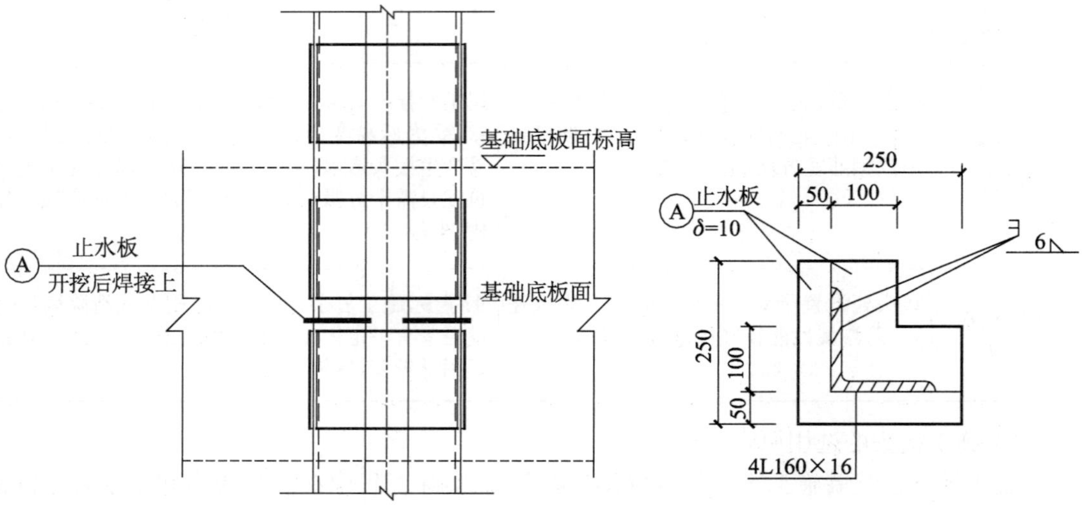

图 3-63　角钢拼接立柱在底板位置止水钢板详图

7. 隧道病害预防措施

隧道主要的病害表现形式可以分为渗漏、开裂、腐蚀等，在进行隧道病害整治前，首先要对产生隧道病害的原因进行调查分析，做到有的放矢，具体病害具体分析，如衬砌开裂，其性质有的属于受弯引起，有的属于受剪切引起，有的属于受压引起的，针对产生的原因不同采取相应的处理措施，表 3-23 给出了相关隧道的病害统计情况。

表 3-23　　隧道病害分析统计

发现问题		原因分析	改进措施
渗漏水	侧施工缝漏水	①侧墙混凝土浇捣不密实；②地下连续墙渗漏水封堵不到位的情况下浇筑侧墙混凝土；③个别隧道施工缝中夹带建筑垃圾	①加强混凝土浇捣、地下连续墙堵漏等施工质量的控制；②增设防水措施
	进线电缆封堵孔漏水	①电缆进线孔开孔、封堵形式不统一、不规范；②电缆箱孔侧墙后开孔，箱孔与混凝土接缝封堵不密实；③电缆穿线孔封堵不密实或未封堵	①统一电缆进线孔开孔及封堵形式，按建筑标准构造设计；②落实箱孔封堵责任单位，箱孔的封堵由土建单位承担
	管片接头破损或漏水	施工过程中防水条错位或破坏	加强施工质量控制
	圆隧道与工作井接头漏水	盾构隧道在工作井、进出洞加固段与常规段存在不均匀沉降，导致管片接头缝超过允值而出现渗漏水	研究合理的变形缝设置位置及与之匹配的车道板缝设置
	旁通道结露、排水不畅	①旁通道空气不流通，潮湿度高而结露；②旁通道排水管安装不到位	①运营养护定期打开防火门通风；② 安装排水管
	防撞墙水迹	侧墙渗漏水通过防撞墙散流到车道板	在防撞墙顶设置截水槽集中排流至隧道边沟中

续表

发现问题		原因分析	改进措施
裂缝	圆隧道车道板裂缝	①盾构隧道在工作井、进出洞加固段与常规段存在不均匀沉降，导致车道板开裂；②车道板缝与隧道变形缝不一致	①研究合适的变形缝间距；②车道板变形缝与盾构隧道变形缝匹配设置
	防撞墙裂缝	防撞墙缝与车道板变形缝不一致	防撞墙缝与车道板变形缝配套设置
	后浇板斜裂缝	后浇混凝土收缩导致板中次生应力产生斜裂缝	统一后浇板的技术措施
	管片开裂	①管片拼装过程中碰撞；②隧道不均匀变形	①精心施工；②合理的变形缝
使用效果	江中泵房窨井盖跳车或检修不便	①窨井盖与沥青路面变形不一致导致跳车；②窨井盖跨车道设置；③混凝土窨井盖难打开	借鉴龙耀路隧道的经验，统一做法
	横截沟跳车或检修不便	横截沟与沥青路面变形差过大；横截沟形式不统一	借鉴龙耀路隧道的经验，统一做法
	沥青路面病害	①沥青路面排水不畅；②底板渗漏水；③沥青路面质量较差	①设置深边沟排除沥青路面积水；②精心施工，防止底板渗漏水，提高沥青路面质量

3.2.4 监控与量测

1. 基本要求

(1) 在基坑工程施工的全过程中，应对基坑支护体系及周边环境安全进行有效的监测，并为信息化施工提供参数。基坑监测应从基坑支护结构施工开始，至地下结构施工完成为止，当工程需要时，应延长监测周期。

(2) 在一个开挖段与整个基坑开挖施工过程中，应紧跟每层开挖支撑的进展，对围护墙变形和地层移动等进行连续监测。所有监测数据必须有完整的记录，并定期将监测结果报告建设、监理、设计和施工相关人员，发现观测值超过警戒值时，及时采取纠正措施，实现信息化施工。

(3) 明挖段隧道结构主要监测内容包括围护墙墙顶隆沉、围护墙水平变形、基坑回弹、围护墙两侧纵向及横向的地面沉降、支撑轴力、坑内外地下水位。根据各监测项目在各工序的变形量及变形速率警戒指标，及时改进施工参数或实施备用的变形控制措施，控制变形。

(4) 确保工程及已有建筑物的安全。施工过程中应加强对基坑周围地下管线，已有建筑物的观测，根据观测结果采取稳妥的施工对策。监测单位应据此制定监测方案，监测方案实施前需经过各方确认。

2. 基坑监测报警值

基坑监测报警值应由变化速率与累计变化值控制。各监测项目的报警值，可按以下原则确定：

(1) 基坑支护体系监测项目的报警值应满足设计要求，当无明确要求时，可参考表3-24采用。

表 3-24　　根据基坑工程安全等级确定报警值

基坑工程安全等级 / 监测项目	一级		二级		三级	
	变化速率/($mm \cdot d^{-1}$)	累计值/mm	变化速率/($mm \cdot d^{-1}$)	累计值/mm	变化速率/($mm \cdot d^{-1}$)	累计值/mm
围护墙侧向最大位移	2～4	0.4%H	3～5	0.5%H	3～5	0.8%H
支撑轴力	设计控制值的 80%					

注：① H 为基坑开挖深度(m)；
② 报警值可按基坑各边情况分别确定。

(2) 周边环境监测项目的报警值应根据基坑周边环境对附加变形的承受能力确定。当无明确要求时，围护墙侧向最大位移、地面最大沉降、地下水水位变化可参考表 3-25 采用。

表 3-25　　根据基坑工程环境保护等级确定报警值

基坑工程环境保护等级 / 监测项目	一级		二级		三级	
	变化速率/($mm \cdot d^{-1}$)	累计值/mm	变化速率/($mm \cdot d^{-1}$)	累计值/mm	变化速率/($mm \cdot d^{-1}$)	累计值/mm
围护墙侧向最大位移	2～3	0.18%H	3～5	0.3%H	5	0.7%H
地面最大沉降		0.15%H		0.25%H		0.55%H
地下水水位变化	变化速率(mm/d)：300，累计值(mm)：1 000					

注：①H 为基坑开挖深度(m)；
②报警值可按基坑各边情况分别确定；
③当同一监测项目按以上规定取值不同时，取较小值。

3.2.5　已建道路隧道设计资料

已建道路隧道明挖结构设计基本资料统计见表 3-26。

3.3　附属结构

3.3.1　地面结构

地面结构包括风塔、管理中心、龙门架等结构，详见建筑部分。

3.3.2　细部结构

1. 边沟

路边沟主要有浅槽式与深槽式两种形式，结构根据边沟具体形状结合防撞侧石进行整体设计。边沟形式主要由排水及建筑专业根据隧道排水要求及隧道空间大小等因素决定，一般在空间允许的情况下采用深槽式。深槽式边沟预留泄水管，将黑色路面沥青层底部的水排至纵向边沟，边沟类型见表 3-27。

表 3-26 明挖结构设计基本资料统计

	内容	上中路隧道		人民路隧道		军工路隧道		外滩通道	翔殷路隧道		复兴东路隧道	大连路隧道		长江西路隧道		崇明越江隧道	打浦路复线隧道	西藏南路隧道	仙霞西路隧道	新建路隧道	龙耀路隧道	迎宾三路隧道
		浦东	浦西	浦东	浦西	浦东	浦西		浦东	浦西		浦东	浦西	浦东	浦西							
工作井	工作井净尺寸/m	41.6×17.6	—	30.2×16.4	—	41.6×18.6	—	22×22.5	22.5×38.0	—	36.3×21.2	34.2×18.6	34.8×19.4	48×22.8	67.6×27.4	43×17	18×19	18×34	34×18	36.3×18	19.6×35.6/19.6×35.6	19.9×18.1/18.1×17
工作井	开挖深度/m	26.2	27.8	22.4	20.45	26.95	26.57	26.62	22.7	21.15	21.54	23.834	20.177	28.35	33.65	21.96	23.4	23.9	21.4/21.5	27.55	22/22.5	24.1/26
工作井	基坑环境保护等级	二级	一级	二级	—	二级	一级	一级	二级	—	二级	二级		二级	一级	二级	一级	二级	二级	一级	二级/二级	二级/二级
工作井	地下连续墙厚度/m	1.2	1.2	1.0	1.0	1.0	—	1.2	1.0	1.0	0.8	1.0	0.8	1.2	1.2	1.0	1.0	1.0	1.0	1.2	1.0	1.0(1.2)
工作井	地下连续墙长度/m	45	49	39	36	46	—	48	40	38	35	40	35	52	58	45	42	43	39/40	50.5	40.1/38.6	42.5(48)
工作井	地下连续墙接头形式	锁口管	—	锁口管	—	锁口管	—	锁口管	锁口管	—	锁口管	锁口管	—	锁口管	十字钢板	锁口管	锁口管	锁口管	锁口管	锁口管	锁口管	锁口管
工作井	支撑布置	5道混凝土斜撑	—	4道混凝土斜撑+2道钢支撑	4道混凝土斜撑+1道钢支撑	5道混凝土斜撑+1道钢支撑	—	5道混凝土斜撑	4道混凝土斜撑+2道钢支撑	4道混凝土斜撑+1道钢支撑	4道混凝土斜撑+1道钢支撑	5道混凝土斜撑+1道钢支撑	4道混凝土斜撑+1道钢支撑	5道混凝土斜撑	6道混凝土直撑	6道混凝土斜撑	5道钢支撑+2道混凝土支撑	4道钢支撑+2道混凝土支撑	1道混凝土支撑+5道钢支撑	2道钢支撑+5道混凝土支撑	2混凝土+4钢	5道混凝土支撑/5道混凝土+1道钢支撑
工作井	坑底地层情况	⑤$_{2}$	—	⑤$_{1}$	⑥	⑥	⑤$_{3}$	⑤$_{1}$	⑤$_{1}$	—	⑤$_{1-2}$	⑥	⑤$_{1-1}$	⑥	⑧	⑥	⑤$_{2}$	⑤$_{1}$	⑤$_{1}$	⑤$_{1-2}$	⑤$_{1}$	⑤$_{1}$
工作井	地基加固形式	坑底裙边+抽条	裙边+抽条加固	坑底裙边+抽条	无	无	裙边+抽条	裙边+抽条	坑底裙边+抽条	—	坑底裙边+抽条	无	坑底裙边+抽条	无	裙边+抽条	满堂	无加固	旋喷桩/格栅型	裙边/裙边+抽条	裙边+抽条	坑底满堂/裙边+抽条	坑底裙边+抽条加固
工作井	底板厚度/m	1.2/1.4	1.6/2.8	1.4/2.5	1.4/0.6	1.6/0.8	1.6/0.3	1.6	1.4	—	1.4	1.4	—	1.7/2.5	2.3/3.5	1.4	1.4	1.6	1.4	1.7	1.3/1.4	1.6
工作井	顶板厚度/m	0.8	1.1	1.1	0.8	0.8	0.8	0.8	0.8	—	0.85	0.9	—	1.0	1.5	1.0	1.0	0.9	0.8	1.2	0.9	0.9

续表

内容			上中路隧道		人民路隧道		军工路隧道		外滩通道	翔殷路隧道		复兴东路隧道	大连路隧道		长江西路隧道		崇明越江隧道	打浦路复线隧道	西藏南路隧道	仙霞西路隧道	新建路隧道	龙耀路隧道	迎宾三路隧道
			浦东	浦西	浦东	浦西	浦东	浦西		浦东	浦西		浦东	浦西	浦东	浦西							
工作井		端墙厚度/m	1.0	1.0	0.8	0.8	1.2	1.2	1.0	0.8	0.8	0.8	0.8	0.8	1.2	1.4	1.0	1.0	0.8	0.8/0.6	0.9/0.6	0.8	0.9/0.7
工作井		侧墙厚度/m	0.5	0.5	0.5	0.5	0.5	0.5	1.0	0.5	0.5	0.8	0.8	0.8	0.5	0.7	0.6	1.0	0.8	0.8/0.6	0.9/0.6	0.8	1.1/1.0
工作井		顶框架尺寸/m	2.5×1.2		1.8×1.1		2.5×1.2		1.2×1.7	2.4×1.1		2.5×2.0	2.0×0.9	2.0×2.5	2.2×1.2	1.8×1.2	1.7×0.5	1.2×2.0	1.1×2.7	1.1×2.7	1.4×2.5	1.0×2.5 1.1×2.5	1.2×1.9 1.2×2.9
工作井		中框架尺寸/m	3.0×1.5		2.2×1.4		2.7×1.5		1.6×2.5	2.7×1.4		无	2.5×1.7	无	3.0×1.6	2.7×1.6	2.1×1.3	1.5×2.7	1.4×2.7	1.4×2.7	1.5×2.7	1.4×2.5	1.6×2.5
工作井		竖向框架尺寸/m	1.0×(6.8/5.3) 1.2×(2.2/4.6)		2.0×2.5 2.0×(2.0/2.5)		2.0×(6.8/4.4) 2.0×(2.1/2.8)		无	—		2.0×2.8 2.0×2.0 2.0×2.5	2.0×2.0 2.0×2.5		2.0×(8.2/6.2) 2.0×(3.5/5.5) 2.5×(4.8/3.6) 2.5×(3.0/4.2)		2.0×(6.8/4.4) 2.0×(2.1/2.6)	无	2.0×3.0	1.8×2.0 1.4×2.0 2.0×2.7	2.0×2.7 1.5×2.0 2.0×3.0	2.0×2.5	无
工作井		顶框架后浇板措施	企口+接驳器		企口+接驳器		企口+接驳器		企口+接驳器+微膨胀砼板	企口+接驳器		企口+接驳器	企口+接驳器		企口+接驳器		企口+接驳器	宽200 mm企口	无	企口+单组分聚氨酯密封胶		遇水膨胀橡胶条	遇水膨胀橡胶条
暗埋段、敞开段	不同围护对应的基坑开挖深度/m	1.0 m连续墙	19.7～23.8		19.0～23.8		19.6～24.1		16.8～23.4	无		16.9～23.4	无		—		22.4～23.1	23.4	23.9	无	>18	>18	>16.4
暗埋段、敞开段	不同围护对应的基坑开挖深度/m	0.8 m连续墙	14.4～19.7		14～18		14.3～19.6		13.3～16.9	13.1～16.9		13.2～16.8	13.9～18.1		—		15～17.7	13.7～17.8	12.5～17.5	13.4～14.5	15～18	15～18	12.5～16.4
暗埋段、敞开段	不同围护对应的基坑开挖深度/m	0.6 m连续墙	9.2～14.4		9～14		13.2～14.3		10.5～13.3	9.2～13.1		10.5～13.3	10.2～13.9		—		9.4～15	11.0～13.7	11.5～12.5	11.0～12.2	12～15	9～15.4	10.2～12.5
暗埋段、敞开段	不同围护对应的基坑开挖深度/m	钻孔灌注桩	无		无		无		无	无		无	无		无		无	11.0～4.0	无	无	无	无	无
暗埋段、敞开段	不同围护对应的基坑开挖深度/m	SMW工法桩	3.8～9.2		—		3.2～13.2		2.9～10.5	3.0～9.2		2.9～10.5	4.2～10.2		—		无	无	11.5～3.7	4.6～10.9	5～12	4～10.1	3～10.2
暗埋段、敞开段	不同围护对应的基坑开挖深度/m	重力式挡墙	2.5～3.8		—		3.2～2.4		1.4～2.9	无		1.4～2.9	2.3～4.2		—		无	2.0～4.0	2.2～3.7	2.2～4.6	1.5～5.0	2～4	无
暗埋段、敞开段		敞开段侧墙倾斜度	1∶12		1∶12		1∶12		1∶12	1∶12		1∶12	1∶12		1∶12		1∶12	1∶12	1∶12	1∶12	1∶12	1∶12	—

续表

内容	上中路隧道		人民路隧道		军工路隧道		外滩通道	翔殷路隧道		复兴东路隧道	大连路隧道		长江西路隧道		崇明越江隧道	打浦路复线隧道	西藏南路隧道	仙霞西路隧道	新建路隧道	龙耀路隧道	迎宾三路隧道
	浦东	浦西	浦东	浦西	浦东	浦西		浦东	浦西		浦东	浦西	浦东	浦西							
射流风机预埋件形式	钢板		钢板		钢板		钢板	钢板		钢板	钢板				钢板	钢板	钢板	膨胀螺栓	钢板	钢板	钢板
主体防水形式	混凝土结构自防水、顶板聚氨酯涂料或聚合物水泥涂料防水层		混凝土结构自防水、顶板聚氨酯涂料或聚合物水泥涂料防水层		混凝土结构自防水、顶板聚氨酯涂料或聚合物水泥涂料防水层		混凝土结构自防水、顶板喷涂型聚脲涂料防水层	混凝土结构自防水、顶板聚氨酯涂料或聚合物水泥涂料防水层		混凝土结构自防水、顶板聚氨酯涂料防水层	混凝土结构自防水、顶板聚氨酯涂料防水层		混凝土结构自防水、顶板聚氨酯涂料或聚合物水泥涂料防水层		结构自防水、顶板聚氨酯涂料或聚合物水泥涂料防水层	结构自防水＋顶板附加防水	结构自防水＋顶板附加防水	结构自防水＋顶板附加防水	混凝土自防水＋顶板设置聚氨酯涂料附加防水层	顶板聚氨酯防水层	顶板聚氨酯防水层
变形缝防水形式	中埋式止水带、外贴式止水带、嵌缝胶		中埋式止水带、外贴式止水带、嵌缝胶		中埋式止水带、外贴式止水带、嵌缝胶		中埋式止水带、外贴式止水带、嵌缝胶	中埋式止水带、外贴式止水带、嵌缝胶		中埋式止水带、外贴式止水带、嵌缝胶	中埋式止水带、外贴式止水带、嵌缝胶		中埋式止水带、外贴式止水带、嵌缝胶		中埋式止水带、外贴式止水带、嵌缝胶	中埋式钢边橡胶止水带＋外贴式止水带	中埋式钢边橡胶止水带＋外贴式止水带	外贴式橡胶止水带＋中埋式钢边橡胶止水带各一道	中埋式止水带＋外贴式止水带，20厚丁腈软木橡胶垫板填缝	中埋钢边止水带＋外贴橡胶止水带＋低模量聚硫(或聚氨酯)密封胶	
施工缝防水形式	钢板止水带或水膨胀密封胶＋预埋式注浆管		钢板止水带或水膨胀密封胶＋预埋式注浆管		钢板止水带或水膨胀密封胶＋预埋式注浆管		钢板止水带或水膨胀密封胶＋预埋式注浆管	钢板止水带或水膨胀密封胶＋预埋式注浆管		钢板止水带	钢板止水带		钢板止水带或水膨胀密封胶＋预埋式注浆管		钢板止水带或水膨胀密封胶＋预埋式注浆管	止水钢板＋遇水膨胀密封胶	止水钢板＋遇水膨胀密封胶	止水钢板＋遇水膨胀密封胶	横向设中埋式止水带，纵向采用止水钢板	钢板止水带(纵向)	钢板止水带(纵向)

注：其中西藏南路隧道结构防水采用聚乙烯隔离膜＋2 mm 聚氨酯涂料＋聚酯网格布＋3 mm 聚氨酯涂料＋沥青油毡隔离层＋70 mm 细石混凝土，打浦路隧道结构防水采用 2 mm 双组份聚氨酯涂料＋无纺布满铺＋100 厚 C20 细石混凝土，仙霞西路隧道结构防水三度 2 mm 聚氨酯涂料＋沥青油毡隔离层 ＋100 厚 C20 细石混凝土；打浦路隧道围护结构钻孔灌注桩兼抗浮桩。

表 3-27　　边沟类型

	第一类	第二类
功能描述	边沟采用半圆弧形，深度同黑色路面厚度，存在沥青路面下方水可方便地排入边沟	为便于清扫，采用浅斜边沟
应用隧道	新建路隧道、龙耀路隧道、人民路隧道	西藏南路隧道、外滩隧道
存在的问题	不便于边沟机械清扫	蓄水、排水功能比较弱，沥青路面下方水无法排入边沟
建议	为避免沥青路面积水影响沥青使用寿命，建议在限界允许的情况下，尽可能采用第一类边沟形式；当限界困难无法设置第一类边沟时，应采用较大纵坡、在沥青内设置螺旋弹簧管等增强沥青内排水能力的办法来加强沥青排水能力	

图 3-64 为现场所拍的边沟实际图片。

(a) 弧形深边沟

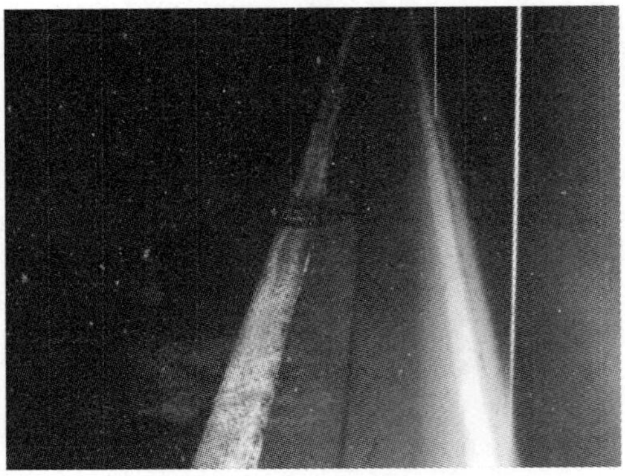

(b) 浅斜边沟

图 3-64　边沟形式

2. 防撞侧石

防撞侧石形状与高度由建筑专业确定，一般采用 810 mm 的标准型防撞侧石。

在隧道局部位置(一般在主线、匝道衔接处)，车道边线距离结构内边线距离较大，从经济性上考虑，侧石无须做至结构侧墙，可与主体结构之间形成凹槽，并在凹口位置设置横坡并预埋泄水管将积水排至边沟。

防撞侧石结构设计主要考虑车辆碰撞荷载，根据车速及可能造成的交通事故等级确定，详见《公路交通安全设施设计规范》(JTG D81)。部分隧道受相关条件限制，防撞侧石钢筋采用后期植筋的形式施工，增加了工程造价且施工烦琐，建议在前期总体考虑相关附属结构，在底板施工时预留侧石钢筋。

人防门范围侧石，考虑到战时人防门关闭，需做成可拆卸式便于战时移出。一般采用预制钢筋混凝土结构或厂家定制产品嵌入预留凹槽中。

3. 外线进线口封堵

在结构外墙上的外线进线口是隧道外部的各类管线进出隧道的接口，也是常见的漏水易发点。常见的做法是在结构外墙(或内衬)上预留防水套管,在管线完成穿线后进行防水封堵。但目前施工完成的很多隧道在土建设计施工时,设备的外部管线尚不能完全确定,因此建筑和设备专业无法及时地向结构专业提出准确管线的预留要求,这导致很多外线进线口是在侧墙结构完成后再行切割。

钻孔埋设进线口的施工要点:一是在土建内衬施工时须精心预留好防水套管,不可做好结构后再后凿;二是在电缆穿线后须对穿线孔进行有效封堵。否则将无法保证防水效果。表 3-28 给出了外线进线封堵方式相关分析。

表 3-28　　外线进线封堵方式

	第一类	第二类	第三类
功能描述	在侧墙结构完成后切割开孔预埋电缆隔密封件	(1) 侧墙预留穿墙的防水套管; (2) 电缆敷设完成后未采取封堵措施	(1) 侧墙完成后钻孔作为电缆连通口; (2) 电缆敷设完成后采用环氧树脂封堵
应用隧道	打浦路隧道复线	新建路隧道、龙耀路隧道	上中路隧道
存在问题	(1) 电缆箱与侧墙的连接不密实,易于漏水; (2) 预留电缆口太多,封堵不密实而漏水的概率加大; (3) 未采用专业的电缆隔离密封件	施工单位电缆敷设后,对电缆孔未采取有效封堵措施	钻孔实施电缆孔封堵困难
改进措施设想	在侧墙实施中预留防水套管、预埋电缆箱;客观分析电缆数量,控制预留预埋孔的数量和规模、减小漏水的概率;加强施工封堵控制及标准		

图 3-65 为外线进线封堵的现场图片。

(a) 第一类　　(b) 第二类　　(c) 第三类

图 3-65　外线进线封堵

4. 泵房盖板

目前已建隧道江中泵房盖板在形式上主要有定制的铸铁盖板(分圆形和方形)、角钢包边的混凝土矩形盖板等两大类,在设置位置上有设于单根车道及跨车道两种形式。表3-29给出了泵房盖板材质情况分析。

表 3-29　　泵房盖板材质情况分析

	第一类	第二类
材质	铸铁盖板	角钢包边的混凝土矩形盖板
结构设计	根据厂家井盖图纸，在隧道结构预埋井盖底座	根据行车荷载并考虑吊装，设计井盖
应用隧道	新建路隧道、龙耀路隧道	人民路隧道、打浦路隧道复线
存在的问题	价格较混凝土盖板贵	(1) 混凝土盖板的质量良莠不齐，影响行车安全； (2) 盖板与道路面存在较大间隙，跳车现象严重； (3) 盖板较重，不便于检修

而相关盖板的现场图片可参见图 3-66。

(a) 圆形盖板

(b) 矩形盖板

(c) 定制铸缺盖板

(d) 角钢包边的混凝土盖板

图 3-66　泵房盖板形式

泵房盖板设置位置除了考虑泵房具体位置外，还应考虑检修和对车辆行驶的影响，目前隧道有设于单根车道及跨车道两种形式。在检修期间，单车道的泵房盖板只需要封一条车道，而跨车道的盖板则需要封两条车道；在车辆行驶中，单车道盖板可以大大避免车轮的碾压，减少跳车现象，跨车道盖板无法避免车轮的碾压情况，跳车现象明显。

综上所述，在泵房盖板设计中应尽可能将其设置于单根车道中央，材质上尽可能采用定制铸铁盖板。

3.4 结构防水

3.4.1 明挖结构防水

地下工程的防水设计应根据气候条件、水文地质条件、结构特点、施工方法、使用要求等因素进行，满足结构的安全、耐久性和使用要求。

防水设计遵循“以防为主、刚柔结合、多道防线、因地制宜、综合治理”的原则，采取与其相适应的防水措施。当渗漏量小于设计要求，且排水不会引起周围地层下沉和影响结构耐久性时，可对进入主体结构内的渗漏水进行疏排。隧道结构以混凝土结构自防水为根本，以接缝防水为重点，并辅以附加防水层加强防水，满足结构防水和使用寿命的要求。

明挖隧道顶板设置附加防水层，采用剥离强度高、延性好、可在潮湿基面施工的聚氨酯涂料或聚合物水泥涂料作为顶板附加防水层。附加防水层上方设置隔离层及细石混凝土保护层。

施工缝采用设置遇水膨胀密封胶＋预埋注浆管或钢板止水带等措施防水。变形缝设置中埋式止水带及外贴式橡胶止水带，大部分隧道接缝采用了嵌缝胶嵌缝。

表 3-30 明挖隧道防水形式统计

隧道名称	主体防水形式	变形缝防水形式	施工缝防水形式
上中路隧道	混凝土结构自防水、顶板聚氨酯涂料或聚合物水泥涂料防水层	中埋式止水带、外贴式止水带、嵌缝胶	钢板止水带或水膨胀密封胶＋预埋式注浆管
人民路隧道	混凝土结构自防水、顶板聚氨酯涂料或聚合物水泥涂料防水层	中埋式止水带、外贴式止水带、嵌缝胶	钢板止水带或水膨胀密封胶＋预埋式注浆管
军工路隧道	混凝土结构自防水、顶板聚氨酯涂料或聚合物水泥涂料防水层	中埋式止水带、外贴式止水带、嵌缝胶	钢板止水带或水膨胀密封胶＋预埋式注浆管
外滩通道	混凝土结构自防水、顶板喷涂型聚脲涂料防水层	中埋式止水带、外贴式止水带、嵌缝胶	钢板止水带或水膨胀密封胶＋预埋式注浆管
翔殷路隧道	混凝土结构自防水、顶板聚氨酯涂料或聚合物水泥涂料防水层	中埋式止水带、外贴式止水带、嵌缝胶	钢板止水带或水膨胀密封胶＋预埋式注浆管
复兴东路隧道	混凝土结构自防水、顶板聚氨酯涂料防水层	中埋式止水带、外贴式止水带、嵌缝胶	钢板止水带
大连路隧道	混凝土结构自防水、顶板聚氨酯涂料防水层	中埋式止水带、外贴式止水带、嵌缝胶	钢板止水带

续表

隧道名称	主体防水形式	变形缝防水形式	施工缝防水形式
长江西路隧道	混凝土结构自防水、顶板聚氨酯涂料或聚合物水泥涂料防水层	中埋式止水带、外贴式止水带、嵌缝胶	钢板止水带或水膨胀密封胶＋预埋式注浆管
崇明越江隧道	混凝土结构自防水、顶板聚氨酯涂料或聚合物水泥涂料防水层	中埋式止水带、外贴式止水带、嵌缝胶	钢板止水带或水膨胀密封胶＋预埋式注浆管
打浦路复线隧道	结构自防水＋顶板附加防水(2 mm 双组分聚氨酯涂料＋无纺布满铺＋100 厚 C20 细石混凝土)	中埋式钢边橡胶止水带＋外贴式止水带	止水钢板＋遇水膨胀密封胶
西藏南路隧道	结构自防水＋顶板附加防水(聚乙烯隔离膜＋2 mm 聚氨酯涂料＋聚酯网格布＋3 mm 聚氨酯涂料＋沥青油毡隔离层＋70 mm 细石混凝土)	中埋式钢边橡胶止水带＋外贴式止水带	止水钢板＋遇水膨胀密封胶
仙霞西路隧道	结构自防水＋顶板附加防水(三度 2 mm 聚氨酯涂料＋沥青油毡隔离层 ＋100 厚 C20 细石混凝土)	外贴式橡胶止水带＋中埋式钢边橡胶止水带各一道	止水钢板＋遇水膨胀密封胶
新建路隧道	混凝土自防水＋顶板设置聚氨酯涂料附加防水层	中埋式止水带＋外贴式止水带，20 厚丁腈软木橡胶垫板填缝	横向施工缝设中埋式止水带，纵向水平施工缝采用止水钢板
龙耀路隧道	混凝土自防水＋顶板聚氨酯防水层	中埋钢边止水带＋外贴橡胶止水带＋低模量聚硫(或聚氨酯)密封胶	钢板止水带(纵向)
迎宾三路隧道	混凝土自防水＋顶板聚氨酯防水层	中埋钢边止水带＋外贴橡胶止水带＋低模量聚硫(或聚氨酯)密封胶	钢板止水带(纵向)

上海的明挖结构主要为叠合墙构造形式，因此无法施作全包防水层。主体结构主要采取混凝土结构自防水和顶板设置附加防水层的措施来达到防水功效。此防水构造措施可作为标准化内容加以确定。对于混凝土结构自防水的具体要求(如水胶比、胶凝材料的用量以及混凝土的耐久性检测指标)也可加以细化并作为标准提出。对于顶板附加防水层的材质有多种选择，传统的聚氨酯防水涂料在以往工程中应用效果良好，宜作为顶板防水层的首选材料加以确定，且应强调采用单组分聚氨酯防水涂料，以避免双组分材料在现场配制的不均匀性。

另外，外滩通道顶板采用的喷涂型聚脲防水涂料为新型防水涂料。

变形缝防水措施较为统一，主要采用中埋式止水带、外贴式止水带及嵌缝胶构成多道防线。

施工缝包括横向垂直施工缝和纵向水平施工缝，考虑到工程的防水与耐久性要求，施工缝应设置两道防水线，且宜以橡胶止水带或钢板止水带为主，辅之以遇水膨胀止水胶或预埋式注浆管，形成防水措施。

3.4.2 盾构隧道防水

盾构隧道以混凝土自防水为根本，以接缝防水为重点，满足结构防水和使用寿命要求（表 3-31）。盾构隧道渗漏水位置主要在纵、环缝以及螺栓孔，少量出现在管片自身裂缝、注浆孔，相对应的管片防水措施主要有加强管片的自防水性能、提高管片的制作精度、管片外涂防水层、管片接缝防水、螺栓孔和压浆孔防水堵漏等，其中以管片接缝处为防水重点。管片接缝防水包括管片间的密封垫防水、隧道内侧相邻管片间的嵌缝防水以及必要时向接缝内注浆等。

表 3-31　　隧道防水形式统计

<table>
<tr><th>序号</th><th>隧道名称</th><th>缝防水材料</th><th>螺栓孔防水</th><th>防砂条材料</th><th>是否涂防腐层</th></tr>
<tr><td>1</td><td>上中路隧道</td><td rowspan="5">顶部嵌填水膨胀橡胶的三元乙丙橡胶密封垫</td><td rowspan="15">遇水膨胀橡胶、螺孔密封圈</td><td>聚醚型聚氨酯弹性体</td><td>否</td></tr>
<tr><td>2</td><td>人民路隧道</td><td>无</td><td>否</td></tr>
<tr><td>3</td><td>翔殷路隧道</td><td>无</td><td>否</td></tr>
<tr><td>4</td><td>复兴东路隧道</td><td>无</td><td>否</td></tr>
<tr><td>5</td><td>大连路隧道</td><td>无</td><td>否</td></tr>
<tr><td>6</td><td>打浦路复线隧道</td><td rowspan="3">内嵌遇水膨胀条的三元乙丙橡胶弹性密封垫</td><td>无</td><td>是</td></tr>
<tr><td>7</td><td>新建路隧道</td><td>无</td><td>否</td></tr>
<tr><td>8</td><td>龙耀路隧道</td><td>无</td><td>否</td></tr>
<tr><td>9</td><td>西藏南路隧道</td><td rowspan="7">三元乙丙橡胶密封垫</td><td>硬质聚氨酯泡沫塑料</td><td>是</td></tr>
<tr><td>10</td><td>仙霞西路隧道</td><td>硬质聚氨酯泡沫塑料</td><td>是</td></tr>
<tr><td>11</td><td>军工路隧道</td><td>聚醚型聚氨酯弹性体</td><td>否</td></tr>
<tr><td>12</td><td>外滩通道</td><td>遇水膨胀橡胶</td><td>否</td></tr>
<tr><td>13</td><td>长江西路隧道</td><td rowspan="2">进出洞处聚醚型聚氨酯弹性体</td><td>否</td></tr>
<tr><td>14</td><td>崇明越江隧道</td><td>否</td></tr>
<tr><td>15</td><td>迎宾三路隧道</td><td>遇水膨胀橡胶</td><td>否</td></tr>
</table>

1. 自防水

管片自防水不单是强调管片单体的抗渗能力，还应从管片设计、管片制作及拼装工艺三方面进行综合考虑。

1）混凝土结构的自防水

盾构法区间隧道在高水压地层下工作时，要防止地下水的渗入，首先要做到结构自防水。根据组成不同，防水混凝土可分为普通防水混凝土、外加剂防水混凝土和膨胀水泥防水混凝土三大类。

目前管片材料多采用外加剂防水混凝土，应主要注意以下事项：

（1）保证混凝土标号强度；

(2) 生产时不容许产生裂缝；

(3) 控制水泥用量，控制水灰比，坍落度，砂石含量，添加高效减水剂和活性外掺剂(如磨细粉煤灰、高炉矿渣粉等)；

(4) 管片采用蒸汽养护或水养护。

2) 提高管片的制作精度

根据国内外隧道施工实践，采用高精度钢模提高管片精度是很重要的环节。若管片制作精度差，加上衬砌拼装的累计误差，将会导致衬砌接缝不密贴而出现较大的初始缝隙，此时如果接缝防水材料的弹性变形量不能适应缝隙要求就会出现漏水。另外当制作精度不够时，衬砌容易在盾构推进时被顶碎和崩落，从而导致漏水。保证管片的制作精度，应主要注意以下几个方面：

(1) 提高钢模的精度控制；

(2) 加强钢模的检修与保养控制；

(3) 制定严格的钢模使用及操作制度。

2. 接缝防水

管片接缝防水包括管片间的弹性密封垫防水，隧道内侧相邻管片间的嵌缝防水及必要时向接缝内注浆等。

1) 弹性密封垫防水

密封垫的设置位置一般是在管片外缘，其止水机理是在管片压密后，靠橡胶本身的弹性复原力或膨胀压力密封止水。弹性密封垫防水是接缝防水的重点，在设计时通常考虑允许在接缝张开量为多少、错缝多少的情况下，接缝防水材料能否抵抗设计水压。因此，弹性密封材料的选择、管片上密封沟槽的斜度、密封垫的断面形式及密封垫在管片上的位置等是设计的重点，弹性密封材料见图 3-67。密封垫橡胶的材质有多种类型，三元乙丙橡胶具备力学性能受温差变化影响不大、应力松弛相对其他橡胶而言变化较小的特点，十分适合作为弹性橡胶密封垫的材质；另根据试验检测结果，弹性橡胶密封垫顶部嵌入的水膨胀橡胶所产生的膨胀止水功效不明显，遇水膨胀橡胶的产品质量良莠不齐、使用寿命短，密封垫宜采用单一的三元乙丙橡胶材质。橡胶密封垫应能完全压入管片密封垫沟槽内，密封垫沟槽的截面积应为密封垫截面的 1～1.15 倍。

(a) 遇水膨胀橡胶条　(b) 弹性橡胶密封垫　(c) 复合型弹性密封垫

图 3-67　弹性密封材料

2) 嵌缝防水堵漏

嵌缝防水即在管片内侧嵌缝槽内设置嵌缝材料，依靠嵌缝材料的充填和黏结力达到密封防水的目的。设计时，嵌缝槽的形状、嵌缝材料的选择等是考虑的重点；施工前还应做好嵌缝作业步骤的计划，尤其应注意不得在渗水情况下施工。

3）接缝处注浆堵漏

接缝处的防水堵漏应遵循先易后难、先上下后两边的原则，尽量用嵌缝法堵漏，对于渗漏严重的地方，仅用嵌缝不够时，就要进行注浆。对于注浆材料的选择、注浆的控制标准等是研究的重点。

3. 管片外防水

管片外防水主要包括管片外防水防腐层设置及管片外注浆两方面内容。

1）管片外防水防腐层

隧道管片是否采用外防水涂层，需根据隧道所处地质条件决定。打浦路隧道、西藏南路隧道及仙霞西路隧道在管片外弧面涂刷了水泥基渗透结晶，其余隧道外弧面未作特殊处理。一般情况下上海地区地下水对钢筋混凝土结构中的钢筋有微腐蚀性，混凝土结构自防水能满足耐久性的要求，外弧面没有涂刷水泥基渗透结晶的必要性。但根据上海市建筑科学研究院的研究成果，上海地区在若干年内，地下水的氯离子含量将逐渐增大，因此需加强地质勘查工作的频率与密度，待其达到一定浓度的情况下，决定是否在管片外弧面涂布外防水防腐层。

影响钢筋混凝土结构寿命的主要因素是钢筋的锈蚀和混凝土的腐蚀。钢筋在混凝土的碱性环境中一般是不会生锈的，除非混凝土表面的碳化程度已经达到了保护层的厚度。在设计初期就应该考虑使用耐腐蚀水泥和外涂防护材料，通常将防水涂料涂抹在管片迎水面及管片环向和纵向橡胶密封条外侧的混凝土面上。

涂层有要良好的施工季节适应性，施工简便，成本低廉。若管片制作质量高，且采用的抗侵蚀水泥，不做外防水涂层也是可以的。

涂刷保护涂膜可有效降低混凝土的渗透系数与氯离子扩散系数，通常可以使用环氧沥青、环氧-聚氨酯、环氧-氯磺化聚乙烯涂料，或者水泥基渗透结晶型防水涂料。

2）管片外注浆

管片外注浆可以分为同步注浆、二次注浆，浆液可分为单液浆液和水玻璃双液型浆液。盾构同步注浆就是在隧道内将具有适当的早期及最终强度的材料，按规定的注浆压力和注浆量，在盾构推进的同时，通过注浆管注入盾尾与管片间空隙内。其可以作为衬砌防水的第一道防线，提供长期、均质和稳定的防水功能，同时作为隧道衬砌结构加强层，具有耐久性和一定强度。同步注浆主要技术参数有注浆量、注浆速度、注浆压力和注浆材料。应根据地层条件、隧道线路情况认真选择。

3）防砂条

防砂条的设计理念由国外的相关经验而来，设计防砂条的目的在于因其设置于弹性橡胶密封垫的外侧，可阻挡泥沙直接作用于密封垫本体，确保密封垫的耐久性使用要求，同时可起到辅助防水的功效。而遇水膨胀类材料能较好地满足上述要求。另从试验数据及现场使用效果来看，膨胀类材料遇水后产生的膨胀力未超过管片混凝土的抗压强度，故对管片不产生任何影响。

上中路、军工路隧道设置聚醚型聚氨酯弹性体防砂条，外滩通道、迎宾三路隧道采用遇水膨胀橡胶作为防砂条，长江西路、崇明越江隧道进出洞处采用聚醚型聚氨酯弹性体作为防砂条，其余处为遇水膨胀橡胶条，西藏南路越江隧道、仙霞路隧道采用硬质聚氨酯泡沫塑料作为防砂条，其余隧道未设置防砂条。防砂条能防止砂土进入管片接缝而约束隧道的纵、环向变形，将防砂条作为接缝防水密封垫的配套设计措施是有益的，可将其作为密封垫标准化设计的附加内容。防砂条的材质建议采用遇水膨胀类材料。

4. 横通道防水

通常，将盾构隧道的联络通道视为隧道的一部分，其防水等级和盾构隧道相同。横通道防水主要包括管片结构的自防水、联络通道附加防水层及接缝防水等。

内衬防水混凝土根据横通道的施工方法的不同而有所不同，如顶管法的预制内衬混凝土等级往往高于现场浇筑的混凝土等级；暗挖法采用的防水混凝土需要考虑在拱顶浇筑时振捣困难，采用适当的外加剂，提高混凝土的流动性等。

附加防水层可以采用外侧全包防水层和内侧全包防水层，可依据工程施工特点进行选择。联络通道的接缝可分为施工缝和变形缝。重点是在通道结构与隧道管片之间的接缝上。

5. 螺栓孔防水

螺栓孔采用遇水膨胀橡胶螺孔密封圈的方式，达到防水目标。

3.5 混凝土结构耐久性设计

结构耐久性设计以混凝土结构耐久性设计为核心，根据不同的环境类别及其环境作用等级进行相应的耐久性设计，确保结构服役年限达到设计要求。

(1) 在满足结构设计要求的前提下，耐久性设计应根据结构的设计使用年限、结构所处的环境类别及作用等级，明确环境对结构耐久性的劣化影响机理，并采取相应的根本措施和附加措施。

(2) 在充分考虑施工实际条件的基础上，提高混凝土结构的密实度和抗裂性能是提高结构耐久性的根本措施，混凝土结构的裂缝防治和接缝处理是耐久性设计工作的重点，应采取综合措施，满足结构设计使用年限的要求。

(3) 采取合理的结构构造，便于施工、检查和维护，减少环境因素对结构的不利影响。

(4) 地下工程钢筋混凝土结构宜选用高性能自防水混凝土。混凝土配合比设计应适当减少水泥用量、可掺加粉煤灰和矿粉、降低水化热、提高混凝土密实度、抗裂性能、抗化学侵蚀性能。

(5) 设计应对钢筋混凝土结构的原材料、施工过程的质量控制提出要求。

(6) 对于局部区段可能出现的腐蚀环境、承压水和微承压水地质条件下的钢筋混凝土结构，除了对混凝土本身提出严格的耐久性要求外，设计还应提出可靠的附加耐久性措施，并对结构在设计使用年限内的检测做出规划，明确跟踪检测内容。

(7) 设计宜增加混凝土抗裂性能的要求；如结构的抗裂设计中，其横向弯曲裂缝宽度可按照现行的混凝土结构设计规范选用。该规定的裂缝为荷载引起的横向裂缝，不包括混凝土收缩和温度等非荷载引起的裂缝。

3.5.1 混凝土耐久性基本要求

根据一般环境（环境类别为Ⅰ）对钢筋混凝土结构耐久性的作用程度，可分为 A、B、C 三个等级，详见表 3-32。

表 3-32　　地下工程一般环境的作用等级划分

环境作用等级	环境条件	结构构件示例
I-A	室内干燥环境	常年干燥、低湿度环境中的室内构件； 所有表面均永久处于静水下的构件
	永久的静水浸没环境	
I-B	非干湿交替的室内潮湿环境	中、高湿度环境下的室内构件； 不接触或偶尔接触雨水的室外构件； 长期与水或湿润土接触的构件
	非干湿交替的露天环境	
	长期湿润状态	
I-C	干湿交替环境	与冷凝水、露水或与蒸汽频繁接触的室内构件； 地下室顶板构件； 表面频繁淋雨或频繁与水接触的室外构件； 处于水位变动区的构件

注：① 该耐久性设计有关环境条件以及环境作用等级划分按《混凝土结构耐久性设计规范》(GB/T 50476—2008)的规定参照制定；
② 环境条件指混凝土表面的局部环境；
③ 干燥、低湿度环境指年平均湿度低于 60%，中、高湿度环境指年平均湿度大于 60%；
④ 干、湿交替环境指混凝土表面经常交替接触到大气和水的环境条件。

而根据地下工程各结构构件的环境条件和环境作用等级，确定混凝土最低强度等级如表 3-33 所示。

表 3-33　　混凝土最低强度等级

结构部位				环境条件	环境作用等级	混凝土强度等级
明挖结构	地下连续墙	单墙	迎土/水面	长期湿润条件	I-B	≥C35
			背土/水面	干湿交替	I-B	
		叠合墙	迎土/水面	长期湿润条件	I-B	≥C35
			背土/水面	长期湿润条件	I-B	
	顶板、底板		迎土/水面	长期湿润条件	I-B	≥C35
			背土/水面	干湿交替	I-B	
	中板		上侧	室内干燥环境	I-A	≥C30
			下侧	室内干燥环境	I-A	
	内衬墙		外侧	长期湿润条件	I-B	≥C35
			内侧	干湿交替	I-B	
	顶板梁、底板梁		迎土/水面	长期湿润条件	I-B	≥C35
			背土/水面	干湿交替	I-B	
	中板梁		上侧	室内干燥环境	I-A	≥C30
			下侧	室内干燥环境	I-A	
	柱、中隔墙			室内干燥环境	I-A	≥C30

续表

结构部位			环境条件	环境作用等级	混凝土强度等级
盾构隧道	管片	外弧	长期湿润条件	I-B	≥C40
		内弧	干湿交替	I-C	
	联络通道	外侧	长期湿润条件	I-B	≥C35
		内侧	干湿交替	I-B	

注：① 对于同一部位构件，若同处于两种或两种以上的环境中，则混凝土性能应按最恶劣环境考虑，混凝土保护层厚度应不小于对应环境条件下的最小保护层厚度要求。

② 当结构构件内、外两侧处于不同的环境作用等级情况下，其混凝土强度等级按高要求取用。

③ 配筋混凝土墙、板构件的一侧表面接触室内干燥空气；另一侧表面接触水或湿润土体时，接触空气一侧的环境作用等级宜按干湿交替环境确定。若混凝土密实性好、构件厚度较大或临水表面已作可靠防护层，临水侧的水分供给可以被有效隔断，接触干燥空气的一侧可不按 I-C 考虑。

为了保证混凝土结构的耐久性，对于混凝土保护层厚度做出相应的规定，如表 3-34 所示。

表 3-34　　混凝土保护层厚度

结构部位			环境等级	耐久性设计的最小保护层厚度/mm	设计采用的保护层厚度/mm	通车采用的混凝土强度等级
明挖结构	单层墙	迎土/水面	I-B	70	70	C35
		背土/水面	I-B	30	50	
	叠合墙	迎土/水面	I-B	70	70	C35
		背土/水面	I-B	30	50	
	顶板、底板	迎土/水面	I-B	30	50	C35
		背土/水面	I-B	30	40	
	中板	上侧	I-A	20	30	C35
		下侧	I-A	20	30	
	内衬墙	外侧	I-B	30	35	C35
		内侧	I-B	30	30	
	顶板梁、底板梁	迎土/水面	I-B	35	50	C35
		背土/水面	I-B	35	40	
	中板梁	上侧	I-A	20	30	C35
		下侧	I-A	20	30	
	柱		I-A	20	35	C40
盾构隧道	管片	外弧	I-B	25	50	≥C55
		内弧	I-C	30	50	
	联络通道	外侧	I-B	30	40	C35
		内侧	I-B	30	35	

注：① 混凝土保护层厚度是指混凝土构件外表面到最外排钢筋（主筋、分布筋、架立筋或箍筋）外表面的最短距离；

② 本表中的混凝土保护层最小厚度已包含施工误差值。

同时，现浇钢筋混凝土结构不得出现贯穿裂缝，其在荷载作用下横向裂缝宽度控制宜按表 3-35 规定执行。

表 3-35　　允许裂缝宽度

环境作用等级	构件裂缝允许宽度/mm
I-A	0.3
I-B	0.3
I-C	0.2

3.5.2　材料选择

1. 总体要求

(1) 选择合理的结构形式和有利于结构抗裂、防渗和耐久性的构造要求，并充分考虑运营期间荷载变化和结构变形的影响。

(2) 选用质量稳定并有利于混凝土抗裂、防渗性能的水泥、矿粉、粉煤灰等混凝土基本原材料。

(3) 适当降低混凝土的水胶比和单方混凝土用水量，在混凝土中掺加矿粉、粉煤灰等矿物掺合料。

(4) 新施工的混凝土结构物要及时得到保湿养护，并保证有足够的养护时间。

(5) 针对易出现开裂、渗水现象的部位，从结构设计、材料设计、施工技术和施工管理等方面采取抗裂、防渗措施。针对宜出现渗水的盾构隧道管片接缝处，应采取可靠的防水防渗措施。

(6) 所有结构预埋件、连接件应有防止锈蚀、确保其耐久性的可靠措施。

(7) 管片接缝防水材料必须具有良好的耐久性和抗老化性能。

2. 材料要求

1) 混凝土及其配合比要求

(1) 适当减少胶凝材料中水泥的用量，混凝土胶凝材料必须掺用优质粉煤灰和矿粉等矿物掺合料或矿物复合掺合料，掺量一般控制在 30%～50%，掺合比在不同季节宜作调整。

(2) 内部结构应采用聚羧酸类减水剂；管片混凝土必须采用聚羧酸类减水剂，并不得使用膨胀剂。

(3) 混凝土原材料(水泥、矿物掺合料、集料、外加剂、拌合水等)中引入的氯离子总量应不超过胶凝材料重的 0.1%。

(4) 混凝土的配合比应按高性能混凝土的要求配制。

(5) 混凝土的配合比设计和混凝土配制，在满足施工和易性要求(必要的流动性)、强度等级等基本要求外，应以混凝土密实性、抗渗透性能、抗裂性能和抗碳化性能为主要控制指标。

2) 胶凝材料

为达到混凝土高性能、高耐久性的要求，混凝土配制时应选用优质的水泥、性能优良的矿粉、粉煤灰等矿物掺合材料，或者选用有上述二者复配形成的复合型胶凝材料；限制每立

方米混凝土中胶凝材料的最低和最高用量。胶凝材料的技术性能要求如下：

(1) 对于水泥，宜选用强度等级≥42.5 的硅酸盐水泥或普通硅酸盐水泥(其中管片宜用硅酸盐水泥)。其质量必须符合《通用硅酸盐水泥》(GB 175—2007)的要求；碱含量<0.6%，C_3A 含量≤8%；水泥比表面积≤350 m^2/kg(硅酸盐水泥)，普通硅酸盐水泥的 80 μm 方孔筛筛余≤10.0%；在确定最终水泥品种之前，应对水泥与所使用的掺合材料、外加剂等进行复配试验，以选用匹配的、性能优良的水泥。

(2) 粉煤灰原材料必须符合《用于水泥和混凝土中的粉煤灰》(GB/T 1596—2005)标准中规定的Ⅱ级灰以上标准。

(3) 矿粉原材料必须符合《用于水泥和混凝土中的粒化高炉矿渣微粉》(GB/T 18046—2000)、《混凝土结构耐久性设计和施工指南》(CCES 01—2004)(2005 年修订版)和上海市地方标准《粒化高炉矿渣微粉在水泥混凝土中应用的技术规程》(DG/TJ 08—501—1999)中规定的 S95 级以上的要求。

为确保混凝土结构的耐久性，对胶凝材料用量有如表 3-36 所示的规定与限制。

表 3-36　　单位体积混凝土的胶凝材料

结构部位		混凝土强度等级	最大水胶比	最小胶凝材料用量/($kg \cdot m^{-3}$)	最大胶凝材料用量/($kg \cdot m^{-3}$)
明挖结构	地墙	C30	0.50	400	480
	顶、中、底板	C35	0.45	350	420
	顶、中、底板梁	C35	0.45	350	420
	内衬	C35	0.45	350	420
	柱	C40	0.43	360	440
盾构	管片	C55	0.35	380	450
	联络通道	C35	0.45	350	420
排风井		C35	0.45	350	420

注：① 水胶比和胶凝材料用量应以满足结构设计对混凝土的各项指标为前提。
② 最小和最大胶凝材料用量以强度等级 42.5 普通硅酸盐水泥为基准，若使用更高强度等级的水泥可根据实际情况调整。
③ 混凝土中除水泥外，应掺入一定比例的优质粒化高炉矿渣微粉、粉煤灰等掺合材料组成复合型胶凝材料，提高混凝土耐久性能，并同时考虑混凝土的抗碳化性能要求。混凝土中掺合材料最大用量需要根据工程使用要求和条件确定。

3) 细骨料

不得使用碱活性细骨料，要求使用中砂，品质必须符合《建筑用砂》(GB/T 14684—2001)的规定，细度模数 2.5～2.9，符合Ⅱ区颗粒级配。粒径 0.06 mm 累计筛量≥65%，粒径 0.015 mm 累计筛量≥95%，砂中含泥量≤1.5%，泥块含量≤1.0%。不得使用海砂、山砂及风化严重和多孔砂。

4) 粗骨料

不得使用碱活性粗骨料，要求使用碎石，品质必须符合《建筑用卵石、碎石》(GB/T 14685—2001)的规定，要求级配良好，最大粒径≤38 mm，建议粒径 5～25 mm，碎石中氯离子含量≤0.02%，含泥量≤0.7%，泥块含量≤0.3%，吸水率≤1%，针片状含量≤8%。

5）混凝土拌和用水

混凝土拌和用水，应使用不含有影响水泥正常凝结、硬化或促使钢筋锈蚀（Cl^-含量＜250 mg/L）的饮用水，其品质必须符合《混凝土用水标准》（JGJ 63—2006）的要求。

6）外加剂

（1）外加剂的质量应符合《混凝土外加剂》（GB/T 8076—1997）及相关规范的规定。外加剂的使用应符合《混凝土外加剂应用技术规范》（GB 50119—2003）。混凝土中采用的化学外加剂的氯离子含量≤0.02%（折固量）。

（2）可根据混凝土性能要求，合理选择高效减水剂，并且与水泥、掺合料等胶凝材料的匹配性能良好。明挖结构混凝土砂浆减水率≥15%，管片混凝土砂浆减水率≥25%。

3.5.3 构造及附加措施

1. 构造要求

（1）所有结构接缝处应采取抗裂、防渗的加强措施，防止渗漏。

（2）耐久性设计采用的混凝土保护层的最小厚度是指混凝土构件外表面到最外排钢筋（主筋、分布筋、架立筋或箍筋）外表面的最短距离，并已计入了施工允许偏差。

（3）不能使用冷加工钢筋和直径≤6 mm 的钢筋作为受力钢筋。

（4）对预制构件（如钢筋混凝土管片等）的保护层厚度可减少 5 mm。

（5）在钢筋混凝土构件中有部分长度暴露在外的吊环或紧固件、连接件等金属部件应采取附加防护措施使之在使用阶段与空气隔离。

（6）对于明挖结构各层楼板与侧墙接界处（设置接驳器处）、为确保混凝土施工密实性，要求竖向钢筋净距≥50 mm（有接驳器区段的混凝土的粗骨料粒径 d≤25 mm）。

（7）施工缝、变形缝等各种连接缝的位置应尽量避开可能遭受的最不利局部环境作用下的部位，并应有专项的抗裂防水设计。

2. 附加措施

根据使用环境条件的特殊要求、使用部位的实际耐久性状况、当采取耐久性设计根本措施不能满足设计基准期的使用要求时，应采取必要的附加措施。

（1）局部区段的混凝土结构，若出现受氯离子（外部）和二氧化碳（内部）等侵蚀影响较大的情况，应采取涂覆有一定防腐蚀性的防水涂层或设置防水卷材，增强其防腐蚀、抗渗透性能。针对风井结构内侧混凝土，应其经常处于较高浓度二氧化碳，温度较高且常出现冷凝水的情况，宜采取加涂抗碳化涂层措施。抗碳化的防水涂层宜为硅烷或硅氧烷类材料。

（2）对结构裂缝渗水应按结构补强、止水和耐久性等要求，进行亲水环氧注浆等补强、止渗处理；聚氨酯一般用于非结构裂缝堵漏处理；当结构裂缝渗水量较大时，宜先采用聚氨酯浆液作止水处理，然后再用亲水环氧做补强处理。

（3）位于承压水和微承压水地层的明挖区间底板宜施作附加防水措施，可采用膨润土毯或能与混凝土充分结合的水泥基类防水层，还可在混凝土中添加优质抗裂、防渗材料等措施。

（4）当单墙结构侧墙喷射防水混凝土作为内侧防水加强层时，混凝土中宜掺加合成纤维；对于工作井吊装孔等填孔混凝土也应添加合成纤维。当结构顶板开设直径大于 5 m 的圆孔或面积大于 24 m^2 的方孔应添加钢锭铣削型钢纤维，以增强混凝土抗裂性能。

(5) 所有盾构隧道地下区间的进出洞环、变形缝环、联络通道相连环必须进行整环嵌封施工，其余管片可不进行嵌封作业，但均需设嵌缝槽，用以堵漏或特殊情况的嵌缝。

(6) 区间隧道联络通道内衬应设置塑料防水板与土工布组成的复合防水层。不设夹层防水层的区间联络通道，拱顶与侧墙宜采用预拌自密实混凝土，以加强混凝土的减缩、抗裂性能。

3.5.4 施工要求

1. 明挖结构的施工要求

(1) 高性能混凝土配合比必须经有资质的单位试配，出具检验报告。

(2) 施工单位在内衬施工前，应及时对围护结构进行堵漏，堵漏的效果应满足《地下防水工程质量验收规范》(GB 50208—2002)的相关要求，并经验收通过后，方可进行内衬施工。

(3) 模板立模必须牢靠，要求模板平整、接缝严密，防止跑模漏浆。

(4) 根据不同的季节、气候，选择有利于抗裂防渗的时间段进行混凝土浇捣施工。

(5) 对结构易产生渗漏的部位(如变形缝、接驳器位置处)必须加强振捣施工，严格防止过振，以改善混凝土的密实度，同时注意避免跑模、漏浆。

(6) 控制混凝土入模温度，夏季混凝土入模温度宜小于或等于 25 ℃；冬季混凝土入模温度宜大于或等于 12 ℃，并需加强保温保湿措施；混凝土内部温度和外表温差应小于或等于 20 ℃。

(7) 严格控制混凝土结构的保护层厚度，应采用专门加工、定型生产的钢筋定位垫块或定位夹，提高钢筋施工安装的定位精度。限制使用工地现场制造的垫块，施工图中应标注定位垫块和架设筋的位置与要求。此外，还必须按以下要求执行：①应采用水泥基垫块，强度等级大于或等于 C50，尺寸误差±1 mm，垫块间距 50 d(钢筋直径)且小于或等于 1 000 mm，并呈梅花形设置；②监理人员要把保护层厚度作为重点检查内容之一，重复检查，浇筑混凝土前和浇筑过程中都应检查；③施工验收时的实测保护层厚度应有 95%以上的保证率。

(8) 加强混凝土的早期养护和全过程养护，特别要做好内衬侧墙混凝土的早期养护工作，养护工作要严格按照设计要求予以保证。有抗裂、防渗要求的双掺混凝土结构的潮湿养护≥14 天。当气温低于 0 ℃时，要及时覆盖新浇筑混凝土表面，采取保温加热措施，使混凝土不受冻害。

(9) 混凝土结构未达到设计规定强度及养护时间，严禁提前拆模。

(10) 混凝土结构出现渗漏后，宜在冬季进行堵漏施工。

(11) 混凝土结构的开裂程度、渗漏水情况及修复情况应反映在工程技术档案中，并应列入工程验收内容。

2. 盾构隧道的施工要求

(1) 盾构管片生产过程中，要防止外弧面微细裂缝的产生，保证管片混凝土保护层厚度满足设计要求。

(2) 混凝土管片必须使用提高混凝土耐久性和脱模早期强度的高效外加剂，严格控制管片脱模起吊强度不低于设计强度的 45%。

(3) 在管片冬季生产中，混凝土入模温度不宜小于 20 ℃；管片生产车间必须采取措施防止穿堂风；管片内部和外表温差不得大于 20 ℃。

(4) 管片在场地堆放时，夏季要喷水养护，冬季要防止管片混凝土受冻害的影响。

(5) 管片的连接件和密封垫等的防腐措施应满足国家标准和企业耐久性设计的规定。管片的连接件防腐涂层材料现阶段应采用有耐碱处理的锌基铬酸盐类，手孔应作密封、隔绝空气处理。

(6) 弹性密封垫材料应使用耐久性好的三元乙丙橡胶。其材料与成品都必须有严格的检测制度与检测方法。

(7) 管片的运输、保存应采取措施防止管片破损，破损管片的修补应严格按照设计规定执行。

(8) 钢管片必须有防腐蚀的专项设计。

(9) 盾构隧道掘进施工时，必须使用缓凝厚浆进行同步注浆。此外，应注重管片拼装质量、隧道和盾构的相邻姿态及二次注浆的材料和工艺。

3.5.5 耐久性检测

1. 混凝土碱含量检验

在确定混凝土原材料及配合比前，必须进行混凝土碱含量检验。混凝土总碱含量应不大于 3.0 kg/m^3，按照《混凝土碱含量限制标准》(CECS53:93)检验。

2. 混凝土密实度、抗碳化、抗裂性检验

1) 混凝土耐久性检测范围

(1) 确定配合比前，必须进行原材料的氯离子含量、碱含量等检验；此外，还需进行混凝土碱含量、氯离子含量、混凝土快速碳化深度、混凝土抗裂性、电通量和氯离子扩散系数的检测。施工中视需要还应增加混凝土电通量等指标的检测频率。

(2) 采用钢筋保护层测定仪对主要混凝土结构或构件的保护层厚度进行测试，取样数量、范围和测试应符合《混凝土结构工程施工质量验收规范》(GB 50204—2002)的要求。

2) 混凝土耐久性检测指标与频度

耐久性检测指标的内容，如表 3-37 所示。

表 3-37　耐久性检测指标

结构部位		混凝土密实度					抗碳化性能		抗裂性能	
		电通量 /C		氯离子扩散系数 /($10^{-12}m^2 \cdot s^{-1}$)			快速碳化深度/mm		抗裂等级	
		指标值	次	自然扩散法指标值	RCM 法指标值	次	指标值	次	指标值	次
明挖结构	地墙	≤2 000	各 2	—	—	—	—	—	Ⅱ	各 1
	梁、板	≤2 000	各 2	≤1.8	≤4	1	—	—	Ⅱ	各 1
	内衬墙	≤2 000	各 2	≤1.8	≤4	1	—	—	Ⅱ	各 1
	柱	≤2 000	各 1	—	—	—	—	—	Ⅱ	各 1

续表

结构部位		混凝土密实度					抗碳化性能		抗裂性能	
		电通量/C		氯离子扩散系数/($10^{-12}m^2\cdot s^{-1}$)			快速碳化深度/mm		抗裂等级	
		指标值	次	自然扩散法指标值	RCM法指标值	次	指标值	次	指标值	次
盾构	管片	≤1 000	1	≤1.2	≤3	1	≤1.0	1	Ⅰ	2
盾构	联络通道	≤1 000	各1	—	—	—	—	—	Ⅰ	各1
排风井		≤2 000	1	—	—	—	≤2.0	各1	Ⅱ	各1

注:① 混凝土电通量指混凝土标准养护 56 d 时的电通量值,试验方法参照《海港工程混凝土结构防腐蚀技术规范》(JTJ 275—2000),作为工程质量控制指标。

② 混凝土氯离子扩散系数(自然扩散法)指混凝土标准养护 56 天放入标准溶液中浸泡 90 d 时的表观氯离子扩散系数,试验方法参照 NT BUILD443 方法,作为配合比设计、质量验收和寿命预测评估的控制指标;混凝土氯离子扩散系数(RCM 方法)采用龄期为 56 d 的试件,按照 GB 50082—2009 进行,两种方法选一即可。

③ 混凝土抗碳化性能指混凝土标准养护 28 d 后,按标准条件快速碳化至 56 d 的碳化深度,试验方法参照《普通混凝土长期性能和耐久性能试验方法标准》(GB/T 50082—2009),作为混凝土抗碳化性能指标检验标准。

④ 混凝土抗裂性能试验参照《混凝土结构耐久性设计与施工指南》(CCES 01—2004)(2005 年修订版)附录 A 混凝土抗裂性测试方法及评价中规定的混凝土抗裂性试验方法。

⑤ 管片混凝土若达不到氯离子扩散系数指标,则需在管片背面涂覆外防水涂层。

3. 混凝土结构裂缝和渗水状况的监测

1) 裂缝的常规检测

除了按规定做混凝土抗裂性试验外,首先是现场肉眼观察混凝土表面裂缝,再用光学放大镜测量其宽度,并用图纸描述。必要时采用取芯样检测裂缝的深度。

2) 建立混凝土结构裂缝的全过程监测制度

对混凝土结构的裂缝在竣工前应有"裂缝分布图"外,在运营过程中应对结构定期进行监测,观察裂缝发展。同时,应建立结构的裂缝档案。

3) 渗漏水的记录备案

对现浇结构的渗漏水在竣工前应有"渗漏水平面展开图",据此进行渗漏水治理。治理措施与效果也应显示在图上,并应以此为基础,建立渗漏水及其治理档案。

3.6 渗漏水治理

渗漏是地下工程中最常见的病害,处理方法各种各样,防水堵漏材料也种类繁多,要达到理想的渗漏治理效果,应该做到科学设计、合理选材、认真施工、严格管理。参考国内外长期治理渗漏的经验,应遵循"排堵结合,多道设防,综合治理"的原则,应根据渗漏水病害的不同情况及内部特点,有针对性地采取治理措施。例如,对于衬砌中横向施工工作缝及各种不均匀受力产生的纵向、斜裂缝,由于未能有效设置密封及止水材料而导致的"线状"渗漏水,不同成因产生的渗漏水裂缝应有区别地进行处理。

根据整治的部位,渗漏水治理可分为结构顶板表面渗漏治理、底板渗漏治理、侧墙渗漏治理、施工缝、诱导缝、变形缝、地下连续墙等多个整治项目。

1. 顶板裂缝渗漏的治理

较大渗漏，即有明水渗出，可先采用注浆管 1 灌注油溶性聚氨酯浆液进行前期止水堵漏，注浆压力一般在 1～3 MPa，达到止水目的后，采用注浆管 2 灌注亲水性环氧浆液，注浆压力一般在 2～5 MPa。需补强的结构贯穿裂缝，钻孔深度不应小于混凝土结构厚度的 2/3（图 3-68）。由于亲水性环氧树脂可以在潮湿环境下固化，而且还能在潮湿环境下保持较大的黏结力，同时又具有优异的抗拉、抗压强度，所以可以将产生裂缝的结构重新连为一体，并起到结构补强的作用。

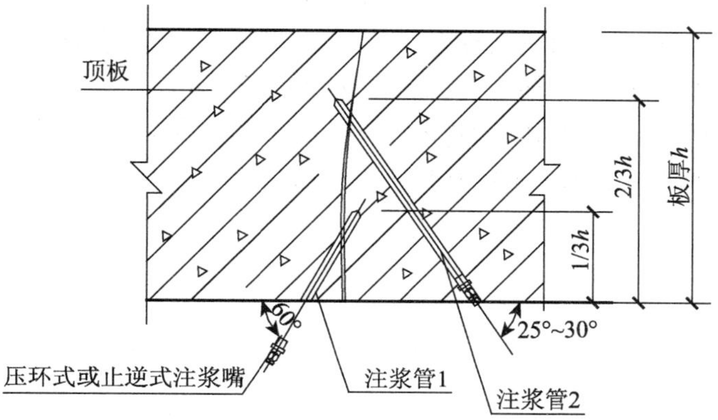

图 3-68　结构顶板有明显渗漏贯穿裂缝的防水治理示意

2. 施工缝渗漏的治理

设有预埋注浆系统的施工缝，宜优先使用预埋注浆系统注浆止水，然后采取涂布水泥基渗透结晶型防水涂料、抹压聚合物水泥防水砂浆的复合增强措施。对于有较大渗漏的施工缝治理也可采取斜钻孔注浆方式：首先清理渗漏部位，明确施工缝部位，并对施工缝进行凿毛处理，用早强快硬水泥进行表面封闭；然后钻斜孔灌注优质油溶性聚氨酯浆液。现场不具备注浆止水条件时，也可采用速凝堵漏材料直接堵漏止水，然后做复合增强处理。对于仅有湿渍的部位采用渗透结晶材料进行抹面。

3. 变形缝渗漏的治理

变形缝通常采用中埋式钢边橡胶止水带及内装可卸式“Ω”橡胶止水带。因此先将覆盖内装可卸式“Ω”橡胶止水带沟槽的装饰板掀除，然后检查渗漏点，并采用注浆处理。在渗漏点附近，考虑结构与施工的可操作性，选择合适的位置，钻斜孔至中埋式止水带的钢边处，灌注油溶性聚氨酯浆液，注浆压力一般在 2～5 MPa。在底板内装可卸式“Ω”橡胶止水带沟槽应设置排水管至附近的排水沟槽或地漏，并保证通畅。待渗漏处理结束，应恢复内装可卸式“Ω”橡胶止水带沟槽的装饰板。

4. 混凝土大面积慢渗的治理

大面积慢渗宜采用钻孔壁后帷幕注浆止水或对渗漏的混凝土自身进行帷幕钻孔注浆止水，钻孔间距宜不大于 500 mm，交叉布孔。经检查无渗漏后，应采用涂布水泥基渗透结晶型防水涂料、抹压聚合物水泥砂浆复合增强。也可采用抹压速凝堵漏材料止水，经检查无明显渗漏水后，依次涂布水泥基渗透结晶型防水涂料，抹压聚合物水泥防水砂浆，顶面施工时可在砂浆中设置钢丝网。

5. 混凝土表面蜂窝、麻面渗漏的治理

对于混凝土表面蜂窝、麻面处的渗漏水，应先剔除酥松、起壳部分，采用骑缝注浆处理或速凝堵漏材料直接止水，并清理干净；经检查无渗漏后，宜根据混凝土表面损坏程度，采用抹压聚合物水泥防水砂浆或铺设细石混凝土的修补工艺。

6. 穿墙套管渗漏的治理

穿墙管道根部渗漏水，宜从迎水面沿管道周边剔成宽度不大于 50 mm，深度为宽度 0.5～0.7 倍的环形沟槽，清理干净，嵌填低模量密封材料，并用聚合物水泥砂浆找平，管道外 250 mm 范围施作柔性涂膜防水层。从迎水面无法治理的情况下，可从背水面沿管道周边剔成宽度不大于 50 mm，深度为宽度 0.5～0.7 倍的环形沟槽，清理干净，用无机速凝堵漏材料在环形沟槽中埋设注浆嘴，灌注聚氨酯化学灌浆材料止水；经检查无渗漏后，嵌填高模量密封材料，用聚合物水泥砂浆找平，管道外 250 mm 范围施作柔性涂膜防水层。主管和套管之间应嵌填遇水膨胀止水条或灌注弹性浆液密封。

第 4 章　通风系统设计

4.1　设计技术要求

4.1.1　设计依据

(1)《公路隧道通风设计细则》(JTG/T D70/2—02—2014)；
(2)《公路隧道设计规范》(JTG D70/2—2014)；
(3)《道路隧道设计规范》(DG/T TJ08—2033 J11197)；
(4)《采暖通风与空气调节设计规范》(GB 50019)；
(5)《建筑设计防火规范》(GB 50016—2014)；
(6)《工业企业卫生设计标准》(GB Z1)；
(7)《公共建筑节能设计标准》(GB 50189)；
(8)《环境空气质量标准》(GB 3095)，含修正文件《环发[2000]1》；
(9)《大气污染物综合排放标准》(GB 16297)；
(10)《声环境质量标准》(GB 3096)；
(11)《轻型汽车污染物排放限值及测量方法(Ⅰ)》(GB 18352.1—2001)；
(12)《轻型汽车污染物排放限值及测量方法(Ⅱ)》(GB 18352.2—2001)；
(13)《轻型汽车污染物排放限值及测量方法(中国Ⅲ、Ⅳ阶段)》(GB 18352.3—2005)；
(14)《城市机动车排放空气污染测算方法》(HJ/T 180)；
(15) National Fire Protection Association 502；
(16)《道路隧道技术基准(换气篇)及说明》日本 2001；
(17)《道路隧道紧急设施设置基准》日本 2006。

4.1.2　设计原则

(1) 隧道通风系统应根据隧道规划资料、交通预测、隧道沿线周边环境、地形、气象及考虑建设、运营和维护费用等技术经济因素进行设计。

(2) 隧道通风系统应具有以下功能：

① 正常及阻滞交通时，应对一氧化碳(CO)、烟雾和异味等进行稀释，保证隧道内部空气环境在规定标准范围内，为司乘人员创造良好的环境。

② 火灾事故时，应能有效控制烟气流动，及时排除烟气，减少烟气在隧道内影响范围，为司乘人员安全逃生和消防救援创造条件。

③ 通风系统设计应尽可能利用交通力和自然通风能力，正常及阻滞交通时通风方式宜

优先采用纵向通风或纵向分段通风方式。

④ 通风设备选型和台数设置要考虑通风系统运行负荷的变化，以达到节能运行。

⑤ 隧道内污染空气排放和通风设备噪声对周围环境的影响，应符合有关规范的规定和隧道环境评价要求。

4.1.3 隧道通风设计

1. 一般规定

(1) 隧道通风系统应符合以下要求：

① 单向交通隧道设计风速不宜大于 10 m/s，特殊情况下可取 12 m/s；

② 隧道通风应考虑匝道的通风及与主隧道的相互影响；

③ 隧道通风系统应采取有效措施，保证通风系统某一局部失效时，系统的整体功能维持在适宜的水平；

④ 通风设备产生的噪声、隧道废气排放应符合环境保护要求。

(2) 隧道通风系统应按各预测期交通流量，结合我国汽车尾气限排规划以及上海当地对汽车尾气的控制法规，合理计算汽车尾气排污量，满足不同时期的运营要求。

(3) 通风系统的消声材料应具有不燃、防潮、防腐、防蛀、耐老化和无毒性能。

(4) 设备选用应考虑的附加值：普通风管系统漏风率为 10%，风管的计算压力损失附加值为 20%。一般排烟系统(不含重点排烟方式)风机风量按 10%～20%漏风量附加选用。

2. 隧道内部环境标准

1) 一氧化碳(CO)设计浓度

采用纵向通风时，一氧化碳(CO)设计浓度按表 4-1 取值。

表 4-1 一氧化碳(CO)设计浓度

正常交通	150 ppm
阻滞交通	200 ppm

2) 烟雾设计浓度

(1) 采用钠灯光源时，烟雾设计浓度应按表 4-2 取值，采用荧光灯光源时，烟雾设计浓度应提高一级；

表 4-2 烟雾设计浓度(钠灯光源)

计算车速/($km \cdot h^{-1}$)	80	60	40
K/m^{-1}	0.007 0	0.007 5	0.009 0

(2) 当烟雾浓度达到 0.012 m^{-1}时，应采取交通管制等措施；

(3) 隧道内养护维修时，现场实际烟雾浓度不应大于 0.003 5 m^{-1}。

3) 稀释异味

(1) 隧道内空间不间断换气次数不宜低于 5 次/h。

(2) 采用纵向通风的隧道，隧道内换气风速不应低于 2.5 m/s。

4) 通风设备传至隧道内的噪声

通风设备传至隧道内的噪声不应高于 85 dB(A)。

3. 阻滞工况的确定

(1) 隧道交通阻滞时(平均车速为 10 km/h)阻滞段长度中短隧道可按全隧道阻滞计算,长隧道建议阻滞段计算长度不超过 1 km。

(2) 当隧道与市中心道路相接、预测阻滞频率较高或隧道出口设有交通信号灯引发隧道日常阻滞时,阻滞时的一氧化碳(CO)设计浓度与正常交通工况时取用相同标准。

4. 隧道烟气控制

(1) 一般通行客运车辆的越江道路隧道,火灾规模可取用 20 MW;当仅通行小型客车时,可取用 10 MW;当通行货运车时,视通行车种可取用 30～50 MW;以上火灾规模取用适用于禁止危险品车辆通行隧道。

(2) 当隧道采用纵向排烟时,纵向气流的速度应大于 2 m/s,且能有效抑制烟气逆流;烟气在隧道内流经最大长度不宜超过 3 000 m;纵向排烟的风向应满足以下要求:

① 应保护多数滞留在隧道内无法主动及时撤离的车辆和人员;

② 应尽量缩短烟气在行车道内的行程。

(3) 当隧道采用重点排烟时,系统应具足量的排烟能力;排烟口应设置在隧道顶部,火灾时仅启动火灾区域排烟口,将烟气控制在较小范围。

(4) 若隧道火灾排烟系统与正常通风系统合用时,应具备在火灾工况下的快速转换功能,并符合排烟系统要求。

(5) 隧道专用避难通道应设置独立的机械加压送风排烟设施,加压送风口应避免与主隧道烟气的交叉污染;送风道与避难通道应直接连通,并保证密封。

(6) 火灾时运行的射流风机、排烟风机及烟气流经的辅助设备(如风阀、消声器、软接等),应按隧道火灾烟气预测温度配置,连续有效运行时间应高于隧道疏散和救援时间,但至少应满足 250 ℃时、连续有效工作不小于 1 h。

(7) 设在隧道内火灾排烟时工作的射流风机,应至少考虑一组冗余配置。

(8) 隧道内应结合隧道土建、通风系统设计进行合理的火灾烟控分区,对各区域进行烟气控制设计。

5. 隧道需风量

(1) 车辆有害气体的排放量,应按设计初期、近期和远期预测交通量、交通组成、车辆状况、并结合汽车尾气限排标准年度规划计算,取其较大者作为设计取值;按照上海市对汽车尾气的控制要求,中心城区隧道车辆有害气体的排放量取用不应低于欧 I 标准。

(2) 设计需风量应取稀释一氧化碳(CO)、烟雾和空气中异味所需风量中的最大值,计算时应按计算行车速度及以下各工况车速按 20 km/h 为一档分别进行计算。

6. 风道、风井、风机房

1) 风道设置

风道设置应满足下列要求:

(1) 一般结构风道设计风速不宜大于 5 m/s,集中排风井向上排风风速不宜小于 10 m/s。

(2) 风道吸入口处应设置防止异物吸入的网罩。

(3) 采取可靠防排水措施,避免渗漏水。

(4) 设置检修用进出口、楼梯和照明灯具。

(5) 风道内壁面应光滑干整，断面变化处应平顺过渡，转角处宜设置导流叶片。

2) 大型轴流风机设置

(1) 隧道送、排风机宜选用 2～3 台并联运行。

(2) 通风机房应为大型通风设备设置运输、安装通道及孔洞，通道每边尺寸不小于单体不可拆设备外包尺寸 1 m，并应能装设起吊设施和水平拉钩。

(3) 风机并联设置时，宜将流道分隔，避免出现启动困难的情况。

3) 射流风机设置

射流风机的安装应满足以下要求：

(1) 射流风机的纵向间距及与洞口的距离不宜小于 60 m，同组并列吊装的射流风机中心间距不应小于风机直径的 2 倍。

(2) 吊挂在行车道内的射流风机宜位于建筑限界以外 15～20 cm，并考虑适当的安装检修空间。风机轴线与隧道轴线平行。

(3) 支承风机的结构强度应不小于实际静载荷的 15 倍，风机安装前应做支承结构载荷试验。

(4) 应注意与隧道内其他构筑物（如情报板、指示牌、照明灯具）的关系，射流风机射程范围内气流应尽量不受阻挡。

(5) 用于火灾排烟的射流风机应至少备用一组。

4) 通风、空调设备设置

(1) 通风、空调设备（尤其是运转设备或维护量较大设备，如风机、风阀执行机构、过滤设备等）应尽量位于方便维修处，立式大型组合式风阀宜考虑设置检修平台，方便运转部件维护。

(2) 隧道通风的进风应直接采自大气，进风亭应设在空气洁净地方；排风应直接排出地面，排风亭的高度应满足废气排放的环境保护要求。排风方向为竖直向上时，风井底部应有防雨雪措施。

(3) 当进、排风亭合建时，应确保排放废气不回流至进风口。其中水平距离不小于 10 m，高度差值不小于 5 m。

(4) 通风系统设备、管道及配件布置应为安装、操作、测量、调试和维修预留空间位置。

(5) 通风设备供电电缆与控制电缆敷设时，应注意二者之间的防护距离或防护措施，以免影响控制信息的传输。

5) 风阀及防火阀设置

(1) 穿越防火分区、楼板、通风机房及重要机房的风管上应在紧邻防火墙、楼板等分隔处设置防火阀，防火阀离防火分隔物不大于 200 mm，有条件时宜采用手动复位方式。

(2) 用于工况转换、自动灭火系统的保护的房间、防烟分区的防火阀应采用电动防火阀，且应安装在便于检修、维护处；无检修、调试空间的防火阀（如管线复杂处、带电高压房间等）应选用带电动复位的防火阀。

(3) 电动防火阀（带电动复位）电源采用 24 V DC，所需复位电源须提资给 BAS/FAS 专业。

(4) 常闭型电动排烟阀（板式排烟口）需在设备现场、人员便于操作处设置控制按钮，并在设备材料表中明确。

(5) 电动组合风阀开闭全行程时间≤30 s,设备材料表中标注参考功率、耐温、执行机构控制开关形式等参数。电动组合风阀的耐温标准与所在系统风机的耐温标准相同。立式安装的组合风阀所需混凝土立柱位置可现场定,并在图中表示,但工程量需计入建筑/装修中。

7. 通风控制和环境监测

(1) 隧道通风系统应设置隧道环境检测系统,在隧道关键部位应至少对能见度、一氧化碳(CO)浓度进行实时监测,建立与通风系统的运行关系,据此控制隧道通风系统的运行模式。

(2) 隧道通风和设备管理用房通风空调设备应设置现场控制和中央控制两级控制。

(3) 隧道控制中心应能监控全部隧道通风设备、检测仪器的运转状态、故障信息及检测参数。

(4) 隧道控制中心应能监控重要设备用房空调通风系统的运转状态、故障信息、过滤器压报警和环境参数等。

4.1.4 附属工程通风

1. 主要设计标准

室内环境应符合表 4-3 的规定。

表 4-3　　设备管理用房、控制中心设计标准

房间名称	计算温度/℃		换气次数	
	冬季	夏季	进风	排风
值班室、休息室、更衣室	16	27	6	6
控制室、(主机房)	19	24	6	4
降压变电所、主变电站	—	36	按排除余热计算风量	
茶水间	—	—	—	10
废水泵房、消防泵房	5	—	—	4
通风机房	—	—	6	6
厕所	>5	—	—	排风

注:① 厕所排风按每坑位 100 m^3/h 计算;
② 当采用空调系统时,新风量不应少于 30 $m^3/(h\cdot人)$。

2. 技术要求

1) 隧道各类附属工程

隧道各类附属工程包括控制中心、各类管理用房及设备用房,应根据其使用要求设置通风、空调系统。

2) 变电所

(1) 变电所等电气用房应设置机械通风系统,通风量按排除余热量计算;当余热量很大,采用机械通风系统技术经济不合理时,可设置冷风降温系统,但应避免采用空气-水系统;

(2) 当变电所采用通风系统时，新风进口处宜设置初效过滤器；

(3) 在进行房间内风管、多联体空调室内机及冷媒管、冷凝水管等布置时需注意避让变电柜体要求。

3) 各类泵房、厕所

各类泵房、厕所应设置机械排风、自然进风系统，所排气体宜直接排至地面。

4) 控制中心主机房

(1) 空调送风系统应设初效、中效两级空气过滤器，中效空气过滤器计数效率应大于 80%；

(2) 气流组织应结合主机、大屏散热形式、设备布置、发热量、工作人员分布及建筑条件综合考虑；

(3) 机房须维持 5～10 Pa 的正压；

(4) 空调通风系统的重要装置应有备用，尤其是多条隧道合建的控制中心主机房。

5) 采用多联机系统

当设备管理用房采用多联机系统时，应满足以下要求：

(1) 多联室内机和冷凝水管严禁布置在变压器柜等电气设备上方，并考虑好气流组织、冷凝水排放。

(2) 多联分体空调系统布置时，室内外机高差不宜超过 30 m，室内外机最大管长不宜超过 70 m，最近室内机与最远室内机管长不超过 40 m，并进行必要的容量修正。

(3) 多联空调室外机应布置在室外，并应注意室外机的噪声影响，总图上标明多联体室外机与敏感点的最小距离。

6) 通风系统进、排风

通风系统进风应直接采自大气，排风宜直接排出地面。

7) 空调系统的室外机或冷却塔

空调系统的室外机或冷却塔应设置在开阔、气流畅通的地方，便于系统散热，同时宜结合现场情况考虑适当的防盗措施。

4.1.5 主要技术接口

隧道通风与其他专业接口如表 4-4 所示。

表 4-4　　隧道通风与其他专业接口

相关专业	接口类型	接口资料内容
建筑	提资	① 隧道通风机房、洞内射流风机吊装要求，空调通风机房、小通风机房布置； ② 有隔振、吸声要求的设备用房，提供设备振动、噪声资料； ③ 风管(道)穿越隧道壁面、顶板、穿墙、梁时的预留孔位置、尺寸、标高； ④ 风管、风口、水管距顶板或梁底最小高度、吊顶配合高度； ⑤ 风亭口部面积、高度和百叶要求； ⑥ 设备吊装孔位置、尺寸和运输通道； ⑦ 设备用房门尺寸、位置、开启方向和隔声密闭要求； ⑧ 土建风道粗糙度要求

续表

相关专业	接口类型	接口资料内容
结构	提资	① 通风空调设备基础尺寸，预埋件数量、尺寸、设备静载荷和动载荷； ② 吊挂在主隧道、楼板、梁、柱上设备预埋件数量、尺寸、设备静载荷和动载荷； ③ 土建风道粗糙度要求； ④ 各部分预留孔位置尺寸
供电	提资	① 各种运转设备电机型号、规格、功率、电压、起动方式、受电点位置； ② 各种电动风阀、防火阀、电磁阀电压、规格、功率和受电点位置； ③ 设备、风阀联动要求； ④ 土建风道内照明要求及检修用照明要求
FAS/BAS	提资	① 通风、空调及风阀等设备的控制要求； ② 洞内各种 CO-VI、风速、室内温湿度等测点布置要求
技经	提资	提供隧道设备材料费、直接费
环境评价	提资	隧道基本概况、风井设置位置及洞口、风井风量分配及噪声
建筑及防灾	受资	隧道及附属建筑平面图、剖面图、总平面图、主要设备、管理用房定员及防灾相关要求
线路	受资	隧道线路平、纵断面图
地质	受资	隧道周围土壤种类、热物理参数等
供电(含变电所)	受资	机房内环境要求、设备发热量、定员
弱电(控制中心)	受资	机房内环境要求、设备发热量、定员及其他要求
交通预测及组成	受资	各年度交通流量预测、车种组成
环境评价	受资	风井高度、洞口及风井限制排气量、环境噪声标准等

注：提资即通风空调专业向外提资；受资即通风空调专业接受相关专业提资。

4.1.6 环境保护和节能

1. 环境保护

(1) 隧道废气宜采用集中排放方式，排风井的排风量、风井高度和洞口允许排放量及通风设备噪声应满足本工程环境影响报告书要求。

(2) 当隧道进、出洞口平行设置时，应采取有效措施防止废气回流；当设置中隔墙时，其高度不宜低于隧道空间高度的 2 倍，长度不宜小于隧道断面水力直径的 10 倍。

(3) 风机是产生噪声和振动的主要设备，应考察其实际运转状况，在设计中选择噪声小，运转平稳的设备，并在其前后加设消声器，消声器长度应根据风机噪声值结合隧道内噪声标准及外部环境噪声标准进行计算确定。

(4) 风管按实际情况设置减振吊架、设置软接头进行减振。

(5) 有噪声控制要求的环控机房设置隔声墙、隔声门，墙顶面根据需要贴吸音材料。

2. 节能

(1) 通风系统设计应尽可能利用交通力和自然通风能力，正常及阻滞交通时通风方式宜优先采用纵向通风或纵向分段通风方式，以节约风机耗电。

(2) 当隧道设有集中排风机时，集中排风机的运行数量应可根据隧道交流量变化而调节，以节约风机耗电。

(3) 风机应优先选用高效节能的产品，多联或分体空调机组应选用制冷(热)综合性能系数高的产品，并应尽量缩短内外机的管路长度。

4.2 设备技术要求

4.2.1 射流风机

1. 环境条件

(1) 正常情况下环境温度－10 ℃～60 ℃，相对湿度≤99%。

(2) 火灾工况时能满足在 250 ℃条件下持续有效工作 1 h。

2. 采用规范与标准

射流风机的设计、制造、检验、包装、运输、竣工试验和验收等将遵照下列标准的最新版本，有差异时以标准高者为准：

(1)《射流风机性能测试方法》(ISO 13350)；

(2)《消防排烟风机耐高温试验方法》(GA 211)；

(3)《工业通风机用标准化风管进行性能试验》(GB/T 1236)；

(4)《风机和罗茨鼓风机噪声测量方法》(GB/T 2888)；

(5)《冷暖通风设备外观质量》(JB/T 7246)；

(6)《通风机振动监测及其限值》(JB/T 8689)；

(7)《通风机叶轮超速试验》(JB/T 6445)；

(8)《通风机噪声限值》(JB/T 8690)；

(9)《通风机型式尺寸参考及性能曲线》(GB/J 3235)；

(10)《通风机转子平衡》(JB/T 6445)；

(11)《确定风机额定性能试验的试验室方法》(AMC A210)；

(12)《确定通风装置额定声功率的试验规程》(AMC A300)；

(13)《第一篇通用风机》BS848,《第二篇风机试验方法》(ISO5801(1980))；

(14)《公路隧道通风设计细则》(JTG/T D70/2—02—2014)；

(15)《公路隧道设计规范》(JTJ 026)；

(16)《机械设备安装工程施工及验收规范》(JBJ23)。

3. 运行要求

越江隧道的射流风机一般直接吊装在隧道行车道内。基本上是两台一组，在阻塞及火灾时开启，诱导隧道内空气流动以达到设计风量的需求。

4. 基本要求

(1) 射流风机包括风机本体(内置电机)、两端管式消声器、吊架及减振器。

(2) 风机设计使用寿命大于或等于 20 年，风机第一次大修前的安全运转时间大于或等于 30 000 h。

(3) 风机及其配件均能在 250 ℃条件下持续有效运行 1 h；在环境温度小于或等于

60 ℃，相对湿度小于或等于 99%的条件下可持续运行。

(4) 风机启动时间小于 30 s，从全速正转至全速逆转时间小于 60 s。

(5) 整套风机设备应当能经受隧道洗刷车辆喷洒的水雾。

5. 主要技术性能要求

(1) 在规定的风机转速条件下，所对应的流量偏差小于或等于±5%。

(2) 推力效率要求大于 30 N/kW，逆转时推力不低于正转时的 95%。

(3) 风机声压级噪声小于或等于 67 dB(A)(测试点为自由空间，距风机进气端与轴线 45°角 10 m 处)。

6. 主要部件技术性能要求

(1) 风机的叶轮应采用高强度铝合金材料铸造加工，按照相关标准进行 X 光检测。

(2) 电机为风冷、全封闭、湿热型标准产品，电机为直接驱动方式，电机暴露于空气中，采用 H 级绝缘，防护等级 IP55；电机应设排水孔。

(3) 轴承应采用 SKF 或 NSK 等国际知名品牌轴承。

(4) 消声器长度宜为 $2D$。管式消声器的内层材料选用穿孔不锈钢板，内部衬以矿物棉隔音材料，所有螺栓、螺母和垫圈均采用不锈钢材料。填充的隔音材料应不易燃烧，无虫害，能抗潮湿，内表面应当防止在各种工作条件下气流引起的纤维颗粒的侵蚀。

(5) 风机配备的减振器及其他零部件应达到与风机同等的耐高温要求，减振器不应采用普通橡胶减振垫。

(6) 全套风机按要求在厂内完成适合的表面热浸镀锌。除轴承外，其余裸露在外的机内钢制零件都需有适合的表面喷涂防腐处理。保证风机使用寿命不低于 20 年，并且能够在 250 ℃的环境中经受 1 h 而不冒烟或释放有毒气体，风机的安装应与环境协调，力求美观。

7. 安全保护

(1) 风机电机具有缺相保护功能。

(2) 风机具有报警停机功能。

8. 控制方式

(1) 射流风机由中央控制和就地控制二级组成，就地控制具有优先权。

(2) 在正常情况下，中央控制室显示射流风机的工作状态；在事故工况下，射流风机接受中央控制室信号，启动运转，以保证隧道车辆的正常运行及人员疏散。

(3) 就地控制是在射流风机电源控制柜处进行操作，供机组安装、调试、检修时在现场使用，射流风机为一级负荷设备，监控专业在就地控制箱内采集信号。

9. 与其他系统技术接口

(1) 提供风机荷载点的静荷载和动荷载及自震频率，并提供安装要求。为方便安装并防止或减少风机振动影响，风机出厂时，随机配备吊装架、减振器和紧固件等。

(2) 风机配用电机采用 380 V/50 Hz 三相电源、直接启动。

(3) 风机的控制箱需向 BAS 专业提供无源接点，需提供的接点接线端子包括启停、状态反馈、故障报警等，具体问题由双方工厂协商解决。

4.2.2 大型轴流通风机

1. 环境条件

(1) 正常情况下环境温度－10 ℃～60 ℃，相对湿度小于或等于99%。

(2) 兼排烟风机火灾工况时，能满足在250 ℃条件下持续有效工作1 h。

(3) 排风系统为中压系统。

(4) 通风方式为全纵向通风、洞口集中排风方式，火灾时采用纵向控烟方式。

2. 采用规范与标准

隧道轴流风机的设计、制造、检验、包装、运输、竣工试验和验收等将遵照下列标准的最新版本，有差异时以标准高者为准：

(1)《通风机能效限定值及能效等级》(GB 19761)；

(2)《工业通风机用标准化风管进行性能试验》(GB/T 1236)；

(3)《风机和罗茨鼓风机噪声测量方法》(GB/T 2888)；

(4)《冷暖通风设备外观质量》(JB/T 7246)；

(5)《通风机振动监测及其限值》(JB/T 8689)；

(6)《消防排烟风机耐高温试验方法》(GA 211)；

(7)《空调用通风机安全要求》(GB 10080)；

(8)《通风机叶轮超速试验》(JB/T 6445)；

(9)《通风机噪声限值》(JB/T 8690)；

(10)《通风机型式尺寸参考及性能曲线》(GB/J 3235)；

(11)《通风机转子平衡》(JB/T 6445)；

(12)《确定风机额定性能试验的试验室方法》(AMCA210)；

(13)《确定通风装置额定声功率的试验规程》(AMCA300)；

(14)《第一篇通用风机》BS848,《第二篇风机试验方法》(ISO5801(1980))；

(15)《公路隧道通风设计细则》(JTG/T D70/2—02—2014)；

(16)《公路隧道设计规范》(JTJ 026)；

(17)《机械设备安装工程施工及验收规范》(JBJ23)。

3. 运行要求

(1) 越江隧道工程中大型轴流风机设置在隧道两侧风井中的通风机房内，主要采用卧式安装方式。

(2) 隧道正常及阻滞工况时，该风机视隧道通行状况并联或单独将隧道内的污染空气集中排除，保护隧道出洞口的环境。每座风井内大型风机数量不少于2台，视交通情况变台数运行。

4. 基本要求

(1) 风机表面应清洁、平整、无碰伤、划痕及锈斑；漆层牢固，色泽均匀一致，无起泡、缩皱和剥落现象。

(2) 电机为内置式，风机本体由机壳、叶轮、静叶支撑、整流罩、电机、轴承、注油口、电源接线盒等组成。

(3) 单向风机能效等级不低于2级。

(4) 在额定转速的工作区域内，在额定流量、压力下，风机的流量、压力最大偏差绝对值小于5%，风机效率最大偏差小于3%。

(5) 风机设计使用寿命年限大于或等于30年，第一次大修前安全运转时间大于或等于24 000 h。

(6) 风机配用电机采用380 V/50 Hz电源，电源接线盒和轴承加油孔设于机壳外便于操作处。

(7) 风机设置在地下机房内，要求风机结构紧凑，且风机整体设计应考虑风机的拆卸维修，基础固定螺栓均可灵活拆卸。

(8) 风机叶片应停机可调，随机提供叶片定位工具、叶片拆装工具。

(9) 风机供货范围除风机本体外，还包括减振器、软接(两端)及配套紧固件、轴温、绕组温度量测设施、防潮电加热及接口等。

5. 主要技术性能要求

(1) 在规定的风机全压条件下，所对应的流量偏差小于或等于±5%。

(2) 在规定的流量条件下，所对应的风机全压偏差小于或等于±5%。

(3) 在接近最高效率点处，工况点实际效率偏差小于或等于3%。

(4) 风机应在60 s内从静止达到额定转速。

(5) 双向可逆风机正转、逆转效率/风量应基本相等。

(6) 排烟风机最少应满足在250 ℃条件下连续运行1 h。

(7) 风机转速不应高于960 r/m。

6. 主要部件技术性能要求

1) 机壳

机壳采用优质钢板焊接而成，内外裸露表面应采取防腐处理。

2) 风机叶轮

(1) 风机动叶片要求停机角度可调。

(2) 叶轮采用高强度铝合金材料铸造加工，按照相关标准进行X光检测。

(3) 叶轮叶片的结构设计应考虑低噪音、高性能要求及失速(喘振)而引起的振动应力的影响，使叶片受喘振现象引起的振动应力变化影响最小。同时保证叶片顶尖部与筒体内壁的间隙最小、均匀。

3) 电机

(1) 电机为全封闭鼠笼式异步电机，防护等级不低于IP55。电机符合BS5 000，采用降压启动方式。电机应采用国际知名品牌。

(2) 电机轴承寿命按L10计为20 000 h，即按ISO281计的平均寿命为100 000 h。

(3) 轴承应采用SKF或NSK等国际知名品牌轴承。风机配套软接及减振器等设备耐高温要求与风机同级；风机除轴承之外裸露在外的钢制零件都应采取有效防腐措施；风机出厂随机配备减振装置，减振效率大于93%，其机壳振幅应符合有关标准的规定，供货方应提供与风机配套的紧固螺栓。

7. 安全保护

(1) 风机电机具有缺相保护功能。

(2) 风机设轴承温度(叶轮端)、线圈绕阻温度传感器(三组Pt100)、防冷凝加热器及具有报警停机功能。

(3) 风机设置防喘振装置。

8. 控制方式

风机可就地控制和远程控制。就地控制是在风机就地控制箱处进行操作,供机组安装、调试、检修时在现场使用,排烟风机为一级负荷设备。远程控制是在控制中心控制风机的启停。

9. 与其他系统技术接口

(1) 提供风机荷载点的静荷载和动荷载及自震频率,并提供安装要求。

(2) 风机配用电机采用 380 V/50 Hz 三相电源,采用软启动方式。

(3) 风机的就地控制箱需向 BAS 专业提供无源接点,需提供的接点接线端子包括启停、状态反馈、轴承、绕组温度显示、防潮电加热、故障报警等,具体问题由双方工厂协商解决。

4.2.3 大型片式消声器

1. 环境条件

(1) 在一般正常工作条件下,其环境温度小于或等于 60 ℃,相对湿度小于或等于 99%,流通空气中含有大量汽车尾气成分。

(2) 排烟系统中的消声器应在火灾工况条件下,满足在 250 ℃/h 气流通过的运行要求。

(3) 通风系统为中压系统。

2. 采用规范与标准

(1)《消声器测量方法》(GB/T 4760);

(2)《风机配套消声器性能试验方法》(GB/T 4364);

(3)《风机用消声器技术条件》(GB/T 6891);

(4)《城市环境噪声测量方法》(GB 3222)。

3. 运行要求

为了满足通风设备噪声控制标准和《城市区域环境噪声标准》(GB 3096)的噪声排放标准,大型轴流风机前后均设置片式消声器进行消声处理。

根据越江隧道工程的应用特性,消声器可为金属外壳消声器或结构风道式片式消声器。当采用金属外壳消声器时,分别安装于大型轴流通风机进出口端,直接与风机前渐扩管相连接,以降低轴流风机运转时发出的中频、低频噪声。

4. 基本要求

(1) 消声器应具有防潮、防腐、防火等特性。

(2) 金属外壳消声器消声片内板采用穿孔镀锌钢板,外覆无纺布组成。

(3) 消声器连接要牢固、无松动及开焊现象,表面要平整、无锈蚀。

(4) 产品质量稳定、可靠,具权威单位测试证明。

(5) 消声片高度和长度采用标准规格,消声器金属外壳模数化分块,在现场进行拼装。

(6) 消声器正常工作寿命 20 年。

(7) 消声器流量适用范围为 100～200 m^3/s;为方便安装,消声片高度按标准规格

1 000 mm、1 250 mm、1 500 mm、1 750 mm、2 000 mm 设计；消声片长度按标准规格 1 000 mm、2 000 mm、3 000 mm 设计。

(8) 消声器的消声片厚度与气流通道宽度相等，即进风面积百分比为 50%，其四周使用 1/2 厚度消声片。

(9) 消声器体量较大时，应采取有效加固措施。

5. 主要技术性能要求

(1) 长度 3 m 的消声器在片间风速 10 m/s 的条件下，阻力损失不高于 45 Pa。

(2) 长度 3 m 的消声器分频降噪量至少应达表 4-5 中的值。

表 4-5　　消声器分频降噪量

倍频程中心频率/Hz	31.5	63	125	250	500	1K	2K	4K	8K
分频降噪量/dB(A)	9.0	16.0	22.0	29.0	33.4	31.2	34.3	31.2	28.5

6. 主要部件技术性能要求

(1) 面板穿孔材料采用穿孔镀锌钢板，以防止锈蚀。

(2) 消声片内部消声材料采用不燃性材料，符合 250 ℃/1 h 烟气通过的运行要求。

(3) 消声片内部消声材料应具有良好的防潮、防湿性能，消声器内不含有任何易燃、可燃物质和有害、有毒物质。

(4) 消声器部件连接牢固、无松动及开焊点，表面光滑平整、无锈蚀、无毛刺，铆钉采用不锈钢材料。

(5) 安装到位的消声器应能承受至少 2 000 Pa 内外压差。

(6) 消声片迎风端采用流线型。

(7) 当有需要时，消声器中的叶片可为活动式，满足巡检要求。

4.2.4　大型组合式风阀

1. 环境条件

(1) 正常情况下环境温度 −10 ℃～60 ℃，相对湿度小于 99%。

(2) 排烟风机系统内的电动组合式风阀火灾工况时能满足在 250 ℃条件下持续有效工作 1 小时。

(3) 系统运行最高风压不高于 2 000 Pa。

(4) 排风系统与排烟系统界面中的工艺转换风阀应满足排烟系统要求。

2. 采用规范与标准

电动组合式风阀的设计、制造、检验、包装、运输、竣工试验和验收等将遵照下列标准的最新版本，有差异时以标准高者为准：

(1)《公路隧道通风设计细则》(JTG/T D70/2—02—2014)；

(2)《风量调节阀》(JB/T 7228)；

(3)《工业过程测量和控制系统用电动执行机构》(GB 11922)；

(4)《防火阀试验方法》(GB 15930)；

(5)《排烟防火阀试验方法》(GB 15931)；

(6)《饰面型防火涂料防火性能分级及试验方法隧道燃烧法》(GB/T 15442.3)；

(7)《塑料燃烧性能试验方法氧指数法》(GB/T 2406);

(8)《电工电子产品基本环境试验规程》试验 B:高温试验方法(GB/T 2423.2);

(9)《电工电子产品基本环境试验规程》试验 A:恒定湿热试验方法(GB/T 2423.2);

(10)《饰面型防火涂料防火性能分级及试验方法防火性能分级》(GB/T 155442.1);

(11) UL555 s *Smoke Dampers*;

(12) NFPA 502 *Standard for Road Tunnels, Bridges and Other Limited Access Highways* 2001。

3. 运行要求

(1) 在大型轴流风机一侧消声器前设有1扇大型立式电动组合风阀,于风机启、闭时联动,实现开启和切断的功能。在风道集中排风口等处设有电动组合风阀,用于各种工况之间的切换和控制。风阀有水平安装和立式安装两种形式。

(2) 风阀能在各种工况下启闭灵活,设在排烟系统的风阀能在250 ℃、1 h内启闭灵活,安全运行。设在防火分隔墙处的风阀,当风阀关闭时,应具有1.5 h的耐火性能。

(3) 安装在车行道侧的风阀直接承受汽车行车活塞风的影响。

4. 基本要求

(1) 组合式风阀由单体风阀组合而成,包含阀体、叶片、叶片轴、连杆、执行机构及限位器等。随风阀配备电动执行机构、就地控制箱。

(2) 单体风阀尺寸应系列化,能组合成适应本工程风道(管)尺寸使用的要求,组合形式灵活。

(3) 单体多叶风阀为多叶对开式,轴端采用青铜含油轴承,启闭灵活可靠。风阀叶片全闭时,应有良好的密封性能。

(4) 风阀的叶片、框架具防腐功能,并适应公路隧道内较高污染空气和机房潮湿环境。

(5) 风阀配用电动执行机构,安装在排烟系统、排烟道内的风阀应在250 ℃、1 h内驱动风阀正常启闭。

(6) 风阀只有全开和全闭两种状态,除电动启闭外,还能就地手动启闭,全开或全闭时用红绿灯作为信号指示,并能满足遥信、遥控的需要。

(7) 组合风阀应具有结构坚固、控制精度高、泄漏量小、摩擦力矩小、运行灵活、防腐蚀能力强、噪声低的特点,可满足不同风压和环境温、湿度要求,应外形平整,运输、安装、拆卸方便、技术先进、成熟可靠。

5. 主要技术性能要求

(1) 当风阀两侧的压差为2 000 Pa时,风阀能在电动执行机构的驱动下正常启闭而不影响其泄漏率;风阀应具足够的强度,其两侧最大承受静压差应不低于3 000 Pa。

(2) 组合风阀在1 100 Pa压差作用下,其泄漏量不大于0.1 m^3/s。

(3) 风阀的正常使用寿命应不低于20年。寿命期内,风阀应能保证良好的密闭性,启闭灵活可靠,严禁出现卡死、关不严、打不开及启闭时间延长现象;风阀各零部件使用寿命不低于20年、不允许出现老化,影响性能。

(4) 设在排烟系统内的风阀在250 ℃高温气流下、正常启闭工作时间应不小于1 h。

(5) 组合风阀以内框计有效过风面积应不小于80%,在风阀全开面风速10 m/s条件下，风阀的阻力损失应小于 38 Pa。

(6) 风阀只有两种工作状态全开和全闭，从全闭至全开或从全开至全闭的时间不应大于 30 s。

(7) 风阀应能承受公路隧道内汽车行驶活塞风的冲击，尤其是暴露在行车道内的风阀。具一定抗疲劳强度，寿命期内风阀性能不受影响。

(8) 风阀应能满足不同安装条件的需要，均可立式或水平安装，以及墙体及风管安装的需要。

(9) 风阀所采用的钢板、型材应符合有关标准规定，同时进行表面防锈和防腐处理。

6. 主要部件技术性能要求

1) 单体阀体

(1) 提供的风阀是多个单体风阀组合而成，阀体材料和加工工艺应确保组合后风阀满足(5)的技术要求，但至少不应低于以下要求：阀体框架材质大于或等于 3 mm 优质镀锌钢板，组焊后，焊点处除油污、并涂覆环氧树脂。

(2) 单体风阀的尺寸应符合标准规格：1 050 mm、1 200 mm、1 350 mm、1 500 mm、2 000 mm。

2) 叶片及密封

叶片材料、密封方式和叶片长度等的选材和加工工艺，组合后的风阀应符合以下技术的要求：

(1) 材质为优质镀锌钢板，叶片有效厚度不小于 2 mm，组焊后焊点处应除油污、涂覆环氧树脂。叶片长度原则上不应大于 1 m，当大于 1 m 时，应采取加强措施。

(2) 叶片之间和叶片与框体之间采用优良的耐高温弹性橡胶密封件或陶瓷纤维条密封，密封件耐温 250 ℃且持续有效工作 1 h。

3) 电动执行机构

(1) 电动执行机构应采用国际知名品牌的执行器，其输出扭矩应大于组合风阀实际所需最大扭矩的 1.5 倍。

(2) 排烟系统安装在排烟道中的电动风阀，其电动执机构须提供包裹隔热措施，以满足风阀耐高温要求，隔热层应具足够的强度、抗老化、耐热、耐潮湿和耐腐蚀性能，正常工况下，应有足够长的寿命期。

(3) 电动执行机构应具有远距离电动控制和现场手动控制的功能，并设置电动/手动操作转换把手，具有机械和电气两种限位装置，并且具有电动控制启停、手动/自动转换、故障报警、启停状态返信等功能。

4) 传动机构

叶片轴和连杆应采用 300 不锈钢制作。阀门连杆承载力应不低于阀门通常扭矩的 2 倍。传动机构上的所有销钉等零部件须用 300 系列不锈钢制作，需保证足够的强度及抗腐蚀性，保证力传递的安全可靠。

5) 就地控制箱

(1) 通过控制箱面板上的控制切换开关，可实现风阀现场调节、FAS、BAS 远控/就地操作之间的切换；主要电器元件应选用国际知名厂家产品，并且每台风阀按提供一台就地控制箱。

(2) 通过控制箱面板上开关按钮可对风阀开启和关闭，并可通过远方控制实现阀全开、阀全关两个位置的控制。

(3) 控制箱面板设有指示灯，可直观显示阀位状况。

(4) 设于排烟系统风道内的控制箱可采用包裹隔热层的方式，以满足 250 ℃高温气流条件下，正常连续启、闭工作时间大于 1 h 的要求。隔热层应有足够的强度、抗老化、耐热、耐潮湿和耐腐蚀能力，正常工作状态下，应有足够长的寿命周期。

(5) 就地控制箱与风阀之间的距离应满足各隧道设计要求。

7. 控制方式

风阀可就地控制和远程控制：①就地控制是在风阀就地控制箱处进行操作，供机组安装、调试、检修时在现场使用，具有优先权；②远程控制是在控制中心控制、显示风阀的启停。

8. 相关接口要求

(1) 电源采用交流 220 V±10%、50 Hz±1%；

(2) 应提供与 BAS、FAS 及供电系统的接口，具体问题由双方工厂或与相关设计协商解决。

4.2.5 多联式空调(热泵)机组

1. 环境条件

(1) 制冷运转范围为 10 ℃～43 ℃，制热运转范围为 −7 ℃～+15.5 ℃。

(2) 室外机露天工作。

2. 采用规范与标准

(1)《多联式空调(热泵)机组》(GB/T 18837)；

(2)《多联式空调(热泵)机组能效限定值及能源效率等级》(GB 21454)；

(3)《房间空气调节器》(GB/T 7725)；

(4)《房间空气调节器能源效率限定值及能效等级》(GB 12021.3)；

(5)《制冷剂编号方法和安全性分类》(GB/T 7778)；

(6)《通风与空调工程施工质量验收规范》(GB 50243)。

3. 运行要求

(1) 设备管理用房采用分体多联体空调系统，根据工艺要求采用单冷式或冷暖(热泵)式，机组每天工作 24 小时。

(2) 机组采用全封闭变频制冷压缩机，整机可在 10%～100%之间进行负荷调节，并提供变制冷剂流量调节方式。当只有部分室内机开启时，室外机则通过减少制冷剂流量使耗电量降低。每一台室内机应可根据房间要求进行独立的制冷或制热运转，压缩机可按照负载大小调整制冷或制热的容量。

4. 基本要求

(1) 一台或多台风冷室外机可以同时连接数台形式和容量不同或相同的直接蒸发式室内机，同时可连接室内机的数量不少于 5 台。

(2) 室内、外机高差极限尺寸不大于 30 m，室内、外机的最大管长不大于 70 m。

(3) 系统设置集中控制器，各室内机均配置有线遥控器。

(4) 室内机与室外机噪声应严格满足《多联式空调(热泵)机组》(GB/T 18837—2002)中相关条款要求。

(5) 室外机能量输出可实现 10%～100%之间调节。

(6) 当室外机由多模块组成时,应使各模块的运转总时间相当。

(7) 系统应采用环保型制冷剂,并具有制冷剂泄露保护功能。

(8) 机组使用 380/220 V、50 Hz 交流电,三相五线制或三相四线制。

(9) 机组使用寿命不小于 15 年。

(10) 电磁兼容应符合相应的 EMC 标准。

5. 主要技术性能

(1) 按照规范规定的测试条件,室内机的实测制冷量、制热量分别不应小于其名义制冷量、制热量的 92%,送风条件下实测消耗功率不应大于其名义消耗功率的 110%。

(2) 按照规范规定的测试条件,机组的实测制冷量、制热量分别不应小于其名义制冷量的、制热量的 92%,机组实测制冷、制热消耗功率不应大于其名义消耗功率的 110%。

(3) 按照规范规定方法检测时,室内机箱外表面的凝露不应滴下、送风不应带有水滴;室内机组应具有排除凝结水的能力,不应有水从机组中吹出或溢出。

(4) 机组的能源效率等级不应低于 2 级。

(5) 热泵型机组的名义制热量不应低于其名义制冷量。

6. 主要部件技术、性能要求

(1) 室内机的结构形式应至少包含吊顶式、落地式、壁挂式、暗装式和嵌入式。

(2) 室内机应带凝结水提升泵,提升高度为不低于 200 mm,使凝结水排放通畅,避免凝结水回流。

(3) 空调室外机应具有良好的防尘、防雨、防腐,并提供防盗措施要求或方案。

(4) 压缩机应采用全封闭涡旋压缩机,可高效变频运行,并应具有良好的润滑保障。

(5) 当采用 2 台或 2 台以上的压缩机时,1 台压缩机出现故障时应不影响其余压缩机的运行。

(6) 室内机有线遥控器可对室内进行运行状态控制,并具备自行诊断功能,能进行维修和检查,遥控器必须采用中文界面,且控制操作简单易行。

(7) 集中控制器应对该系统所辖机组进行统一集中控制,控制器必须采用中文界面,且控制操作简单易行。

(8) 电器元件应选用国外知名厂家的产品。

(9) 空调主要零部件(压缩机、电子膨胀阀、温度传感器、微电脑控制器等)先进可靠。

(10) 冷媒连接管采用磷脱氧无缝铜管和专用接头。

7. 安全保护

(1) 室外机应具有压缩机高低压保护控制、排气温度保护控制、压缩机过载保护、高压开关、风扇传动过载保护器、过电流继电器、变频过载保护等功能。

(2) 在供电系统突然断电的情况下,设备具有断电保护和来电自动重新启动功能。

(3) 制冷剂泄漏报警或故障显示报警功能。

8. 控制方式

(1) 室外机、室内机均带有控制电脑板,采用高精度的 PID(比例积分微分)控制,室内温度控制精度在±1.0 ℃以内。

(2) 遥控器可实现每台室内机的有线单独开停控制、调节温度和风速、风向。

(3) 在控制中心设有集中有线控制器,可对一个或多个空调系统进行集中控制,控制器同时控制室内机的台数不超过 64 台,配线长度不小于 500 m。

(4) 集中遥控器向 BAS 系统提供干接点接口,可通过 BAS 系统对空调系统的运行状态和故障进行监控,必须满足 BAS 系统的接入要求。

9. 相关接口要求

(1) 提供室外机耗电量、制冷容量、制热容量、静止重量、运转重量、噪声。

(2) 提供室内机耗电量、制冷容量、制热容量、静止重量、运转重量和噪声。

(3) 多联分体空调集中控制器应预留与 BAS 系统的接口,能上传开关及综合报警信号。

(4) 提供与土建设备基础要求,结合土建、装修提供施工方案。

(5) 室内机采用 220 V/50 Hz 单相电源,室外机采用 380 V/50 Hz 三相电源。

4.3 工程应用现状

4.3.1 总体情况

上海地区部分盾构法隧道的通风系统设计概况详见表 4-6。

从表中可以看出,这些隧道通风区段长度在 1.5～3 km,除较早建成的打浦路隧道与延安路隧道北线为横向通风方式外,其余后建隧道全部采用射流风机诱导型纵向通风方式(个别隧道同时采用了局部重点排烟方式),并在两端出洞口侧设风塔以高空排放隧道废气,为便于工程实施,部分工程的风塔与管理中心或办公楼合建,实际效果较好。通风系统的设计标准基本一致,射流风机选型在 ϕ630～ϕ1 000 之间,大型轴流风机风量在 50～150 m^3/s 之间,台数一般为 2～3 台。

目前上海已建或在建的隧道基本以经济、节能的纵向通风方式为主。除个别隧道外,通行量已基本达到甚至超过设计流量。而实际运行中的污染物浓度检测数据表明,平均车速在 10～80 km/h 之间,隧道内一氧化碳(CO)浓度一般不超过 50 ppm,能见度不超过 0.005/m,均低于设计标准,射流风机一般情况下不开,纵向通风效果良好,运营节能。

在工程设计中应注意以下问题:

(1) 在进行射流风机选型时,应尽量限制其噪声标准,优选低噪高效的产品;集中排风机房风道布置时,有条件的宜将流道分割,避免并联启动困难。调研表明,打浦路隧道、人民路隧道大型卧式风机并联设置的工作状况良好。

(2) 若一台风机启动时,出现相邻风机较大逆向转动,表明风阀漏风,首先建议请厂方对其进行检修保证风阀的密封。如果还存在一台启动后另一台启动困难的情况,可在风井内加设隔墙,将两路气流分隔(图 4-1)。

(3) 在不影响总体大局的前提下,应坚持对机房空间等的要求。

表 4-6　　道路隧道的通风系统设计调研

项目	通风区段长度/m	通风方式	射流风机数量	轴流风机数量	风井面积/m^2	风井高度/m	风井数量	备注
打浦路隧道	2 384	全横向	0	排 73～91 $m^3/s\times7$ 送 73～91 $m^3/s\times7$	～20	～30	4+2	
延安东路隧道	北线:1 751	全横向	0	排 116.7 $m^3/s\times7$	立式风机房	1 号风塔:53.5	1	排风、新风合建井
	南线:1 676	纵向	34 台 545 Nϕ710,	送 116.7 $m^3/s\times7$		2 号风塔:47.2	1	
大连路隧道	东线:1 685	纵向	2×12 台 646 Nϕ710	排 100 $m^3/s\times2$ 排 100 $m^3/s\times2$	30	25	1	浦西侧与管理中心附建
	西线:1 669				30	25	1	
复兴路隧道	北线上层:1 547	纵向	上层 2×10 台 552 Nϕ630,	排 100 $m^3/s\times2$ 送 75 $m^3/s\times1$	42	25	1	排风井
	北线下层:2 262				15	5	1	新风井
	南线上层:1 555		下层 2×10 台 960 Nϕ1 000	排 100 $m^3/s\times2$ 送 100 $m^3/s\times1$	42	25	1	排风井
	南线下层:2 272				20	5	1	新风井
翔殷路隧道	北线:1 855	纵向	2×24 台 646 Nϕ710	排 150 $m^3/s\times2$ 排 150 $m^3/s\times2$	40	25	1	
	南线:1 868				40	25	1	
上中路隧道	上层:1 645	纵向	2×12 台 584 Nϕ630,	排 30 $m^3/s\times10$ 排 130 $m^3/s\times2$	4	2	10	浦东侧低排风井
	下层:1 865		2×16 台 584 Nϕ630		43	25	1	
军工路隧道	上层:2 172	纵向	2×22 台 584 Nϕ630,	排 130 $m^3/s\times3$ 排 130 $m^3/s\times3$	50	25	2	浦西侧与管理中心附建
	下层:2 455		2×24 台 584 Nϕ630					
人民路隧道	2067	纵向	2×12 台 735 Nϕ710	排 100 $m^3/s\times4$	40	25	2	
			匝道 4 台 735 Nϕ710	—				

续表

项目	通风区段长度/m	通风方式	射流风机数量	轴流风机数量	风井面积/m^2	风井高度/m	风井数量	备注
外滩通道	上层:2 717	纵向	上层 22 台 601 Nϕ630	排 125 $m^3/s\times4$	40	25	2	北侧与管理中心附建
	下层:2 998		下层 26 台 601 Nϕ630	—	—	—	—	
西藏南路隧道	东线:1 619.5	纵向通风，局部重点排烟	东线 2×1 台 630 Nϕ710(单向)； 2×1 台 635 Nϕ710(双向)； 2×5 台 810 Nϕ1 250(单向)	送 50 $m^3/s\times1$ 排风 90 $m^3/s\times4$ 排烟 70 $m^3/s\times2$	浦东排风塔:38	浦东排风塔:15	1	浦东排风塔
					浦东新风井:13.3	浦东新风井:1.5	1	浦东新风井
					浦西排风塔:36.3	浦西排风塔:25	1	浦西排风塔
	西线:1 902.1		西线:2×3 台 630 Nϕ710; 2×5 台 810 Nϕ1 250(单向)		浦西新风井:12.3	浦西新风井:1.5	1	浦西新风井
新建路隧道	东线:1 950	纵向	东线 2×13 台 549 Nϕ630,	排 105 $m^3/s\times2$	35.1	28	1	排风井
	西线:1 920		西线 2×11 台+3×1 台 549 Nϕ630	排 90 $m^3/s\times2$	3.24	1.5	14	排风井(低风井)
打浦路隧道复线	2 040	纵向	2×20 台 545 Nϕ710	排风 100 $m^3/s\times2$	浦东排风塔:25.5 浦东新风井:9 浦西排风井:3.3 浦西新风井:6.6	浦东排风塔:28 浦东新风井:1.2 浦西排风井:1.2 浦西新风井:1.2	1 1 1 1	浦东排风塔 浦东新风井 浦西排风井 浦西新风井
龙耀路隧道	北线:2 958	纵向	北线 2×19 台+3×1 台 607 Nϕ710,	排 90 $m^3/s\times2$ 送 60 $m^3/s\times1$	40(北线排) 24(北线送)	28 3	1 1	排风井 新风井
	南线:2 942		南线 2×19 台+3×1 台 607 Nϕ710	排 90 $m^3/s\times2$ 送 66 $m^3/s\times1$ 排 80 $m^3/s\times1$	50(南线排) 24(南线送)	28 3	1 1	排风井 新风井
迎宾三路隧道	上层:2 173	纵向	上层 2×10 台 549 Nϕ630,	排 76 $m^3/s\times2$	26	15	1	排风井
	下层:2 550		下层 2×12 台 549 Nϕ630	排 76 $m^3/s\times2$	28	28	1	排风井

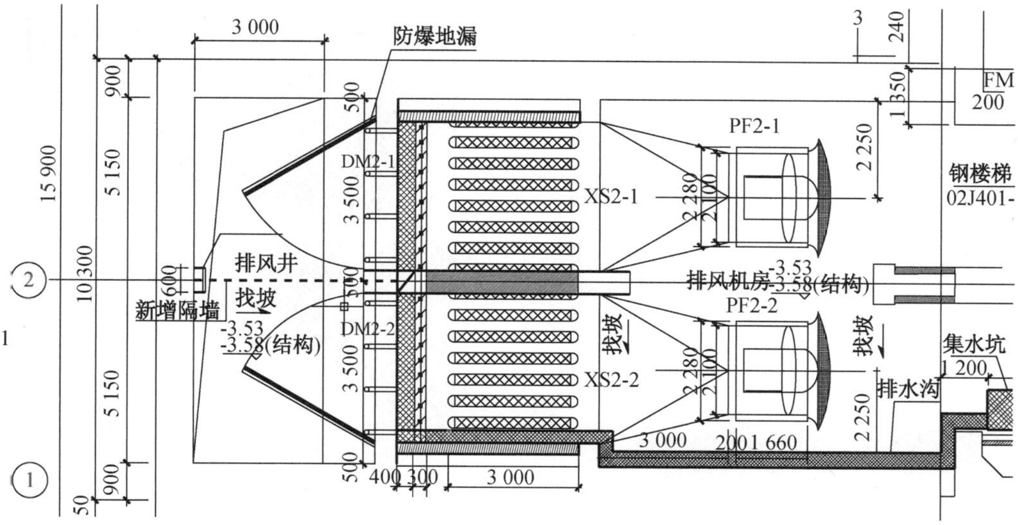

图 4-1　卧式风机气流分隔示意图(虚线部分)

4.3.2　电缆通道及安全通道通风设计

1. 设计内容

(1) 电缆通道的换气次数满足检修要求。

(2) 火灾工况下疏散时维持安全通道的正压。

2. 问题与改进措施

安全通道正压送风系统由于极少运行,也没有相关问题产生。但在某隧道进行的实测中发现,正压送风效果不佳,原因是下层空间漏风点较多,安全通道正压送风管位于角落位置、未接入安全通道,安全通道无隔墙,正压送风时与旁边的电缆通道相通。

建议措施:建筑采用隔墙将安全通道独立于电缆通道及其他房间,并且正压送风管直接接入安全通道。

4.3.3　设备管理用房通风设计

1. 设计内容

包括变电所、值班室等房间的机械通风系统和空调系统。

2. 问题与改进措施

空调系统基本采用多联体空调,人民路隧道、新建路隧道室外机有被盗情况发生,应加强管理及巡视。通风管位于配电柜正上方,可能由于风管结露滴水,造成配电柜等故障(图 4-2)。

建议措施:变电所等电气设备房间在施工图设计及现场施工协调配合时,暖通专业与电气专业及时沟通,修正图纸风管、空调室内机及配电柜位置。

某隧道风机房内积水严重,风机等设备长时间在潮湿的环境中工作,严重影响风机及其部件的工作寿命,极易引起设备故障,且有触电危险。并且风机房内积水可能会导致风管内进水,引起电气设备房间设备故障(图 4-3)。

图 4-2 设备箱柜位于风道下

建议措施：隧道工作井在施工时做好防水及排水措施，避免机房积水。

图 4-3 风机房内积水

4.3.4 楼梯间正压送风系统设计

1. 设计内容

地下工作井及设备用房均设有楼梯间，一般都超过 10 m 深度，对此应设正压送风系统。

2. 问题与改进措施

有关楼梯间正压送风系统设计的问题与改进，可见表 4-7。

表 4-7 相关问题与改进

序号	问题	改进措施
1	按规范设计的正压送风量较大现场操作中，正压送风系统启用时，楼梯间门均处于关闭状态，如无人员疏散，而且开启时间较长，会出现楼梯间门开启较困难的现象	针对这种情况，结合运营管理的需要及消防意见，可考虑采取适当泄压措施(如墙体上设置余压阀，或增设电动风阀旁通泄压)
2	正压送风风口距地面过低	在设计时，由于条件限制无法保证正压送风口高度时，需要控制风口风速小于 7 m/s，加大风口面积

4.3.5 管理中心通风空调设计

1. 设计内容

管理中心办公用房基本采用多联体空调、中控室及其设备室采用机房专用空调。

2. 问题与改进措施

根据规范要求，中控室及其设备室采用机房专用空调，并采用地板下送风的形式。架空地板敷设时，应注意送风气流与电缆槽之间的协调，同时应保证施工后清洁措施，避免出现送风不畅的现象。

4.3.6 通风系统控制要求

隧道通风系统应设置隧道环境检测系统，在隧道关键部位应对能见度、一氧化碳(CO)浓度进行实时监测，建立与通风系统的运行关系，据此控制隧道通风系统的运行模式；隧道通风和设备管理用房通风空调设备应设置现场控制和中央控制两级控制；隧道控制中心应能监控全部隧道通风设备、检测仪器的运转状态、故障信息及检测参数；重要设备用房空调通风系统的运转状态、故障信息和环境参数等也应反映到中控室。

第 5 章　给排水及消防给水系统设计

5.1　设计技术要求

5.1.1　设计内容

隧道消防给排水涉及的工程内容分为三个部分：

(1) 生产生活给水系统：隧道内冲洗用水、操作人员生活用水，并按人防专业要求预留人防给水系统接口。

(2) 消防给水和灭火设施：包括隧道内消火栓系统、泡沫水喷雾联用系统（或水喷雾系统）、灭火器及地面消防设施。

(3) 废水系统和雨水系统：前者包括隧道内消防废水、冲洗废水和结构渗入水的收集及排除，均按人防专业要求预留人防排水系统接口。后者为隧道主线敞开段和匝道敞开段雨水的收集及排除。

5.1.2　设计依据与原则

1. 设计依据

(1)《建筑设计防火规范》(GB 50016)；

(2)《建筑灭火器配置设计规范》(GB 50140)；

(3)《室外给水设计规范》(GB 50013)；

(4)《水喷雾灭火系统设计规范》(GB 50129)；

(5)《民用建筑水灭火系统设计规程》(DGJ 08)；

(6)《低倍数泡沫灭火系统设计规范》(GB 50151)；

(7)《泡沫灭火系统施工及验收规范》(GB 50281)；

(8)《人民防空地下室设计规范》(GB 50038)；

(9)《室外排水设计规范》(2006 年版)(GB 50014)；

(10)《城市排水泵站设计规程》(DGJ 08—22)；

(11)《泵站设计规范》(GB 50265)；

(12)《建筑给水排水设计规范》(GB 50015)；

(13)《自动喷水灭火系统施工及验收规范》(GB 50261)。

2. 设计原则

(1) 隧道消防水源和生活生产水源均利用市政给水管网供水。消防水源采用两侧双水源供水，当其中一条进水管发生事故时，其余的进水管仍能供应全部消防用水量。生产水源可采用单水源供水，每处接管点设置隔断阀门和水表计量。消防时直接从市政管网抽水，不设消防水池。

(2) 隧道消火栓给水系统和自动喷水灭火系统的管网应分开。

(3) 消防水量按同一时间内发生一次火灾考虑。

(4) 隧道排水系统应根据“高水高排、低水低排，互不连通”的原则进行设计。隧道内雨水和废水系统采用分流制，雨水和各类废水应分段集中，通过泵房提升后，分别纳入市政雨水、污水系统。

(5) 隧道给排水系统应按人防专业要求预留人防给排水系统接口。

(6) 隧道内消防给排水设备布置应充分考虑安装、运行和维护，除部分设备因产品特性、运行要求和安装条件等原因需按照设备供货商要求定期更换外，其余无特定要求设备应考虑保证消防给排水系统寿命 15 年。

(7) 变电所和控制中心按防护要求设置灭火器，当变电所和控制中心与其他构筑物合建时，应根据构筑物总体情况及消防审批部门的防护意见进行设计。中央控制室和弱电设备用房可考虑采用预作用水喷淋系统。

(8) 其余设计原则均应满足现行的国家设计规范和行业规程要求。

5.1.3 给水系统

(1) 在隧道主线和进口匝道或控制中心的室外设置冲洗车补水设施，水源接自市政给水管网。冲洗水进水管应有计量措施。

(2) 隧道内冲洗水量按 8 m^3/d 计。

(3) 隧道工作井内设操作人员自用水。该部分水量单独计量。工作人员生活用水定额为 50 L/人班，小时变化系数为 2.5。

(4) 道口值班房设值班人员生活用水，该部分水量单独计量。

5.1.4 消防系统

1. 消防水源

(1) 隧道消防水源利用市政给水管网供水。消防水源采用独立市政主干管，每座消防泵房至少应有 2 条进水管与室外管网连接。当其中 1 条进水管发生事故时，其余的进水管仍能供应全部消防用水量。水表应带止回阀。消防时直接从市政管网抽水，不设消防水池。

(2) 消防进水管起端应设置防污隔断阀，防污隔断阀宜设置在消防泵房内。

2. 消防泵房

(1) 在隧道两端工作井或附属设备用房内分别布置消防泵房，应就近设置直通地面的出口。

(2) 消防水泵应采用恒压变化切线泵，并设有备用泵(互为备用)。

(3) 消火栓泵、水喷雾泵出水管上设置试验和检查用的泄水阀和压力表。为防止误操作造成管道超压，建议设置管道泄压阀。

(4) 消防泵房内可考虑起吊设施。

3. 消火栓给水系统

(1) 消火栓给水系统由消火栓泵、水泵结合器、消火栓及消防软管管路系统、消火栓箱等组成。

(2) 隧道内消火栓给水系统用水量为 20 L/s,最不利点水枪充实水栓长度按不小于10 m计。

(3) 消火栓栓口处的出水动压超过 0.5 MPa 时,应设置减压孔板。

(4) 隧道内消火栓间距不大于 50 m,消火栓的栓口距路面高度为 1.1 m。

4. 自动喷水灭火系统

1) 泡沫水喷雾联用系统

(1) 隧道盾构段、隧道主线和匝道暗埋段设置泡沫水喷雾联用系统,由水喷雾泵、水喷雾管路系统、雨淋阀组、水喷雾控制箱、水力继动器、信号蝶阀、水喷雾喷头,以及泡沫罐、泡沫加压泵、泡沫管路系统、比例混合器等组成。

(2) 泡沫水喷雾系统喷射强度不小于 6.5 L/(m^2 · min),最不利点喷头压力不小于0.35 MPa,泡沫液与水喷雾的混合比例为 3%。

(3) 泡沫水喷雾喷头布置应适应不同车道宽度要求,做到全部覆盖,一般采用单侧布置喷头,局部宽度超出单侧喷头防护范围时,可采用双侧布置喷头。消防单侧布置喷头时相邻两组泡沫水喷雾系统同时作用,双侧布置喷头时按各隧道具体情况确定保护长度。泡沫喷雾持续时间应不小于 22 min,水喷雾可持续工作,通过人工干预系统关闭。消防报警系统应设置合理的启动干预时间,避免误报警引起误喷。

(4) 泡沫水喷雾系统响应时间不大于 45 s。

(5) 当水喷雾管压力超过水喷雾设备最大允许工作压力时,可在水喷雾主管合适位置设置减压措施。

(6) 水喷雾箱及消火栓箱宜在隧道同侧设置。

(7) 在水喷雾泵进水管以及泡沫液进水管上均设置过滤器。

2) 水喷雾系统

(1) 隧道盾构段、隧道主线和匝道暗埋段参照防护冷却要求设置水喷雾联用系统,由水喷雾泵、稳压泵、水喷雾管路系统、雨淋阀组、水喷雾控制箱、水力继动器、信号蝶阀和水喷雾喷头等组成。

(2) 水喷雾系统喷射强度不小于 6 L/(m^2 · min),最不利点喷头压力不小于0.35 MPa,延续时间不小于 4 h。

(3) 水喷雾喷头布置应适应不同车道宽度要求,水雾喷头与保护对象之间的距离不得大于水雾喷头的有效射程要求,做到全部覆盖,一般采用单侧布置喷头,局部宽度超出单侧喷头防护范围时,可采用双侧布置喷头。消防时单侧布置喷头时相邻两组水喷雾系统同时作用,双侧布置喷头时按各隧道具体情况确定保护长度。消防报警系统应设置合理的启动干预时间,避免误报警引起误喷。

(4) 水喷雾系统响应时间不大于 300 s。

(5) 当水喷雾管压力超过水喷雾设备最大允许工作压力时,可在水喷雾主管合适位置设置减压措施。

(6) 水喷雾箱及消火栓箱宜在隧道同侧设置。

(7) 在水喷雾泵进水管上需设置过滤器。

5. 灭火器配置

(1) 在隧道和进出匝道暗埋段、敞开段车行道内设置手提式灭火器,灭火器箱间距不大于 120 m,并按隧道标准采用双侧布置,每个灭火器设置点不应少于 4 具灭火器,一般按 2 具磷酸铵盐干粉灭火器和 2 具轻水泡沫灭火器考虑。

(2) 在工作井的电缆通道进出口处设置挂壁式灭火器。每个灭火器设置点不应少于 4 具灭火器,一般按 2 具磷酸铵盐干粉灭火器和 2 具轻水泡沫灭火器考虑。

(3) 变电所、中央控制室和弱电设备房按防护要求设置手提式或推车式灭火器。

5. 地面消防设施

(1) 隧道主线及匝道道口处各设 2 只室外消火栓,室外消火栓用水量按 30 L/s 计。

(2) 消火栓系统和水喷雾系统应分别设水泵接合器,其数量应按系统的设计流量确定,水泵接合器附近 15～40 m 范围内设置室外消火栓,各室外消火栓之间间距宜大于 4 m,不宜大于 40 m。

5.1.5 排水系统

(1) 隧道内雨水系统由收集系统、雨水泵房和压力排水管组成,负责收集和排除从敞开段进入的雨水,雨水最终排至地面市政雨水管道、合流管道或规划保留的河道。

(2) 在靠近隧道主线、匝道每个进出口的暗埋段设置雨水泵房,工作井内及隧道最低点处设废水泵房,用以收集和排除隧道内雨水、冲洗、渗漏及消防废水。泵房结构宜与主体结构合建。

(3) 隧道敞开段雨水按暴雨重现期 30 年一遇,径流系数 0.90,雨水量计算采用上海地区暴雨强度公式,雨水泵房的设计流量以 1.2 倍计算雨水量计。

(4) 隧道内废水系统由废水收集系统、废水泵房和压力排水管道组成。废水经泵提升后排至市政排水系统。

(5) 废水设计流量按最大消防总水量计算,消防时不考虑冲洗水废水量。

(6) 敞开段雨水和隧道内渗漏水、冲洗废水及消防废水可采用边沟、横截沟或管道收集。这些收水设施应根据雨、废水水量确定其尺寸(管径),确保能充分拦截排除雨、废水,不得出现雨、废水溢流、漫流的现象。

(7) 每座排水泵房均需设置 1 台备用泵,各泵轮流使用。

(8) 隧道内排水泵房垃圾、污物较多,在泵房集水池内进水处设置不锈钢网斗,位置靠近人孔,便于经常清理。选用的水泵应具有耐磨、大流量的特点。

(9) 江中泵房集水池至车道层应设检修人孔与吊装孔,人孔与吊装孔在车道层的开口宜只占一车道,并尽量设置于车道中心,尽量减少行车轮压。

(10) 废水泵房集水池内考虑冲淤措施,以防止砂砾、污泥淤积。废水泵房的潜水泵宜自带反冲洗装置。

(11) 各座废水泵房应设有防止泡沫影响液位检测的有效措施:①在液位计周围可设置隔挡措施;②液位计的选用应考虑泡沫腐蚀性和反射波吸收性,宜考虑 S316 不锈钢材质的投入式液位计或自带阻挡泡沫措施的超声波、雷达波等非投入式液位计。

(12) 所有设备包括沟盖板均需考虑防腐要求。

(13) 雨水和废水泵房内考虑起吊设施。

(14) 江中泵房的出水应优先考虑一次加压直接排至地面市政雨水系统。如江中泵房受结构构造限制,按二次接力排放考虑。

(15) 道口值班房设值班人员生活排水,排入市政排水管网。

5.1.6 给排水管道

(1) 给水管宜在排水管的上面,管道之间的净距尽量满足规范要求。

(2) 管道穿过伸缩缝、沉降缝时应设置金属波纹管,并考虑拆装空间,管道穿工作井墙时应设柔性防水套管。预埋在防撞侧石里的消防管设置金属波纹管可考虑以下两种做法:①在安装波纹管的位置设置活动侧石,并在波纹管外部包裹油毡等弹性材料,保证波纹管的伸缩变形空间;②在设有消防管的变形缝处防撞侧石局部镂空,外设不锈钢门,可确保金属波纹管安装检修空间和变形空间。

(3) 给排水压力管道局部最高点设置排气阀,局部最低点设置泄水阀,并考虑检修电源。如排水压力管道检修时考虑局部放空,排水压力管道每隔一段距离设阀隔断。

(4) 管材:给水管应采用球墨铸铁管或镀锌钢管,局部给水支管可采用给水钢塑复合管。消火栓管、水喷雾管采用镀锌钢管。镀锌钢管应采用内外热浸锌,管径≥DN100 采用法兰或沟槽连接,管径≤DN80 采用丝扣或法兰连接(DN80 也可根据现场条件采用法兰或沟槽连接),现场采用一次镀锌二次安装。泡沫管采用不锈钢无缝管,采用焊接或环压式连接或卡箍沟槽式连接。排水管采用镀锌钢管或球墨铸铁管。各种管道应采用与该类管材相应的专用配件。管道质量应严格控制,供货商应提供材料检测报告和产品检测报告,必要时留样供业主外检。另外,管道安装过程中应注意保证施工质量,避免额外无效的反复拆装,安装工具不合适等原因造成的镀锌防腐层损坏、橡胶圈损坏等状况。

(5) 隧道暗埋段消火栓管、水喷雾管、泡沫管上的检修阀门应靠近消防设备箱设置,在阀门处装饰板上设置开门,门上分别设消火栓、水喷雾管、泡沫管阀门标志标识,便于隧道消火栓系统的养护检修。

(6) 在隧道出入口或者处于风道中的消防管需采取保温措施。

5.1.7 主要技术接口

给排水及消防给排水专业与其他专业接口见表 5-1。

表 5-1 给排水及消防给排水专业与其他专业接口

相关专业	接口类型	接口资料内容
建筑	受资	隧道及附属建筑平、剖面图、总体布置图
线路	受资	隧道线路平、纵断面图、横断面图
建筑	提资	① 隧道消防泵房、排水泵房尺寸、高度和进门尺寸、位置; ② 消防给排水管道隧道壁面、顶板、穿墙、梁时的预留孔位置、尺寸、标高; ③ 消火栓箱、泡沫水喷雾控制箱、灭火器箱的尺寸、布置间距、布置高度; ④ 消防管道布置的位置; ⑤ 泵房内起吊设施要求
结构	提资	① 消防泵房、排水泵房里的预埋件数量、尺寸、设备静载荷和动载荷; ② 吊挂在主隧道、楼板、梁、柱上设备预埋件数量、尺寸、设备静载荷和动载荷; ③ 各部分管道预留孔位置、尺寸、标高; ④ 泵房内起吊设施要求

续表

相关专业	接口类型	接口资料内容
供电	提资	① 各种运转设备电机型号、规格、功率、电压、启动方式、受电点位置；提供用电负荷； ② 各种电磁阀和电动阀口径、电压、规格、功率和受电点位置
监控	提资	消防泵、排水泵、雨淋阀、电磁阀等设备的控制要求、隧道内泡沫水喷雾或水喷雾设备布置方式、布置间距。排水泵房集水池液位控制要求，液位数据传输至中控室
技经	提资	提供隧道消防给排水专业设备材料表

注：提资为通风空调专业向外提资；受资为通风空调专业接受相关专业提资。

5.1.8 节能与环保

(1) 消防时直接从城市给水管网抽水，不设消防水池，充分利用市政给水管网余压，既节能又可以节省隧道内部空间。

(2) 隧道内泡沫-水喷雾联用灭火系统中选用的泡沫液必须为环保型水成膜泡沫，排出液应直接排入市政污水管道。

(3) 泵房采用高效率潜水泵，选择运行区间宽的水泵，使所选水泵适合各种工况，且高效区范围广，以节约能耗。

(4) 对所选水泵等设备从声源进行控制，选用低转速电机，尽可能减小振动，降低噪声，改善泵房的工作环境。

5.2 主要设备技术要求

5.2.1 消防泵

消防泵包括设在隧道两端工作井消防泵房内的水喷雾泵组、消火栓泵组及泡沫泵组。

1. 执行规范与标准

(1)《中华人民共和国工程建设标准强制性条文》；
(2)《上海市市政工程建设地方标准强制性条文》；
(3)《旋转电机定额和性能》(GB 755)；
(4)《中小型旋转电机安全要求》(GB 14711)；
(5)《泵产品涂漆技术条件》(JB/T 4297)；
(6) IS9906 回转动力泵液压性能验收实验等级 1 和 2；
(7)《固定消防给水设备性能要求和试验方法》(GA30)；
(8)《消防泵》(GB 6245)；
(9)《泡沫灭火系统施工及验收规范》(GB 50281)；
(10)《机械设备安装工程施工及验收规范》(JBJ 23)；
(11)《压缩机、风机、泵安装工程施工及验收规范》(GB 50275)；
无国家规范和标准的可参照企业标准执行。

2. 基本要求

(1) 供货商应提供的成套设备范围包括水泵、电机、稳压罐、泵房就地控制箱、地脚螺栓螺帽、预埋件等安装所需的一切构配件和所有安全生产所需各种监测和保护设施，并开列清单，明确与业主和安装单位供货界线。

(2) 水泵应能 24 h 连续运行、间歇运行及长期停止状态后恢复运行。

(3) 消防泵表面应清洁、平整、无碰伤、划痕及锈斑；漆层牢固，色泽均匀一致，无起泡、缩皱和剥落现象，铭牌清晰、牢固。

(4) 水泵形式：单级单吸(多级)离心泵，且为恒压变化切线泵。考虑减小占地面积，宜采用立式泵。

(5) 消火栓泵和水喷雾泵壳体采用铸铁或球墨铸铁，叶轮采用球墨铸铁，泵轴采用高强度不锈钢。轴密封采用碳化硅机械密封。

(6) 泵体承载力除满足设计要求外，还应考虑进水压力波动，允许在进水压力不低于 3 kg/cm^2 的情况下正常工作。

(7) 消防泵必须是通过国家级消防产品质量监督检测中心检验合格，并符合现行的有关国家标准的产品。

(8) 泡沫水喷雾联用系统、水喷雾系统带稳压泵。

(9) 消防泵的扬程、流量等参数必须符合设计要求。

(10) 电动机采用三相异步电动机，380 V/50 Hz，防护等级为 IP65，绝缘等级为 F 级或以上。

(11) 泡沫泵采用全不锈钢材质，所用材料不低于 S304。

(12) 水泵及电机均应涂成红色。

3. 安全保护

水泵监测装置包括故障指示，可发出报警信号，并且自动切换到备用泵。

4. 消防泵的启动与关闭

1) 消火栓泵

消火栓泵的开启有消火栓箱内开泵按钮开启、中控室远程开启、消防泵房就地开启三种方式。

消火栓泵可在消防泵房就地关闭，也可由中控室远程关闭。

2) 泡沫泵与水喷雾泵

(1) 开启：火灾探测器探测到火灾后将信息传输到中控室，由中控室确认后自动开启雨淋阀或远程手动开启雨淋阀，泡沫泵、水喷雾泵由泡沫水喷雾箱内压力开关控制开启；中控室直接开启泡沫泵与水喷雾泵；消防泵房就地开启泡沫泵与水喷雾泵。

(2) 关闭：泡沫泵由泡沫罐液位控制或人工干预关闭，水喷雾泵由泵房内就地关闭；中控室远程关闭泡沫泵和水喷雾泵。

5. 配置要求

每套泵组基本配置如下：

(1) 每套泵组设备用泵 1 台。

(2) 控制柜 1 台(技术要求详见控制专业)。

(3) 压力开关。

(4) 进出水总管设 2 个进水口和 2 个出水口。

(5) 以下所列中所有合同确定由水泵供货商提供的附件：

① 每台水泵进水管所设闸阀(或球阀)、压力表；

② 每台水泵出水管上所设消声止回阀、蝶阀、压力表；

③ 水泵进出口需装的抗震可曲挠接头；

④ 整套泵组所需的减振器；

⑤ 水喷雾泵组和泡沫泵组需配备的稳压罐。

(6) 水泵所需配接的其他管及附件。

(7) 整套泵组必须在工厂完成完整的电气、水力性能、工况测试；泵组应提供吊耳以便安装。

6. 与其他系统技术接口

消防泵供电电压为 3 相、380 V、50 Hz 交流电，应采用软启动。

消防泵控制柜需向监控专业提供接点，需提供的接点接线端子包括启动、状态反馈、故障报警等。

7. 制造商的服务

(1) 制造商应提供水泵的技术规格说明书，包括特性曲线、材质说明、主轴公差、密封件和易损件外形尺寸描述等详细资料：①水泵的剖面图、装配图；②泵组电气接线图、控制电路原理图及说明；③设备设计制造、性能测试报告及验收采用的标准及主要条文；④水泵的形式检测报告；⑤全套的操作与维修手册；⑥水泵出厂合格证；⑦泵组的安装尺寸图。

(2) 制造商的技术代表到工作现场指导安装、检查，配合承包商提交安装完毕的证明，并协助进行调试运行，进行启动前的培训和工作现场培训。

(3) 制造商应保证在接到通知的 24 h 内能派员到现场进行服务。

5.2.2 潜水泵

1. 执行标准与规范

(1)《中华人民共和国工程建设标准强制性条文》；

(2)《上海市市政工程建设地方标准强制性条文》；

(3)《潜水排污泵》(CJ/T 3038)；

(4)《离心式潜水泵》(JB/T 8857)；

(5)《旋转电机定额和性能》(GB 755)；

(6)《中小型旋转电机安全要求》(GB 14711)；

(7)《潜水电泵实验方法》(GB/T 12785)；

(8)《泵产品涂漆技术条件》(JB/T 4297)；

(9)《压缩机、风机、泵安装工程施工及验收规范》(GB 50275)；

(10) IS 9906 回转动力泵液压性能验收实验等级 1 和 2。

无国家规范和标准的可参照企业标准执行。

2. 基本要求

(1) 供货商应提供的成套设备范围包括水泵、潜水电机、导轨、吊链、水泵就地控制箱、螺帽螺栓、潜水电缆、自动耦合装置、预埋件等安装所需的一切构配件，以及所有安全生产所需各种监测和保护设施。

(2) 潜水泵应能在设计要求的条件下正常安装，并正常运行。

(3) 潜污泵应转动平稳自如，无卡死、停滞等现象，并具有抗堵塞撕裂机构，全扬程使用，功率曲线平稳。

(4) 每座泵房需各提供液位计 1 只，并与水泵合用一个控制箱，潜水泵由液位控制实现自动运行，液位信号上传中控室。

(5) 潜水泵应采用立式耦合式潜水泵，固定式安装；潜水电机直接与泵叶轮同轴相连，水力部件由水泵壳体、叶轮组成。供货商应为废水泵房的潜水泵配带反冲洗装置，并提供安装位置和相应要求。

(6) 潜水电机应能在全浸没或完全露出液面的条件下连续运行、间歇运行和长期停止状态后恢复运行。

(7) 泵的试验规程以 ISO 2548 为准。

(8) 泵出水配管法兰按 ISO 标准，公称压力为 0.6 MPa。

(9) 泵的扬程、流量等参数必须符合设计要求。

3. 水泵的性能和结构要求

1) 泵壳体和紧固件

(1) 泵壳体表面平滑、无砂眼或其他铸造缺陷。泵壳有足够的厚度来承受所有的负荷，包括要求的静水压力及连续的工作压力。

(2) 用于泵和部件组装的所有螺栓、螺帽、垫圈和其他紧固件都采用 S304 型不锈钢制成。

(3) 每只泵壳在工厂内进行水压试验，试验压力为关闭水头的 2 倍，维持时间 10 min 以上而不下降。在试压时无变形现象发生。

(4) 潜水泵可能与泡沫液接触，泵壳应考虑耐抗泡沫液腐蚀性，采取内外防腐措施。

2) 叶轮

(1) 采用立式、单通道式无堵塞或者涡流式叶轮形式。采用键锁定结构以保证在任何工况下叶轮和轴之间牢固地锁定及传递扭矩，轴端采用固定装置以保证泵在任意方向旋转时叶轮不会发生松脱。

(2) 所有型号水泵叶轮的抗堵塞能力应能通过不大于 80 mm 直径颗粒。

(3) 潜水泵可能与泡沫液接触，叶轮材料应考虑抗泡沫液腐蚀性，采用球墨铸铁。

3) 电机

(1) 电机为 3 相、380 V、50 Hz，防护等级 IP68，绝缘等级 F 级或以上。电机能每小时启动 15 次以上。

(2) 电机的配置保证在 H-Q 曲线上工作时，都不会出现过载，甚至在不淹没的情况下运行也不会过载。

(3) 电动机在±5%额定电压时能正常工作。

(4) 电机在出厂前应做耐压试验并合格。

4) 端面密封和轴封

(1) 泵体主要部件的端面密封：在金属表面机械加工后，需水密封的关键接合面，配丁腈橡胶 O 型密封环。

(2) 其余密封面采用碳化硅机械密封，并在规定的使用条件下，机械密封保证三年可靠运行而不需要更换。

5) 电缆和电缆密封

(1) 接到电机上的供电和控制电缆均适合于水下工作。这些电缆有足够的长度，满足安装检修要求，保证与地面上的动力装置和控制箱连接。

(2) 所提供的电缆包含用于温控、泄漏和过载保护装置的控制电缆。

(3) 每根电缆都有一个单独的进口，并进行可靠的密封，确保即使在电缆破损的情况下，水也绝对不会沿电缆进入电机内。

6) 磨损环系统

磨损环系统保证蜗壳和叶轮吸口之间的有效的间隙性，供货商需提供间歇的具体数据。制造商所提供的潜水离心泵应在间隙的设置/调整时方便省时。

7) 潜水泵出水法兰与出水弯座为重力自动无刮擦性耦合，泵的效率考核包括出水弯座在内。泵的出水端面与出水管弯座的耦合面嵌装软橡胶圈，密封可靠。

4. 与其他系统技术接口

消防泵供电为三相、380 V、50 Hz 交流电。

排水泵控制柜需向监控专业提供接点，需提供的接点接线端子包括启动、状态反馈、故障报警、泄漏报警、超温报警等。

泵房集水池液位信号上传中控室。

5. 检验

(1) 所有水泵和电机都在制造厂进行性能测试，以符合 ISO 2548 标准为合格。

(2) 泵壳及其他承压部件进行水压试验，试验压力为水泵额定扬程的 2 倍。

(3) 水泵的转动部件经过动、静平衡试验。

(4) 现场安装后进行负载试验，以证明水泵符合技术要求。

(5) 每一台水泵的工厂测试结果和记录包括 Q-H、Q-P、Q-η 曲线，并提交给买方确认保存。

6. 测试

每台潜水泵在组装完毕后，应进行性能测试，确保机组的整体性能符合有关标准，测试内容包括流量-扬程曲线、流量-功率曲线和流量-效率曲线，并将测试报告提供给用户，潜水泵保证首次无故障运行时间不小于 8 000 h。

7. 制造商的服务

(1) 制造商应提供：①水泵的技术规格说明书，包括特性曲线、材质说明、主轴公差、密封件和易损件外形尺寸描述等详细资料；②水泵的剖面图、装配图；③泵组电气接线图、控制电路原理图及说明；④设备设计制造、性能测试报告及验收采用的标准及主要条文；⑤水泵的型式检测报告；⑥全套的操作与维修手册；⑦水泵出厂合格证；⑧潜水排污泵的安装尺寸图。

(2) 制造商的技术代表到工作现场指导安装、检查，配合承包商提交安装完毕的证明，并协助进行调试运行，进行启动前的培训和工作现场培训。

(3) 制造商应保证在接到通知的 24 h 内能派员到现场进行服务。

5.2.3 便携式潜水泵

1. 性能要求

(1) 潜水电机应能在最大 5 m 的全浸没条件下连续运行、间歇运行和长期停止状态后恢复运行。

(2) 排水泵应是专门用于泵坑内池底泥沙的排放，其最低工作水位应不大于 200 mm。

(3) 排水泵的配用潜水电机应为 F 级绝缘及以上，能够在 0～40 ℃的工作介质中每小时启动 15 次以上。在±5%额定电压时正常工作。

(4) 潜水排污泵防护等级为 IP68，绝缘等级为 F 级及以上，三相、380 V，50 Hz 交流电。

(5) 潜水排污泵绕组设有超温报警开关，机械密封设有漏水报警等功能。

(6) 潜污泵应转动平稳自如，无卡死、停滞等现象，并具有抗堵塞撕裂机构，全扬程使用，功率曲线平稳。

(7) 潜水电机应能在全浸没和完全露出液面的条件下连续运行、间歇运行和长期停止状态后恢复运行。

(8) 人防门集水坑处便携式潜水泵可能与泡沫液接触，应考虑防腐。

(9) 泵的扬程、流量等参数必须符合设计要求。

2. 测试

每台潜水泵在出厂前，应进行性能测试，确保机组的整体性能符合有关标准，测试内容包括流量-扬程曲线、流量-功率曲线和流量-效率曲线，并将测试报告提供给用户，潜水泵保证首次无故障运行时间不小于 8 000 h。

3. 制造商的服务

(1) 制造商应提供：①水泵的技术规格说明书，包括特性曲线、材质说明、主轴公差、密封件和易损件外形尺寸描述等详细资料；②水泵的剖面图、装配图；③泵组电气接线图、控制电路原理图及说明；④设备设计制造、性能测试报告及验收采用的标准及主要条文；⑤水泵的型式检测报告；⑥全套的操作与维修手册；⑦水泵出厂合格证；⑧潜水排污泵的安装尺寸图。

(2) 制造商的技术代表到工作现场指导安装、检查，配合承包商提交安装完毕的证明。并协助进行调试运行，进行启动前的培训和工作现场培训。

(3) 制造商应保证在接到通知的 24 h 内能派员到现场进行服务。

5.2.4 自动喷水灭火系统

1. 采用规范与标准

(1)《中华人民共和国工程建设标准强制性条文》；

(2)《上海市市政工程建设地方标准强制性条文》；

(3)《建筑设计防火规范》(GB 50016)；

(4)《自动喷水灭火系统设计规范》(GB 50084)；

(5)《水喷雾灭火系统设计规范》(GB 50129)；

(6)《民用建筑水灭火系统设计规程》(DGJ 08)；

(7)《低倍数泡沫灭火系统设计规范》(GB 50151);
(8)《泡沫灭火系统施工及验收规范》(GB 50281)。

2. 水喷雾阀门管路系统

1) 系统组成

水喷雾阀门管路系统由水喷雾管路系统、雨淋阀组、水喷雾控制箱、水力继动器、信号蝶阀、喷头等组成。

2) 系统要求

隧道水喷雾系统参照防护冷却要求设置,喷射强度不小于 6 L/(m^2 · min),最不利点喷头压力不小于 0.35 MPa。水喷雾喷头布置应适应不同车道宽度要求,做到全部覆盖。消防时相邻两组水喷雾系统同时作用。其他参数具体由设计确定。

水喷雾系统可系统接收火灾监控报警系统控制自动开启或中控室远程开启,中控室能显示雨淋阀启闭状态。

消防报警系统应设置合理的启动干预时间,避免误报警引起误喷。

水喷雾的管路设备与控制宜由总体供应商负责系统集成及调试。

水喷雾系统管路应保证清洁,避免管路杂质影响阀门开关造成误喷。

3) 主要设备要求

(1) 雨淋阀

基本要求如下:

① 雨淋阀包括主阀、电磁阀、水力继动器等所有国家规范规定的控制回路;

② 雨淋阀表面应清洁、平整、无碰伤、划痕及锈斑;漆层牢固,色泽均匀一致,无起泡、缩皱和剥落现象;

③ 雨淋阀口径:DN100。法兰连接,最大工作压力 1.6 MPa;

④ 雨淋阀尺寸可满足垂直安装在泡沫水喷雾专用控制箱内;

⑤ 雨淋阀必须是通过国家级消防产品质量监督检测中心检验合格,并符合现行的有关国家标准的产品。

基本功能如下:

① 能远程开启雨淋阀;

② 具有手动应急操作阀;

③ 在中控室显示雨淋阀启闭状态;

④ 配有水力警铃和压力开关;

⑤ 监测供水压力;

⑥ 雨淋阀使用后能方便复位,使其处于准备状态;

⑦ 可排出雨淋阀下游管道内液体。

雨淋阀的开启方式如下:

① 中央控制室远程遥控开启;

② 阀箱内紧急手动开启;

③ 由火灾监控报警系统自动开启。

应提供如下资料:

① 提供货产品的安装调试方法、操作维护说明书和水头损失表;

② 雨淋阀组型式检测报告；

③ 产品出厂合格证。

(2) 喷头

① 喷头必须是通过国家级消防产品质量监督检测中心检验合格，并符合现行的有关国家标准的产品，并带型式检测报告；

② 外观：喷头无加工缺口和机械损伤，连接螺纹应符合 GB/T 7306 的规定；

③ 通过合理布置，喷头的喷洒能覆盖整个车道；

④ 喷头布置在隧道车行道中，应具有防尘的功能；

⑤ 喷头的额定压力、流量等参数满足设计要求；

⑥ 喷头的安装间距小于或等于 5 m。

(3) 水喷雾控制箱

① 箱门应设有关紧装置，开启操作灵活可靠，无卡阻现象。开启拉力不大于 50 N，箱门材料厚度不小于 1.5 mm；

② 箱体的门板由建筑装饰统一考虑，箱体其余部分采用不锈钢或其他耐腐蚀合金材料；

③ 整个箱体尺寸应统一，箱体内设置排水口；

④ 控制箱必须是通过国家级消防产品质量监督检测中心检验合格，并符合现行的有关国家标准的产品。

3. 泡沫水喷雾阀门管路系统

1) 系统组成

泡沫水喷雾阀门管路系统在水喷雾阀门管路系统基础上增加泡沫管路系统、泡沫罐、比例混合器。

2) 系统要求

泡沫水喷雾系统喷射强度不小于 6.5 L/(m^2 · min)，最不利点喷头压力不小于 0.35 MPa，泡沫液与水喷雾的混合比例为 3%。泡沫水喷雾喷头布置应适应不同车道宽度要求，做到全部覆盖。消防时相邻两组泡沫水喷雾系统同时作用。泡沫喷雾可持续约 22 min，水喷雾可再持续 40 min 以上，通过人工干预停泵关闭。其他参数具体由设计确定。

消防报警系统应设置合理的启动干预时间，避免误报警引起误喷。

泡沫水喷雾的管路设备与控制宜由总体供应商负责系统集成及调试。

泡沫水喷雾系统管路应保证清洁，避免管路杂质影响阀门开关造成误喷。

泡沫系统管路和水喷雾管路应严格隔断，避免泡沫与水在非消防动作时混合。

3) 主要设备要求

(1) 比例混合器

① 比例混合器口径：DN100，法兰连接，压力 1.6 MPa。采用材质应考虑泡沫混合液的腐蚀性；

② 泡沫比例混合器应能使泡沫混合液在设计流量与压力范围内按 3%的额定比例进行混合，混合比不小于其额定值，也不得大于其额定值的 30%；

③ 比例混合器的结构尺寸应紧凑，能结合雨淋阀安装在泡沫水喷雾控制箱内；

④ 泡沫比例混合器应全部在工厂测试并经现场调试；

⑤ 比例混合器必须是通过国家级消防产品质量监督检测中心检验合格，并符合现行的有关国家标准的产品。

(2) 泡沫原液罐

① 泡沫原液罐为常压储罐，宜采用耐腐蚀材料制作。当采用钢罐时，其内壁应作防腐处理，与泡沫液直接接触的内壁或防腐层不应对泡沫液的性能产生不利影响；

② 泡沫原液罐宜采用立式圆柱形储罐，其上应设置液面计，排渣孔、进料孔、观测孔、取样口、呼吸阀或带控制阀的通气管；

③ 泡沫原液罐配有液位装置，达到设置的最低液位时能自动关闭泡沫泵；

④ 泡沫原液罐必须是通过国家级消防产品质量监督检测中心检验合格，并符合现行的有关国家标准的产品；

⑤ 泡沫罐容积应满足隧道泡沫水喷雾系统持续喷射时间达 22 min，并留有一定余量。

5.2.5 水成膜泡沫液

1. 采用规范与标准

(1)《低倍数泡沫灭火系统设计规范》(GB 50151)；

(2)《泡沫灭火系统施工及验收规范》(GB 50281)；

(3)《泡沫灭火剂通用技术条件》(GB 15308)；

(4)《水成膜泡沫灭火剂》(GB 17427)。

无国家规范和标准的可参照企业标准执行。

2. 基本要求

(1) 水成膜泡沫液应为环保型 3%AFFF 水成膜泡沫液，在通风、阴凉和干燥的储存条件下应能保证物理化学性能稳定，对泡沫液储罐和机泵管路系统不产生破坏性影响。

(2) 水成膜泡沫液在储存温度 5 ℃～40 ℃条件下，应可保存 8 年，各项技术性能仍能符合《泡沫灭火系统施工及验收规范》(GB 50281)和《水成膜泡沫灭火剂》(GB 17427)中的相应要求。

(3) 泡沫灭火系统验收时宜现场封样送检。

(4) 其余要求按 5.1 节各规范与标准要求。

3. 主要技术参数

(1) pH 值：6.0～9.5。

(2) 老化前泡沫液的沉淀物体积百分数：≤0.25；沉淀物能通过 180 μm 筛。

(3) 老化后泡沫液的沉淀物体积百分数：≤1.00；沉淀物能通过 180 μm 筛。

(4) 泡沫溶液的发泡倍数：≥5.0。

(5) 泡沫溶液的 25%析液时间：≥2.5 min。

(6) 灭火时间：汽油火灾≤3.0 min。

(7) 25%抗烧时间：汽油火灾≥5.0 min。

(8) 泡沫液的抗冻性和融化性能：无可见分层和非均相。

(9) 泡沫液的流动性：流量大于标准参比液体。

（10）泡沫液的扩散系数：正值。

4. 制造商需提供资料

（1）国家质量监督检验测试中心出具的水成膜泡沫液检测报告。

（2）水成膜泡沫液产品出厂合格证。

5.3 工程应用现状

5.3.1 隧道消防

1. 消防技术发展

上海20世纪70年代建成的打浦路隧道内，仅设置了最为基本的消防设施：消火栓系统和灭火器。

80年代设计的延安东路北线隧道内，设置了消火栓系统、泡沫消火栓系统和灭火器。增加的手动泡沫消火栓系统，用水量小，操作简便，能与消火栓系统结合工作，对扑灭隧道内油类火灾有很好的效果。

90年代初建设的延安东路南线隧道，除了设置最基本的消火栓、自救式灭火喉、灭火器之外，在该隧道的江中段内设置了水喷雾系统进行试验，开创了自动水消防系统在国内隧道应用的先例。该系统能在中控室内遥控启动，以50 m隧道长度作为一个保护区段，对规模小于5 MW的火灾有扑灭效果。此后设计的大连路隧道、外环隧道、复兴路隧道都在封闭段内选择了同样的消防系统组合。

水喷雾系统受到了设备安装空间小、供水量小、排水困难等因素的制约，不能按系统灭火的标准进行设计，只能按防护冷却、控火的标准设计，仅能扑灭初期火灾，为消防队员进入隧道灭火创造条件。

2005年底竣工通车的上海翔殷路越江隧道，因其浦东出口与高化厂的易燃气体丁二烯储罐及煤气贮罐相距较近，为扑灭这些易燃气体可能在隧道内引起的火灾，在隧道内设置了消火栓、自救式灭火喉、灭火器、泡沫-水喷雾联用灭火系统。泡沫-水喷雾联用灭火系统的作用是：使单一水喷雾系统的控火转为灭火。这是在原有的水喷雾系统的基础上又向前发展了一大步。

泡沫-水喷雾联用灭火系统在验收过程中进行了多次灭火试验，其对隧道内发生的油类流淌火灾，能在极短的时间内扑灭，灭火效果大大优于水喷雾系统。

这是该系统首次在国内隧道中应用，为此后国内多条越江隧道选用该系统奠定了基础，并提供了成功的经验。至今在上海的上中路、军工路、西藏路、新建路、人民路、外滩通道、迎宾三路隧道等城市道路越江隧道内都选用了该系统，同时国内一些越江过海的长大隧道，如崇明越江通道、南京长江隧道、武汉长江隧道、厦门东通道等都设计了水喷雾-泡沫联用灭火系统。

上海市现有隧道工程的消防设施如表5-2所列。

表 5-2　　上海道路隧道消防系统布置一览表

序号	隧道名称	消防设施	自动消防系统布置长度/m	建成通车时间	车道数	备注
1	打浦路隧道	消火栓、灭火器	无	1971 年	2	1989 年大修时，增加了泡沫消火栓
2	延安东路北线隧道	消火栓、自救式灭火喉、灭火器、泡沫消火栓	无	1989 年	2	
3	延安东路南线隧道	消火栓、自救式灭火喉、灭火器、水喷雾	江中段 607	1996 年	2	
4	大连路隧道	消火栓、自救式灭火喉、灭火器、水喷雾	隧道盾构段 1 260	2003 年 12 月	2+2	
5	外环隧道	消火栓、自救式灭火喉、灭火器、水喷雾	江中段 836	2003 年 6 月	3+2+3	
6	复兴东路隧道	消火栓、自救式灭火喉、灭火器、水喷雾	盾构段 1 210	2004 年 12 月	2+2	
7	翔殷路隧道	消火栓、自救式灭火喉、灭火器、泡沫-水喷雾、浦东峒口水幕系统	隧道封闭段 1 850	2005 年 12 月	2+2	
8	上中路隧道	消火栓、自救式灭火喉、灭火器、泡沫-水喷雾	隧道封闭段 1 910	2008 年	2+2	
9	军工路隧道	消火栓、自救式灭火喉、灭火器、泡沫-水喷雾	隧道封闭段 2 050	2009 年	2+2	
10	西藏路隧道	消火栓、自救式灭火喉、灭火器、泡沫-水喷雾		2008 年	2+2	
11	人民路隧道	消火栓、自救式灭火喉、灭火器、泡沫-水喷雾	隧道封闭段 2 075	2009 年	2+2	
12	新建路隧道	消火栓、自救式灭火喉、灭火器、泡沫-水喷雾		2009 年	2+2	
13	崇明越江通道	消火栓、自救式灭火喉、灭火器、泡沫-水喷雾	8 125	2010 年	3+3	
14	外滩通道	消火栓、自救式灭火喉、灭火器、泡沫-水喷雾	隧道封闭段 3 475	2009 年	2+2	
15	迎宾三路隧道	消火栓、自救式灭火喉、灭火器、泡沫-水喷雾		2011 年	2+2	

2. 消防技术应用的特点

1）隧道内设置消火栓系统、固定式水成膜泡沫灭火装置及灭火器

这是国内最近几年来城市越江隧道水消防设计中常用的一个设计方案，该方案主要包

括消火栓系统、固定式水成膜泡沫灭火装置(手动)、灭火器。

消火栓系统一般以城市自来水或消防水池作为水源,消火栓用水量不小于 20 L/s,最不利点水枪充实水柱不小于 10 m,在隧道内每隔 50 m 设消火栓箱,箱内设喷嘴口径为 19 mm 的水枪一支,长 25 m、直径 65 mm 的水带一盘,并附设消防软管卷盘。在消火栓箱一侧设固定式水成膜泡沫灭火装置,由轻水泡沫液容器、比例混合器、软管、泡沫枪及箱体组成,其间距与消防箱一致。在隧道的两侧设置灭火器箱,单侧间距为 50 m。

固定式水成膜泡沫灭火装置,其布设与消火栓系统相同,该系统用于扑灭油类物质燃烧引起的火灾,水成膜泡沫灭火的原理是依靠泡沫和水膜双重作用下形成与空气隔绝的保护膜,以起到灭火作用。水成膜泡沫灭火系统主要由箱体、泡沫液容器、比例混合器、软管、喷枪及导向架组成。手提式灭火器、手提式水成膜泡沫灭火器主要用于扑灭初期火灾或小型火灾。

该系统的特点是水对于 A 类火灾的扑救和对火灾蔓延的控制是有效的。这是因为 A 类火灾的燃烧主体为固体物质(除禁止采用水来灭火的物质以外),其燃烧点温度大部分在 200 ℃以上,或接近 200 ℃,燃点温度较高。由于水能大量吸收热量,用水扑救能使燃烧物迅速冷却,使其表面温度降至燃点温度以下,使火焰熄灭;水体容易附着于燃烧体表面,形成水膜而隔断燃烧物表面与空气的接触使火焰缺氧熄灭。这类物质着火后,缺乏流动性,因此用水扑救的同时能有效控制火灾的蔓延。同时配备固定式水成膜泡沫灭火装置,一旦汽车油箱着火或汽柴油流淌,依靠泡沫和水成膜的双重作用,迅速冷却并覆盖油面,以达到灭火效果。配备灭火器后,对于初期的小型火情能及时扑灭。但是该方案的缺点是均为人工扑救,要求过隧道的驾驶员和乘客都要具备及时报警和灭火自救的意识,并要求会使用消防设施。但实际情况,驾驶员或乘客较多的只会用灭火器进行灭火,一旦火情未能控制,就会弃车而跑造成火情的扩大,等管理人员和消防队接警后赶赴现场时,已错失了控制火灾的最佳良机而造成人员和财产的重大损失。同三线浙江台州猫狸岭隧道火灾就是一个案例。

2) 隧道内设置消火栓系统、固定式水喷雾系统及灭火器

该方案是将上一种方案中的固定式水成膜泡沫灭火装置用固定式水喷雾系统替代。消火栓系统和灭火器的功效与上述功效是相同的。

水喷雾灭火系统具有直接灭火和防护冷却双重功能。它的保护对象主要是火灾危险大、火灾扑救难度大的专用设施或设备。它能够扑救固体火灾,还可扑救液体火灾。一般认为,自动喷水灭火系统的水喷淋喷头喷出的水滴直径,其平均直径在 1 000～2 000 μm 之间,有的可达 4 000 μm。而水雾喷头喷出的水雾,其平均直径不大于 1 000 μm。

水喷雾灭火系统的水雾喷头所喷出的水雾粒径较大,除具有表面冷却、排氧窒息作用外,由于它是直接喷向保护水象的表面,因此还具有乳化和稀释的作用。对于非水溶性可燃液体,当水雾喷射到可燃液体表面时,由于水雾的冲击和搅拌作用,使液体表面生成不燃性的乳化层,使燃烧中断;对于水溶性可燃液体而言,水雾不断喷向可燃液体液面,由可燃液体与水雾不断混溶而得到稀释,使燃烧速度降低,而容易被扑灭。

固定式水喷雾系统主要由水喷雾泵、水力电动阀、水雾喷头和管道组成。要达到灭火效果,固体火灾时设计喷雾强度为 15 L/(min · m^2),持续喷雾时间为 1 h,闪点在 60 ℃～120 ℃的液体火灾时设计喷雾强度为 20 L/(min · m^2),持续喷雾时间为 0.5 h,水雾喷头的工作压力不小于 0.35 MPa。当对液体火灾达到防护冷却效果时,设计喷雾强度为

6 L/(min·m^2)，持续喷雾时间为 4 h，水雾喷头的工作压力不小于 0.2 MPa。大多情况下，由于市政自来水管管径小或消防水池设置困难，另加上受越江隧道空间的限制，喷雾水量达不到灭火效果的水量，故设计标准只能定在防护冷却的要求上。通过在已建隧道和实验室中的水喷雾试验，水喷雾对固体火灾有很好的防护冷却效果，甚至能达到灭火效果。对于液体(B类)火灾，能起到一定的防护冷却作用，基本能将火情控制在一定的状态，但是不能灭火。

随着对隧道火灾研究的深入，隧道的自动喷水灭火系统带来的问题也越来越多地表现出来。日本在 20 世纪 80 年代前的隧道已有 5 座安装自动喷水灭火系统。根据 1960—1980 年近 20 年的统计，共发生火灾 6 起。自动喷水系统使用仅有日本烧津隧道 1 次，起火后 1 min系统自动投入运行，喷水 5 min 后火灾继续扩大，喷水无效。此次火灾共烧毁汽车 174 辆，死亡 7 人，伤 2 人，并造成 150 m 天花板崩落。日本烧津隧道火灾后，为了研究隧道内使用自动灭火系统的效果及对火灾的影响，1982 年，日本建设土木所在一座隧道内进行火灾试验：用 2 m^2 火盆装入 144 L 汽油点燃，结果表明：无自动喷水系统条件下路面附近透光率为 31.5%，当设有自动喷水系统时，恶化了避难环境。结论是喷水对汽油火盆不能起到灭火作用，只能降低周围温度。对隧道的自动喷水(喷雾)灭火系统问题，美国 NFPA502(1998 版)消防法规中提出宜考虑 AFFF(水成膜泡沫)喷淋系统，不提倡使用自动喷水灭火系统。美国法规认为，喷水不仅无效，而且还有助于火灾的传播和加重火灾的危害，将其有利条件转化为不利条件，主要理由有：

(1) 典型的火灾通常发生在车辆下部或车厢内部，顶部喷水没有效果；

(2) 如果火灾开始和喷头动作之间发生延误，在巨热火焰上喷一层薄水雾，实质上压不住火焰，反而将产生大量过热蒸汽，蒸汽比烟雾更具有危害性；

(3) 隧道是狭长的，其横向和纵向有坡度，且一般采用机械通风，又无防火分隔，因此热量不会局限于着火点；

(4) 热气层流沿着隧道顶部运动，喷水动作可能不会固定在火焰上，因此大量的动作喷水将远离火场，产生冷却效果，致使烟雾层下降，影响逃生及消防人员视线；

(5) 喷水会引起烟雾分层，导致紊流，将空气和烟雾混合，威胁隧道内人员的安全。

3) 隧道内设置消火栓系统、泡沫-水喷雾联用系统及灭火器

隧道内采用泡沫水喷雾联用系统正是在上述两大系统中总结提升而来。其针对隧道易发生油类火灾的特点，与报警等系统协同工作，能及时发现初期火灾，对火场区域先期进行灭火，后期防护冷却，为消防救灾创造必要的前提条件。

该方案是将第一种方案中的固定式水成膜泡沫灭火装置用泡沫-水喷雾系统替代。消火栓系统和灭火器的功效同上述功效是相同的。泡沫-水喷雾系统由清水加压水泵、清水总管、水力电动阀、泡沫罐、泡沫原液加压泵、泡沫原液管、比例混合器和泡沫喷头组成。参照《低倍泡沫灭火系统设计规范》基本原则，非水溶性的甲、乙类液体，要达到灭火效果时，设计供给强度为 6 L/(min·m^2)，持续喷放时间为 40 min，泡沫喷头的进口压力应为 0.2～0.6 MPa。泡沫-水喷雾系统的特点是泡沫的容重轻于油，能有效覆盖于油面。覆盖于油面的泡沫，能隔绝空气和抑止油气蒸发，同时泡沫析出的液体又能对燃油起到冷却作用。因此，能很快将油体表面的火焰扑灭。不仅如此，覆盖于油体表面且具有一定厚度的泡沫，具有较低的表面张力，与水相比，泡沫液更容易沿固体表面流淌并覆盖于固体表面。同样是固定式喷淋灭火系统，泡沫对车辆表面的覆盖率较单纯以水为灭火介质的覆盖率更高，相对灭

火盲点较少，这对扑灭着火车辆较强的火势，控制火灾的蔓延也是非常有利的。

对泡沫喷淋的灭火效果，公安部天津消防科研所曾于 1982 年做过试验，采用吸气型顶喷泡沫喷头，喷头安装高度为 3 m，泡沫液供给强度为 4.29 L/(min·m^2)，扑灭汽油火，灭火时间仅为 96 s。另在上海一处模拟隧道内进行了多次低倍泡沫喷淋灭火试验，在 4.6 m^2 油盘内放了 70 L 90 号汽油，点燃后，开启水喷雾后，基本没有灭火效果，只能起到冷却和控火作用，而开启水成膜泡沫喷淋后，火焰迅速扑灭。可见采用低倍泡沫喷淋确能在短时间内扑灭 B 类火灾。第一次采用泡沫-水喷雾联用系统的是日本的东京湾隧道，这是一条日本最大直径的海底盾构隧道，其盾构直径为 14.14 m，隧道长度为 9.6 km。隧道内消防系统非常完善，设有消火栓系统、泡沫-水喷雾联用灭火系统及灭火器装置。

5.3.2 隧道给排水系统

1. 设计内容

(1) 隧道内生产生活给水系统的设计与应用。

(2) 隧道内外废水系统和雨水系统的设计与应用。

2. 设计工作要点

1) 江中泵房布置

江中泵房的空间有限，合理设置潜水泵数量，尽量减小水泵检修时对车道的影响，泵房出水可考虑排至较近的工作井废水泵房再接力排出隧道，以减小潜水泵的功率和安装尺寸。

江中泵房出水管距离长，如出水管流速快水头损失大，会加大水泵扬程、功率和安装尺寸，流速慢则可能导致出水管内积淤，江中泵房水泵数量较多，开一台泵和多台泵时出水管流速差别巨大，设计时可考虑采用 2 根平行的出水管，控制出水管的流速在合理范围内。

2) 工作井废水泵房

工作井废水泵房设在工作井内部，在有条件时可将工作井底板局部落底，作为废水泵房的泵坑，减小集水池低水位时的积水量，从而可适当改善工作井内潮湿的现象。

3. 效果评价

隧道的给排水系统满足规范的要求，现有隧道按上述原则设计，均顺利通过验收，后期运营期间给排水的功能也基本完善。

4. 问题与改进措施

1) 雨水泵房、废水泵房浮球失灵

雨水泵房、废水泵房浮球失灵原因主要在液位系统方面，该问题可能与工期较紧，设备安装完成后的调试时间不足有关，雨水及废水泵液位及 PLC 控制及接线需施工单位与运营单位配合，逐一核查各点水位状态，保证中控室与现场情况显示一致，应在以后的工程中加强各安装单位间的联系沟通。

2) 盾构段存水泵存水井太浅，存水泵启动过于频繁

该问题是每条隧道设计中均会遇到的难题，但需结合具体工程具体分析解决。设计时可将江中泵房移至车道侧面，存水泵和存水池位于工作人员通道内，便于检修和调试，水位较浅的问题虽不能彻底改善，但该位置可以将水池面积适当加大，可改善水泵的工作条件。同时，建议土建专业在最低点处尽量使纵向坡度平缓，有利于增加集水池的有效容积。存水泵招标时也应对其最低水位有所要求，尽量降低存水泵最低水位，以增加存水井有效水深。

3）隧道江中泵房布置问题

隧道江中泵房应尽量减少水泵数量，井盖尺寸在满足水泵吊装检修时占用车道宽度不大于 900 mm。水泵招标时应控制水泵安装尺寸。图 5-1 为上海复兴路隧道江中泵房。

图 5-1　复兴路隧道江中泵房

5.3.3　隧道消防给水系统和灭火设施

1. 设计内容

(1) 隧道内消火栓系统。

(2) 泡沫水喷雾联用系统(或水喷雾系统)。

(3) 灭火器及地面消防设施。

2. 设计工作要点

1）消火栓系统设置

消火栓系统的主管在隧道内应为环状布置，其水源为双水源供水。

2）泡沫水喷雾系统的水压平衡

泡沫水喷雾系统的水和泡沫液在比例混合器处的压力要求一般为：水的压力要比泡沫液的压力低 0.1～0.2 MPa。泡沫压力低于这个要求可能会导致喷出的混合液泡沫含量低于 3%，灭火效果差；泡沫压力高于这个要求可能会导致喷出的混合液泡沫含量高于 3.9%(3%)，泡沫液的储存容量不能满足持续喷射 20 min 的要求。为确保水和泡沫液压力平衡，施工图设计时应该注意以下几点：

(1) 向自来水公司征询隧道消防接水点市政给水管网的压力；

(2) 选择水头损失相近的水喷雾主管和泡沫液主管的管径；

(3) 计算核实不同泡沫水喷雾点的水和泡沫液的压力差。

3）灭火器布置

根据现行的《建筑设计防火规范》(GB 50016)，通行机动车的一、二类隧道和通行机动车并设置 3 条及以上车道的三类隧道，在隧道两侧均应设置灭火器，每个设置点不应少于 4 具。

4）地面消防设施

在隧道消防泵房的消火栓和自动灭火系统的出水管上需分别设置水泵接合器，数量根据消防水量确定。在水泵接合器附近 15～40 m 范围内设置相应数量的室外消火栓，室外消火栓应靠近路边，间距宜大于 4 m。

5）倒流防止器

隧道消防进水管需设防污隔断措施，一般都在消防进水管上设倒流防止器，倒流防止器需明装，设在隧道外存在防盗和养护困难的问题，设计时应考虑将其设在管理用房围墙范围内或工作井的消防泵房内。

3. 效果评价

几条已建成的隧道消防给水及消防设施按上述原则设计，均能顺利通过消防检测和消防验收。在运营过程中曾经发生泡沫水喷雾系统发生误喷现象。

4. 问题与改进措施

1）泡沫水喷雾系统发生误喷现象

（1）控制部分设置报警干预时间不足，造成误报后马上误喷，该情况可通过系统验收前的设备调试和系统优化来解决，已运营的隧道应定期检查确认系统已按照设计规定的启动方式运行。

（2）雨淋阀的电磁阀部分嵌入了杂质，使阀体关闭不严，亦可能造成误开误喷，该问题可通过在招标和采购阶段严格控制阀体质量，并在安装完成后彻底清理管道，清除杂质来解决。

（3）工作人员误操作：需加强人员培训，熟练操作仪表设备，并建议在操控系统设置合适的确认程序，避免误操作。

探测器误报的状况不在本专业内讨论。

另外，从总结已建工程的经验来看，泡沫-水喷雾系统是一个自动灭火系统（图 5-2），控制和管网部分的联动相当重要，最好在招标阶段将本系统的管网设备和控制设备作为一个集成体进行设备和安装的招标，有利于调试阶段的协调配合。

图 5-2　泡沫-水喷雾喷射

2）对泡沫水喷雾系统、消火栓系统的维护管理工作需加强

泡沫水喷雾及消火栓系统的维护需根据相关规范及产品供货商提供的技术说明书。

泡沫液的使用有效期、回收处理等问题应以供货商最终提供的产品技术说明书和合同为准。

5.3.4　隧道给排水及消防给水管道系统

1. 设计内容

（1）生产生活给水管道系统；

（2）废水和雨水管道系统；

（3）消防给水管道系统。

2. 设计工作要点

（1）给排水管道进出隧道结构应设置柔性防水套管，为防止土建施工时遗漏，柔性防水套管的规格、位置等应在结构图和建筑图中表达清楚。

(2) 给排水主管过隧道结构伸缩峰时应设计金属波纹管，在盾构段沿线亦设计金属波纹管，金属波纹管的轴线和纵向的伸缩量均应满足隧道主体结构变形的要求。隧道工作井和盾构段相接处及盾构段联络通道处的结构变形量较大，管道穿越时应特别注意。

3. 效果评价

隧道的给排水管道安装基本满足规范和设计的要求，按上述原则设计，均能顺利通过验收，后期运营期间给排水管道局部存在腐蚀和渗水的现象。

4. 问题与改进措施

给排水及消防给水管道系统的问题在于管道接口及管材防腐。

隧道工程的消防和压力排水管道一般均选用镀锌钢管，泡沫液输送管道选用不锈钢管，按管材的性能已可以满足系统使用要求。

因管道材料属于通用型的产品，市场上选择面较广，价格也有一定的差异，材料质量主要由总包单位在采购过程中控制，并由监理单位严格监管。从严格控制管材质量角度，管材应有材料检测报告和产品检测报告，必要时留样供业主外检。另外，管道安装过程中应注意保证施工质量，避免额外无效的反复拆装，安装工具不合适等原因造成的镀锌防腐层损坏、橡胶圈损坏等状况，调研过程中运营提出的问题均集中在接口的漏水、生锈方面，但总量不多，在今后的建设中对管道材质、施工和验收进一步加强管理应是解决问题的主要途径。

鉴于运营过程中给排水及消防给水管道出现的腐蚀问题，建议设计时考虑在管道安装检修困难的地方(如江中泵房出水管等)，采用不锈钢管代替镀锌钢管，确保管道的安装质量和后期防腐。

第 6 章 供配电系统设计

6.1 工程应用现状

上海地区部分盾构法隧道的供电系统设计概况详见表 6-1。

表 6-1 上海隧道供电系统设计概况统计

项目	隧道长度/m	车道数	外电源电压等级及数量	变电所数量	供电方案	备注
打浦路隧道	2 384	2	10 kV 电源 4 路，浦东浦西各 2 路	3	江二侧各引入二路 10 kV 电源，通过一根 10 kV 联络电缆将江二侧电源相互备用	已改造
延安东路隧道	北线：1 751 南线：1 676	2×2	10 kV 电源 3 路，浦东 2 路，浦西 1 路	3	江一侧变电所引二路 10 kV 电源，另一侧引一路 10 kV 电源，通过敷设二根联络电缆达到江二侧 10 kV 电源互为备用	
大连路隧道	东线：1 685 西线：1 669	2+2	10 kV 电源 3 路，浦东 2 路，浦西 1 路	2＋1（管理中心）	江一侧变电所引二路 10 kV 电源，另一侧引一路 10 kV 电源，通过敷设二根联络电缆达到江二侧 10 kV 电源互为备用	
复兴路隧道	北线上层：1 547 北线下层：2 262 南线上层：1 555 南线下层：2 272	3×2	10 kV 电源 3 路，浦东 2 路，浦西 1 路	2＋1（管理中心）	江一侧变电所引二路 10 kV 电源，另一侧引一路 10 kV 电源，通过敷设二根联络电缆达到江二侧 10 kV 电源互为备用	
翔殷路隧道	北线：1 855 南线：1 868	2+2	10 kV 电源 4 路，浦东浦西各 2 路	2＋1（管理中心）	江二侧各引入二路 10 kV 电源，通过一根 10 kV 联络电缆将江二侧电源相互备用	
上中路隧道	上层：1 645 下层：1 865	2×2 2×2	10 kV 电源 4 路，浦东浦西各 2 路	2＋1（管理中心）	江二侧各引入二路 10 kV 电源，通过一根 10 kV 联络电缆将江二侧电源相互备用	
军工路隧道	上层：2 172 下层：2 455	2×2 2×2	10 kV 电源 4 路，浦东浦西各 2 路	2	江二侧各引入二路 10 kV 电源，通过一根 10 kV 联络电缆将江二侧电源相互备用	

续表

项目	隧道长度/m	车道数	外电源电压等级及数量	变电所数量	供电方案	备注
人民路隧道	2 067	2×2	10 kV电源4路，浦东浦西各2路	2＋1(管理中心)	江二侧各引入二路10 kV电源，通过一根10 kV联络电缆将江二侧电源相互备用	
外滩通道	上层:2 717 下层:2 998	2×2 (3)	10 kV电源4路，福州路及管理中心各2路	4	两个变电所各引入二路10 kV电源，通过一根10 kV联络电缆将二侧电源相互备用	
西藏南路隧道	东线:1 619.5 西线:1 902.1	2×2	10 kV电源4路，浦东浦西各2路	2＋1(管理中心)	江二侧各引入二路10 kV电源，通过一根10 kV联络电缆将江二侧电源相互备用	
新建路隧道	东线:1 950 西线:1 920	2×2	10 kV电源4路，浦东浦西各2路		江二侧各引入二路10 kV电源，通过一根10 kV联络电缆将江二侧电源相互备用	
打浦路隧道复线	2 040	2	10 kV电源4路，浦东浦西各2路	2＋1(管理中心)	江二侧各引入二路10 kV电源，通过一根10 kV联络电缆将江二侧电源相互备用	
龙耀路隧道	北线:2 958 南线:2 942	2×2	10 kV电源4路，浦东浦西各2路	3	江二侧各引入二路10 kV电源，通过一根10 kV联络电缆将江二侧电源相互备用	
迎宾三路地道	上层:2 173 下层:2 550	2×2	10 kV电源2路，浦西2路	1(管理用房)＋1(跟随变)	浦西引入二路10 kV电源	

延安路、大连路、复兴路等隧道供电方案均采用三路10 kV电源供电。此方案是采用第三电源作应急电源，即黄浦江一侧变电所引二路10 kV电源，另一侧引一路10 kV电源，通过敷设在隧道二根联络电缆达到江二侧10 kV电源互为备用，每座变电所都能得到三路电源的支持，该方案供电可靠性较高。

上海市供电局与越江隧道建设方就黄浦江隧道供电系统的主要接线方案形成统一意见："隧道供电主接线方案能够满足隧道用电作为特别重要供电负荷的需要。即隧道两侧10 kV变电所分别由两侧(浦东、浦西)两路电源供电，中间设一路10 kV联络电缆，联络电缆两侧设联络开关只有在黄浦江一侧的两路10 kV全部失电的情况下，才可以人工操作方式投入，且10 kV联络电缆处于热备用(带电)状态。今后黄浦江越江隧道10 kV主接线按上述方式进行设计。"

针对之前隧道工程设计、施工及建成投入运营后，供电专业出现的一些问题进行分析和总结，隧道供电系统设计存在以下几方面的问题。

1. 本专业与相关专业的配合

问题1:人民路隧道高压电源进线采用上进线，易产生电缆接头处漏水、渗水情况，为今后的运行埋下了安全隐患。

处理方式:人民路隧道因工作井的土建高度不允许,因此未能设置电缆夹层,而采用上进上出的方式。在目前情况下,建议采取两方面措施:针对电缆埋管与高压进线电缆间的渗漏水,在现场加强两者间的防水封堵措施,并对进线处的电缆支架在可能的情况下局部抬高一段,使渗漏水不要顺电缆进到柜内;同时针对电缆埋管与结构墙间的渗漏水,在合适位置砌一道防水用的门槛,将沿墙渗漏下来的水挡在此集水井内,具体如图 6-1 所示。

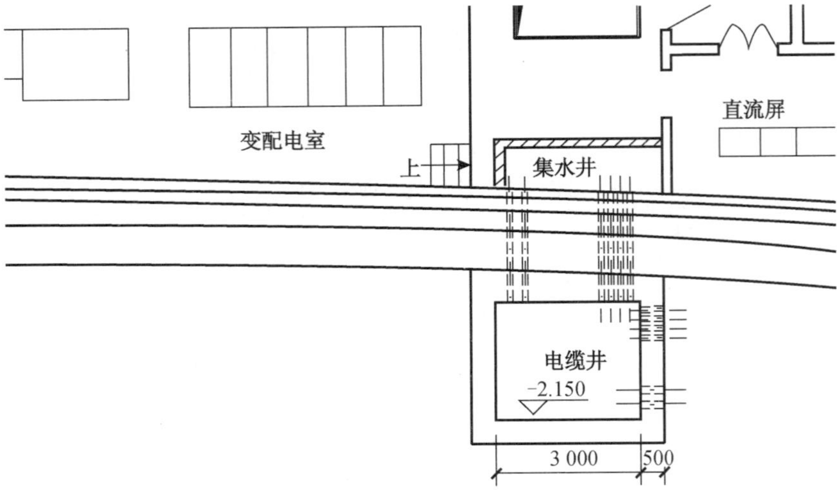

图 6-1　人民路隧道电缆进线处室内集水井示意图

在工作井内结构高度允许的条件下,新建变电所尽量设置电缆夹层,使所内的高压进线及各类高、低压配电柜都能实现下进下出方式。这样即使有局部结构渗水情况发生,渗水将集中在电缆夹层内,不至于渗漏到配电柜内,引起安全隐患。同时,外电源进线的结构预埋管考虑坡度为室内高、室外低,这样可以将结构渗漏水引向室外的电缆进线井内,而不会顺着进线电缆进到室内。

问题 2:打浦路、龙耀路隧道井下一层结构多渗漏点,有的甚至在变配电室墙角处开设暗沟,造成站内湿度偏大。

处理方式:在设计初期,供电专业除对土建专业提出必需的面积、层高等要求外,还需根据规范对变电所的地面平整度、积水、排水措施等提出要求,并对土建相关施工图进行会签,尽早发现问题。在施工阶段,供电专业应及时了解现场情况,与土建专业密切配合,指出可能的安全隐患,督促相关专业尽快解决。

问题 3:上中路隧道给排水系统中的排水泵运行记录、运行时间等,无法在中控室监控系统的图控中追溯。

处理方式:排水泵的开停信号、手自动状态等信号供电专业已接至监控系统。通过和监控专业核实,水泵等设备的运行记录在相关招标文件中已提出要求,监控承包商应根据管理需求并结合现场数据上传情况进行完善。

2. 与供电部门的配合

问题:人民路隧道的大功率轴流风机启动时,引起 10 kV 高压进线开关跳闸。

处理方式:供电部门的高压开关整定值仅根据变压器容量大小进行设定,未躲过大功率电动机的启动电流。设计补充提供了 0.4 kV 开关柜的整定值及低压的具体负荷情况，供电部门根据资料修改了整定值，以躲过风机的启动电流，并保证了上下级开关的整定配合。

3. 重视大功率电动机的启动问题

问题：打浦路隧道三号变电所的变压器容量较小，但所供电的一台轴流风机容量较大，达到变压器容量的一半以上，当大容量风机启动时引起 10 kV 高压侧变压器保护开关跳闸。

处理方式：设计提出了两套解决方案：①适当提高变压器高压侧过载保护电流值；②利用综合保护继电器的保护功能，在软启动器开始工作时发一启动信号给综合保护继电器，让综合保护继电器转换到高值保护模式，以避开启动电机时的非正常保护跳闸；当软启动器达到全压时撤销启动信号，综合保护继电器回到正常保护模式。

因风机启动电流特别大，单纯地提高高压侧的过载保护电流值来躲过此电流，会使变压器失去本身的过载保护。因此最后采取了在适当提高变压器高压侧过载保护电流值的前提下，采用方案②来解决躲过启动大电流避免保护开关跳闸的方式。

虽然对于新建的越江隧道工程一般不会有此种极端情况的发生，但对于大功率电动机的启动问题同样需加以重视。在变压器选择时，除考虑负荷率外，需同时考虑满足大功率电动机的启动，适当放大变压器容量来满足要求，避免同类情况的发生。

6.2 设计技术要求

6.2.1 设计原则

1. 设计依据

(1)《供配电系统设计规范》(GB 50052)；
(2)《10 kV 及以下变电所设计规范》(GB 50053)；
(3)《低压配电设计规范》(GB 50054)；
(4)《公路隧道交通工程设计规范》(JTG/T D71)；
(5)《人民防空工程设计防火规程》(GB 50098)；
(6)《建筑设计防火规范》(GB 50016)；
(7)《电气装置安装工程电气设备交接试验标准》(GB 50150)；
(8)《民用建筑电缆防火设计规程》(DGJ 08—93)；
(9)《民用建筑电气设计规程》(JGJ 16)；
(10)《电力工程电缆设计规范》(GB 50217)；
(11)《工业与民用电力装置的接地设计规范》(GBJ 65)；
(12)《电力装置的继电保护和自动装置设计规范》(GB/T 50062)；
(13)《建筑物防雷设计规范》(GB 50057—94)；
(14)《用户高压电气装置规范》(DG/TJ 08—2024)；
(15)《民用建筑电气防火设计规范》(DG/TJ 08—2048)；
(16)《道路隧道设计规范》(DG/TJ 08—2033)。

2. 一般规定

供配电系统的设计，首先应确定用电负荷等级并根据负荷等级采取相应的供电措施，以保证供电系统的合理性。供配电系统应简单、安全、可靠，分级要少而明确，确保供电质量，便于管理、维护，节约建设投资，减少运行时的电能损失。

3. 隧道电力负荷分级和供电要求

1）隧道电力负荷分级

(1) 一级负荷：消防泵、废水泵、排风/排烟风机、隧道基本照明、火灾时仍需坚持工作的管理用房照明、雨水泵、变电所自用电设备等。而应急照明、诱导标志照明、监控系统电源等为一级负荷中特别重要负荷。

(2) 二级负荷：隧道设备机房、一般管理用房照明，一般通风机、非消防用的直升电梯、集水泵等。

(3) 三级负荷：景观照明、空调设备等停电后不影响隧道正常运行的负荷。

2）供电要求

(1) 隧道一级负荷应由两路可靠电源供电。一级负荷中特别重要负荷除由双重电源供电外，应增设应急电源。

(2) 隧道二级负荷宜有两路电源供电。

(3) 隧道三级负荷可由单电源单回线路供电，当发生供电系统容量不足时，可切除该负荷。

4. 供电电压选择

供电电压应根据用电容量、供电距离、当地公共电网现状等因素，经技术经济综合比较后确定，一般采用 10 kV 电压供电。

低压配电电压应采用 AC 380/220 V。

5. 电力监控系统

在控制中心设置电力监控系统，应能对变电所内的主要电气设备进行遥控、遥测、遥信和遥调。

6. 供电系统的继电保护

供电系统的继电保护应满足可靠性、选择性、灵敏性和速动性的要求，力求简单。

7. 直流操作电源

(1) 所用直流系统主要用于控制、保护、电力监控。直流电压 DC 110 V。宜选用成套蓄电池直流屏(柜)，停电时间按 1 h 核算。

(2) 降压变电所直流操作装置电源，应由该变电所的二段低压母排分别引入。

8. 无功补偿

降压变电所应采用低压侧集中自动无功补偿与就地补偿相结合，补偿后的功率因数不应小于 0.9，补偿电容器的选择应考虑系统谐波电流影响。

9. 配电变压器

二台配电变压器，其容量选择应满足当一台配电变压器退出运行时，另一台配电变压器能负担本变电所供电范围内全部一、二级负荷。

10. 电线电缆

1）配电、控制电线电缆的选择

应按《民用建筑电线电缆防火设计规程》(DGJ 08—93)有关规定执行。

2）电缆、电线的敷设要求

(1) 电缆穿管敷设、电缆直埋敷设应满足《电力工程电缆设计规范》(GB 50217)的要求。

(2) 隧道内电缆明敷设时，应敷设在电缆桥、支架上。电缆桥、支架应根据腐蚀介质的特点采取相应的防护措施。

(3) 在隧道内敷设时，各相关尺寸及电缆相互间距应符合表 6-2 的规定。电缆在穿越不同的防火分区处，应采取防火封堵措施。

表 6-2　　电缆敷设的各相关尺寸及距离

名称		电缆通道/mm			深于 1 m 的电缆沟/mm	
		水平（开挖式）	水平（非开挖）	垂直	水平	垂直
两侧设支架的通道净宽		≥1 000	≥800	—	≥700	—
一侧设支架的通道净宽		≥900	≥800	—	≥600	—
电缆支架层间距离	电力电缆	—		≥200 (300)	—	≥150
	控制电缆	—		≥120	—	≥100
电缆支架之间的距离	电力电缆	1 000		1 500	1 000	—
	控制电缆	800		1 000	800	—
变电所内电缆通道净高		—		≥2 000	—	—
电力电缆之间的净距		≥35		—	≥35	—

注：① 表中括号内数字为 35 kV 级电缆标准；
② 电力电缆与控制电缆混敷时，电缆支架间的距离宜采用电力电缆标准。

11. 动力设备

(1) 单机容量较大或负荷性质重要的动力设备，宜采用放射式配电。

(2) 二车道宜间距 50 m 左右单侧布置维修电源箱，三车道以上宜间距 50 m 左右两侧对称或交叉布置维修电源箱，插座回路应具有剩余电流动作保护功能。

(3) 位于排烟风机房内的控制箱及电线、电缆应满足该处环境的特殊要求。

(4) 用电设备端子处电压偏差允许值满足规范要求。

(5) 根据各专业工艺要求选择动力设备的就地、远方、自动控制方式。

(6) 安装在隧道内设备配电控制箱(柜)应满足潮湿、散热等特殊环境要求。

12. 防灾要求

(1) 隧道中的消火栓泵、喷淋泵、防灾报警、通信、设备监控、气体灭火、防火卷帘门、隧道风机(含射流风机)、防排风/排烟风机及相关风阀、应急照明(含疏散指示标志照明)、废水泵、雨水泵等消防负荷为一级负荷，应采用双电源双回路供电，并在最末一级配电箱处进行自动切换。

(2) 集中成片布置的小容量消防负荷可共用一个双电源切换箱。

(3) 应急照明作为一级负荷中的特别重要负荷还应增设集中蓄电池作为备用电源。

(4) 消防用电设备供电回路引自变电所内低压母排专用配电回路，其配电设备应设有明显标志，配电和控制线路宜按防火分区划分。

(5) 消防设备的配电、控制线路应按《民用建筑电线电缆防火设计规程》(DGJ 08—93)的有关规定执行。

(6) 电缆通道按 200 m 设置防火封堵(最终以消防部门批文为准)。

13. 接地和防雷

(1) 低压配电系统的接地形式宜为 TN-S 系统。

(2) 不同用途和不同电压的电力设备，除另有规定外，应与弱电设备采用共用接地系统，并加等电位联结，变电所工作接地电阻应不大于 1 Ω。

(3) 金属电缆桥、支架应与接地干线可靠连接。

(4) 隧道洞口外没有接入共用接地系统的设备应设置独立接地。接地电阻满足规范要求。

(5) 隧道洞口外、通风井等建筑物防雷设施需满足《建筑物防雷设计规范》(2000 年版)(GB 50057)。

6.2.2 供电设计方案

1. 隧道变电所位置

作为连接黄浦江两岸城市隧道，主要隧道工艺设备布置在隧道二端，按接近负荷中心及兼顾隧道整体布局原则，通常在隧道二端各设一座变电所，两座变电所供电分界点在江中附近。

2. 隧道变电所房间布置对土建专业要求

1) 一般要求

(1) 变电所各设备房屋应集中设置。

(2) 变电所的房屋结构，应符合有关规程、规范对其防火的规定，并满足防汛、防雨水、防潮、防小动物的要求。

(3) 变电所设备房屋内不应有与变电所无关的管线(严禁水管)通过。

(4) 外部进线严禁直接接入高压室，应设置单独的电缆井或接入电缆夹层，并配套设置排水设施。

(5) 变电所设备房屋在结构条件允许时，下方宜设置电缆夹层。

2) 变电所房屋净高要求

变电所设备房屋净高为梁底距地面的净高。变电所房屋最低净高满足如下要求：

(1) 各开关柜室设备安装空间净高≥4.0 m。

(2) 控制室设备安装空间净高≥3.0 m。

(3) 以上各设备房间内若设置各种管线，其管线位置及高度应与供电专业配合并得到供电专业确认。

(4) 若设置电缆夹层，电缆夹层净高≥1.9 m。当有困难时局部净距不应小于 1.4 m。

3) 变电所房屋门窗要求

(1) 变电所的门窗均应采用 A 级不燃材料，满足房间的防火等级要求，所有门均可从房间内不用钥匙直接打开。

(2) 变电所房屋与外界相通的门应向外开启，为便于变电所设备的操作、搬运、检修、试验和巡视，相邻设备房之间的门应设置为双向开启。

(3) 变电所所有的设备房间均应设置设备运输门或者设备运输门洞。

(4) 变电所门窗应有防止灰尘、雨水及小动物进入的措施。

4) 变电所装修要求

变电所配电室和各辅助房间的内墙表面应抹灰刷白，地面宜采用高标号水泥抹面压光。配电室、变压器室的顶棚及变压器室的内墙面应刷白。

5) 变电所运输通道要求

(1) 设备运输通道要求短捷、通顺，避免迂回，不仅要考虑开通前的设备运输安装，更要考虑运营后变电所设备更换时，尽量减少对其他设备运行的影响。

(2) 变电所房屋及设备运输路径上的土建结构应能承受设备运输、就位、运行过程中的动、静荷载要求，动、静荷载按实际发生的最严重情况考虑。

(3) 运输门洞和吊装孔的尺寸应能满足搬运、吊装最大设备的需要。吊装孔的上方宜设置吊钩(环)等承力设施，其与吊装孔的垂直距离应满足吊装最高设备的需要。

3. 推荐的隧道供电方案

黄浦江越江设施投资发展有限公司、设计单位、电力部门就黄浦江隧道供电系统的主要接线方案达成一致意见：

隧道供电主接线方案能够满足隧道用电作为特别重要供电负荷的需要，即隧道两侧 10 kV变电所分别由两侧(浦东、浦西)两路电源供电，中间设一路 10 kV 联络电缆，联络电缆两侧设联络开关只有在黄浦江一侧的两路 10 kV 全部失电的情况下，才可以人工操作方式投入，且 10 kV 联络电缆处于热备用(带电)状态，今后黄浦江越江隧道 10 kV 主接线按上述方式进行推广运用。主接线方案可参见图 6-2。

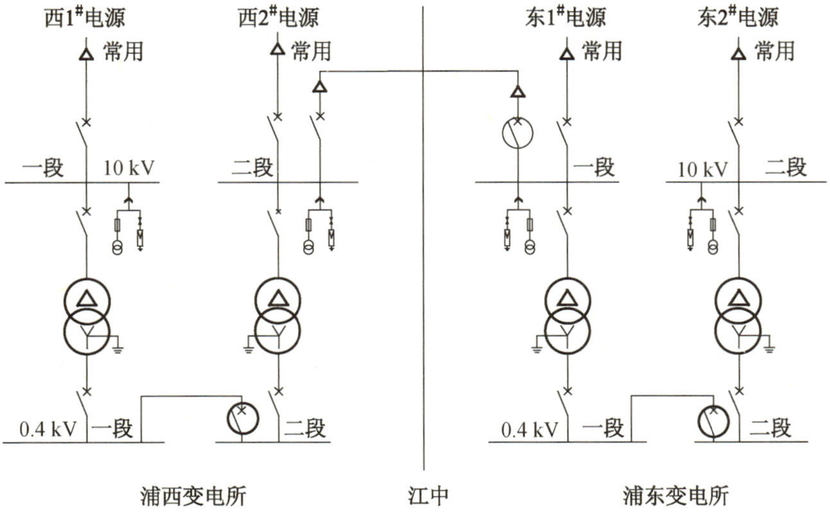

图 6-2　主接线供电方案

特长隧道供电主接线方案，在满足有关设计规范的前提下，单独与供电部门协商确定。

4. 与电力监控的接口内容

有关电力监控接口的内容，可参见表 6-3。

表 6-3　电力监控接口内容

10 kV 进线	
遥测	三相电压、三相电流、有功功率、无功功率、视在功率、功率因数、有功电度、无功电度
遥信	断路器分/合位置、手车位置、接地开关位置、储能状态、本地/远动转换开关位置、保护动作、报警、进线失压、控制回路故障、分闸回路监视
遥控	断路器分/合控制
10 kV 联络	
遥测	三相电流
遥信	断路器分/合位置、手车位置、储能状态、本地/远动转换开关位置、保护动作、报警、进线失压、控制回路故障、分闸回路监视、母线电压正常、母线失压
遥控	断路器分/合控制
10 kV 馈线	
遥测	三相电压、三相电流、有功功率、无功功率、视在功率、功率因数
遥信	断路器分/合位置、手车位置、接地开关位置、储能状态、本地/远动转换开关位置、保护动作、报警、控制回路故障、分闸回路监视
遥控	断路器分/合控制
变压器保护柜	
遥测	三相电流、温度
遥信	断路器分/合位置、手车位置、接地开关位置、储能状态、本地/远动转换开关位置、保护动作、报警、控制回路故障、分闸回路监视、变压器保护动作、高温报警
遥控	断路器分/合控制
400 V 进线	
遥测	组合电量
遥信	断路器分/合位置、本地/远动转换开关位置信号、保护动作、报警、控制回路故障
遥控	断路器分/合控制
400 V 母联	
遥测	三相电流
遥信	断路器分/合位置、本地/远动转换开关位置信号、保护动作、报警、控制回路故障、母线失压
遥控	断路器分/合控制
400 V 馈线	
遥测	三相电流、有功功率、无功功率、视在功率、功率因数
遥信	断路器分/合位置、本地/远动转换开关位置信号、保护动作、报警、控制回路故障
遥控	断路器分/合控制
功率因数自动补偿柜	
遥测	三相电流

续表

遥信	补偿电容投入级数
所用交直流盘	
遥测	电压、电流
遥信	交流装置异常总信号、直流装置异常总信号、交流一路投入信号、交流二路投入信号、直流母线电压异常

6.2.3 与供电部门的接口

(1) 在施工设计开始前，配合业主进行用电申请，提供填写用电申请表所需相关资料，包括进线电源电压等级、电源回路数、每路电源容量、主要用电设备清单等。提供供电主接线图、变电所位置地形图。

(2) 完成供电申请后，在施工图设计前期，提供送审图给供电部门初审及进行外线设计。送审图包括供电主接线图、高低压开关柜一次系统图、变电所设备平面布置图、变电所位置地形图等。根据各个供电部门的要求不同，还可能需提供变电所的建筑平剖面图、变电所内照明平面布置图、变电所的通风平面布置图等。

(3) 要求供电部门提供最大、最小运行方式下的短路容量、外线电缆的参数等供设计计算用。

(4) 在施工图设计完成后，提供高低压开关柜二次控制原理图给供电部门审核。

(5) 在现场施工调试前，请供电部门提供上级馈电开关的整定参数及保护曲线，以作为设计院对高压进线开关进行整定的依据。并将设计院的整定参数等提供给供电局，以作为其进行整定复核的依据。

6.2.4 设备配置总原则

(1) 符合先进水平，在满足功能要求的前提下，选用成熟的环保和节能型产品。

(2) 设备选型立足于国产化。首选技术可靠、成熟并经过长期运营考验、性能稳定的设备。

(3) 设备应为防潮、防霉产品及低噪声、低耗能的设备。

(4) 箱、柜等设备应由国家认可单位生产，产品应按规定要求出示认证证书及检验报告。

6.3 主要设备技术要求

6.3.1 总则

(1) 隧道变电所设置在地下，其供电设备必须满足其使用环境温度、相对湿度、饱和蒸气压要求，即满足湿热带环境(TH)要求。设备外壳要求用优质冷轧钢板制成，其结构、材料应具有足够的机械强度。钢板表面经防腐处理，使用寿命大于30年(制造厂应提供材料表面防腐处理、防盐雾试验报告)。

(2) 10 kV 真空断路器为 10 kV 开关柜心脏部件，故应选用国际知名品牌设备，以保证设备可靠性。

(3) 微机综合保护装置须具有如下功能:可以实现保护、监视、控制、测量、通信等功能,信息采集及控制功能具有可编程输入/输出装置,该装置具有可编程的光隔输入、继电器输出,装置开关量输入不少于 12 路,开关量输出不少于 8 路,并且输入/输出可扩展。保护功能满足 IEC60076—11,并具有看门狗功能,有故障检测模块,满足通信规约要求。

(4) 低压进线、母联断路器选用在隧道工程中有良好业绩的国际品牌的系列框架式空气断路器,大于 100 A 出线馈电回路塑壳断路器宜选用国际品牌产品,小于 100 A 出线馈电回路塑壳断路器可选用品牌或国内知名品牌产品。

(5) 低压进线、母联断路器自带控制、三阶段保护、信号、测量为一体的控制保护单元。

(6) 10 kV/0.4 kV 变压器采用低损耗、低噪声环氧浇注干式变压器或非晶干式变压器,配强迫风冷装置。

(7) 环境条件:环境温度,−5 ℃～+40 ℃;相对湿度。日平均相对湿度 95%以下,月平均相对湿度 90%以下;饱和蒸气压,日平均值不大于 2.2×10^{-3} MPa,月平均值不大于 1.8×10^{-3} MPa,有凝露;海拔高度≤1 000 m;地震烈度≤7 度。

6.3.2 高压柜

本设备技术要求适用于隧道工程变电所内 10 kV 高压开关柜,包括功能设计、结构、性能、安装和试验等方面的技术要求。

1. 10 kV 空气绝缘金属封闭中置式开关柜

1) 系统参数

额定电压 10 kV;最高工作电压 12 kV;额定频率 50 Hz。

2) 采用标准

本开关设备的制造、试验和验收除了应满足本标书的要求外,还应符合《高压开关设备通用技术条件》(GB 11022)与《3.6～40.5 kV 交流金属封闭开关设备和控制设备》(GB 3906)标准,柜内的设备及元件也应符合相应的国家标准。

3) 主要技术参数及性能

(1) 额定值

额定电压:10 kV。

最高电压:12 kV。

额定电流:水平母线额定电流 630～1 250 A;分支母线额定电流 630 A。

额定频率:50 Hz。

动稳定电流(峰值):63 kA。

热稳定电流:25 kA。

一次母线动稳定电流(峰值):63 kA。

额定绝缘水平(柜体及开关设备绝缘):

工频耐压:42 kV/lmin。

雷电冲击电压(全波):75 kV。

操作电压:DC 110 V。

操作电流:≤3.3 A。

温升:柜内各组件的温升不得超过该组件相应标准的规定,可触及的外壳和盖板的温升不得超过 30K;分、合闸机构和辅助回路的额定电压:DC110 V。

(2) 断路器(国际知名品牌)主要技术参数

额定电压:10 kV。

最高工作电压:12 kV。

额定电流:630～1 250 A。

额定频率:50 Hz。

操动机构类型:弹簧操动机构。

绝缘水平工频耐压值:对地、相间及普通断口,42 kV/1 min;隔离断口间,48 kV/1 min。

雷电冲击电压(全波):75 kV。

辅助回路工频耐受电压:2 kV。

额定短路开断电流:25 kA。

额定关合电流(峰值):63 kA。

额定动稳定电流(kA):63 kA。

额定热稳定电流(kA):25 kA(时间 3 s)。

真空断路器截流电流:<3 A。

过电压倍数<1.8 倍。

操作电流:$\leqslant 3.3$ A。

机械寿命:$>30\ 000$ 次。

电气寿命:$>10\ 000$ 次。

额定开断短路电流次数:$\geqslant 50$ 次。

(3) 电流互感器

形式:环氧浇注式。

额定电压:10 kV。

额定电流变比:详见图。

二次侧电流:5 A。

准确度等级:线圈 1,0.5 级;线圈 2,10P20 级。

额定负荷:15 VA。

(4) 电压互感器

形式:环氧浇注式。

额定初级电压:10 kV/$\sqrt{3}$。

次级绕组:100 V/$\sqrt{3}$。

准确度等级:0.5 级。

额定负荷:按继电保护及测量设计容量定。

(5) 熔断器

形式:RN2-10。

额定电压:10 kV。

额定电流:0.5 A。

额定断流容量:50 kA。

(6) 避雷器

形式:氧化锌避雷器。

系统额定电压:10 kV。

避雷器额定电压:12.7 kV。

直流 1 mA 参考电压、1.5/50 冲击放电电压、500 A 电流下残压、标称放电电流下残压:根据 GB 11032—2000 相关要求。

(7) 接地隔离开关

形式:手动隔离开关。

额定电压:10 kV。

热稳定电流:25 kA(时间 3 s)。

动稳定电流(峰值):63 kA。

(8) 加热器

额定电压:AC 220 V。

额定频率:50 Hz。

加热器容量由供货方配,并提供温湿度控制仪。

(9) 其他参数要求

控制回路电压:DC110 V。

保护回路电压:DC110 V。

信号回路电压:DC110 V。

在上述数值的 80%~120%范围内,各种电气设备动作应准确可靠。

断路器的合闸回路在上述数值的 85%~110%范围内应能关合额定关合电流;75%~110%范围内应能在无负荷情况下关合。

断路器的分闸回路在上述数值的 65%~120%范围内应能可靠分闸。

所有电子设备和继电器在高次谐波畸变率不大于 8%的条件下应能正常运行。

4) 结构和组成

(1) 概述

开关柜采用户内金属铠装全封闭结构,由柜体和手车两部分组成。具有工作、试验、隔离、接地四个位置。手车可以较轻易地拉出或插入。开关选用真空断路器安装在手车上。

开关柜应满足五防要求:防止带负荷拉手车;防止误分、误合断路器;防止接地开关处在闭合位置时关合断路器;防止在带电时误合接地开关;防止误入带电隔室等功能。

在每个开关柜内设置专用的继电器小室来安装继电器、仪表。

防护等级:IP4X,开门为 IP2X。

(2) 开关柜结构

开关柜以铆钉及螺栓拼合而成。开关柜在结构上应保证正常运行、监视和维护工作能安全方便地进行。维护工作包括元件的检修和试验以及故障的寻找和处理。对于额定参数及结构相同而需要替代的元件应能互换。

开关柜用钢板分隔成手车室、母线室、电缆室和低压室四部分。分隔用的钢板应具有足够的机械强度,以保证每个室内的元件在发生故障时不影响相邻设备,应通过 1 秒 25 kA 内部燃弧试验。

任何可移开部件与固定部分的接触：在正常使用条件下，特别是在短路时，不会由于电动力的作用而被意外地分开。

① 外壳

外壳用优质冷轧钢板制成，其结构、材料厚度≥2 mm 并应具有足够的机械强度。钢板表面经防腐处理，使用寿命在 20 年以上(制造厂应提供钢材表面防腐处理试验报告)。或采用表面增加环氧或油漆层的覆铝锌合金钢板，使开关柜防腐蚀性能更好。

② 门

门是外壳的一部分，断路器手车在开关柜内的工作位置、试验位置时，门均可关闭。为了保证门的可靠接地，门与柜体之间应用铜编织导线连接。

③ 泄压窗

泄压窗为了防止内部各室故障产生的压力对柜内设备的损坏，开关柜在顶部应设置泄压窗。对于开关柜的手车室、母线室、电缆室的泄压窗应分开。

④ 隔板和活门

隔板：隔板由金属制成并接地。

活门：活门由金属制成并接地。

当手车处于试验位置或移开位置时，活门应把带电静触头自动罩起来并接地，同时还应考虑加挂锁，加搭勾等安全措施以确保维护、检查时的人身安全。

⑤ 隔离插头和接地开关

隔离插头或接地开关的操作位置应能判定，并能达到下列条件之一：隔离断口是可见的；可抽出部件相对于固定部分的位置是清晰可见的，并且对应于完全接通和完全断开的位置具有标志；隔离插头或接地开关的位置由可靠的指示器显示。

⑥ 母线室

为了加强母线室的绝缘水平母线的形状应使其电场较均匀，同时为了尽量避免由于各种原因而引起的母线间的短路，高导铜母线应采用绝缘措施(绝缘材料应采用无卤阻燃型材料并提供阻燃试验报告)。各开关柜间的母线室应用绝缘隔板和绝缘套管隔离。

⑦ 电缆室

开关柜电缆进出方式根据各工程实际情况，开关柜底部应考虑电缆头安装和电线的进出及连接，电缆室电缆端接线高度大于或等于 750 mm。电缆室内相与相之间宜加装绝缘板，柜深应小于或等于 1 500 mm。

⑧ 测量仪表、继电保护装置及二次回路

测量仪表、继电保护装置放在低压室内，可采用柜面安装及柜内安装两种形式。具体安装形式在设计联络中确定。

测量仪表及继电保护装置与高压带电部分应保持足够的安全距离，以保证在高压带电部分不停电情况下进行工作时人员不致触及运行的高压导电体。

开关柜的结构应考虑有可靠的防振动措施，不因高压开关柜中断路器在正常操作及故障动作时产生的震动而影响测量仪表、继电保护装置的正常工作及性能。

柜内的二次连接导线应采用多股软铜绝缘线，端子排接线板及固定螺丝均为铜质材料制成，标志应正确、完整、清楚、牢固。

当测量仪表及继电保护装置的二次回路接线以插头与高压开关柜中其他组件的二次回

路相连接时，其插头及插座必须接触可靠，并有锁紧设施。

二次回路中的低压熔断器、端子和其他辅助元件，应有可靠的防护措施，使运行维护人员不会触及导电体。

二次回路导线应使用铜导线，其截面：电流回路不小于 4 mm^2；电压回路不小于 4 mm^2。计量回路二次导线规格根据供电局要求确定。

⑨ 接地

沿所有高压开关柜的整个长度延伸方向应设有专用的铜质接地导体，接地导体应能满足该回路动、热稳定电流的要求，其电流密度在规定的接地故障时不应超过 200 A/mm^2，其最小截面不得小于 30 mm^2，该接地导体应设有与接地网相连的固定的连接线端子，并有明显的接地标志。

高压开关柜的金属骨架及其安装于柜内的高压电器的金属支架应有符合技术条件的接地，并且与专门的接地体连接牢固。

主回路中凡能与其他部分隔离的每一个部件应能接地。

在正常情况下可抽件中应接地的金属部件，在试验或隔离位置、处于隔离断口规定的条件下以及当辅助回路未完全断开的任一中间位置时，均应保持良好的接地连接。

每一高压开关柜之间的专用接地导体均相互连接，并通过专用端子连接牢固。

⑩ 联锁

为了安全和便于操作，在金属封闭开关设备的不同元件之间应设联锁。对主回路来说，必须遵守下列规定：具有可移开部件的金属封闭开关设备断路器处在分闸位置时，可移开部件才可以抽出或插入，只有当断路器手车在工作位置、移开位置、试验位置才可以进行操作；接地隔离开关。

接地隔离开关应采用可靠的联锁措施，以保证只有当与它相关的断路器处于分闸位置时，才能进行操作。

接地隔离开关与断路器之间应装设电气联锁，以防止当接地开关处于合闸位置时，电缆进行送电。

⑪ 参考外形尺寸(宽×深×高)

外形尺寸(宽×深×高)选用 800 mm×1 500 mm×2 200 mm。

5）试验

制造厂应按有关标准要求，提供型式试验报告，产品出厂前应进行出厂试验，另外工厂应提出现场试验标准与方法并征得认可。

(1) 出厂试验

① 结构检查；

② 机械特性和机械操作试验；

③ 主回路工频耐压干试验；

④ 辅助回路和控制回路工频耐压试验；

⑤ 主回路电阻测量；

⑥ 局部放电量测量；

⑦ 辅助的电气装置的试验；

⑧ 接线正确性的检查；

⑨ 控制回路功能检查；

⑩ 开关(包括继电保护、联锁)检测及联动试验。

(2) 型式试验

① 耐受电压试验(包括雷电冲击电压试验、工频耐压试验、辅助回路的工频耐压试验);

② 温升试验和主回路电阻测量;

③ 主回路和接地回路的动、热稳定试验;

④ 开关的开断和关合能力试验;

⑤ 开关和可移开部件的机械试验;

⑥ 防护等级的检查(防止人体接近带电部分和触及运动部分的试验);

⑦ 泄漏电流测量(防止人体受到电效应伤害的防护性能的试验);

⑧ 操作振动试验;

⑨ 局部放电测量。

6) 铭牌

(1) 制造厂名称和商标。

(2) 型号(包括接线方案编号)、名称和出厂序号。

(3) 使用参数(额定电压、额定电流、额定热稳定时间及电流、额定动稳定电流)。

(4) 防护等级。

(5) 出厂日期。

2. 10 kV 继电保护装置技术要求

1) 采用标准

《电力装置的继电保护和自动装置设计规范》(GB/T 50062);

《微机线路保护装置通用技术条件》(GB/T 15145);

《继电器及继电保护装置基本试验方法》(GB 7261);

《静态继电器及保护装置的电气干扰试验》(GB 6162);

《线路继电保护产品动态模拟技术条件》(SD 286);

《电气继电器》(IEC 255);

《微机型防止电气误操作装置适用技术条件》(DL/T 486/2000)。

2) 技术要求

(1) 保护配置

10 kV 继电保护装置采用微机综合保护测控单元,用以实现保护、监视、控制、测量、通信等功能,适用于变电所 10 kV 交流供电系统的继电保护装置及辅助继电器。

保护功能应使发生故障的一次设备从供电系统中退出运行,以最大限度减少对一次设备的损坏,降低对供电系统安全供电的影响:控制、监控功能应适合现场运行人员就地监控及操作,并可实现变电所无人值班,适应全所自动化及电力监控的需要;测量功能应具有测量值当地显示及远方传送功能,能显示正常及故障状态测量值;通信功能用于远方随时监测装置的运行状态、调用数据、改变定值及远方操作等。微机综合保护测控单元的联锁功能由可编程软、硬件实现,并可满足系统各种运行方式的需要。微机综合保护测控单元还配有与一次设备接口、所内监控系统接口、所内直流系统接口的硬件设备及编程软件。

微机综合保护测控单元作为变电所综合自动化的组成部分,供货方应提出与变电所综合自动化系统的功能接口及分工方案。

① 微机综合保护测控单元的主要技术指标

· 额定值

交流电流 5 A;交流电压 100 V;频率 50 Hz±0.5 Hz;直流电源电压 110 V,允许偏差 −20%～+10%,纹波系数不大于 5%。

· 功耗

交流电流回路 In=5A 时,每相不大于 0.5 VA;交流电压回路额定电压时,每相不大于 1 VA;直流电源回路正常工作时,不大于 50 W,保护动作时,不大于 80 W。

· 过载能力

交流电流回路:3 倍额定电流,连续工作;
10 倍额定电流,持续 10 s;
50 倍额定电流;持续 1 s。

交流电压回路:1.1 倍额定电压,连续工作。

直流电源回路:80%～110%额定电压,连续工作。

具体配置见表 6-4。

② 微机综合保护测控单元的主要技术参数

· 电流保护整定范围

定时限电流:0.1～4 In,步长 0.05 In。

定时限电流延时:0～5 s,步长 0.05 s。

定时限零序电流:0.01～2 In,步长 0.01 In。

定时限零序延时:0～5 s,步长 0.05 s。

带时限电流速断:0.5～20 In,步长 0.2 In。

带时限电流速断延时:0～5 s,步长 0.02 s。

带时限零序电流速断:0.5～20 In,步长 0.2 In。

带时限零序电流速断延时:0～5 s,步长 0.02 s。

· 电压保护整定范围

过电压额定范围:2～200 V,步长 IV。

低电压整定范围:2～200 V,步长 IV。

过电压整定时间范围:0.04～50 s,步长 0.01 s。

低电压整定时间范围:0.04～50 s,步长 0.01 s。

③ 保护配置表

表 6-4　　电力保护配置

柜名	装置类型	保护配置	备注
进线柜	综合保护测控装置(带电压保护)	带时限速断、过流、接地电流、欠压(报警)	电压元件在母线 PT
馈线柜	综合保护测控装置	带时限速断、过流、接地电流	电压元件在母线 PT 和馈线侧
联络柜	综合保护测控装置(带电压闭锁和方向保护功能)		
变压器柜	综合保护测控装置	速断、过流、接地电流	温度报警和脱扣

(2) 保护装置总要求

装置应采用微机综合保护测控单元，并采用多 CPU 结构方式和国际标准模块化结构，以实现保护、监视、控制、测量、通信等功能。

① 应满足可靠性、选择性、灵敏性和速动性要求。

② 微机综合保护测控单元及辅助继电器设置在相应的开关柜的低压室内。

③ 应具有开机自检和连续在线自检功能，装置中任一元件损坏，不应造成保护误动作，且能发出装置异常信号。

④ 应具有可靠的硬件闭锁功能，以保证在任何情况下不误动，只有在发生故障，保护装置启动时才允许开放跳闸回路。

⑤ 应具有自复位电路，发生“死机”现象应能通过复位电路恢复正常工作。在进行抗高频干扰试验时，不允许自复位电路工作。供货方应提出避免“死机”的建议方案。

⑥ 配置电源设备，在外部电源故障或失电时，装置的设定参数及状态数据、实时时钟信号及其他主要动作信号不应丢失，并能在外部电源恢复时，恢复其正常功能，重新正确显示并输出。

⑦ 配置逆变电源设备，保证装置内部各单元模块的正常工作。

⑧ 同一开关柜内不同设备的保护应采用不同 CT。

⑨ 应具有数据存储及故障录波功能。

⑩ 触点：供货方应提供保护装置的出口跳闸接点及信号接点数量，出口跳闸接点应满足接通 DC 110 V 5～10 A、断开 DC 110 V 4 A、长期接通 DC 110 V 5 A。

⑪ 应配置时钟元件，并与变电所综合自动化系统实现自动对时。

⑫ 主要保护的采样速率应不少于 25 点/周波。

⑬ 输入输出均具有过压、过流保护措施。

⑭ 控制输出应采用继电器接点方式。

⑮ 输入\输出应具有用户自定义编程特性。

⑯ 应具有当地\远方和运行\试验操作转换功能。

⑰ 保护和控制应采用不同的出口继电器。

⑱ 具有保护选择功能，每一种保护均可单独投入切除。

⑲ 具有回路隔离功能，当试验运行时，该保护退出运行。

⑳ 应保证多 CPU 间的协调性，保证保护、监视、控制、测量、通信等各功能的可靠实现。

(3) 微机综合保护测控单元主要功能要求

微机综合保护测控单元不仅是保护装置，而且是变电所综合自动化的重要组成部分。供货方应对 10 kV 变电所综合自动化配置提出建议方案。

① 保护功能

· 电流保护

电流保护具有独立的电流速断、限时电流速断、定时限过电流、零序保护及反时限功能。定时限过电流保护和反时限过电流保护可同时使用。保护应具有至少 2 个独立整定值组，以适应不同的运行方式，可通过当地或远方进行切换。当地或远方切换的模式选择应在当地进行。

在当地/远方均可退出电流保护运行或闭锁电流保护的出口。当地或远方闭锁的模式选择应在当地进行。

所有 CT 二次回路都应设置短路装置,防止试验时 CT 开路。

· 电压保护

电压保护具有宽范围的过电压、低电压动作范围。

· 断路器失灵保护

② 信息采集及控制功能

· 接受当地或远方控制命令,结合已储存的开关位置信号,进行逻辑判断,通过输出继电器发出开关的“合”“分”闸命令。当地或远方控制方式选择在当地进行。

· 采集和显示开关设备的位置信号、所有与开关柜有关的事故、预告信号等。

· 对电流、电压等电气量采用直接交流采样,通过所内通信网络传送到站控主控单元。

· 可实现开关间的连锁、联动、闭锁的功能。

· 可编程输入/输出:装置具有可编程的光隔输入、继电器输出,装置开关量输入不少于 12 路,开关量输出不少于 8 路,并且输入/输出可扩展。外部引至装置内的无源接点应经光电隔离,且该输入可由用户定义。开关量输出可由用户分配(保护自检的严重报警接点可除外)。继电器输出应可以按自保持和自动复归设置。

· 断路器防跳闭锁功能。

③ 当地和远方的通信功能

装置至少应有两个独立和同时工作的标准通信接口。一个用于连接当地 PC 机(如 RS232),实现各种调试功能,对保护进行就地访问、编程等;背面上的标准通信接口(如 RS485)用于与所内通信网络通信,以实现保护信息的传送、远方的控制、监视、测量等远动功能,通信规约应采用国际标准规约,并向用户完全开放。

④ 测量及监视功能

· 对电流、电压等电气量采用直接交流采样,测量值包括三相相电流真有效值、三相相(线)电压真有效值、有功电度、有功功率、无功电度、无功功率。

· 跳闸回路监视功能:对跳闸回路的开、合状态进行监视,当电压低于最小电压或跳闸命令发出后断路器不能跳开或跳开后不能合上,应发报警。

⑤ 数据记录与故障录波功能

· 事件记录:记录的事件应包括多种状态发生变化的事件,包括任何元件启动、返回或动作、数字输入和输出的状态发生变化、参数整定值的改变和自检事件。所有事件都应带时标。并可从面板显示器或通信口当地/远方调出查看。供货方提供其保护装置能储存的最新的事件数量。

· 故障记录及故障录波:供货方提供可记录的故障信息及故障录波的启动方式、录波长度,存储容量。故障前、后记录的周波数应可调。用户应可通过供货方提供的专用软件及设备在面板上的串行通信口当地再现故障记录及故障波形,进行故障分析,也可通过远方通信口远方访问、分析。供货方应提供支持软件并向用户授权软件使用权,支持就地和远方的访问、编程、故障分析。管理整定值文件等,并可从装置下载记录。

⑥ 自检功能

自检内容包括开机检查和连续在线自动检查。当出现无法消除故障,应立即报警。

⑦ 用户接口

· 液晶显示器：可显示三相电流实时有效值、整定值、命令和输出等。并可显示一次主接线。可对开关柜进行就地控制、带紧急分闸按钮、有强大编程功能。

· LED 信号指示及状态指示灯：所有保持式的 LED 的复归方式应当地复归/接点输入复归/远方复归可选。或供货方提供复归方式供买方确认。

· 操作按钮及功能键：用于菜单检索、数据输入、浏览阅读及开关操作等。

· 当地通信口。

· 远方通信口。

⑧ 保护应可按要求选择配置功能

通过当地或远方去掉不需要的功能，并使相应的定值组不在面板上显示。

(4) 主要技术参数

① 绝缘性能

· 绝缘电阻

在正常试验大气条件下，装置的带电部分和非带电金属部分及外壳之间，以及电气上无联系的各电路之间，根据被试回路额定电压等级，分别用开路电压 250 V 或 500 V 的兆欧表(U_i<60 V 时用 250 V 兆欧表，U_i≥60 V 时用 500 V 兆欧表)，测量其绝缘电阻值，应不小于 10 MΩ。

· 介质强度

在正常试验大气条件下，装置的直流电源输入回路、交流输入回路、输出触点回路对地，以及回路之间，应能承受频率为 50 Hz，2 kV 历时 1 min 的工频耐压试验而无击穿闪络及元器件损坏现象。(回路额定电压 U_i<60 V 时，试验电压为 500 V。)

除满足上述要求外，还应满足后试验条款的具体要求。

② 冲击电压

在正常试验大气条件下，装置的直流电源输入回路。交流输入回路、输出触点回路对地；以及回路之间，应能承受 1.2/50 μs 的标准雷电波的短时冲击电压试验，开路试验电压 5 kV，装置应无绝缘损坏。

③ 耐湿热性能

装置应能承受 GB 7261 第 21 章规定的湿热试验。最高试验温度 40 ℃，最大湿度 95%，试验时间为 2 d，每一周期历时 24 h 的交变湿热试验，在试验结束前 2 h 内，测量各导电电路对外露非带电金属部分及外壳之间、电气上无联系的各回路之间的绝缘电阻值应不小于 1.5 MΩ，介质强度不低于 4.5.2 条规定的介质强度试验电压幅值的 75%。

④ 振动

装置应能承受 GB 7261 第 16.3 条规定的严酷等级为 1 级的振动耐久能力试验。试验后，无紧固件松动脱落及结构件损坏。

⑤ 冲击

装置应能承受 GB 7261 第 17.5 条规定的严酷等级为 1 级的冲击耐久能力试验。试验后，无紧固件松动脱落及结构件损坏。

⑥ 碰撞

装置应能承受 GB 7261 第 18 章规定的严酷等级为 1 级的碰撞试验。试验后，无紧固件松动脱落及结构件损坏。

⑦ 抗干扰性能

· 脉冲群干扰

装置应能承受IEC255—22—1中规定的IMHz脉冲群干扰试验和GB 6162—85规定的100 kHz脉冲群干扰试验。试验严酷等级为Ⅲ级，试验电压为共模2 500 V，差模1 000 V的衰减振荡波，装置应无误动或拒动现象。试验时应给被试继电器预先施加直流电源。

· 静电放电干扰

装置应能承受IEC255—22—2中规定的严酷等级为Ⅲ级，即接触放电试验电压为6 kV，允许偏差±5%，空气放电试验电压为8 kV，允许偏差±5%的静电放电干扰试验。

· 辐射电磁场干扰

装置应能承受GB/T 14598.9—1995中规定的严酷等级为Ⅲ级的辐射电路场干扰试验，即试验场强为10 V/m。

· 快速瞬变干扰

装置应能承受GB/T 14598.10—1995中规定的严酷等级为Ⅲ级的快速瞬变干扰试验，即试验电压为2 kV，允许偏差±0%。

⑧ 连续通电

装置完成调试后，出厂前应进行不少于100 h连续通电试验。连续通电试验的被试装置只施加直流电源，必要时可施加其他激励量进行功能检测。

(5) 结构、外观及其他

装置应有金属机箱保护。

装置机箱应采取必要的防静电及电磁辐射干扰的防护措施。机箱的不带电金属部分应在电气上连成一体，并可靠接地。

机箱应满足发热元器件的通风散热要求。

机箱模件如为插拔式结构，应插拔灵活，接触可靠，互换性好。

3) 接口

(1) 接口界面

与变电所综合自动化的接口：在微机综合保护测控单元的标准通信接口。

与开关柜的接口：在10 kV开关柜的端子排。

(2) 接口划分

供货方应负责装置二次线图纸设计，柜内安装与接线，出厂试验、现场调试。

供货方有责任配合变电所综合自动化系统开发相应的通信软件，以实现全所自动化系统与本装置之间的可靠通信，供货方应提出接口划分的建议方案。

4) 试验

(1) 出厂试验

基本性能试验：

· 装置中各种元件的定值试验；

· 装置中各种元件的动作时间特性试验；

· 装置中各种元件的动作特性试验；

• 逻辑回路及其联合动作正确性检查。

微机保护的其他性能试验：

• 硬件系统自检；
• 硬件系统时钟试验；
• 通信及信息输出功能试验；
• 开关量输入输出回路检查；
• 数据采集系统的消度和线性度范围试验；
• 定值的整定切换试验；
• 微机保护的软件测试。

供货方应提供微机保护的软件测试方案及软件测试报告，供买方确认。

装置的静态、动态模拟试验：装置通过以上的各项试验后，在电力系统静态或动态模拟系统上进行整组试验。模拟试验应满足的基本技术要求，按照SD286规定进行，或使用由计算机构成的试验仪、仿真系统进行试验。

同时，还需要绝缘电阻试验、介质强度试验、连续通电试验。

(2) 型式试验

型式试验包括以下内容：外观检查；功能试验；功率消耗；高低温试验；温度贮存试验；抗干扰试验；湿热试验；振动试验；冲击试验；碰撞试验。

(3) 现场试验

现场试验由施工单位执行，供货方负责配合。供货方按照总工期、试验计划和现场试验规格书约要求提供技术支持。现场试验包括以下内容：

基本性能试验：

• 装置中各种元件的定值试验；
• 装置中各种元件的动作时间特性试验；
• 装置中各种元件的动作特性试验；
• 逻辑回路及其联合动作正确性检查。

微机保护的其他性能试验：

• 硬件系统自检；
• 硬件系统时钟试验；
• 通信及信息输出功能试验；
• 开关量输入输出回路检查；
• 数据采集系统的精度和线性度范围试验；
• 定值的整定切换试验。

③ 绝缘电阻试验；

④ 介质强度试验；

⑤ 保护系统整组调试。

(4) 可靠性、可维护性、可扩展性

① 可靠性

设备在设计时必须采用高可靠性措施。这些措施应通过利用如下的技术以降低系统故障概率和有关影响正常运行的随机性。

· 冗余措施。

· 使用已证明具有高可靠性的元件。

· 对系统安全，所选的不论是硬件还是软件的冗余方式，均要求任何一个导致非安全条件的故障或故障组合，其表现出的发生概率应小于10～11/工作小时。

· 检测校验过程要有足够的频度，使类似或等同故障在二次检测之间不会发生。

· 平均无故障时间(MTBF)：供货方应对每一独立的子系统和整个系统提供MTBF值和可用性数值以及详细计算过程。

· 全线系统可用性：应在工程的144 h、试运行、保证期内测试。

· 电磁辐射及兼容。对于电子设备应考虑防电磁干扰措施。任何子系统的运行都不应受其他子系统产生之电磁辐射的影响，或根据经验所知的城市电磁环境的影响。

· 虫害：所提供设备，应采用适当的措施以预防虫害。

② 可维护性

设备应设计成只需最少的调整和预防性维护，以及运行维护。产品设计应包括故障隔离及诊断措施。以减少设备修复时间、维护材料和人工成本。

应通过制定合理的维修/更换策略、在线维修措施及维修支持设备的最佳运用来减少停机时间。

电子设备应维修到模块级。

③ 可扩展性

设备应尽量采用模块化设计的原则，在产品设计时应留有扩展能力，以适应远期扩展。因此，供货方应在产品设计中作相应考虑，以满足有关设备在扩展时的要求。

5）标志

每台装置必须在机箱的显著位置设置持久明晰的标志或铭牌标志以下内容：

(1) 装置型号或代号；

(2) 产品名称的全称；

(3) 制造厂名全称及商标；

(4) 额定参数；

(5) 对外端子接线图(或表)；

(6) 出厂年月及编号。

6）图纸

6.3.3 变压器

1. 总则

(1) 本设备技术包括干式变压器的功能设计、结构、性能、安装和试验等方面的技术要求。

(2) 设备技术要求所提出的是最低限度的技术要求，并未对一切细节作出规定，也未充分引述有关标准和规范的条文，供货方应保证提供符合设备技术要求和工业标准的优质产品。

(3) 设备技术要求所使用的标准，如果与供货方所执行的标准发生矛盾时，按较高标准执行。

2. 环氧树脂真空浇注变压器及非晶干式变压器技术要求

1）变压器技术规格

(1) 供货内容、形式、容量及数量。

种类：电力变压器；

形式：环氧树脂真空浇注干式变压器；

型号：SC(B)10 及以上；

容量：根据各工程实际情况；

数量：见各工程的主要设备材料表；

附件：包括风机，温控器及带 IP30 外壳。

(2) 变压器标准

① 生产厂家所生产的产品应符合和具备下列技术标准和测试手段。

《干式电力变压器》GB 6450；

《干式电力变压器技术参数和要求》GB 10228；

《干式电力变压器》IEC 726；

《浇注树脂干式电力变压器》及上海市供电部门的要求 DIN 42523；

《干式电力变压器》IEC—60076—11；

《电力变压器选用、验收、运行和维护规程》IEC 60076

② 产品必须通过国家质量监督中心的型式试验。

(3) 干式变压器在正常运行时向隧道照明和动力系统供电，变压器应是三相 50 Hz；

冷却方式：空气自然冷却(正常工作时)；

额定容量：根据各工程实际情况；

额定电压：初级 10.0 kV；次级 0.4/0.23 kV(空载)；

分接：无励磁分接开关；

级数：5 级(±2×2.5%)或根据当地供电部分要求；

联结组标号 DY n－11；

绝缘水平 F 级；

设备最高电压 12 kV；

工频电压 35 kV；

全波冲击耐压 75 kV；

局部放电≤5PC。

(4) 10 kV 变压器的进出线方式

与 10 kV 柜和 0.4 kV 柜的连接形式根据各工程实际情况确定。变压器与开关柜连接母线需伸出变压器外壳 20 cm。合同签订后应与买方指定的开关厂家密切配合，协调母线的规格尺寸和母线相序，保证硬母线能与开关柜顺利连接。

(5) 变压器部分材料的要求

为保证产品质量，环氧树脂采用优质环氧浇注，铜箔采用优质高纯度铜箔，硅钢片采用优质冷扎晶粒取向硅钢片。

(6) 电晕水平

变压器在 1.1 倍最高压力下运行应无可见电晕。

(7) 过激磁能力

变压器应能在110%额定电压时额定容量长期连续运行。

(8) 变压器过负荷能力

变压器允许过负荷能力应符合干式电力变压器过负荷准则。

(9) 变压器承受短路的能力

变压器在各分接头位置时,应能承受线路突发短路的动、热稳定而不产生任何损伤、变形及紧固件松动。

(10) 温升限值

温度控制如表6-5所示。

表6-5　　温度控制

部位	绝缘系统温度/℃	最高温升/K
线圈	155	100
铁芯、金属部件和与其相邻的材料	—	在任何情况下不会出现使铁芯本身、其他部件和与其相邻材料受到损害的温度

注:持续2 s短路耐热能力的电流作用下,线圈平均温度不高于350 ℃。

(11) 供货方应提供变压器的测量、控制、信号的附件名称、数量

① 所有变压器除了埋设温度就地指示的测温元件外,还应配置变压器温度控制仪,并应具有一级报警和二级报警接点输出,温度控制仪内自带小控制变压器。

② 变压器上的所有二次引入/引出线均应通过制造厂的端子接线盒。

(12) 噪声水平

距变压器外壳1 m处噪声水平应小于50 dB。

(13) 外壳水平

变压器外壳高度应与0.4 kV开关柜高度尽量相一致。变压器外壳防护等级为IP30,变压器加外壳后,不得降容(提供试验资料)。

(14) 其他要求

变压器柜所有门板必须有为保证接地连续性的导线,箱内与安装高压电线用的支架,温控器能显示各相温度,并能高温报警及跳闸。

(15) 与电力SCADA系统的接口

留有温度超温报警(报警、跳闸)、运行状态、故障状态信号的监视接口。

(16) 变压器柜门采用电磁锁,当10 kV变压器馈出断路器闭合时,柜门不能开启。

2) 非晶干式变压器技术要求

(1) 变压器技术规格

① 供货内容、形式、容量及数量

种类:电力变压器;

形式:非晶合金干式变压器;

容量:根据各工程实际情况;

数量:见各工程的主要设备材料表;

附件:包括风机,温控器及带IP30外壳。

② 变压器标准

· 生产厂家所生产的产品应符合和具备下列技术标准和测试手段：

《干式电力变压器》(GB 6450)；

《干式电力变压器技术参数和要求》(GB 10228)；

《干式电力变压器》(IEC 726)；

《浇注树脂干式电力变压器》及上海市供电部门的要求(DIN 42523)；

《6～220 kV 级变压器声级》(JB/T 10688)；

《干式非晶合金铁心配电变压器技术参数和要求》(GB/T 22072)；

《干式电力变压器》(IEC—60076—11)；

《电力变压器选用、验收、运行和维护规程》(IEC 60076)。

· 产品必须通过国家质量监督中心的型式试验。

③ 干式变压器在正常运行时向隧道照明和动力系统供电，变压器应是三相 50 Hz。

冷却方式：空气自然冷却(正常工作时)；

额定容量：根据各工程实际情况；

额定电压。初级 10.0 kV；次级 0.4/0.23 kV(空载)；

分接：无励磁分接开关；

级数：5 级(±2×2.5%)或根据当地供电部分要求；

联结组标号：DY n－11；

绝缘水平：F 级；

设备最高电压：12 kV；

工频电压：35 kV；

全波冲击耐压：75 kV；

局部放电：≤5PC。

④ 10 kV 变压器的进出线方式

与 10 kV 柜和 0.4 kV 柜的连接形式根据各工程实际情况。合同签订后应与买方指定的开关厂家密切配合，协调母线的规格尺寸和母线相序，保证硬母线能与开关柜顺利连接。

⑤ 变压器部分材料及结构要求

· 铁心要求采用进口非晶合金材料，为四框五柱式。

· 线圈：高压线圈采用 H 级聚酯亚胺、聚烯胺亚胺复合绝缘漆包铜线绕制成，具有较强的综合性能和较高的耐溶剂性能；低压线圈采用进口铜箔绕组，两端采用端封工艺。在低压线圈内埋设热敏传感元件，用以测试线圈内部的温度，并进行三相巡回轮流检测。

· 层间绝缘为高强度 DMD 复合薄膜材料。

· 变压器环氧树脂采用汽巴材料，真空薄层浇注，专用绝缘网格和玻璃纤维加强的包封结构。

· 干式变压器外壳采用优质薄钢板、铝合金、不锈钢(用户自定)，防护等级 IP30，也可由开关柜厂配套供应。

· 干式变压器外壳低压引线位置，应根据开关要求相匹配。

· 变压器高、低压出线端子均在顶部，高压为进线电缆，低压出线均上端出线。

· 温度测控仪：显示温度，并能控制干式变压器的温度和启动、关闭低噪声轴流风扇，设手动和自动位置供操作，并可供远方发信号及跳闸装置。

· 变压器上部框架上，安装“吊攀”的桥板，供起吊、搬运时使用，底部有安装孔作为固定底座。

⑥ 电晕水平

变压器在 1.1 倍最高压力下运行应无可见电晕。

⑦ 过激磁能力

变压器应能在 110%额定电压时额定容量长期连续运行。

⑧ 变压器过负荷能力

变压器允许过负荷能力应符合干式电力变压器过负荷准则。

⑨ 变压器承受短路的能力

变压器在各分接头位置时，应能承受线路突发短路的动、热稳定而不产生任何损伤、变形及紧固件松动。

⑩ 温升限值

温度控制见表 6-6。

表 6-6　温度控制

部位	绝缘系统温度/℃	最高温升/K
线圈	155	100
铁芯、金属部件和与其相邻的材料	—	在任何情况下，不会出现使铁芯本身、其他部件和与其相邻材料受到损害的温度

注：持续 2 s 短路耐热能力的电流作用下，线圈平均温度不高于 350 ℃。

⑪ 供货方应提供变压器的测量、控制、信号的附件名称、数量

· 所有变压器除了埋设温度就地指示的测温元件外，还应配置变压器温度控制仪，并应具有一级报警和二级报警接点输出，温度控制仪内自带小控制变压器，需方只提供 380 V 电源。

· 变压器上的所有二次引入/引出线均应通过制造厂的端子接线盒。

⑫ 噪声水平

低于 JB/T 10088《6～220 kV 级变压器声级》7～8 dB(距离变压器外壳 1 m 处)。

⑬ 外壳水平

变压器外壳高度应与 0.4 kV 开关柜高度尽量相一致。变压器外壳防护等级为 IP30，变压器加外壳后，不得降容(提供试验资料)。

⑭ 其他要求

变压器柜所有门板必须有为保证接地连续性的导线，箱内与安装高压电线用的支架，温控器能显示各相温度，并能高温报警及跳闸。

⑮ 与电力 SCADA 的接口

留有温度超温报警(报警、跳闸)、运行状态、故障状态信号的监视接口。

⑯ 变压器柜门采用电磁锁，当 10 kV 变压器馈出断路器闭合时，柜门不能开启。

(2) 产品出厂试验项目

① 线圈电流电阻测定；

② 电压比测量及联结组别的决定；

③ 阻抗电压；

④ 空载损耗、负载损耗、空载电流测量；

⑤ 工频耐压试验；

⑥ 感应耐压实验；

⑦ 噪声测试报告。

6.3.4 低压柜

本设备技术要求适用于隧道工程变电所内 0.4 kV 低压开关柜，包括功能设计、结构、性能、安装和试验等方面的技术要求。

1. 通用技术要求

1）系统参数

母线系统：TN-S 母线系统。

系统电压：AC 400 V。

额定频率：50 Hz。

0.4 kV 柜进线柜、母联柜内电气设备回路电压：控制回路 DC 110 V；保护回路 DC 110 V；信号回路 DC 110 V。

所有电子设备和继电器在高次谐波电压畸变率不大于 8%的条件下应能正常运行。

2）开关柜类型

见各变电所的 400 V 柜排列配置图。

3）采用标准

《低压成套开关设备和控制设备》(GB 7251)；

《电气装置安装工程盘、柜及二次回路结线施工及验收规范》(GB 50171)；

《低压开关设备和控制设备组件》(IEC 439)。

2. 主要技术参数及性能

1）主要技术参数

额定电压：AC 400 V。

最高工作电压：AC 660 V。

额定绝缘电压：AC 1 000 V。

水平母线最大工作电流：根据工程实际情况确定。

水平母线短时耐受电流(1 s)：80 kA。

水平母线短时峰值电流(0.1 s)：176 kA。

垂直母线最大工作电流：根据工程实际情况定。

垂直母线短时耐受电流(1 s)：50 kA。

垂直母线短时峰值电流(0.1 s)：105 kA。

2）基本技术性能

(1) 电气间隙

电气间隙 10 mm；爬电距离 12 mm。

(2) 间隔距离

应符合《低压空气式隔离器开关、隔离开关及熔断器组合电源》(JB 4012—85)的有关要求，同时应考虑到制造公差和由于磨损而造成的尺寸变化。

(3) 耐压水平

耐压水平：2.5 kV，50 Hz，1 min。

(4) 防护等级

防护等级：IP40。

(5) 温升：符合 IEC947-1 有关温升的规定。

3. 供货数量和要求

1) 变电所 0.4 kV 配电柜类型及数量

见各工程的重要设备材料表。

2) 开关柜进线和母联断路器

采用 MT 系列或 Emax 系列框架式空气断路器，相关指标可参见表 6-7。

表 6-7　温度控制

MT 开关控制保护单元主要配置	D/0/6.0P/COM
	COM、Xfcom、Mxcom、MCH、PF、MNRr、CE、CD、CT、外部供电模块、电池模块、VBP-ON/off、VCPo、OFF、附件
Emax 开关控制保护单元主要配置	PR122＋PR120 或 PR123/D-M 及相应附件

3) 0.4 kV 开关柜技术参数

参见各工程低压配置图。

4) 补偿用电力电容器采用干式无油自复式电力电容器或干式无油全膜电容器。

低压一、二段母线之间用密集型母线槽通过母联开关进行联络，电流根据具体工程确定。

4. 主要技术要求

进线、母联开关的保护、控制、信号、测量及自动功能。

进线、母联开关的保护功能由开关自带单元完成。

进线、母联开关柜内须设置“就地/远方”或“就地/远方/自动”转换开关，并设置相应控制、信号回路。两路电源进线与母联三个断路器之间要进行电气联锁，保证在任何条件下均不允许三个断路器同时处于合闸状态。母联在两段母线无电情况下，不能合闸。

电流大于 100 A 的塑壳出线断路器采用电子保护器。

1) 保护功能

进线开关设短路和过电流保护，由开关的 6.0P 保护单元或 PR122＋PR120 保护单元实现。母线开关设带时限短路保护，由开关的 6.0P 保护单元或 PR122＋PR120 保护单元实现。

2) 控制功能

(1) 控制方式

0.4 kV 进线、母联开关设三级控制“就地”“所内”和“远方”。“就地”(柜内)控制为最高级，余依次为“所内”“远方”。“所内”指设于信号盘上 SCADA 上位机操作，“远方”指 SCADA 调度中心操作。

0.4 kV 进线柜上设“就地/远方”转换开关。当转换开关置于某一位置时，方可进行相应操作。

0.4 kV 母联开关设“就地/远方/自动”转换开关。当转换开关置于某一位置时，方可实现相应操作。

(2) 控制功能

实现二路进线、母联的控制。

转换开关置于某一位置时方可进行相应的操作。

实现二路进线、母联开关间的联动、联锁和闭锁功能及故障闭锁功能。

实现在远方控制条件下，接受站控单元的开关设备命令，根据开关位置信号及各种既定的联锁条件发出开关设备“开”“分”闸命令。

(3) 自动功能

母联开关除上述要求外，还应注意以下几点：在自动位置时，实现各种既定的联锁、闭锁条件下的延时自投；进线断路器手动断开和进线断路器故障脱扣时，不启动自动投入装置。

(4) 信号功能

二路进线及母联开关通过 COM 选件的通信功能，应能将开关的分/合闸状态、操作开关位置、故障状态传输给信号盘。

(5) 测量功能

0.4 kV 侧电流(三相)及母线电压(三相)等通过各开关 COM 选件的通信功能以数字通信方式，采用国际标准规约实现，采用数显仪表与控制中心 SCADA 系统通信。采用数字式显示仪表。

5. 柜体结构

开关柜的基本框架为组合装配式结构，螺钉紧固互相连接成基本框架，再按方案变化需要，加上相应的门，封板，隔板、安装支架及母线、功能单位等零部件。组装成一台完整的开关柜。装置内零部件尺寸、隔离尺寸实行模数化。

1) 框架

框架的基本零件均带有固定间隔的模数孔的 C 形或其他异形框架。

2) 外壳

外壳防护等级为 IP40，垂直母线用功能板保护，防止偶然接触，其防护等级达到 IP20。

每回路出线均应标出回路名称。

开关柜为母线侧进，电缆下出方式，柜底部提供有电缆孔的底板并带有阻燃橡胶圈。开口应确保柜散热和温升在允许范围内。

3) 母线

本开关柜采用三相五线制。本柜母线应采用高导电率铜导体。铜纯度 99.9%以上。

水平母线安装于柜内独立的母线隔室中，每相母线由 2 根或 4 根母排组成，根据水平母线的额定电流，选择铜母线的规格。PE 线截面积不小于水平主母线截面的 1/4。

PE、N 线及连接排上均开有模数用于电缆连接。

4）柜体分区

动力配电中心（简称 PC）柜内划分成三个隔室：水平母线隔室、功能单元隔室、控制回路隔室。

小电流动力配电中心（简称 MCC）柜内划分成三个隔室：水平母线隔室、功能单元隔室、电缆室。

相同参数的可动元件对同类型的柜应具有完全的互换性，相同参数和结构的其他元件也应该有互换性。

分隔措施：水平母线隔室与功能单位隔室，电缆隔室之间用钢板或功能板分隔。

5）进出线方式

开关柜电缆进出方式根据各工程实际情况。

6）机械联锁

开关柜的门和抽出单元采用机械联锁装置，使其在通电时不能开门或拉开抽出一个单元，以保障安全。

6. 测量仪表装置

测量仪表装置与带电部分应保持足够的安全距离，否则应采取可靠的防护措施，以保证在带电部分不停电情况下进行工作时，人员不致触及运行的导电体。

二次回路中的熔断器、端子和其他辅助元件，应有可靠的防护措施，使运行维护人员不会触及导电体。

二次回路导线应有足够的截面，以保证互感器的准确度。

外壳应具有足够的机械强度，使得装在外壳内的开关、操作机构和其他元件具有它们原来的机械和电气性能。

柜面应设必要的测量数显表计、控制按钮和灯光信号。

参考外形尺寸：宽×深×高（600～1 000）mm×1 100 mm×2 200 mm。

7. 开关柜排列

每个变电所低压柜设进线柜、母联柜、电容补偿柜、馈出柜。各变电所开关柜排列及元件见配置图。

各种柜及成套后的外形尺寸由供货方提出，但必须满足买方的要求。

8. 主要设备器件内容

包括进线柜及母联柜、馈出柜、电容补偿柜。

9. 试验

开关柜应作如下检查、试验，并有检查、测试的数据和波形，其内容如下。

1）型式试验

包括以下试验：温升试验；介电强度试验；短路强度试验；保护电路连续性试验；测量电气间隙和爬电距离；机械操作试验；防护等级试验。

2）出厂试验

（1）一般检查

一般检查内容包括：检查电气间隙和爬电距离；检查外接导线端子；检查开关柜的元件和部件；检查接线的可靠性。

根据设计要求，检查结构设施、镀层和被覆层的表面质量等。

(2) 通电操作试验

(3) 介电强度试验

(4) 保护措施和保护电器的检查

3) 验收试验

(1) 外观检查

外观检查的内容包括:检查内部电器设备和接线是否符合图纸,线端是否有编号;接线是否整齐牢固;检查机械连锁和电器连锁的可靠性;检查抽出式组件动作是否灵活,接触是否良好;检查开关柜的接地是否牢靠。

(2) 通电操作试验检查

通电操作试验检查包括:断路器的分、合闸(当地、控制室、运动)操作;负荷开关的分、合闸(当地、控制室)操作;继电保护检查;各种信号检查。

10. 设备铭牌

每台装置应配置一个至数个铭牌,铭牌应装在明显易见之处。

装置的所有铭牌标字应为长久,不易磨损腐蚀。铭牌的形式与外形尺寸应符合国家有关标准。

下列内容必须在铭牌上给出:产品型号;制造厂名及商标;出厂年月及编号。

11. 图纸

供货方要提供出厂试验报告,设备清单,一、二次接线图。

6.3.5 交直流电源装置

1. 一般事项

1) 适用范围

本设备技术要求适用于隧道工程变电所内的交、直流电源装置,提供高压开关综合保护电源、高低压开关操作控制电源、信号回路电源、低压监控测量单元电源、供电监控显示系统电源。

2) 系统参数

母线系统:TN-S 母线系统。

系统电压:AC400 V。

额定频率:50 Hz。

3) 各种电气设备回路电压

(1) 控制回路:DC 110 V。

(2) 保护回路:DC 110 V。

(3) 在上述数值的 80%~120%范围内,各种电气设备动作准确可靠。

(4) 断路器的合闸电压在上述数值的 85%~110%范围内能关合额定关合电流。

(5) 在上述数值的 75%~110%范围内能在无负荷情况下关合。

(6) 断路器的并联跳闸电压在上述数值的 70%~110%范围内能可靠地分闸。

(7) 所有电子设备和继电器在高次谐波电压畸变率不大于 8%的条件下能正常运行。

4) 使用的技术标准

本设备的制造、试验和验收除了应满足本技术规格书的要求外,还应符合如下标准:

《低压电器基本标准》(GB 1497);
《低压成套开关设备》(GB 7251);
《低压直流成套开关设备》(JB/T 8456);
《电力系统用直流屏通用技术条件》(ZBK 45017);
《充电、浮充电装置技术标准》(DK/459);
《火电发电厂、变电所直流系统设计技术规定》(DL/T5044);
《阀控式密封铅酸蓄电池订货技术条件》(DL/T637);
《电气装置安装工程盘、柜及二次回路接线施工及验收规范》(GB 50171);
《电气装置安装工程蓄电池施工及验收规范》(GBJ 50172)。

2. 主要技术参数及性能

1) 主要技术参数

额定输出容量:根据各工程实际情况。

数量:见各工程的主要设备材料表。

(1) 交流输入电压:三相 380 V±10%。

(2) 额定频率:50 Hz。

(3) 系统接地方式:TN-S。

(4) 直流额定输出:DC 110 V±10%。

(5) 电压纹波系数:<0.2%。

(6) 稳压、稳流精度:≤±0.5%。

(7) 噪声:≤50 dB。

(8) 综合效率:≥92%。

高频开关电源模块的主要技术参数:

输入电压:AC380 V±20%。

输出电压:DC 110 V。

额定输出电流:DC 10 A。

输出稳压稳流精度:±0.1%。

输出纹波系数:0.1%。

并机均流不平衡度:≤±2.5%。

综合效率:≥96%。

功率因数:≥95%。

过热保护:散热器温度超过(75±5)℃时并机并报警。

冷却方式:强迫风冷。

噪声:≤50 dB。

(9) 绝缘电阻

在正常试验大气压下,绝缘电阻>5 MΩ(用 500 V 兆欧表)。

(10) 耐压水平

应能承受 2 kV,1 min 的工频电压。

(11) 温升

符合 IEC947-1 有关温升的规定;

连接外部绝缘导线的端子不大于 70 K；

母线上的插接式触点(铜)不大于 60 K；

母线固定连接处(铜—铜)不大于 50 K；

操作手柄，金属不大于 15K，绝缘材料不大于 25 K；

可接触的外壳和覆板，金属的表面不大于 30 K，绝缘的表面不大于 40 K。

(12) 功率因数

功率因数大于 0.95。

2) 性能要求

(1) 直流系统性能要求

直流系统由交流配电单元，智能高频开关充电模块、供电模块、蓄电池组，直流母线自动(手动)调压装置，馈电单元，绝缘故障监测装置、智能监控单元等组成，所有设备分别安装在直流盘内。

由所内交流屏两段母线引入两路三相交流 400 V 进线电源，两路进线电源互为备用，并设置两路进线电源自动投切装置。正常供电时，充电单元对蓄电池组进行充电或浮充电，供电单元为全所的经常性直流负荷提供电源，由蓄电池向冲击负荷供电。交流失电后，由蓄电池向所内全部直流负荷包括经常性负荷供电。

① 直流母线采用单母线型式。

② 具有交流进线缺相保护、防雷功能。

③ 蓄电池采用进口阀控式铅酸免维护蓄电池。蓄电池容量应保证所内经常性负荷、事故负荷 1 h 放电容量以及事故放电末期最大冲击负荷容量的要求。

④ 充电电源、供电电源选用智能型高频开关电源充电模块，采用(N+2)热冗余方式并联组合供电，一个模块故障不应影响系统正常运行。充电机的容量应满足系统运行要求。充电模块应具有以下功能：

· 良好的可互换性；

· 可带电插拔；

· 可脱离监控单元独立运行；

· 限流充电和限流输出功能；

· 根据温度变化对电池容量补偿；

· 防止蓄电池过充的功能；

· 短路、过流等完善保护和报警措施；

· 交流输入端应有雷电防护措施；

· 电源模块间采用平均电流型无主从自动均流方式，电源模块间输出电流最大不平衡度≤±5%；

· 充电模块统一经通信口由内部监控单元监控，监控单元由所内综合自动化系统进行通信管理；

· 充电模块、供电模块采用分散监控方式，每个模块内部具有监控功能(内置 CPU)，使得模块可以脱离监控单元独立自动运行；

· 充电模块、供电模块可不依赖监控装置，独立完成对输出电压、电流的控制和调整，即可直接在模块上完成均浮充方式转换、均浮充电压电流的设置；

· 采用有源功率因数校正技术，谐波电流满足国标《低压电气及电子设备发出的谐波电流限值》(GB/T 17625.1)和 IEC1 000—3—2*Limits for harmonic current emission* (*equipment input current*<16A *per phase*)的规定；

· 温控风冷散热方式，风扇由模块内部温度控制；

· 充电模块应通过国家或国际权威试验机构的相关型式试验及出厂试验检验。

⑤ 硬件自主均流，稳定性好，均流精度好。

⑥ 电压绝缘监察装置应能对母线电压、母线对地绝缘电阻及各馈线支路绝缘状况进行实时测量判断，超出正常范围时发出报警信号，并正确指示发生故障的馈线支路，并能够实现在不停电状态下进行故障查找定位，相关信号送全所综合自动化系统。

⑦ 直流母线调压装置能自动或手动调整直流母线电压。系统采用分级自动调压装置，并具有手动调节功能。

(2) 监控单元

① 监控单元构成

通常采用微机型产品，其构成如下：

· 电源模块：应具有较强的过压、过负荷能力。

· 主处理器模块：采用 32 位以上工业级单片机。

· 数字输出模块：用于交直流系统设备的控制，其输出接点数量及容量应满足现场设备(包括交流、直流系统)出口驱动能力的要求，并应考虑一定的预留。

· 数字输入模块：应采用光电隔离措施，输入数量应满足交直流系统的要求。

· 模拟量采集模块：采用交流采样方式，对电流、电压进行交流采样。

· 网络通信模块：用于与变电所综合自动化系统的数据传输。采用 RS485J 接口方式和 modbus 通信协议。应采用标准现场总线网接口或以太网接口。该模块上还应有与计算机直接连接的标准接口，用于单元调试。

· 液晶显示器：选用智能型人机界面触摸屏(10.5 英寸彩色触摸屏)，系统工作的全部参数、状态曲线皆由彩色画面显示，同时显示实时值、整定值、命令和输出等，并能触摸操作和调整有关数据，调整时必须采用操作密码(可设定及修改)，以防止误操作。

② 监控单元功能

· 自诊断、掉电后来电自恢复等功能；

· 监测交流进线电压、监测控制各充电模块的输出电压、电流，直流母线电压、电流，浮充电压，充电电流，蓄电池输出电流以及绝缘电压等；

· 对设备发生下列状况进行保护并发出报警：交流电压异常、充电装置故障、母线电压异常、蓄电池异常、绝缘异常、馈线回路故障、设备内部故障等；

· 根据蓄电池的充电特性曲线及特点，控制充电机自动完成对蓄电池的充电及充电方式的转换；

· 对单体蓄电池进行监测；

· 对整个直流系统的运行状态进行实时监控，并能与全所自动化系统通信，实现遥控、遥测、遥调、遥信功能，其协议开放(设计联络时确定)，满足无人值班的要求，还应给用户提供专用维护测试、监控软件；

· 遥控量主要包括整组或单个充电模块开/关机、电池均充和浮充转换等；

· 遥测量主要包括充电机输出电压和电流、电池充放电电压和电流、直流母线电压和电流等、单体电池电压；

· 遥调量主要包括调节浮充电压、均充电压、充电限流值、输出电流稳流值等；

· 遥信量主要包括充电模块正常工作状态、故障工作状态、直流母线过/欠压、直流馈线绝缘状况、开关状态、自检信息等。

(3) 信号

信号包括工作状态显示信号及故障状态显示信号两类。

① 工作状态至少有下列指示：一号交流电源投入；二号交流电源投入；各馈电开关位置信号等。

② 故障状态、故障信号至少有下列内容：交流进线失压故障；浮充故障；直流母线电压过高；直流母线电压过低；直流电源绝缘下降；蓄电池电压过低；蓄电池故障；受馈电回路短路故障；故障和历史记录查询。

③ 信号发送方式

信号采用接点发送方式，每一故障信号应有至少三对各自独立的接点分别用于本盘故障显示。在盘上的故障信号显示，应能经复归后消除，复归方式可采取当地复归、远方复归两种方式。

直流系统正常/故障信号通过数字通信的方式，经监控单元传向所内综合自动化监控系统。交流盘的相关信号通过 I/O 等方式接入监控单元。经监控单元传向所内综合自动化监控系统。历史记录可追溯，可查询事故发生的时间。(通信接口标准及通信规约，能支持监控系统上位机接口通信规约的要求)。

(4) 交流输入单元

交流输入单元为充电单元提供交流输入电源，通常由两路交流电源经互投电路手动或自动选择一路向充电单元供电，交流输入单元含有防雷电路和三相输入状态监视电路，当有雷击发生时，通过防雷电路保护使充电电源免受损坏，当交流电源发生缺相或失压故障时，输入状态监视电路启动，进行报警。故障信号通过集中监控器送往后台和远方遥信装置。

(5) 自投装置

直流盘内设置自动装置，实现如下自投功能：直流盘两路交流进线自投，两路交流进线电源互为备用，当主供电源回路故障时，自动投入到备用电源回路。

3. 设备结构

1) 盘的种类

前开门，带玻璃门屏体(GK 型)。

2) 交、直流盘体

交直流系统配电盘由交流切换屏、直流控制盘和蓄电池盘组成。

(1) 交、直流盘应由钢板及骨架组成，采用刚性好，有一定耐热能力的钢材，表面应进行严格地处理并采取防腐蚀措施。钢板厚度不小于 2.5 mm。盘内辅助钢板厚度不应小于 1.5 mm。制成的面板及屏架应有足够的机械强度，以保证元件安装及操作时无摇晃，盘面板及盘架无变形。盘的防护等级不低于 IP30。盘的颜色在设计联络时确定。

(2) 盘内配线截面应满足各回路载流量的要求。可动部分应过渡柔软，并能承受挠曲而不致疲劳损伤，盘内编号应统一、清晰。

(3) 直流设备的电气间隙、爬电距离、间隔距离、外接导线端子的选择、接线、安装等要求,均满足 GB 7251 的有关规定。

(4) 盘上端子排的设计应考虑运行、检修、调试的方便,采用高质量、名牌阻燃端子。端子连接方式应可靠牢固。引进引出盘外的导线必须经过端子排;大电流端子、一般端子、弱电端子之间应有所间隔。适当考虑与设备位置对应,端子排导电部分为铜质。端子的选用应满足回路载流量及所接电缆截面的需要。盘内应预留适当数量的端子及端子安装位置。

(5) 盘内元器件安装及走线要求整齐可靠、布置合理,电气间绝缘应符合国家有关标准。测量表计的安装应便于读数。盘体结构要求通风良好,柜体正面采用钢化玻璃门,后面为双开门,柜体应有通风散热孔。安装元件的面板应采用门板式结构,可方便开启,便于维护。

(6) 元器件的要求

① 柜内安装的元器件均应采用高品质元件,不得选用淘汰的、落后的元器件。并注明主要元器件的型号及厂家。

② 导线、导线颜色、指示灯、按钮、行线槽、涂漆,均应符合国家或行业现行有关标准的规定。其中导线应选用铜线,按室温 40 ℃时长期连续负荷工作制选用,导线截面积必须满足回路容量的要求。

③ 直流馈线空气断路器、熔断器应具有按一秒特性曲线上下级大于 2 级的配合级差。交、直流馈线空气断路器采用国际知名品牌开关。

④ 重要位置的熔断器,断路器应装有辅助接点。

⑤ 馈线开关应并接在直流汇流母线上,便于维护、更换。

⑥ 同类元器件的接插件应具有通用性和互换性,接触可靠、插拔方便。接插件的接触电阻、插拔力、允许电流及寿命,均应符合有关国家及行业现行标准的要求。

⑦ 盘面布置。根据设备的数量进行盘面布置,尺寸为高 2 260 mm×宽 800 mm×深 600 mm。盘面布置应整齐、简洁、美观、合理。安装高度应考虑运行操作的方便。各受馈电开关的位置信号应与开关对应,以便于维护人员操作、检查。具体布置在设计联络时确定。

4. 试验内容

试验包含如下内容,但不限于此。

1) 型式试验

对于成熟的系列生产的产品和标准产品,集成应提供该产品有效的或近 5 年内国家权威部门的检验报告。

型式试验包括以下内容(但不限于此):温升试验;介电强度试验;控制母线输出电压稳压精度和纹波系数试验;浮充装置稳压精度和纹波系数试验;事故状态下输出直流电压的试验;充电装置稳流精度试验;噪声的测定;防护等级试验;电磁兼容试验;蓄电池组容量实验;微机绝缘监察装置实验;负荷实验;监控单元实验;母线调压装置实验;蓄电池自动充电曲线实验;“四遥”功能实验;充电装置限流实验;装置开机浪涌实验、充电模块并联运行均流实验。

2) 出厂试验

出厂试验包括以下试验内容(但不限于此):一般检查;通电操作试验;浮充装置稳压精度和纹波系数试验;控制母线输出电压稳压精度和纹波系数试验;充电装置稳流精度试验。

3）现场试验

供货方对现场试验的项目和内容可提出建议，由业主确认。

现场试验包括以下试验内容（但不限于此）：一般检查；通电操作试验；浮充装置稳压精度和纹波系数试验；控制母线输出电压稳压精度和纹波系数试验；充电装置稳流精度试验。

5. 铭牌

每台装置必须在机箱的显著位置设置持久明晰的铭牌，标志以下的内容：型号和名称；制造厂厂名或商标；出厂编号；主要技术数据（额定电压、额定容量等）；执行标准；制造年、月。

6.3.6 非标柜（箱）

1. 使用的技术标准

《低压成套开关设备和控制设备》（GB 7251）；

《低压成套开关设备和控制设备》（IEC439—1）；

隧道动力非标柜箱，按国家开关板制造标准制造（ZBK—36001）。

2. 主要技术要求

（1）非标柜（箱）采用 2.5 mm 不锈钢板，柜体表面采用环氧粉末静电喷涂，采用全封闭结构。

（2）柜门采用密闭防潮结构（包括手柄、门锁）前操作、前维修、柜底加底板；电缆进出线按设计要求预留敲落孔。敲落孔配有与电缆直径相匹配的橡胶护套电缆管接头（安装在隧道侧墙内箱体除外）；柜架为螺栓固定，柜体防护等级为 IP54。

（3）所有柜体表面采用环氧粉末静电喷涂处理，涂层厚度 60～80 μm，附着力一级，耐冲击强度大于等于 50 kg/cm，柔韧性小于 2 mm，边角覆盖率大于等于 30%，外观均匀不起泡、无裂纹、色泽均匀一致。并提供环氧喷涂实验报告和合格证书。

（4）箱体内元器件应选用合资企业或国内知名品牌的产品。

（5）动力非标箱电缆进出线要求根据各工程实际情况，进出电缆（线）均由箱体顶部（或底部）引出，箱体顶部（或底部）设有可拆装盖板，盖板设有进出线敲落孔，进出电缆（线）均由经密封穿板套管进出。

（6）为了防止二路电源接通造成电源短路，在二路电源之间需采取必要的隔离措施，加设绝缘隔板一侧安全。

（7）非标柜（箱）能在最大短路故障时安全运行，应能承受由此引起的热应力和机械应力。即在故障出现时，有独立的压力释放通道，压力释放通道不允许面向操作人员。

（8）所有电气均封闭在箱体内，门开启后可方便操作开关、接线和进行维护。

（9）所有非标柜（箱）的箱体要求箱体外形、色彩要求统一协调。

第 7 章　照明系统设计

7.1　工程应用现状

7.1.1　系统配置

上海地区部分盾构法隧道的照明系统设计概况详见表 7-1。

表 7-1　　上海隧道照明设计概况统计

项目	车道数	设计车速/ $(km \cdot h^{-1})$	基本照明亮度设计标准/ $(cd \cdot m^{-2})$	基本照明光源	加强照明光源
打浦路隧道	2	40	2.5	荧光灯	高压钠灯
延安东路隧道	2×2	50	2.0	荧光灯	高压钠灯
外环隧道	3+2+3	80	4.5	荧光灯	高压钠灯
大连路隧道	2+2	60	2.5	荧光灯	高压钠灯
复兴路隧道	3×2	40	2.5	荧光灯	高压钠灯
翔殷路隧道	2+2	80	4.5	荧光灯	金卤灯
上中路隧道	2×2 2×2	80	4.5	无极灯 荧光灯	无极灯 金卤灯
崇明隧道	2×3	80	4.5	LED 灯	高压钠灯
军工路隧道	2×2	80	4.5	无极灯	无极灯
人民路隧道	2×2	40	2.5	LED 灯、荧光灯	金卤灯
外滩通道	2×2 局部 3	40	2.5	无极灯	无极灯
西藏南路隧道	2×2	40	2.5	荧光灯	高压钠灯
新建路隧道	2×2	40	2.5	荧光灯	高压钠灯
长江西路隧道	2×3	60	2.5	LED 灯	高压钠灯
龙耀路隧道	2×2	40	2.5	荧光灯	高压钠灯
迎宾三路地道	2×2	40	2.5	LED 灯	LED 灯
打浦路隧道复线	2	40	2.5	荧光灯	高压钠灯
虹梅南路隧道	3×2	60	4.5	LED 灯	高压钠灯

从表 7-1 可以看出，上海早期建设的隧道基本照明光源以荧光灯为主，加强照明以高压钠灯为主，近几年新建的隧道的光源选择较为丰富，新型光源无极荧光灯和 LED 灯均在上海隧道中得到了比较好的应用。

7.1.2 隧道照明系统比较

隧道照明是为了把必要的视觉信息传递给司机，防止视觉信息不足而出现交通事故，因此，舒适可靠的照明是首要的，是保证行车安全的可靠保障。在保障安全性的基础上，隧道照明也必须考虑节能环保。通常隧道照明用电量占整个隧道运营总用电量的 40%～50%，因此隧道照明节能具有很大的潜力和空间。上海近期建成的隧道采用了不同的新光源和新控制方式，从而在多方面体现了节能环保和设计理念的先进性。

1. 无极灯光源

无极灯与传统光源最大的不同之处在于采用了无电极结构，避免了传统光源的电极损耗问题，延长了灯泡的使用时间，提高了整个照明系统的寿命，是绿色照明领域的一种新型光源。

无极灯寿命长的特点非常适合隧道这种维护困难的场所，上中路隧道进行无极灯试挂、现场测试和数据分析，最终试验性在南线采用无极灯光源的照明方案，北线仍采用 T8 2×36 W 的照明方案，两条线的电源分别进行电量计量，提供无极灯与荧光灯两种新、旧光源一个公平、公正的节能比较平台，为今后其他隧道采用无极灯提供有利的依据。

后来，上海又有两条隧道照明采用无极灯光源，分别为外滩隧道和军工路隧道，特别是军工路隧道还采用了无极灯调光控制系统，对隧道内所有的无极灯都可以进行调光。通过在军工路隧道内实挂、实测和数据分析，确定了无极灯调光系统的可行性。目前，军工路隧道已通车运营，基本照明调光至 80%，节能效果显著。

2. T5 荧光灯

荧光灯相比其他新型光源，产品比较成熟，性能比较稳定，因此是城市隧道照明的主选光源。而且城市隧道内采用荧光灯的照明效果是比较好的，如延安东路隧道、大连路隧道等，但这些隧道采用的都是传统 T8 卤粉荧光灯，光效仅 60 lm/W～70 lm/W，而品质好的 T5 荧光灯光效可达 104 lm/W，相比 T8 荧光灯光效至少高出 50%，寿命也长，产品也比较环保。因此，通过对荧光灯各种型号的分析研究，确定新建的 5 条隧道均采用 T5 光源，分别为人民路隧道(南线)，新建路隧道、西藏南路隧道、打浦路隧道(仅老线改造)、龙耀路隧道，这 5 条隧道建筑外形类似，盾构外径均为 11 m，行车速度均为 40 km/h，其照明设计方案具备统一的条件。

3. LED 光源

LED(Light Emitting Diode)，即发光二极管，是一种半导固体发光器件。它具有节能、环保、光效高、寿命长、耐震动、可控性强等特点，是可以在隧道中应用的光源。

为响应和贯彻国家节能减排的要求，人民路隧道北线照明采用 LED 光源，与南线 T5 荧光灯进行节能比较。由于 LED 照明应用于隧道照明还处于起步阶段，采取产品隧道现场实挂测试的方案，来验证 LED 隧道灯的各项指标和性能。通过多个厂家 LED 隧道灯的实挂和测试，最终形成了适合人民路隧道的 LED 隧道照明的技术要求。

人民路隧道北线 LED 照明还采取了调光控制方式，进一步扩大了节能的效果。

2010 年 8 月，对人民路隧道进行照明现场测试，测试结果表明，人民路隧道北线采用的 LED 灯比双管 T5 荧光灯节能约 36.4%。

4. T8 HF 荧光灯

T8 HF 荧光灯是高效高频（HF）的荧光灯管，是可以在更高频率状态工作的荧光灯管，其光效较高，也可达 104 lm/W，与高光效的 T5 灯管相同。

打浦路新建隧道照明采用 T8 HF 荧光灯，同时利用其易调光的特点，采用了调光控制。

7.2 设计技术要求

7.2.1 一般规定

(1) 长度大于 100 m 的隧道应设置照明。

(2) 照明设计应综合考虑工程环境条件、交通状况、通风方式、供电条件、运营管理等因素。

(3) 隧道两侧墙面 2 m 高范围内的墙面材料反射率不宜小于 0.7。

7.2.2 设计原则及依据

1. 设计原则

(1) 隧道照明满足本隧道建设标准规定下的正常交通运营和事故情况下消防的要求，设置一般照明和应急照明，照明水平不低于《公路隧道照明设计细则》的规定。

(2) 照明系统可靠、节能、美观，照明设备和控制方式便于运营管理。

(3) 隧道照明方式采用光带式，在隧道入、出口段设置天然光过渡段和人工光过渡混合区段。

(4) 隧道照明设计范围包括隧道内的所有照明、引道照明、工作井照明、控制中心照明。

(5) 隧道设计范围内的接线道路（及地面道路）照明部分，其照明供电容量及控制部分不计入隧道设计范围内，对所需的设备、材料单独进行统计。

2. 设计依据

(1)《公路隧道照明设计细则》(JTG/T D70/2—01)；

(2)《公路隧道交通工程设计规范》(JTG D70/2)；

(3)《道路隧道设计规范》(DG/T J08)；

(4)《城市道路照明设计标准》(CJJ 45)；

(5)《低压配电设计规范》(GB 50054)；

(6)《民用建筑电气设计规范》(JGJ 16)；

(7)《电力工程电缆设计规范》(GB 50217)；

(8)《建筑设计防火规范》(GB 50016)；

(9)《建筑照明设计标准》(GB 50034)；

(10)《民用建筑电线电缆防火设计规程》(DGJ 08)；

(11)《民用建筑电气防火设计规程》(DG/TJ 08—2048)。

7.2.3 亮度设计标准

1. 入口段照明

入口段亮度可按下列公式计算：

$$L_{th} = kL_{20}(S) \tag{7-1}$$

式中 L_{th}——入口段亮度(cd/m^2)；

k——入口段亮度折减系数，可按表 7-2 取值；

$L_{20}(S)$——洞外环境亮度，无实测资料时可先参照表 7-3 取值，工程竣工后再根据实测值作适当调整。

入口段亮度折减系数参见表 7-2。

表 7-2　入口段亮度折减系数

设计交通量 N/(辆·h^{-1})		计算行车速度/($km·h^{-1}$)			
		100	80	60	40
二车道	≥2 400	0.045	0.035	0.022	0.012
	≤700	0.035	0.025	0.015	0.01
三车道	≥3 600	0.050	0.040	0.030	0.015
	≤1 050	0.040	0.030	0.018	0.012

注：当交通量在其中间值时，按内插考虑。

洞外环境亮度值参见表 7-3。

表 7-3　洞外亮度 $L_{20}(S)$　单位：cd/m^2

天空面积百分比	洞口朝向或洞外环境	计算行车速度/($km·h^{-1}$)			
		40	60	80	100
35%～50%	南洞口	—	—	4 000	4 500
	北洞口	—	—	5 500	6 000
25%	南洞口	3 000	3 500	4 000	4 500
	北洞口	3 500	4 000	5 000	5 500
10%	暗环境	2 000	2 500	3 000	3 500
	亮环境	3 000	3 500	4 000	4 500
0%	暗环境	1 000	1 500	2 000	2 500
	亮环境	2 500	3 000	3 500	4 000

注：① 南洞口指北行车辆驶入的洞口，北洞口指南行车辆驶入的洞口；
② 东洞口与西洞口取用南洞口与北洞口之中间值。

2. 中间段照明

(1) 中间段亮度标准参照表 7-4 的规定。

表 7-4　　中间段亮度标准

计算行车速度/$(km \cdot h^{-1})$	$L_{in}/(cd \cdot m^{-2})$			
	双车道单向交通		三车道单向交通	
	$N>2\ 400$ 辆/h	$N \leqslant 700$ 辆/h	$N>3\ 600$ 辆/h	$N \leqslant 1\ 050$ 辆/h
100	9.0	4.0	10.0	4.5
80	4.5	2.0	5.0	2.5
60	2.5	1.5	3.0	2.0
40	1.5	1.5	2.0	1.5

注：当交通量在其中间值时，按内插考虑。

(2) 应急停车带宜采用荧光灯光源，其照明亮度应大于 7 cd/m^2。

(3) 连接通道亮度应大于 2 cd/m^2。

3. 出口段照明

在单向交通隧道中，应设置出口段照明，其亮度宜取中间段亮度的 5 倍。

4. 过渡段照明

过渡段由 TR_1，TR_2，TR_3 三个照明段组成，对应的亮度按表 7-5 采用。

表 7-5　　过渡段亮度

照明区段	TR_1	TR_2	TR_3
亮度$(L_{th})/(cd \cdot m^{-2})$	0.3	0.1	0.035

5. 应急照明

在启用应急照明时，洞内路面亮度应不小于中间亮度的 10%和 0.2 cd/m^2。

6. 引道照明

引道照明的亮度宜按表 7-6 取值。

表 7-6　　引道照明的亮度取值

计算行车速度/$(km \cdot h^{-1})$	路面亮度/$(cd \cdot m^{-2})$
100	3
80	2
60	1.5
40	1.5

7.2.4　长度设计标准

1. 入口段长度

入口段长度可按下列公式计算：

$$D_{th} = 1.154 D_S - \frac{h - 1.5}{\tan 10^\circ} \tag{7-2}$$

式中 D_{th}——入口段长度(m)；

D_S——照明停车视距(m)(可按表 7-7 用)；

h——洞口内净空高度(m)。

表 7-7 照明停车视距 D_S 单位:m

计算行车速度/(km·h⁻¹)	隧道纵向坡度%										
	-5	-4	-3	-2	-1	0	1	2	3	4	5
100	183	179	173	168	163	158	154	149	145	142	139
80	114	112	110	106	103	100	98	95	93	90	87
60	64	62	60	58	57	56	55	54	53	52	51
40	30	29	28	27	27	26	26	25	25	25	25

入口段的加强照明可用功率较大的灯具,从洞口以内 5～10 m 处开始布设。

2. 出口段长度

在单向交通隧道中,应设置出口段照明。出口段长度宜取 60～80 m。

3. 过渡段长度

过渡段各照明段的长度可按表 7-8。

表 7-8 过渡段长度 D_{th}

计算行车速度/(km·h⁻¹)	D_{tr_1}/m	D_{tr_2}/m	D_{tr_3}/m	计算行车速度/(km·h⁻¹)	D_{tr_1}/m	D_{tr_2}/m	D_{tr_3}/m
100	106	111	167	60	44	67	100
80	72	89	133	40	26	44	67

4. 引道段长度

引道照明的长度宜按表 7-9 取值。

表 7-9 引道照明的长度取值

计算行车速度/(km·h⁻¹)	长度/m
100	180
80	130
60	95
40	60

7.2.5 路面亮度总均匀度

路面亮度总均匀度 U_0、纵向均匀度 U_1 应不低于表 7-10 要求。

表 7-10　　路面亮度总均匀度、纵向均匀度

单向设计交通量 N/辆/h		U_0	U_1
二车道	≥2 400	0.4	0.6～0.7
	≤700	0.3	0.5
三车道	≥3 600	0.45	0.65～0.7
	≤1 050	0.32	0.52

7.3 设计方案

7.3.1 光源选择

1. 光源参数比较

适用于道路隧道的照明光源主要有高压钠灯、金卤灯、荧光灯、无极荧光灯及 LED 光源。各种光源的参数比较见表 7-11。

表 7-11　　光源参数比较

参数	高压钠灯	金卤灯	荧光灯	无极灯	LED 光源
光效/($lm \cdot W^{-1}$)	64～140	52～130	80～104	80	当前光效 100～120
光效的理论/技术极限/($lm \cdot W^{-1}$)	180	180	150	150	355
显色指数/Ra	23/60/85	65～90	60～98	75～85	70～95
色温/K	1 950/2 200/2 500	3 000/4 500/5 600	全系列	2 720～6 500	全系列
平均寿命/h	24 000～32 000	5 000～20 000	12 000～30 000	理论 60 000	理论≥50 000

2. 光源适用场所

根据光源参数特性，不同的光源适用不同的场所。

(1) 隧道洞口加强照明宜选用大功率高压钠灯、金卤灯及无极灯。

(2) 限界高度高于 4 m(含 4 m)的隧道中间段照明宜选用较大功率的荧光灯、无极灯及 LED 灯。

(3) 限界高度低于 4 m 的隧道中间段照明宜选用较小功率的荧光灯及 LED 灯。

7.3.2 照明布置

(1) 照明灯具的布置如下：

① 两车道隧道中间段照明灯具宜在隧道顶部两侧交错布置或两侧对称布置。在便于封交检修的前提下，灯具可在隧道顶部单排居中布置。

② 三车道盾构法隧道中间段照明灯具宜在隧道顶部两侧交错布置或两侧对称布置。

③ 三车道沉管法或明挖法隧道中间段照明灯具宜在边上两车道中心线向中间偏移 0.5~1 m 位置上布置。

④ 层高特别低的隧道中间段照明灯具宜采用连续光带形式布置。

(2) 隧道基本照明由一般照明和节电照明组成,一般照明与节电照明灯具以 1∶1 方式间隔均匀分布。

(3) 隧道应急照明灯具按设计间距均匀镶嵌于基本照明中间。

(4) 隧道诱导标志采用低位布置方式(<1.3 m),间隔距离满足规范标准要求。

(5) 隧道入口及出口加强照明灯具布置于隧道基本照明两侧。

(6) 区段照明配电箱采用单侧布置(根据隧道的断面形式而定)。

7.3.3 照明供电设计

(1) 采用树干式与放射式相结合的配电方式。

(2) 应急照明采用集中式供电方式,装置 EPS 应急照明电源。

(3) 应急照明供电时间(在蓄电池寿命末期)应根据隧道的规模和规范要求进行确定。

(4) 0.4 kV 照明供电主接线采用单母线分段设置联络开关形式。

(5) 隧道道路两侧的照明电源分别引自配电柜的两段母排。

(6) 配电线路设计应满足照明控制方式的要求。

(7) 为稳定照明电压,维持照明电源最佳状态,采用交流稳压装置。

(8) 隧道照明采用 TN-S 制接地保护系统。

(9) 在照明供电主接线中设置防止过电压装置。

7.3.4 调光设计

入口段、过渡段、出口段照明亮度应根据洞外亮度、交通量变化进行调整。白天及夜间中间段照明的调光亮度按表 7-12、表 7-13 取值。

表 7-12 白天调光亮度标准

分级		亮度
Ⅰ	晴天	L_{20}(S)
Ⅱ	云天	$0.5L_{20}$(S)
Ⅲ	阴天	$0.2L_{20}$(S)

表 7-13 夜间调光亮度标准

分级		亮度
Ⅰ	交通量较大	与 L_{in} 相等
Ⅱ	交通量较小	$0.5L_{in}$ 但不小于 1 cd/m²

7.3.5 其他

(1) 隧道土建条件允许的情况下,宜在隧道口部设置遮光棚。

(2) 隧道内应急照明、疏散标志等消防负荷主干线宜采用矿物绝缘电缆。

(3) 照明配电柜内预留隧道洞口标志的电源。

(4) 隧道引道段灯具宜采用高杆灯,灯杆高度保持一致。灯杆形式兼顾衔接道路灯杆和景观要求。如果引道段灯具要采用壁灯,需考虑灯具眩光和维护问题。

(5) 配电、控制电线电缆应按《民用建筑电线电缆防火设计规程》(DGJ 08—93)的有关规定执行。隧道内电缆明敷时,应敷设在电缆桥、支架上。

(6) 隧道内智能疏散指示标志灯平时常亮,指示方向为隧道车辆行驶方向,应急情况时根据应急预案进行变化。

7.4 设备技术要求

7.4.1 低压柜

1. 通用技术规格

1) 环境条件

环境温度:−5 ℃～40 ℃。

相对湿度:日平均相对湿度,95%以下;月平均相对湿度,90%以下。

饱和蒸气压:日平均值不大于 2.2×10^{-3} MPa;月平均值不大于 1.8×10^{-3} MPa;有凝露。

海拔高度:≤1 000 m。

地震烈度:7 度。

2) 系统参数

接地系统:TN-S 接地系统。

系统电压:AC400 V。

额定频率:50 Hz。

各种电气设备回路电压:控制回路,DC 110 V;保护回路,DC 110 V;信号回路,DC 110 V。

所有电子设备和继电器在高次谐波电压畸变率不大于 8%的条件下应能正常运行。

3) 采用标准

设备的制造、试验和验收除了满足本技术规格书的要求以外,还应符合如下标准:

《低压开关设备和控制设备第 1 部分:总则》(GB 14048.1);

《低压成套开关设备和控制设备第 1 部分:型式试验和部分型式试验成套设备》(GB 7251.1);

《低压成套开关设备和控制设备第 2 部分:对母线干线系统(母线槽)的特殊要求》(GB 7251.2);

《低压系统内设备的绝缘配合第 1 部分:原理、要求和试验》(GB/T 16935.1);

《低压开关设备和控制设备第 3 部分:开关、隔离器、隔离开关以及熔断器组合电器》(GB 14048.3);

《受谐波影响的工业交流电网、过滤器和并联电容器的应用》(IEC 61642);

《电磁兼容(EMC)—第 2 部分:环境—第 4 部分:工厂低频传导骚扰兼容水平》(IEC 61000—2—4);

《电磁兼容(EMC)—第 4 部分:试验和测量技术—第 7 部分:供电系统及所连设备谐波、间谐波测量和测量仪器原则》(IEC 61000—4—7);

《电磁兼容限值　对额定电流大于 16 A 的设备在低压供电系统中产生的电压波动和闪烁的限制》(GB/Z 17625.3—2000);

《电磁兼容限值　对额定电流大于 16 A 的设备在低压供电系统中产生的谐波电流的限制》(GB/Z 17625.6—2003)。

2. 主要技术参数及性能

1) 主要技术参数

额定工作电压:AC400 V。

最高工作电压:AC660 V。

额定绝缘电压:AC 1 000 V。

水平母线最大工作电流:根据工程实际情况定。

水平母线短时耐受电流(1 s):50 kA。

水平母线短时峰值电流(0.1 s):105 kA。

垂直母线最大工作电流:根据工程实际情况定。

垂直母线短时耐受电流(1 s):30 kA。

垂直母线短时峰值电流(0.1 s):63 kA。

2) 基本技术性能

(1) 电气间隙:电气间隙 10 mm;爬电距离 12 mm。

(2) 间隔距离。应符合《低压空气式隔离器开关、隔离开关及熔断器组合电源》(JB 4012—85)的有关要求,同时应考虑到制造公差和由于磨损而造成的尺寸变化。

(3) 耐压水平:2.5 kV, 50 Hz,1 min。

(4) 防护等级:IP40。

(5) 温升:符合 IEC947-1 有关温升的规定。

(6) 开关柜进线和母联断路器。采用 MT 系列或 Emax 系列框架式空气断路器,相应要求如表 7-14 所示。

表 7-14　　白天调光亮度标准

	各个变电所内照明配电柜
断路器极数	4 极
MT 开关控制保护单元主要配置	D/0/6.0P/COM
	COM、Xfcom、Mxcom、MCH、PF、MNRr、CE、CD、CT、外部供电模块、电池模块、VBP-ON/off、VCPo、OFF、附件
Emax 开关控制保护单元主要配置	PR123+PR120/D-M 及相应附件

3. 主要技术要求

进线、母联开关的保护、控制、信号、测量及自动功能。

进线、母联开关的保护功能由开关自带单元完成。

进线、母联开关柜内须设置"就地/远方"或"就地/远方/自动"转换开关，并设置相应控制、信号回路。两路电源进线与母联三个断路器之间要进行电气联锁，保证在任何条件下均不允许三个断路器同时处于合闸状态。母联在两段母线无电情况下，不能合闸。

电流大于 100 A 的出线开关采用电子保护器。

1）保护功能

进线开关设短路和过电流保护，由开关的 6.0P 保护单元或 PR123 保护单元实现。母线开关设带时限短路保护，由开关的 6.0P 保护单元或 PR123 保护单元实现。

2）控制功能

（1）控制方式

0.4 kV 进线、母联开关设二级控制"就地"和"遥控"。"就地"（柜内）控制为最高级，"遥控"指 SCADA 调度中心操作。

0.4 kV 进线柜上设"就地/遥控"转换开关。当转换开关置于某一位置时，方可进行相应操作。

0.4 kV 母联开关设"就地/遥控/自动"转换开关。当转换开关置于某一位置时，方可实现相应操作。

（2）控制功能

实现二路进线、母联的控制。

转换开关置于某一位置时方可进行相应的操作。

实现二路进线、母联开关间的联动、联锁和闭锁功能及故障闭锁功能。

实现在远方控制条件下，接受站控单元的开关设备命令，根据开关位置信号以及各种既定的联锁条件发出开关设备"开""分"闸命令。

3）自动功能

母联开关除上述要求外，还应在自动位置时，实现各种既定的联锁、闭锁条件下的延时自投；进线断路器手动断开和进线断路器故障脱扣时，不启动自动投入装置。

4）信号功能

二路进线及母联开关通过 COM 选件的通信功能，应能将开关的分/合闸状态、操作开关位置、故障状态传输给信号盘。

5）测量功能

0.4 kV 侧电流（三相）及母线电压（三相）通过各开关 COM 选件的通信功能以数字通信方式，采用国际标准规约实现，与控制中心 SCADA 系统通信。

4. 柜体结构

开关柜的基本框架为组合装配式结构，螺钉紧固互相连接成基本框架，再按方案变化需要，加上相应的门，封板，隔板、安装支架以及母线、功能单位等零部件，组装成一台完整的开关柜。装置内零部件尺寸、隔离尺寸实行模数化。

1）框架

框架的基本零件均带有固定间隔的模数孔的 C 形或其他异形框架。

2）外壳

外壳防护等级为 IP40，垂直母线用功能板保护，防止偶然接触，其防护等级达到 IP20，内部全隔离，隔离满足 IEC439—1"形式 4"的规定。

每回路出线均应标出回路名称。

3）母线

本开关柜采用三相五线。本柜母线应采用高导电率铜导体。铜纯度 99.9%以上。

水平母线安装于柜内独立的母线隔离室中，根据水平母线的额定电流，选择铜母线的规格。PE 线截面积不小于水平主母线截面的 1/2，N 线截面积与水平主母线截面相同。

PE、N 线及连接排上均开有一定间距模数的孔用于电缆连接。

4）柜体分区

配电中心（简称 PC）柜内划分成三个隔室：水平母线隔室、功能单元隔室、控制回路隔室。

小电流动力配电中心（简称 MCC）柜内划分成三个隔室：水平母线隔室、功能单元隔室、电缆室。

相同参数的可动元件对同类型的柜应具有完全的互换性，相同参数和结构的其他元件也应该有互换性。

分隔措施：水平母线隔室与功能单位隔室，电缆隔室之间用钢板或功能板分隔。

5）机械联锁

开关柜的门和抽出单元采用机械联锁装置，使其在通电时不能开门或拉开抽出一个单元，以保障安全。

6）参考外形尺寸

（宽×深×高：（600～1 000）mm×1 000 mm×2 200 mm）。

5. 测量仪表装置

测量仪表装置与带电部分应保持足够的安全距离，否则应采取可靠的防护措施，以保证在带电部分不停电情况下进行工作时，人员不致触及运行的导电体。

二次回路中的熔断器、端子和其他辅助元件，应有可靠的防护措施，使运行维护人员不会触及导电体。

二次回路导线应有足够的截面，以保证互感器的准确度。

外壳应具有足够的机械强度，使得装在外壳内的开关、操作机构和其他元件具有它们原来的机械和电气性能。

柜面应设必要的测量表计、控制按钮和灯光信号。

6. 开关柜排列

每个照明配电间设进线柜、母联柜、馈出柜。照明开关柜排列及元件见照明配置图。

7. 主要设备器件内容

照明开关柜馈线柜采用 NSX 型或 T 型塑壳断路器、部分回路选用 AL 型交流接触器，安装位置锁的回路和安装接触器的回路控制均在照明控制屏内由 PLC 完成。

8. 试验

开关柜应作如下检查、试验，并有检查、测试的数据和波形，其内容如下：

1）型式试验

（1）温升试验。

（2）介电强度试验。

(3) 短路强度试验。

(4) 保护电路连续性试验。

(5) 测量电气间隙和爬电距离。

(6) 机械操作试验。

(7) 防护等级试验。

2) 出厂试验

(1) 一般检查:检查电气间隙和爬电距离;检查外接导线端子;检查开关柜的元件和部件;检查接线的可靠性;根据设计要求,检查结构设施、镀层和被覆层的表面质量等。

(2) 通电操作试验。

(3) 介电强度试验。

(4) 保护措施和保护电器的检查。

3) 验收试验

外观检查。

检查内部电器设备和接线是否符合图纸,线端是否有编号。

接线是否整齐牢固。

检查机械连锁和电器连锁的可靠性。

检查抽出式组件动作是否灵活,接触是否良好。

检查开关柜的接地是否牢靠。

通电操作试验。

断路器的分、合闸(当地、控制室、运动)操作。

负荷开关的分、合闸(当地、控制室)操作。

继电保护检查。

各种信号检查。

9. 设备铭牌

每台装置应配置一个至数个铭牌,铭牌应装在明显易见之处。

装置的所有铭牌标字应为长久,不易磨损腐蚀。铭牌的形式与外形尺寸应符合国家有关标准。

下列内容必须在铭牌上给出:产品型号;制造厂名及商标;出厂年月及编号。

7.4.2 隧道主照明灯具

本技术要求只针对隧道内主照明:中间段照明及出入口加强照明,其他通道、设备用房等照明均不包括在内。

隧道工程灯具布置情况如下:隧道出入口加强照明用高压钠灯或金卤灯;隧道内基本照明和应急照明为荧光灯或LED灯。

隧道照明灯具及其所有附件型号,均为隧道特殊设计型号。所提供的灯具,应能满足隧道内所需的布置方式,达到规定的亮度标准。

1. 灯具的组成

灯具由以下部件组成:

灯体(含底座、支撑架、固定螺栓)、灯具外壳、反光器、光源、电器(含补偿电容、熔断器)、备件。

2. 标准

1）国际标准

《Guide for the lighting of road tunnel》(CIE 88)；

《AC-supplied electric ballasts for tubular lamp》(IEC 60929)；

2）国家标准

《公路隧道照明设计细则》(JTG/T D70/2—01—2014)；

《灯具第1部分：一般安全与试验》(GB 7000.1)；

《道路与街路照明灯具的安全要求》(GB 7000.5)；

《灯具电镀、化学覆盖层》(QB/T 3741)；

《公路隧道照明灯具》(JT/T 609)；

《灯的控制装置第1部分：一般要求和安全要求》(GB 19510.1)；

《电气照明和类似设备的无线电骚扰特性的限值和测量方法》(GB 17743)；

《外壳防护等级(IP代码)》(GB 4208)；

《工业用插头插座和耦合器第1部分：通用要求》(GB 11918)；

《工业用插头插座和耦合器第2部分：带插销和插套的电器附件的尺寸互换性要求》(GB 11919)；

《电磁兼容综述电磁兼容术语和定义的应用与解释》(GB/T 17624.1)；

《电磁兼容限值谐波电流发射限值(设备每相输入电流≤16 A)》(GB 17625.1)；

《灯具分布光度测量的一般要求》(GB/T 9468)；

《消防应急照明和疏散指示系统》(GB 17945)；

《管形荧光灯用交流电子镇流器性能要求》(GB/T 15144)；

《灯的控制装置第4部分：荧光灯用交流电子镇流器的特殊要求》(GB 19510.4)。

3. 质量保证措施

厂家应提供质量体系或质量手册供甲方审查。

质量保证应按照ISO9000质量管理保证系列标准进行。

厂家应提供该产品有效的或近期国家权威部门的有效检验报告。

4. 灯具使用环境条件

(1) 环境温度：−5 ℃～40 ℃。24小时最高平均温度：35 ℃。

(2) 最热月平均相对湿度不大于90%。

(3) 交流电源基本参数。交流输入电压为AC 220 V(±10%)。频率：50 Hz±0.5 Hz。

5. 灯具电气性能

(1) 额定值：额定工作电压220 V；额定绝缘电压500 V。额定频率≥50 Hz。额定功率详见灯具清单。

(2) 湿态绝缘电阻：用500 V摇表测量湿态绝缘电阻不小于2 MΩ。

(3) 湿态介电强度：能承受交流50 Hz，1 500(有效值)试验电压历时1 min无击穿或闪络现象。

(4) 防触电保护类别：Ⅰ类。

(5) 接线方式：单相三线制。

(6) 灯具参数:防护等级 IP65;电气性能Ⅰ级;抗冲击性能 6 J;灯具外壳耐腐蚀性能 WF2。防震:灯具经过 2g 重力加速度三维 100 000 次机械震动测试无应用安全顾虑。

(7) 镇流器谐波含量≤10%。

6. 隧道光源和灯具的具体性能技术要求

(1) 灯具光学参数。灯具效率不小于 70%,相应要求如表 7-15 所示。

表 7-15　灯具光学参数一览表

光源	光源功率/W	光通量	平均寿命/h	色温/k
高压钠灯	400	55 000 lm	30 000	2 000
高压钠灯	250	33 000 lm	30 000	2 000
高压钠灯	150	17 000 lm	30 000	2 000
高压钠灯	70	6 500 lm	30 000	2 000
荧光灯	2×36	2×3 250 lm	15 000	6 000～6 500
荧光灯	2×28	2×2 700 lm	20 000	6 000～6 500
LED 灯	50	3 750	50 000	4 000～5 000
LED 灯	60	4 500	50 000	4 000～5 000
LED 灯	100	7 500	50 000	4 000～5 000
LED 灯	150	11 250	50 000	4 000～5 000

(2) 高压钠灯光源特性:高效、节能、长寿命,光源应在开启后 5 min 之内达到最大光通量的 85%,当电压下降 1%时,光通量减弱应小于 3%。

(3) 光源供货商配套提供符合国家标准并和光源规格相配的优质镇流器、触发器。

(4) 高压钠灯灯具采用宽光束配光,内装镇流器、触发器、补偿电容(耐压 300 V ac,50 Hz;平均寿命≥25 000 h)等电器元件,经补偿后的功率因素大于等于 0.85,所配镇流器应为低损耗型,电器元件应采用防潮、无自爆、耐高温及阻燃产品,安全及保护性能达到并优于国家标准,其余电器的使用寿命达 3 年以上。

(5) 荧光灯灯具应内装电子镇流器(1 带 1 式)、单灯熔断器等电器元件,功率因素大于等于 0.95,电器元件应采用防潮、无自爆、耐高温及阻燃产品,安全、保护和电磁兼容性能达到并优于国家标准,各电器的使用寿命达 3 年以上。

(6) LED 照明灯具由光源、驱动电源(包括调光模块)、灯具及其附件组成。LED 灯具与驱动电源分体组装,驱动电源可单独更换。

(7) 隧道照明设备所用的相同类型的灯具应能互换,反射器也能互换,灯具外壳的使用寿命应达 15 年以上。

(8) 灯具外壳采用优质防腐挤压铝合金型材制成,铝合金型材的厚度至少为 2.5 mm,外表面应光滑以防污物堆积和便于清洗,所有金工成品表面应能承受机械压力和湿气、汽车废气及清洗剂的腐蚀,挤压成型的外壳后部应能结合支撑架。

(9) 灯具配件安装应易于操作,并能调整安装角度,应能满足本隧道安装限界的要求。灯具设备底盘应衔接在外壳上,配有安全接地线,并具有抗震功能。

(10) 灯具采用正开门检修,正面采用不散光耐高温钢化玻璃作面盖,钢化玻璃四周应衬以耐高温及耐老化材料制作的密封垫片,密封垫片应便于更换。玻璃面盖可不用工具开启。

(11) 射板材料为进口高纯铝板，经阳极氧化处理，应能防眩光，可满足本隧道照明的配光要求，且结构坚固，能经受清洗，搬动不变形。

(12) 灯具内应能备有熔断器，作短路保护，并备用保险插头和插座等固定断电装置，以便取下设备底盘时，无须拆卸电缆。

(13) 所有灯具应能在额定电压 220 V 波动范围±10%内启动并运行。

(14) 电气元件布置合理，可长期可靠的工作。

7.4.3 应急照明电源装置

本技术要求适用安装在工作井内的应急照明电源装置。

1. 通用技术规格

1) 环境条件

环境温度：−5 ℃～40 ℃。

相对湿度：日平均≤95%(25 ℃)；月平均≤90%(25 ℃)。

海拔高度：≤1 000 m。

地震烈度：≤7 度。

设备应满足安装环境的技术要求。

2) 系统参数

电压：AC 380 V/220 V。

频率：50 Hz。

波形失真：5%。

频率波动：±1 Hz。

电压波动：±10%。

噪声：电网有电时静置无噪声，无市电时，小于 50 dB。

3) 标准和规范

应急电源装置的制造、试验和验收应符合以下规范、标准及技术条件：

《低压成套开关设备和控制设备空壳体的一般要求》(GB/T 20641)；

《消防应急照明和疏散指示系统》(GB 17945)；

《建筑电气工程施工质量验收规范》(GB 50303)；

《电器装置安装工程蓄电池施工及验收规范》(GB 50172)；

《阀控式密封铅酸蓄电池订货技术条件》(DL/T 637)；

《低压成套开关设备和控制设备的电气安全应用指南第 1 部分：成套开关设备》(GB/T 24621.1)；

《低压成套开关设备和控制设备第 1 部分：型式试验和部分型式试验成套设备》(GB 7251.1)；

《电气装置安装工程盘、柜及二次回路接线施工及验收规范》(GBJ 50171)。

2. 基本要求

(1) 应急电源装置(EPS)为户内成套设备。要求货物满足环境条件和技术参数及指标、技术先进、生产工艺成熟可靠、结构合理、便于安装和维护，装置内所有元器件和材料应具有阻燃或不燃特性。

(2) 装置构成：主要由交流进线回路、双电源自切回路、隔离变压器、整流/充电装置、蓄电池组、逆变器、自动监控系统等组成。

(3) 采用柜式结构，外壳防护等级不低于 IP40。

3. 运行方式

(1) 交流进线采用两路三相 380/220 V 电源进线。

(2) 正常情况下，两路市电一用一备供电，由逆变器交流旁路供电给应急照明负荷，同时由整流器供电给蓄电池组作正常的均/浮充电。

(3) 当控制系统检测到两路市电均停电或者市电过低时，瞬时(≤0.1 s)自动切换，由蓄电池组经逆变器逆变后供电(正弦波)给应急照明负荷，要求在蓄电池寿命末期时供电时间不少于规范规定的时间。

4. 整机技术参数要求

(1) 输入参数：

① 额定输入电压：AC380/220±15%；独立的 N 线和 PE 线。

② 额定输入频率：50 Hz±5 Hz。

(2) 输出参数：

① 应急输出电压：三相 380 V/220 V±3%。

② 输出频率：正弦波 50 Hz±0.5%。

③ 输出正弦波波形失真度：≤ 3%。

(3) 市电供电—应急供电切换时间：≤0.1 s。

(4) 过载能力：120% 90 s，150% 30 s。

(5) 噪声：≤50 dB。

(6) 综合效率：≥90%。

5. 主要部件及结构技术要求

1) 逆变器

(1) 逆变器选用大电流开关管(IGBT)和高可靠性的集成电路。

(2) 逆变器应能向任何感性或容性的负荷供电。

(3) 逆变器的输入回路和输出回路设有熔断器和断路器等过流保护装置，并有熔断指示。

(4) 在旁路模式中，应保证提供高可靠性的电力供应，具有持久性、可靠性，能够完全避免危险的运行状态。

(5) 逆变器应设短路保护，并配备隔离变压器。

(6) 具有承受不平衡三相输出电流的能力，不平衡度不大于额定电流的 25%，最大线电流不大于额定值。

2) 整流器/充电装置

(1) 充电模块应可带电插拔，具有良好的互换性。

(2) 充电模块故障不影响其他模块及系统正常工作。

(3) 充电器具有对电池充电全自动管理功能，并防止对蓄电池过充电的功能。

(4) 充电装置应具有短路、过流等保护功能。

(5) 交流输入端应有对雷电波的防护措施。

(6) 温控风冷散热方式，风扇由模块内部温度控制。

(7) 充电模块应通过国家或国际权威试验机构的相关型式试验及出厂试验检验。

(8) 整流器的额定电流应充分满足 EPS 电流标称容量加上蓄电池均充电量的需要，由厂家提供数据。必须提供每台 EPS 屏蓄电池的详细计算公式。

3) 蓄电池

(1) 蓄电池需采用高品质的、知名品牌全密封阀控式免维护铅酸蓄电池，蓄电池浮充使用寿命应达 10 年以上，核对性充放电次数大于 500 次。

(2) 蓄电池配置的数量应满足在蓄电池寿命末期时供电时间按照工程规模及设计规范确定，放电容量以及事故放电末期最大冲击负荷容量的要求，并配备电池自动检测系统。

4) 自动监测系统

(1) 所有应急电源装置(EPS)要求采用计算机网络系统进行集中管理，对 EPS 的工作、故障状态和运行参数进行实时检测。

(2) 系统包括装置通信接口 RS485 及 RS232、网络设备、管理软件和通信线路等。

(3) 监测内容：正常/应急工作状态、输出电压、充电故障、输出故障、控制器故障。

(4) 软件要求：应采用通用的操作系统软件(可接受的有 Windows XP、Windows NT、Windows 2000 等)和中文操作界面。

(5) 计算机网络应采用标准的通信协议，与监控专业所采用的通信协议相统一。

6. 显示装置

EPS 机柜上应带有 LCD 液晶显示屏，可显示以下参数：正常/应急工作状态、进线电源相电压、输出相电压/三相电流、电池组电压等。要求测量精确度不低于 1.0 级。

7. 设备结构

(1) 应急电源柜(EPS)必须具有严密的而又明显的功能分布区域，即进线区、元件安装区、EPS 区和蓄电池区，相互独立，相互联系。

(2) 应急照明电源装置由主机柜和蓄电池柜组成。柜体应由钢板及骨架组成，采用刚性好，有一定耐热能力的钢材，表面应进行严格的处理并采取防腐蚀措施。制成的面板及屏架应有足够的机械强度，以保证元件安装及操作时无摇晃，柜面板及骨架无变形。柜的防护等级不低于 IP40。前开门，柜体颜色在设计联络时确定。

(3) 柜内配线截面应满足各回路载流量的要求。可动部分应过渡柔软，并能承受挠曲而不致疲劳损伤，柜内编号应统一、清晰。

(4) 柜上端子排的设计应考虑运行、检修、调试的方便，采用高质量、名牌阻燃端子。端子连接方式应可靠牢固。引进引出盘外的导线必须经过端子排；大电流端子、一般端子之间应有所间隔。适当考虑与设备位置对应，端子排导电部分为铜质。端子的选用应满足回路载流量及所接电缆截面的需要。柜内应预留适当数量的端子及端子安装位置。

(5) 柜内元器件安装及走线要求整齐可靠、布置合理，电气间绝缘应符合国家有关标准。盘体结构要求通风良好，柜体应有通风散热孔。安装元件的面板应采用门板式结构，可方便开启，便于维护。

(6) 应急电源柜要求具有很高的安全可靠性，应由能承受一定的机械应力、电气应力及热应力的材料构成。此材料和电器元件应用防潮、无自爆、耐火或阻燃产品，能有效地防止开关元件因故障引起的飞弧与母线之间造成的事故。

(7) 元器件的要求：

① 柜内安装的元器件均应采用进口或合资工厂的高品质元件，不得选用淘汰的、落后的元器件。

② 导线、导线颜色、行线槽、涂漆，均应符合国家或行业现行有关标准的规定。其中导线应选用铜线，按室温 40 ℃时长期连续负荷工作制选用，导线截面积必须满足回路容量的要求。

③ 柜体尺寸：主机柜，800 mm×800 mm×2 200 mm，1 台；蓄电池柜，800 mm×600 mm×2 200 mm。

8. 试验内容

1) 型式试验

对于成熟的系列生产的产品和标准产品，厂家应提供该产品有效的或近五年内国家权威部门的检验报告。

型式试验包括以下内容(但不限于此)：

① 浮充装置稳压精度和纹波系数试验。

② 充电装置稳流精度试验。

③ 噪声的测定。

④ 防护等级试验。

⑤ 蓄电池组容量实验。

⑥ 蓄电池自动充电曲线实验。

2) 出厂试验

出厂试验包括以下试验内容(但不限于此)：

① 一般检查。

② 通电操作试验。

③ 浮充装置稳压精度和纹波系数试验。

④ 充电装置稳流精度试验。

9. 铭牌

每台装置必须在机箱的显著位置设置持久明晰的铭牌，标志以下的内容：

(1) 型号和名称。

(2) 制造厂厂名或商标。

(3) 出厂编号。

(4) 主要技术数据(额定电压、额定容量等)。

(5) 执行标准。

(6) 制造年、月。

7.4.4 自动补偿式三相电力稳压器

1. 工作及环境条件

安装地点：室内。

海拔：1 000 m 以下。

环境温度：−5 ℃～40 ℃。

最高日气温 24 小时平均数：+35 ℃。

最高相对湿度：日平均 95%；月平均 90%。

抗震条件：水平加速度 0.2*g*；地震烈度 7 度；垂直加速度 0.1*g*。

设备应满足安装环境的技术要求。

2. 技术要求

（1）产品应符合“交流输出稳压器”国家标准及三相自动补偿式电力稳压器的主要指标。

（2）主要技术指标：

① 接线型式：三相五线。

② 输入电压 380 V±20%。

③ 输出电压 380 V±(1%～5%)可调。

④ 波形畸变<0.1%。

⑤ 效率≥99%。

⑥ 控制方式：手动及自动。

⑦ 负载性质：电子镇流器的荧光灯照明回路及电感镇流器的高压钠灯照明回路。在特殊情况下，允许缺相不平衡负载，或稳压器工作；或自动直通工作。

⑧ 稳压器应满足电能质量公用电网谐波“GB/T 14549—93”规定的负载电压畸变及注入电网谐波电流规定范围下的使用要求。

⑨ 可承受 5 倍的瞬间冲击电流，可在额定负载下长期连续使用。

⑩ 设置过压、机械故障保护、缺相保护（音响报警）及故障自动转直通运行功能、停电恢复后自复功能（可选择）、设置故障输出信号（缺相、机械故障本柜有两只信号，向外输出一副结点）。

⑪ 防护等级：IP20，不降低稳压器输出容量。

⑫ 控制及传动部件、元件应采用长寿命、性能可靠的产品。

⑬ 可满足正常使用条件下并在额定负载下长期连续运行的要求，正常使用时不需要专人维护。

⑭ 稳压器在空载条件下，输入电压相对于额定值阶跃变化 10%时，稳定时间不大于 1.5 s。

7.4.5 光照度仪

亮度检测器（光照度仪）应能满足洞内、外长期工作条件，其技术要求不应低于下列规定：

（1）测量范围：

洞外型：1～7 000 cd/m^2；精度±1 cd/m^2；

洞内型：1～500 cd/m^2；精度±0.1 cd/m^2。

（2）温度特性：−15 ℃～+50 ℃；

（3）电源要求：220 V AC。

（4）亮度检测器探头镜头立体视角 20°。

(5) 设备旋转角度:水平 360°;垂直倾斜±170°。

(6) 测量信号(输出电流):4～20 mA。

(7) 防护等级不应低于 IP65;玻璃罩前配自动除尘、清洗装置。

(8) 亮度检测器测量范围应为线性,并能对光亮度瞬时响应。

(9) 功耗:<50 VA。

第 8 章　监控系统设计

8.1　工程应用现状

现有的上海城市隧道均设置了设备监控、交通监控、火灾报警及联动系统、广播、电话、无线通信、视频监控 7 个监控子系统。随着新技术、新产品的研发应用，各子系统的功能也得到了不断地提升。

上海城市隧道一般都设置了独立的隧道管理中心。近年来，在隧道分布较为密集的外滩地区还建设了两个隧道群管理中心，承担外滩沿线新建隧道的集中运营管理工作。除延安东路隧道外，现有隧道的交通监控都采用了视频分析手段。但早期建设与新开通隧道所使用的视频分析软件存在一定的差距，早期建设的隧道视频分析系统可靠性和精确度也有待于进一步提高。为了提高越江隧道设施的运营服务水平，有关方面还对隧道调频广播进行了全覆盖，提高了信号质量，消除了信号盲点，实现了全频段广播通信；对火灾报警及联动系统出现的问题，着重进行了分析和整改。表 8-1 列出了上海已建隧道监控系统的设置概况。

表 8-1　　上海市已建道路隧道监控系统设置概况

监控设置 / 隧道名称	设备监控	交通监控	火灾报警及联动系统	广播	电话	无线通信	视频监控	管理中心
复兴路隧道	有	视频分析	感温光缆	有	有	有	有	独立
打浦路隧道	有	视频分析	感温光缆	有	有	有	有	独立
延安东路隧道	有	环形线圈	感温电缆	有	有	有	有	独立
大连路隧道	有	视频分析	感温光缆	有	有	有	有	独立
翔殷路隧道	有	视频分析	双波长火焰探测器	有	有	有	有	独立
上中路隧道	有	视频分析	光纤光栅感温探测器	有	有	有	有	独立
军工路隧道	有	视频分析	双波长火焰探测器	有	有	有	有	独立
人民路隧道	有	视频分析	感温光缆	有	有	有	有	五合一隧道群管理中心

续表

隧道名称＼监控设置	设备监控	交通监控	火灾报警及联动系统	广播	电话	无线通信	视频监控	管理中心
外滩通道	有	视频分析	双波长火焰探测器	有	有	有	有	独立
西藏南路隧道	有	视频分析	感温光缆	有	有	有	有	独立
新建路隧道	有	视频分析	感温光缆	有	有	有	有	五合一隧道群管理中心
打浦路隧道复线	有	视频分析	感温光缆	有	有	有	有	三合一隧道群管理中心
龙耀路隧道	有	视频分析	感温光缆	有	有	有	有	三合一隧道群管理中心
迎宾三路隧道	有	视频分析	感温光缆	有	有	有	有	独立

8.2 总体技术要求

8.2.1 主要设计原则

（1）隧道监控中心的主要功能是对隧道的安全、环境、交通设施进行集中的监控和管理，以及在紧急情况下进行应急救援指挥。

（2）监控中心的设置应遵照“管理集中、资源共享”的原则。当几条隧道的地理位置接近，并且外部条件允许时，宜合建监控中心。

（3）隧道监控系统设置的总体目标是提供安全而舒适的行车环境，保障机电设备正常运行、节能运行，保障隧道及其周围交通与环境的协调。

（4）隧道监控系统应采用综合监控的方法，实现多专业综合、多功能集成、多系统信息互通、资源共享。

（5）监控中心的席位设置应针对监控对象的分类进行集成，主要划分为设备及环境监控、交通监控两个大类。前者的工作内容包括供电、机电设备、环境的监控与管理，同时对火灾进行监视与报警；后者的工作内容包括交通状态监视、交通数据采集与信息发布、交通控制与管理等。

（6）监控中心设置的大屏幕显示器主要用作突发事件情况下应急指挥的辅助显示设备，并且遵循简单、实用、美观的原则。监控中心对隧道的日常监视和控制操作主要依靠桌面显示器。

（7）为便于设计和工程实施，隧道监控系统宜分为监控中心、机电设备监控、交通监控、闭路电视、广播、火灾自动报警、电话、无线通信、监控电源 9 个子项。

（8）隧道监控系统设计应遵从简单实用的原则，在安全可靠并且满足功能要求的前提下，积极采用先进技术和先进设备，必须做到配置简洁，功能实用，操作便捷，运行可靠，维护方便。

(9) 隧道监控系统采用的设备应能适应隧道所在工作环境，能够长期安全稳定地运行。

(10) 隧道内常规通风与火灾时防排烟兼用的设备，平时由设备监控系统控制，火灾时由火灾报警控制器发出指令，设备监控系统控制强制执行，协同完成隧道的防排烟控制。

(11) 隧道或隧道群的各组成部分，包括上下行线路以及监控中心和变电所，按同一时间只发生一处火灾考虑。

8.2.2 采用的主要规范与标准

《公路隧道交通工程设计规范》(JTG/T D71)；
《公路隧道火灾报警系统技术条件》(JT/T 610)；
《公路隧道环境检测设备技术条件》(JT/T 611)；
《公路隧道设计规范》(JTG D70)；
《道路隧道设计规范》(DG/TJ 08)；
《火灾自动报警系统设计规范》(GB 50116)；
《消防联动控制系统》(GB 16806)；
《气体灭火系统设计规范》(GB 50370)；
《民用闭路监视电视系统工程技术规范》(GB 50198)；
《视频显示系统工程技术规范》(GB 50464)；
《电力装置的电测量仪表装置设计规范》(GB/T 50063)；
《电力装置的继电保护和自动装置设计规范》(GB/T 50062)；
《电子信息系统机房设计规范》(GB 50174)；
《智能建筑设计标准》(GB/T 50314)；
《综合布线系统工程设计规范》(GB 50311)；
《建筑物电子信息系统防雷技术规范》(GB 50343)；
《工业过程测量和控制装置的电磁兼容性》(GB/T 13926)；
《公共建筑电磁兼容设计规范》(DG/TJ 08—1104)；
《信息技术设备的安全》(GB 4943)；
《供配电系统设计规范》(GB 50052)；
《低压配电设计规范》(GB 50054)；
《民用建筑电气设计规范》(JGJ 16)；
《民用建筑电线电缆防火设计规程》(DGJ 08)；
《建筑设计防火规范》(GB 50016)。

8.2.3 监控系统主要技术指标

1. 响应性指标

(1) 设备状态遥信正确率≥99.99%。

(2) 设备遥控正确率≥99.99%。

(3) 设备数据采集传输时间①≤2 s。

(4) 交通参数采集周期 10～30 s 可调。

(5) 控制命令传送时间②≤2 s。

(6) 站间事件③顺序分辨率≤20 ms。

(7) 站内事件④顺序分辨率≤5 ms。

(8) 画面调用响应时间⑤≤3 s。

(9) 画面数据刷新周期≤1 s。

(10) 大屏幕数据刷新周期≤2 s。

2. 系统可靠性指标

(1) 系统可用率≥99.99%。

(2) 平均修复时间(MTTR)<1 h。

(3) 冗余系统或设备切换时间≤5 s。

3. 系统耐久性指标

(1) 计算机和打印机使用年限 5 年。

(2) 系统整体使用年限 15 年。

4. 系统负荷指标

(1) 计算机处理器负荷率:正常状态 30 min 内<30%;突发任务时 10 s 内<60%。

(2) LAN 负荷率:正常状态 30 min 内<10%;突发任务时 10 s 内<30%。

(3) 内存最大使用率:平均≤50%。

(4) 在任意时刻,用于存放数据和程序的空间应不超过设备存储空间的 70%。

5. 图像质量指标

(1) 电视制式标准 PAL。

(2) 图像质量按“损伤主观标准”评定≥4 级。

(3) 数字视频编码方式 MPEG2、H.264。

6. 设备工作环境

(1) 环境温度⑥室内 0～+40 ℃;隧道内−10 ℃～+50 ℃;隧道外−15 ℃～+55 ℃。

(2) 相对湿度 30%～95%,无凝露。

(3) 大气压力 66～108 kPa。

(4) 抗风速:隧道内 20 m/s;隧道外 35 m/s。

(5) 工作电源:单相 AC 220 V±10%,50 Hz±1%;三相 AC 380 V±10%,50 Hz±1%。

(6) 防护等级:室内 IP4X;隧道内 IP65;隧道外 IP65。

注:① 数据采集传输时间为现场设备动作状态改变到监控中心监控工作站正常显示的时间。
② 控制命令传送时间为监控中心监控工作站发出控制命令到现场设备动作状态改变的时间。
③ 站间事件是指两个变电所之间的事件。
④ 站内事件是指同一变电所内部的事件。
⑤ 画面调用响应时间为操作人员切换屏幕显示画面到被调用画面出现并且数据稳定的时间。
⑥ 室内是指机房或管理用房内;隧道内是指洞口以内的车行区或管线通道;隧道外是指洞口以外的露天环境。下同。

(7) 地震烈度 7 度。

8.3 监控中心

8.3.1 主要功能

(1) 监控中心负责监视、控制和管理隧道的运行,实施各种设备的运行控制和故障处理,协调各系统工作。

(2) 交通监控功能:监视车辆运行,及时发现和处理交通异常事件,实施隧道内部的交通控制以及隧道内外的交通协调,保障隧道交通秩序和行车安全。

(3) 机电设备监控功能:对隧道内空气和环境状况进行监测,对供电、照明、通风、排水等机电设备的运行实施监视和控制,保持隧道良好的行车环境。

(4) 火灾监视、报警和消防控制功能:能够监视和控制消防设备的运行,当隧道发生火灾时,能够及时自动报警,并采取紧急处置措施。

(5) 通信功能:包括采用有线和无线的通信方式,建立控制中心与隧道内通行车辆、各工作场所以及救援设施之间的通信联系,以及控制中心与外部各相关职能部门之间的通信联系。

(6) 电视监视与广播功能:控制中心能全覆盖监视隧道内和隧道出入口的交通运行情况。通过广播系统,控制中心能实现对隧道内和隧道出入口的分区语音广播。

(7) 管理功能:监控中心收集、分析、处理隧道的各种状态数据和运行数据,提供各阶段的运行报表、设备的运行记录、维修记录等,组织进行隧道各构成系统的养护、维修或抢修,提供优化运行方案,达到安全、节能和提高运行效率的目的。

(8) 应急指挥功能:在重大事故、火灾、水灾等紧急情况下,监控中心担负应急救援指挥的功能,并提供针对各种突发事件的应急预案。

(9) 一处监控中心对多条隧道进行监控时(采用隧道群监控中心的情况),应能提供多个监控席位在交通高峰时段对各隧道的运行分别进行监控,也能在一个席位上集中全部功能用于交通低谷时段监控所有隧道的运行。

(10) 对外通信:监控中心提供上层和相关信息系统的通信接口,包括快速路网监控中心、交警、消防局、公安等上级相关机构,实现信息互通、数据共享以及管理协调的目标。

8.3.2 席位设置

(1) 一般隧道监控中心设置机电设备监控和交通监控两个监控席位。特别长大隧道或隧道群监控中心的交通监控席位数量应根据隧道长度和数量增加设置,机电设备监控席位不宜增加。

(2) 每处隧道监控中心应设一个值班长监控岗位。

(3) 机电设备监控和交通监控席位应位于监控大厅前排,便于观察大屏幕显示器,其中交通监控席位应靠近中间位置;值班长监控席位应位于后排或设置在值班长室内。

(4) 机电设备监控席位设置要求:

① 机电设备监控席位的监控对象为隧道内的供电、通风、空调、给排水、照明及其他机

电设备，内容包括隧道供电系统设备监视和控制、环境质量监视，机电设备运行状态监视和控制，机电设备故障报警和处理、火灾报警等。

② 机电设备监控席位需要设 2 台图控显示屏、1 台视频显示屏和 1 台 OA 显示屏(预留)，这些显示屏的功能包括：机电设备监控屏，用于电力设备和机电设备监控；火灾报警监控屏，用于火灾监视和报警；视频图像显示屏，用于监视各类机房内人员活动情况；OA 显示屏，用于管理和办公自动化(桌面预留位置，系统预留接口和电源)。

③ 除视频图像显示屏外，上述各类显示屏可按操作方式采用触控屏，能够在屏幕上指触完成控制操作和字符输入。

④ 在配置屏幕触控操作功能的席位同时，也应配置一套键盘、鼠标、操纵杆等装置，并且这些装置应能在该席位上各显示器之间进行切换。

⑤ 机电设备监控席位上还需要设置调度电话、消防电话、无线通信、公务电话、广播视频控制盘等设备。

(5) 交通监控席位设置要求：

① 交通监控台席位的监控对象为车辆和交通状况，内容包括交通参数采集和分析，电视监视、语音广播、交通秩序疏导、交通信号控制、交通信息发布、交通事故处理等。

② 交通监控席位需要设 3 台视频浏览监视器(具体数量根据闭路电视系统的视频接入数量调整)、1 台视频主监视器、1 台交通监控操作显示屏和 1 台 OA 显示屏(预留)，这些监视器和显示屏的功能包括：视频浏览监视器，采用 16 分屏多画面方式显示隧道内的视频监视图像；视频主监视器，用于交通状态的详情监视；交通监控操作显示屏，用于交通信息显示和控制信号、诱导信息发布；视频分析系统操作界面，用于查询交通事件和事件报警，有条件时，视频分析系统和交通监控操作界面宜集成；OA 显示屏，用于管理和办公自动化(桌面预留位置，系统预留接口和电源)。

③ 除视频监视器外，上述各类显示屏宜采用触控屏，能够在屏幕上指触完成控制操作和字符输入。

④ 在配置屏幕触控操作功能的席位同时，也应配置一套键盘、鼠标、操纵杆等装置，并且这些装置应能在该席位上各显示器之间进行切换。

⑤ 交通监控席位上还需要设置调度电话、无线通信、公务电话、紧急电话接听、广播、视频监视控制盘等设备。

⑥ 交通监控席位上应设置一台 IP 电话机，利用快速路交通监控中心的 IP 电话交换系统与快速路交通监控中心连接。对于隧道群监控中心，该 IP 电话机可以合设。

(6) 各种图控操作显示屏(工作站)应具有统一的操作界面，按不同的登录权限执行不同的监控任务。图控操作显示屏还应具有广播操控、闭路电视操控功能。

(7) 控制中心应设置一套具有上述全部监控功能并且界面可以灵活切换的工作站，平时由值班长执行机动任务，也能作为监控工作站的备份设备，或用于业务培训。

(8) 除监控席位外，监控中心还应设置网管工作站、工程师工作站等管理、维护和开发设备，以及打印输出设备。

(9) 监控中心应设置打印机，用于文件、事件记录、报表、图片等打印输出，宜采用激光打印机。

(10) 监控中心各系统的桌面显示设备应采用相同规格的液晶显示器，并尽量采用同一品牌的产品。视频图像显示器的宽高比应与摄像机相同。

8.3.3 大屏幕显示设备

(1) 在监控中心宜设置一块能反映隧道全貌和地形特征的显示屏，主要用于应急指挥时提供多人同时观看，或用于为访客作示范介绍。在正常运行条件下，监控中心的监控和调度操作应以桌面显示为主。

(2) 监控中心大屏幕设置应该简单、实用，以减小监控中心建筑面积、降低设备造价，降低运营成本。

(3) 对于一段时间内不会改扩建，并且规模较小的隧道工程，宜采用马赛克模拟屏，以降低造价和运行费用，并可以改善调度大厅的照明。

(4) 监控中心采用 DLP 背投装置时，宜采用高清晰度设备，以达到在相同分辨率的情况下减少设备配置的目的。

(5) 在技术条件成熟的前提下，隧道监控中心应积极采用基于 LED、LCD 等新技术的大屏幕显示器。

8.3.4 计算机网络系统

(1) 隧道监控系统应注重快速响应性能和操作界面的专业性，计算机网络系统应采用客户/服务器(C/S)体系结构。

(2) 与办公自动化系统和其他外部信息系统的接口可采用 B/S 体系结构，能提供良好的灵活性和安全性，提供专业数据和公共数据的浏览。

(3) 监控中心的计算机网络系统必须安全可靠。其中安全的目标主要是防止遭受外部攻击，影响到隧道监控系统的正常运行。监控系统网络与外部网络之间应设置必要的隔离，与办公自动化(OA)网络之间也应设置隔离。

(4) 隧道监控系统应配置历史数据服务器和实时数据服务器，其中历史数据应采用磁盘阵列方式进行存储。数据库服务器应冗余配置，为简化软件配置和减少切换响应时间，在性能价格比较的基础上，宜采用容错型服务器。

(5) 监控系统应采用工业级设备，系统结构和网络设施应采取冗余或自愈措施，不能因单台设备或单个节点的故障导致全局瘫痪。

(6) 按同一时间只有一台设备发生故障考虑计算机网络系统的可靠性。为简化系统结构和软件配置，提高调试速度和维护性能，一般情况下环形自愈网络结构和冗余网络结构不宜同时采用。

(7) 监控工作站应采用工控计算机，并且配置备份设备，在采用综合监控方式并且各专业的监控工作站具有相同的硬件和软件配置的条件下，备份工作站只需设置一套。

(8) 监控系统计算机网络系统应采用高质量工业级网络交换机，具有网络管理、端口管理、流量控制、故障诊断等功能。

(9) 监控中心应设置时间服务器，在与快速路交通监控中心联网的情况下，该时间服务器能与快速路交通监控中心对时。时间服务器能采用 NTP 协议与各子系统对时。时间服务器宜与通信控制器合并设置，也可以采用专用设备。

8.3.5 监控中心配电

(1) 监控中心设备应设置专用的配电屏，由两路独立的低压电源供电，配电盘内设置自动切换开关。

(2) 除大屏幕显示器外，监控中心设备均应由 UPS 供电。

(3) UPS 供电时间应不少于 120 分钟。UPS 的输出应设置配电箱，分别向监控中心不同的区域或设备配电。UPS 容量在 6.3 kVA 或以上时，应采用 3 相电源供电。

(4) 对于冗余配置的设备或同一设备上的冗余电源，应由不同的配电盘分别供电。困难情况下，应由配电盘上的两个回路分别配电。

8.3.6 主要设备选型及技术要求

1. 计算机类设备

1) 概述

(1) 计算机类设备必须稳定可靠、技术先进、符合国家相关技术标准，在本地有常驻的技术服务机构。

(2) 为保证一流的质量和良好的服务，计算机类设备应选用信誉良好的主流品牌产品，并具有最新最稳定的配置。

(3) 工作站和通信控制器类应采用工业级设备，数据库服务器应冗余配置或采用容错服务器，网络交换机应采用工业级设备并配置光纤接口，与监控操作无直接关系的一般计算机设备可以采用商用级设备。

(4) 计算机类设备(包括工作站、服务器、通信控制器等)、打印机以及网络类设备应采用供货时同型号设备的最新配置和最新版本软件，具有国际通用的标准接口和开放的数据交换协议。

(5) 监控系统中相同类型的设备或组件应由同一厂商供货，相同功能的设备应采用同一品牌的同一系列产品。

(6) 计算机类设备应满足 24 h 不间断连续运行的工作条件。

2) 监控工作站

(1) 设备类型：国际一流品牌工业级计算机。

(2) 处理器：Intel Core2 Duo, 2GHz。

(3) 内存：双通道 DDR Ⅱ 800，4 GB。

(4) 硬盘：SATA Ⅱ，200G，支持 RAID 0, 1。

(5) 液晶显示器：20～22 英寸，分辨率 1 920×1 200。

(6) 触控屏：按需求配置，5 线电阻式。

(7) 网卡：双 100/1 000 M。

(8) 声卡和音箱：按需要配置。

3) 服务器

(1) 设备类型：机架式服务器，自动错误检测及修正。

(2) 处理器：Intel Xeon MP 双核 3 GHz，支持双 CPU 配置。

(3) 内存容量：双通道：DDR Ⅱ 667, 4 GB，可扩充至 16 GB。

(4) 高速缓存:4MB 二级高速缓存。

(5) 系统硬盘:SATA Ⅱ,100 GB。

(6) 硬盘控制器:智能型磁盘阵列控制器,支持 RAID 0/1/5。

(7) 显示器、键盘:17 英寸 LCD 1 280×1 024,机架式安装。

(8) 光盘驱动器:DVD/CD-RW。

(9) 网卡:双 100/1 000 M。

(10) 电源:双电源,AC 220 V±10% 50 Hz。

4) 磁盘阵列

(1) 设备类型:机架式光纤磁盘阵列,冗余电源。

(2) 最大存储容量:16TB。

(3) 配置存储容量:2 400 GB。

(4) 高速缓存容量:256 MB。

(5) 平均传输速率:160 MB/s。

(6) 支持:RAID 0, 1, (0+1), 3, 5, 10, 30, 50, NRAID。

5) 容错型服务器

(1) 设备类型:机架式服务器,采用部件级冗余技术,能在任何硬件损坏情况下不间断运行,能在不中断运行的情况下进行模块维护。

(2) 处理器:四核 Intel Xeon 2 GHz 以上(逻辑 CPU),缓存 4MB,每模块最大可扩展 2 个处理器。

(3) 内存配置:总线 1 066 MHz 以上,逻辑内存 4 GB 以上。

(4) 系统硬盘:SAS 硬盘 2×73 GB 以上。

(5) 数据硬盘:SAS 硬盘 4×500 GB 以上,支持外挂存储。

(6) 数据保护:操作系统、应用软件和静态数据等能采用 RAID 1 方式保护,并具有内存动态数据的镜像保护功能,能有效保证实时数据的安全。

(7) 显示器、键盘:17 英寸 LCD 1 280×1 024,机架式安装。

(8) 光盘驱动器:一对 DVD-RW 可读写光驱。

(9) 网络接口:2×10/100/1 000 M 自适应以太网卡,每个网口可配置成同一 IP 地址,随时进行故障切换。

(10) 电源:双电源,AC 220 V±10% 50 Hz。

(11) 操作系统:Windows Sever 2008 简体中文版,并配置相应的服务器管理软件。

6) 通用计算机

(1) 设备类型:通用计算机,用于工程师工作站、网管工作站、网络视频监视器等。

(2) 处理器:Intel Core i7, 2.66 GHz。

(3) 内存:三通道 6 GB(3×2 GB) DDR3 SDRAM 1 333 MHz。

(4) 硬盘:500 GB SATA 3.0 Gb/s。

(5) 光盘驱动器:DVD/CD-RW。

(6) 液晶显示器:20~22 英寸,分辨率 1 920×1 200。

(7) 触控屏:按需求配置,5 线电阻式。

(8) 网卡:双 100/1 000 M。

（9）声卡和音箱：配置。

7）便携式计算机

（1）设备类型：便携式计算机，用于系统设备调试、维护等。

（2）处理器：Intel Core i7，1.7 GHz。

（3）内存：4 GB 1 333 MHz DDR3 SDRAM。

（4）硬盘：500 GB 7 200 rpm SATA 接口。

（5）光盘驱动器：DVD/CD-RW。

（6）显示器：14 英寸 LED 背光液晶显示器，1 366×768。

（7）网卡：10/100 M 自适应。

8）通信控制器

（1）设备类型：机架式工控计算机，冗余电源。

（2）处理器：Intel Core2 Duo，2 GHz。

（3）内存：DDR Ⅱ 667，2 GB。

（4）硬盘：SATA Ⅱ，200 G。

（5）显示器、键盘：17 英寸 LCD 1 280×1 024，机架式配置。

（6）网卡：按需求配置，10/100/1 000 M 自适应。

（7）串行接口：数量按需求配置，能配置本工程要求的各种规约。

9）监控中心网络交换机

（1）采用模块化三层路由工业以太网交换机，机架安装。

（2）电源冗余、支持端口设备及模块热插拔。

（3）具有网管、端口管理、故障诊断等功能，网络扩展和在线维护时系统应不间断工作。

（4）不少于 24 个 10/100 Mbps RJ45 接口，具备光纤环网接口，同时具备 1 000 Mbps 光口配置能力。

（5）背板交换能力≥12 Gbps，线速三层包转发率≥9.6 Mpps。

（6）支持线形、星形、环形拓扑结构。

（7）支持服务质量（QoS）及流量限制（Rate Limiting）。

（8）支持 NTP 和 SNTP 网络时间协议。

（9）环网恢复时间≤50 ms。

（10）统一配置、管理、监视监控系统中所用到的所有交换机；同时可监视所有具有 SNMP（简单网络管理协议）或 ICMP（互联网控制信息协议）功能的设备。

（11）支持 SNMP 或 OPC Server 2.0 以上版本，可以把交换机或所有代理交换机的状态信息集成到监控系统中，并在 SNMP 或 OPC 中支持端口的流量分析，以及对系统中任意 2 点间的抖动、丢包、延时进行监控。

（12）采用图形化的网络管理界面，能对每一端口的数据流量进行详细的监视和分析。

2. 马赛克模拟显示屏

（1）在模拟屏上静态图示隧道走向、车道、交通流方向、出入口位置、风井、变电所及周围地形地貌，动态显示沿线交通监控、车辆检测、环境监测、通风、排水、照明、火灾报警、紧急电话、电视监视、广播等外场设备的图例、位置、状态以及运行数据。

（2）屏面由 50 mm×50 mm 或 25 mm×25 mm 可脱卸塑料马赛克单元拼接而成，有效显示面积与隧道显示内容相适应，屏面平整且不反光，防静电，亮度对比度≥10，屏面反射率<15%。

(3) 屏面上适当位置镶嵌视频显示器，用于显示隧道内交通流图像。

(4) 显示图符用光带、发光字牌、发光符号、字符显示窗、数字显示窗等元素及这些元素的组合来制作。

(5) 被观察的符号密度不得过高，图形、字符以及各种指示灯的面积(以嵌块的数量计算)不应超过整个模拟屏面积的50%。

(6) 应提供足够的色差和标记间距，使操作员可以很容易区别模拟屏上的不同部分，字符高度不应小于20 mm，图形符号的面积不应小于20 mm×20 mm。

(7) 发光元件采用LED光源，统一规格，颜色显示符合国家标准，亮度大于80 cd/m^2、寿命大于100 000 h，内部电气元件的接线采用接插件，连接可靠，维护方便。

(8) 屏面对水平面的垂直度<0.5 mm/m，模块表面平面度<0.01 mm，拼装缝隙<0.05 mm，相邻模块拼装平整度<0.05 mm。

(9) 显示屏应配合钢结构装饰屏架，实现按监控中心建筑装饰要求曲率自然转弧或折角安装。

(10) 配置模拟屏控制器，采用标准RS485通信接口，Modbus协议，能将分散的地址映射到一连续的地址表中，以提高通信效率。

3. DLP投影机

(1) 形式DLP技术，一体化背投影装置。

(2) 投影屏幕：超高对比度，黑色玻璃复合屏幕，无反光、抗变形、耐磨损；屏面不允许呈球面状凸起，屏幕热胀冷缩≤0.1 mm/1 000 mm/±10 ℃，变形曲度≤0.1 mm/(1 000 mm·年$^{-1}$)。

(3) 屏幕增益≥3.7。

(4) 屏幕安装拼缝≤0.5 mm。

(5) 视角：水平视角≥160°，垂直视角≥80°。

(6) 单台光输出850/1 600 ANSI流明。

(7) 亮度均匀度>95%。

(8) 对比度>2 000∶1。

(9) 单台物理分辨率1 400×1 050。

(10) 输入接口：模拟RGB(D-sub 15p)1路，数字DVI 1路和复合视频(BNC接口)1路。

(11) 具有单屏和配合整屏亮度、色彩、对比度、平移调节的功能，实现自动拼接和信号识别，具有暗屏及屏幕保护功能。

(12) 具有光源功率切换功能，光源平均寿命：120/132 W≥8 000 h，200/250 W≥2 500 h。

(13) DLP阵列采用专用的投影控制器和拼图控制软件，支持将工作站图像通过网络(采用TCP/IP和UDP协议等)实时显示在大屏幕上，同时支持视频图像、VGA图像显示在大屏幕上，每一幅画面均可任意移动、缩放，不受屏幕拼接限制。各窗口均可叠加、覆盖，相互不受影响；控制器具有分布式智能信息反馈装置，支持网络上的分控制及多用户操作。

4. LCD 液晶显示器

(1) 采用超窄边液晶显示屏拼接方式，拼缝≤7.3 mm。

(2) 采用电动前维护方式，通过计算机控制实现对液晶屏的伸缩等智能化控制。

(3) 单屏分辨率：1 920×1 080。

(4) 对比度：4 000∶1。

(5) 亮度：450 cd/m^2。

(6) 响应时间：8 ms。

(7) 输入接口：HDMI×1，DVI×1，VGA×1，复合视频×1。

(8) 控制接口：RS232、红外遥控。

(9) 液晶显示阵列采用专用拼接控制器和拼图控制软件，支持将工作站图像通过网络(采用 TCP/IP 和 UDP 协议等)实时显示在大屏幕上，同时支持视频图像、VGA 图像显示在大屏幕上，每一幅画面均可任意移动、缩放，不受屏幕拼接限制。各窗口均可叠加、覆盖，相互不受影响；控制器具有分布式智能信息反馈装置，支持网络上的分控制及多用户操作。

5. LED 条屏

(1) LED 条屏可按需布置在大屏幕显示器上方，用于动态显示设备和交通运行信息。

(2) 屏幕尺寸：高度应能显示一行 24 点阵字符，宽度按监控中心大屏尺寸协调配置。

(3) 显示方式：红、绿双色高亮度 LED 模块，静态显示、纵向或横向滚动显示，闪烁显示。

(4) 点间距：≤5 mm。

(5) 发光亮度：≥1 000 cd/m^2(可调)。

(6) 可视角度：±60°。

(7) 通信接口：串行接口或以太网接口。

6. 边缘融合投影显示屏

(1) 采用边缘融合专用投影机，DLP 技术，0.95DMD 芯片，配置超短焦镜头。

(2) 工作分辨率：1 920×1 200。

(3) 融合区域：>20%。

(4) 光源寿命：300 W/2 000 h。

(5) 输入信号类型：视频信号，VGA 信号。

(6) 内置单像素几何校正、自动色彩均衡、融合边带处理功能。

(7) 采用整体式金属屏幕，实现真正的无缝拼接，尺寸能按要求定制。

7. 打印机

1) 彩色激光打印机

(1) 打印幅面 A4。

(2) 内存≥64 M。

(3) 彩色分辨率 600×600 dpi。

(4) 打印速度≥20 ppm。

2) 黑白激光打印机

(1) 打印幅面 A3。

(2) 内存不低于 64 M。

(3) 分辨率 1 200×1 200 dpi。

(4) 打印速度不低于 40 ppm。

8.3.7 软件系统

1. 系统软件平台

(1) 系统软件平台应是通用的工业自动化和信息化软件系统，应是经过同类工程验证成熟的，具有开放体系架构的商品化软件系统，具有固定和公开的软件授权管理模式。

(2) 系统软件平台应基于 Microsoft Windows 操作系统，支持分布式体系架构，支持多个服务器和多个工作站构成方式，支持数据库的分布式部署。

(3) 系统软件平台应具有高可靠性、开放性、可扩展性、可重用性和可维护性的特征。

(4) 具有完善的冗余管理机制，单个模块/部件故障甚至部分交叉故障不应引起数据的丢失和系统的瘫痪；应具有完善的操作权限管理和事件记录功能。

(5) 系统软件平台应不依赖于硬件的构成形态，组成系统的软件部件应可以按照具体项目的硬件配置进行部署，不应与特定的硬件平台捆绑。

(6) 系统软件平台应具有结构良好的接口框架，支持常用的工业标准和流行的通信规约，并可以根据的工程要求，方便地扩展出特定的通信规约，可以集成和互联其他系统，也可以被其他更高层的系统集成和互联。

(7) 系统软件平台应提供集成的开发环境(IDE)，具有设计工具集或扩展设计手段，能按用户要求进行二次开发，能在一个开发环境中对分布式系统的各个服务器和应用进行统一开发、管理、安装和调试。

(8) 系统软件平台应采用面向对象的工程组态方法，基于组件技术和面向对象的实时数据库技术，从体系架构上支持软件部件、数据的重用：根据监控对象定义不同设备的对象模板，根据应用生成对象的实例。

(9) 系统软件平台应提供诊断和管理工具，能对各服务器/工作站中各系统组件进行集中的日志诊断，提供数据库管理，支持远程调试和远程维护。

(10) 系统软件具有支持多层平台的模式，每一层具有设计独立性和逻辑相关性以及扩展性，使系统的开放度可以持续拓展。

(11) 系统软件平台采用统一的安全模式，能够部署 Microsoft Windows 的基于域的安全模式。

2. 数据库

(1) 实时数据库系统应具有面向对象、事件驱动和分布特征，实时性指标应满足隧道工程的要求。

(2) 历时数据库应采用商品化的工业标准数据库，支持海量数据存储，支持并发存储与查询，提供符合 SQL-92 标准的 SQL 接口，支持扩展的 SQL 语句。

(3) 数据库应提供 API、ODBC、OLEDB(ADO)、SDK 等数据访问接口，支持 C、C++、C#、VB 等数据库开发语言，提供 JAVA 接口，支持跨平台的数据访问和操作，以满足不同层次人员的数据库二次开发。

(4) 数据库应具有良好的可靠的数据处理技术，支持集群冗余、镜像、在线备份等功能，支持用户与权限的双重安全管理。

（5）数据库的结构应支持扩展定义，可以从已有的数据库结构派生出新的结构，可以定制数据库对象模板。

3. 应用软件

（1）应用软件应包括隧道工程监控系统的应用函数库、对象模板库、可裁剪或可配置的应用功能组件。

（2）各监控席位应具有统一的人机界面和一致的操作风格。

（3）HMI 的管理应具备显示布局、菜单导航、对话面板的配置和图层切换、画面缩放等图控功能。

（4）监控工作站的图控画面采用分类分层设置，从主菜单画面进入所需设备控制画面的层数不超过 3 层。

（5）采用触控显示屏的控制操作界面应具有适应指触操作的特性，并能够有效防止误操作。

（6）应用软件开发应按照 GB/T 8567《计算机软件文档编制规范》的要求，提供软件开发计划、软件测试计划、软件需求分析、接口设计说明、软件质量保证计划、软件测试报告、用户手册、操作说明书等文件。

4. 系统安全与保障措施

1）基本要求

应从安全管理和安全技术措施两个方面保障系统安全，应建立完备的安全组织和管理制度，针对网络、操作系统、数据库、信息共享授权提出具体的措施。

2）网络安全措施

（1）全网实现端到端的 VLAN 划分，在物理层上将用户分开，使不相关的设备之间不能通信。

（2）将设备的 MAC 地址和 IP 地址在交换机上绑定，保证重要用户的安全性。

（3）通过端口设定来限制设备的广播流量。

（4）设定用户账号和密码对用户进行限制，加强网络安全。

（5）实现设备和路由冗余，保证任一单点故障时，网络功能不丧失。

（6）限制内网和外网的连接，部署网关、防火墙等网络安全产品，对重要网络进行隔离和保护。

3）可靠性措施和容错措施

（1）服务器采用磁盘镜像技术(RAID)，保证数据存储可靠。

（2）定时进行数据备份，备份数据采用多种媒介保存，防止数据丢失。

（3）采用链路冗余、重要设备冗余的措施，使系统内的单点故障不影响总体功能。

（4）采用信誉良好的厂商提供的成熟设备及技术。

（5）功能设定简单、实用，表示直观，操作简便，设操作提示和软件联锁功能，避免误操作。

（6）在确保功能满足的前提下，尽量简化系统设计。

（7）采用配置冗余、具有故障隔离和故障自愈能力的技术和设备。

4）病毒防范措施

（1）对桌面计算机和服务器实施病毒防护。

(2) 网络系统内所有防病毒软件由监控中心网管工作站统一管理，完成定期查杀和软件的升级维护工作，编辑病毒情况报告等。

5) 权限管理措施

系统设置操作权限，以保护程序运行的可靠性。系统设置三级口令：

第一级：操作员级，可进行遥控操作，调度管理工作。

第二级：工程师级，可对软件实现在线编辑。

第三级：可对系统程序进行编程和修改。

8.4 机电设备监控系统

8.4.1 环境质量监测

(1) 隧道环境监测项目一般包括以下项目：①一氧化碳(CO)；②能见度(VI)；③风速风向(TW)；④氮氧化物(NO_x)；⑤温湿度；⑥光照度。

(2) 上述环境监测仪表的配置要求由环控专业或照明专业提出，本专业负责实施，其中温度和湿度的监测范围还应包括机电设备机房。

8.4.2 电力监控

(1) 电力监控的目标是保障隧道供电系统的正常运行，并且在发生供电故障时，及时调整线路和负荷，以保证消防、照明、通风等主要设备的供电。

(2) 隧道变电所应按无人值守的要求进行设计，设置全所自动化控制系统，实现所内设备的自动化控制和监控中心远程控制。

(3) 在各变电所设变电所中央信号屏，负责采集设备数据、控制设备运行和实现远程监控的接口。

(4) 正常情况下，变电所由监控中心实施集中控制和管理。检修或维护时可以在变电所就地控制装置面板上或开关柜面板上手动操作供配电设备。

(5) 电力监控系统应具有遥控、遥信、遥测、遥调的功能，提供调度事务管理、供电系统运行情况的统计和报表、信息查询及事故回放分析、报警信息处理等功能。

(6) 电力监控系统应能采集和向监控中心传送综合保护装置采集的故障录波信息。

(7) 电力监控的对象和主要信息内容主要包括如下内容，并由供电专业确定，详见表8-2。

表8-2 电力监控对象及内容

名称	内　　容
10 kV 进线	
遥测	三相电压、三相电流、有功功率、无功功率、视在功率、功率因数、有功电度、无功电度
遥信	断路器分/合位置、手车位置、接地开关位置、储能状态、本地/远动转换开关位置、保护动作、报警、进线失压、控制回路故障、分闸回路监视
遥控	断路器分/合控制

续表

名称	内　　容
10 kV 联络	
遥测	三相电流
遥信	断路器分/合位置、手车位置、储能状态、本地/远动转换开关位置、保护动作、报警、进线失压、控制回路故障、分闸回路监视、母线电压正常、母线失压
遥控	断路器分/合控制
10 kV 馈线	
遥测	三相电压、三相电流、有功功率、无功功率、视在功率、功率因数
遥信	断路器分/合位置、手车位置、接地开关位置、储能状态、本地/远动转换开关位置、保护动作、报警、控制回路故障、分闸回路监视
遥控	断路器分/合控制
变压器保护柜	
遥测	三相电流、温度
遥信	断路器分/合位置、手车位置、接地开关位置、储能状态、本地/远动转换开关位置、保护动作、报警、控制回路故障、分闸回路监视、变压器保护动作、高温报警
遥控	断路器分/合控制
400 V 进线	
遥测	组合电量
遥信	断路器分/合位置、本地/远动转换开关位置信号、保护动作、报警、控制回路故障
遥控	断路器分/合控制
400 V 母联	
遥测	三相电流
遥信	断路器分/合位置、本地/远动转换开关位置信号、保护动作、报警、控制回路故障、母线失压
遥控	断路器分/合控制
400 V 馈线	
遥测	三相电流、有功功率、无功功率、视在功率、功率因数
遥信	断路器分/合位置、本地/远动转换开关位置信号、保护动作、报警、控制回路故障
遥控	断路器分/合控制
功率因数自动补偿柜	
遥测	三相电流
遥信	补偿电容投入级数
所用交直流盘	
遥测	电压、电流
遥信	交流装置异常总信号、直流装置异常总信号、交流一路投入信号、交流二路投入信号、直流母线电压异常

8.4.3 设备监控

(1) 设备监控的目标是对隧道内所有机电设备进行全面的、集中的监视和控制,保障隧道内各种机电设备的正常运行,在设备发生故障时,及时进行报警并给出维修建议。

(2) 隧道内安装的机电设备应具有现场控制和中央控制两种操作方式。现场控制在设备的现场电控箱上进行,具有较高的控制优先级;中央控制在监控中心的计算机屏幕上进行。系统正常运行时,以中央控制(遥控)为主。

(3) 雨水泵、废水泵等设备除具备以上两种控制方式外,还应具有现场自动运行方式,即根据水位的变化自动控制水泵设备。

(4) 监控中心能根据环境条件和隧道运营情况,监控隧道通风、排水、照明设备的运行,达到优化运行,节能运行的目的。

(5) 监控中心记录设备的运行过程,及时发现设备的故障并进行报警,根据设备的运行时限提供设备的维修保养计划。

(6) 设备监控的主要对象和信息内容如下:

① 大型轴流风机:受电开关合/分状态、常用电源状态、备用电源状态、风机运行/停止状态、风机运行/停止操作、本地/远程操作状态、软启动状态①、软启动旁路状态、变频器投入状态②、变频器旁路状态、变频器运行频率/风机转速控制、变频器运行频率/风机转速反馈、过载报警状态、过载跳闸状态、风机高温报警状态、风机高温跳闸状态、风机电加热除湿器状态、通风/排烟模式控制。

② 射流风机:受电开关合/分状态、常用电源状态、备用电源状态、风机正向运行/反向运行/停止状态、风机正向运行/反向运行/停止操作、本地/远程操作状态、软启动状态、软启动旁路状态、过载报警状态、过载跳闸状态、通风/排烟模式控制。

③ 一般风机:受电开关合/分状态、常用电源状态、备用电源状态、风机运行/停止状态、风机运行/停止操作、本地/远程操作状态、过载报警状态、过载跳闸状态、通风/排烟模式控制。

④ 排水泵:受电开关合/分状态、常用电源状态、备用电源状态、水泵运行/停止状态、手动/自动控制状态、过载报警跳闸状态、超高水位报警状态、水位。

⑤ 照明:受电开关合/分状态、常用电源状态、备用电源状态、照明启动/停止状态、照明启动/停止操作、本地/远程操作状态。

8.4.4 系统构成方案

(1) 隧道工程机电设备监控系统应采用分布式体系结构。在总体上,隧道内机电设备监控系统应分信息层、控制层、设备层 3 个层次实现:

① 信息层主要指中央计算机系统,布置在监控中心,汇总了整个系统的全部数据,集中了整个系统的全部控制。

② 控制层主要由智能控制设备及其网络构成,提供设备的控制逻辑和数据通道,连接

---

① 不设软启动装置时,有关软启动装置的监控信号取消,下同。

② 不设变频调速装置时,有关变频器的监控信号取消,下同。

监控中心和现场设备，负责采集现场数据，控制现场设备。

③ 设备层主要由现场总线单元和现场控制设备组成，负责连接现场设备和仪表，执行控制命令。

(2) 控制层应采用具有极高可靠性的可编程序控制器(PLC)作为核心设备，主要执行逻辑控制任务。

(3) 区域控制 PLC 设备宜安装在环境条件良好、便于安装调试的场所，如工作井设备机房内。一般情况下，建议在每个工作井按上行、下行分别设置区域控制 PLC。

(4) 区域控制 PLC 应设置显示和操作界面(MMI)，供现场调试和控制之用。MMI 应采用彩色触控显示屏。

(5) 控制层网络应采用自愈型光纤工业以太环网，以获得很高的可靠性和抗干扰能力。

(6) 现场的检测仪表、信号设施等硬线接口设备宜采用远程 I/O(RIO)装置接入到现场总线网络中。

8.4.5 主要设备选型及技术要求

1. 可编程序逻辑控制器(PLC)①

(1) 结构形式为金属背板和功能模块的任意组合，背板可以扩展，模块配有防尘的带锁扣的保护盒，插拔方便，标签明显，模块允许带电插拔。

(2) 电源模块冗余配置，供电电源为 AC 220 V/50 Hz，允许电压波动范围为 195～264 V，电源机架能承受 DC 2 300 V/1 min 或 AC 1 000 V/1 min 的电压冲击。

(3) CPU 应为 32 位工业级芯片，基本指令(位操作、字操作)执行时间不超过 0.1 ms/k。

(4) 内存容量应满足系统功能要求，数据和程序所占用的内存应分别不超过配置内存容量的 50%。

(5) 具有良好的操作权限和口令保护功能，包括整体权限等级、程序/数据文件的访问权限保护。

(6) 具有工业以太网、现场总线、远程 I/O 的连接和通信能力，支持 TCP/IP、ModBus、Lonworks、Profibus、DeviceNet 等工业标准协议，具有 RS-232、RS-485、USB 等标准接口，具有用于编程/调试/诊断的连接便携式 PC 的接口。

(7) 可使用顺序流程图功能块图、梯形图、结构化文本和指令列表等编程语言，符合 IEC6113 标准，控制程序可以在监控中心远程修改和下载。

(8) 内部时钟具有掉电时的支撑电池，支持网络时间协议(NTP/SNTP 等)，可通过系统网络保持与监控中心时间服务器同步，站间时间误差不大于 20 ms。

(9) 具有自检和故障诊断功能(包括通信、电源、I/O 等在内所有模块的诊断)，具有瞬时掉电后再启动的能力。

(10) 当 PLC 控制器发生故障或其他问题时，其输出应保持现状或置为预设状态，不得改变为任何不明运行状态。

(11) 输入/输出信号有电位隔离措施，I/O 点的数量应满足系统功能要求，并具有不少

① 本节所描述的 PLC 为设备监控系统的区域控制设备，不适用于设备控制箱内部的单机控制。

于20%的富余量。

(12) 开关量输入(DI):光电隔离无源接点方式,状态或计数脉冲,计数脉冲累加器应不小于16位二进制数。

(13) 开关量输出(DO):无源常开触点输出,触点容量为AC 250 V/2A。

(14) 模拟量输入(AI):对于来自不同回路的信号,其输入通道(包括公共端)应完全隔离。A/D转换器字长≥12位,转换误差≤满量程的0.1%,采样速度≥100次/s,至少应适应以下规格的输入信号:①DC 4~20 mA电流;②±20 mA电流;③±10 V电压;④Pt100电阻。

(15) 模拟量输出(AO):应具有通道间的完全隔离,输出信号为DC 4~20 mA电流,1~5 V电压或0~10 V电压,D/A转换器字长≥12位,转换误差≤满量程的0.1%。

(16) 硬件的环境适应条件:工作温度0~55 ℃;存贮温度−20 ℃~80 ℃;相对湿度为5%~95%RH无凝露;承受冲击(峰值加速度)为10*g*;承受振动为10~500 Hz,峰值加速度1*g*。

2. 操作界面(MMI)

(1) 设备类型:背光彩色防水TFT触控显示屏。

(2) 对角线尺寸:≥12英寸。

(3) 解析度:≥800×600。

(4) 内存容量:≥60 MB。

(5) 汉字显示:二级字库。

(6) 密码设置:3级。

(7) 触控开关数量:≥30个×40个(纵×横)。

3. 远程I/O装置(RIO)

(1) 结构形式为功能模块的任意组合,与PLC宜为同一品牌,具有完全的兼容性,能与PLC高速通信。

(2) 模块配有防尘的带锁扣的保护盒,插拔方便,标签明显,定位牢固,模块允许带电插拔。

(3) 供电电源为AC 220 V/50 Hz,允许电压波动范围为195~264 V,电源机架能承受DC 2 300 V/min或AC 1 000 V/min的电压冲击。

(4) 具有自检和故障诊断功能(包括通信、电源、I/O等在内所有模块的诊断),发生故障或其他问题(包括PLC故障)时,其输出应保持现状或置为预设状态,不得改变为任何不明运行状态。

(5) 输入/输出信号有电位隔离措施,I/O点的数量应满足系统功能要求,并具有不少于20%的预留量。

(6) 开关量输入(DI):光电隔离无源接点方式,状态或计数脉冲,计数脉冲累加器应不小于16位二进制数。

(7) 开关量输出(DO):无源常开触点输出,触点容量为AC 250 V/2 A。

(8) 模拟量输入(AI):对于来自不同回路的信号,其输入通道(包括公共端)应完全隔离,A/D转换器字长≥12位,转换误差≤满量程的0.1%,采样速度≥100次/s,至少应适应以下规格的输入信号:①DC 4~20 mA电流;②±20 mA电流;③±10 V电压;④Pt100

电阻。

(9) 模拟量输出(AO):应具有通道间的完全隔离,输出信号为 DC 4~20 mA 电流,1~5 V电压或 0~10 V 电压,D/A 转换器字长≥12 位,转换误差≤满量程的 0.1%。

(10) 硬件的环境适应条件:工作温度 0~55 ℃;存贮温度 −20 ℃~80 ℃;相对湿度为 5%~95%RH 无凝露;承受冲击(峰值加速度)为 10g;承受振动为 10~500 Hz,峰值加速度 1g。

4. 控制层网络交换机

(1) 采用具有冗余电源输入的模块化工业以太网交换机。

(2) 具有网管、端口管理、故障诊断等功能,网管由监控中心统一管理。

(3) 不少于 6 个 10/100 Mbps RJ45 接口,同时具备光纤环网接口。

(4) 支持 10/100M 以太网,支持线形、星形、环形拓扑结构。

(5) 支持即插即用,环网结构自动设置主从节点。

(6) 支持端口映像、广播风暴限制、优先级设置。

(7) 支持 NTP 及 SNTP 网络时间协议。

(8) 环网恢复时间不大于 50 ms。

5. 一氧化碳(CO)探测器

(1) 测量范围:0~300 ppm。

(2) 测量精度:±2 ppm。

(3) 信号输出:4~20 mA。

6. 氮氧化物(NO_x)探测器

(1) 测量范围:0~30 ppm。

(2) 测量精度:±2 ppm。

(3) 信号输出:4~20 mA。

7. 能见度(VI)探测器

(1) 探测方式:红外光电探测。

(2) 测量范围:0~1.5×10^{-3}/m。

(3) 测量精度:±0.1×10^{-3}/m。

(4) 信号输出:4~20 mA。

8. 风速风向(TW)探测器

(1) 探测方式:超声波探测。

(2) 测量范围:−20~20 m/s。

(3) 测量精度:±0.1 m/s。

(4) 信号输出:4~20 mA。

9. 光照度探测器

(1) 测量范围:1~7 000 cd/m^2(洞外)。

(2) 光谱范围:400~700 nm(可见光)。

(3) 探测镜头立体角:±20°。

(4) 测量精度:±2 cd/m^2。

(5) 信号输出:4~20 mA。

(6) 防护等级：不低于 IP65，配自动清洗装置。

10. 温度、湿度探测器

(1) 形式工业级产品，传感器变送器一体化。

(2) 测量方式：温度测量，pt100 电阻；湿度测量；电容式。

(3) 测量范围：温度 0～50 ℃，湿度 0～100%RH。

(4) 测量精度：温度±0.3 ℃，湿度 3%RH。

(5) 信号输出：4～20 mA。

11. 单模光缆

(1) 结构形式：束管式铠装，中心金属加强，缆芯油膏填充。

(2) 光纤芯数：按需求配置，并具有不少于 30%的富余量。

(3) 光纤模式：1 310 nm 和 1 550 nm 双窗口单模光纤。

符合 ITU-T G.652 要求。

(4) 衰减系数：1 310 nm 波长区≤0.36 dB/km；1 550 nm 波长区≤0.22 dB/km。

(5) 光纤色标：每根光纤在整个长度范围内标色。

(6) 接头损耗：可拆接头平均损耗≤0.5 dB；不可拆接头平均损耗≤0.1 dB。

(7) 允许拉伸力：长期，1 000 N；短时，3 000 N。

(8) 允许侧压力：长期，1 000 N/100 mm；短时，3 000 N/100 mm。

(9) 护套：低烟、无卤、阻燃、防水、防腐、防微生物。

(10) 长度标记：护套外带有间隔不大于 1 m 的长度标记。

(11) 允许弯曲半径：≤15d(固定后)。

(12) 使用寿命：≥25 年。

(13) 温度特性：−20 ℃～+70 ℃，衰减不变；−30 ℃～+80 ℃，衰减不大于 0.05 dB。

12. 多模光缆

(1) 结构形式：束管式铠装，中心金属加强，缆芯油膏填充。

(2) 光纤芯数：按需求配置，并具有不少于 30%的富余量。

(3) 光纤模式：多模光纤，基准波长 1 300 nm。

(4) 传输损耗：多模光缆，基准波长时≤0.7 dB/km。

(5) 光纤色标：每根光纤在整个长度范围内标色。

(6) 接头损耗：单个接头平均损耗≤0.1 dB，最大 0.2 dB。

(7) 允许拉伸力：长期，1 000 N；短时，3 000 N。

(8) 允许侧压力：长期，1 000 N/100 mm；短时，3 000 N/100 mm。

(9) 护套：低烟、无卤、阻燃、防水、防腐、防微生物。

(10) 长度标记：护套外带有间隔不大于 1 m 的长度标记。

(11) 允许弯曲半径：≤15d(固定后)。

(12) 使用寿命：≥25 年。

(13) 工作温度：−20 ℃～70 ℃。

8.5 交通监控系统

8.5.1 基本要求

（1）交通监控系统负责隧道的交通协调和运营管理，监视车辆运行，采集隧道内车流的平均车速、车流量、车型、道路占有率等交通参数。目标是保障隧道行车安全，为市政交通规划积累数据。

（2）隧道交通监控系统是上海市智能交通系统（ITS）的重要组成部分。

（3）隧道监控系统技术要求应符合快速路交通监控技术要求，使隧道交通监控系统成为路网交通监控系统的一个组成部分，实现区域交通的整体协调。

8.5.2 交通信息采集

（1）隧道交通信息采集的内容应包括交通流量、地点速度、时间占有率、车型等交通数据及隧道内的交通事件。

（2）交通数据采集主要采用环形线圈车辆检测器，在隧道主线及匝道出入口至少分别设置一个检测断面，检测车流量、车速和分类车型。

（3）交通事件监测主要采用视频图像分析法，利用图像处理技术对隧道交通进行自动检测和报警，以实现对不正常的交通事件进行定位、预警、报警和再现的目标。

（4）视频图像分析所需的图像信息必须是连续的，对隧道全覆盖的，由闭路电视系统提供。

8.5.3 车道控制

（1）隧道内应设置车道信号灯，以满足隧道维修、事故处理过程中的交通组织要求。

（2）车道信号灯应采用 LED 光源，能表示车道通行、关闭两种信息。

（3）车道信号灯设置在车道中心上方，沿行车方向间距 150～200 m。

（4）在隧道具有双向通行的需求时，车道信号灯应双向设置。

（5）隧道设计车速 60 km/h 或以上时，应设置可变限速标志，显示车速以 10 km/h 为单位可调。设计车速小于 60 km/h 的隧道不设置可变限速标志。

8.5.4 超高车辆检测

（1）为防止超高车辆进入隧道损坏设备，在隧道入口前方应设置超高车辆检测器和警示信息显示板。

（2）超高车辆检测系统必须能检测出欲进入隧道的超高车辆，并进行有效引导和拦截，并辅以机械拦截保障设施。

8.5.5 诱导信息发布

（1）在隧道入口上游设置隧道交通信息显示板。宜采用“图形＋文字”的形式，配合城市快速道路监控系统总体要求，显示隧道内的交通状态、交通事件信息以及施工占路信息。

(2) 在隧道具有多个出口并且内部空间条件许可的情况下，宜在隧道内出口匝道上游设置交通诱导信息显示板，配合城市快速道路监控系统总体要求和周边路网交通状态，为通行车辆提供隧道外周边路网的交通信息。

(3) 设置在隧道内的信息显示板其像素间距应与车速相匹配，一般不宜超过 12.5 mm (以此像素间距显示的 24 点阵字符高度为 300 mm)。

8.5.6 系统构成方案

(1) 在隧道监控系统中，宜采用综合监控的方法，交通监控系统与机电设备监控系统和电视监视系统应实行多方面的资源共享。

(2) 交通监控系统中的信号灯控制、超高车辆检测等逻辑信号传输与控制的内容，宜通过远程 I/O 装置和现场总线解决(包括到机电设备监控系统中)。

(3) 交通监控系统的数据传输，应利用隧道内的工业以太网资源。隧道交通监控系统需要解决从工业以太网交换机到外场设备之间的连接问题。

(4) 对于具有以太网接口的外场设备，建议采用光收发器和光纤连接，对于具有串行接口的设备，建议采用串口服务器和双绞线连接。

(5) 隧道内发布的交通诱导信息，实际上反映了隧道外的道路交通状况，而隧道内的交通事件和通行状况，应该发布在隧道外的相关路段上。

(6) 隧道交通监控系统应为电子警察的设置提供必要的准备，包括设备安装箱、电源、光纤、管道等资源。

(7) 隧道交通监控系统应设置连接上海市中心城区快速路网交通监控中心的接口，隧道内应为上海市快速路网监控系统专门预留一根 72 芯光缆，用于全市 ITS 工程和交通信息越江传输。

8.5.7 主要设备选型及技术要求

1. 环形线圈车辆检测器

(1) 检测两轮以上机动车。

(2) 能分辨 6 种以上车型。

(3) 环形线圈接入≥16 通道。

(4) 车辆误检率：<±2%(分车道、车型的 1 h 统计值)。

(5) 检测速度：0～250 km/h(分车道、车型的 1 h 统计值)。

(6) 速度检测误差：≤5%(20～120 km/h)(分车道、车型的 1 h 统计值)。

(7) 检测占有率准确度：≥95%(分车道的 1 h 统计值)。

(8) 分车型检测准确度：≥80%。

(9) 灵敏度：从 0.01%～0.5%，16 级可调。

(10) 电感范围：<2 000 μH(长期自动调谐)。

(11) 通信接口：RS232/RS422/RS485，可接便携机提取数据。

(12) 传输速率：1 200～9 600 bps 可调。

2. 视频分析交通检测器

(1) 视频图像制式：PAL。

(2) 同时处理能力:8 路视频,每路视频 8 车道。

(3) 车辆停止检测率:≥95%。

(4) 车辆堵塞检测率:≥95%。

(5) 行人进入隧道检测率:≥95%。

(6) 车辆逆行检测率:≥95%。

3. 设置在隧道外部的交通信息显示板

(1) 显示面积:按实际需求配置。

(2) 显示方式:红、绿、纯黄 3 色高亮度 LED 像素管。

(3) 像素间距:20 mm。

(4) 显示方式:文字和图形,动态、静态显示。

(5) 安装方式:龙门架安装。

(6) 发光亮度:>9 000 cd/m^2。

(7) 可视距离:50~300 m。

(8) 可视角度:±30°。

(9) 预置图形:不少于 64 种(可由控制中心下载、修改和调用)。

(10) 自检功能:设备状态,发光器功能,当前显示内容回传。

(11) 自动亮度调节:32 级,环境亮度自适应。

(12) 通信接口:RS485, RS232, RS422,以太网。

(13) 工作环境温度:−10 ℃~+75 ℃。

(14) 工作环境相对湿度:≤95%。

(15) 抗风速:40 m/s。

(16) 防护等级:IP65。

(17) 工作时间方式:24 h 连续运行。

4. 设置在隧道内部交通信息显示板

(1) 显示面积:按实际需求配置。

(2) 显示方式:红、绿双色超高亮度 LED 模块。

(3) 点间距:7.62 mm(Φ5 LED 管)。

(4) 显示方式:文字和图形,动态、静态显示。

(5) 发光亮度:>3 500 cd/m^2。

(6) 可视距离:20~200 m。

(7) 可视角度:±30°。

(8) 平均无故障工作时间(MBTF):>10 000 h。

(9) 防护等级:IP65。

(10) 通信接口:RS485,以太网。

(11) 抗风速:30 m/s。

5. 可变限速板

(1) 尺寸:1 350 mm×1 350 mm×125 mm。

(2) 显示从 10(km/h)~设计车速,按 10 步进的限速值。

(3) 发光亮度:>3 500 cd/m^2。

(4) 可视距离：>200 m。

(5) 可视角度：±30°。

(6) 24 h 全天候连续运行。

(7) 防护等级：IP65。

(8) 通信接口：RS485，以太网。

6. 车道信号灯(应用于隧道内)

(1) 显示状态：红色禁行灯、绿色通行灯两种，符合交管部门及相应规范的要求(单灯)。

(2) 光源：LED。

(3) 有效显示尺寸：300 mm×300 mm。

(4) 发光亮度：>3 500 cd/m^2。

(5) 可视距离：>200 m。

(6) 可视角度：+/-24°。

(7) 防护等级：IP65。

7. 超高车辆检测器

(1) 红外线双光束探测原理，不受车辆行驶中颠簸产生的高度误差以及雨雪、温差、震动的干扰，不受阳光、车辆灯光的干扰。

(2) 车辆最高行驶速度 150 km/h。

(3) 最多车道数：单向 6 车道(道路宽度 25 m)。

(4) 报警输出接口：硬线、RS232/RS422。

8.6 闭路电视监视系统

8.6.1 系统构成方案

(1) 隧道工程应设置闭路电视监视系统，监视范围包括隧道内和隧道出入口。

(2) 隧道内(包括隧道暗埋部分及敞开部分)的监视应全覆盖并且连续，宜采用定点、定焦彩色摄像机，尾部监视，直线段平均间距不宜大于 80 m，弯道处加密，前后视场重叠、视场重叠部分的画面应能分辨车辆的基本特征。

(3) 电视监视范围应覆盖隧道出入口敞开段，隧道出入口外的电视监视应采用全方位、全天候彩色摄像机。

(4) 电视监视摄像机的安装位置应与通风、交通监控、广播、照明等系统充分协调，视场不应被上述系统设备遮挡，视场范围内不应出现导致眩光的明亮光源，尤其是应避免信号灯、信息显示牌、峒口等明亮光线的影响。

(5) 一般越江隧道视频信号宜采用 1∶1 或 1∶N 的视频光端机，将视频信号直接传送到监控中心。

(6) 模拟视频接入监控中心后，应由分配器分成如下用途：

① 交通事件分析和监测。

② 电视墙(组合式视频显示阵列)或视频分割器。

③ 视频矩阵切换器，供控制台主监视器显示以及与上级系统或外部系统共享。

④ 视频录像机。

8.6.2 主要设备选型及技术要求

1. 隧道内摄像机

(1) 电视标准 PAL。

(2) 传感器:1/3 英寸 CCD,彩色。

(3) 清晰度:≥480 电视线。

(4) 最低照度:0.5 Lux。

(5) 信噪比:≥48 dB。

(6) 光圈及快门:自动。

(7) 手动变焦:5～50 mm。

(8) 视频输出:1 $V_{P\text{-}P}$, 75 Ω,BNC 接口。

(9) 自动白平衡调整,多种同步锁定方式,背光补偿、Gamma 校正、自动增益控制(AGC)功能,地址和日期叠加功能。

(10) 防护等级:IP65。

2. 隧道外一体化高速云台摄像机

(1) 形式:摄像机、防护罩、云台一体化。

(2) 电视标准 PAL。

(3) 传感器:1/2 英寸 CCD,彩色。

(4) 清晰度:≥480 电视线。

(5) 最低照度正常快门 0.6 Lux(F1.2, 50%,AGC 开);低照度 32 倍快门:0.005 Lux(F1.2, 25%,AGC 开)。

(6) 信噪比:≥48 dB。

(7) 镜头:16 倍变焦,自动光圈。

(8) 旋转角度水平:最大 360°;垂直 90°。

(9) 旋转速度水平 0.1～50°/s;垂直 0.1～20°/s。

(10) 云台定位精度:定位误差不大于 0.5°。

(11) 具备 128 个可编程点和 10 条巡视路径。

(12) 自动白平衡调整,多种同步锁定方式,背光补偿、Gamma 校正、自动增益控制(AGC)功能,地址和日期叠加功能。

(13) 通风加热器:提供摄像机正常使用的温度,具有防气候变化、除湿、不结霜功能。

(14) 枪式摄像机应设置窗口刮水器,可编程电动控制,自动复位。

(15) 工作温度:−10 ℃～60 ℃。

(16) 防护等级:IP66。

(17) 抗风速:35 m/s。

3. 光端机

1) 视频系统

(1) 信噪比:≥67 dB(加权)。

(2) 带宽:5 Hz～8 MHz(每路)。

(3) 微分增益：<0.5%(典型值)。

(4) 微分相位：<0.7°(典型值)。

(5) 场倾斜：<0.5%(最大值)。

(6) 传输距离：≥10 km。

(7) 视频输入 1 V 正负峰间电压(75 Ω)。

(8) 光纤工作波长：1 310 nm，单模。

(9) 数据接口：RS-422 或 RS-232，9 600 bps。

2) 数据系统

(1) 运行模式半双工或全双工。

(2) 误码率(BER)最大光学路径负载损耗时$<10^{-9}$。

(3) 通信速率 DC-300 kbps。

(4) 数据格式：RS-232，RS-422，RS-485。

4. 视频矩阵切换器

(1) 形式模块化，组合式框架结构。

(2) 切换容量按需求配置。

(3) 输入信号 1 V_{p-p} ±3 dB，75 Ω，不平衡。

(4) 输出信号 1 V_{p-p} ±0.5 dB，75 Ω，不平衡。

(5) 带宽 32 MHz(1.5 dB)，50 MHz(3 dB)。

(6) 信噪比≥70 dB。

(7) 相邻频道串扰 3.58 MHz 为 55 dB。

(8) 微分增益<1.0%。

(9) 微分相位<1.5°。

(10) 线倾斜度≤0.50%。

(11) 场倾斜度≤0.5%。

(12) 切换时间 20 ms。

(13) 字符插入和编辑功能(中文字符，时间，日期，摄像机编号等)。

(14) 具有控制输出端口，可与交警、快速路监控中心系统直接联网。

(15) 控制接口 RS232C/RS485。

5. 数字录像机

(1) 视频标准 CCIR/PAL，EIA/NTSC(10d)。

(2) 输入 16 路，1 V_{pp}，75 Ω。

(3) 硬盘接口：SATA，支持 8 个 SATA 硬盘，单硬盘最大支持 2 000 GB；数据总容量为 4TB。

(4) 压缩方式支持 H.264 算法、标准 MPEG-4 算法。

(5) 记录速度 50 帧/s、20 帧/s、10 帧/s、5 帧/s、1 帧/s、0.5 帧/s、0.2 帧/s。

(6) 清晰度 4CIF，704×576(每路)。

(7) 录像总资源：400 帧/s。

(8) 输出码率：32 K~2 M 可调，也可自定义(上限 8M，单位：bps)。

(9) 以太网接口 10/100M 自适应。

(10) 报警输入输出:8 路输入,4 路输出。

(11) 机箱:19 英寸标准,机架式安装。

8.7 有线广播系统

8.7.1 系统构成

(1) 广播的范围包括隧道内部、隧道出入口、工作井、管理中心等区域,广播的内容包括交通提示、紧急疏散、应急援救和日常业务管理。

(2) 不同区域应能够同时进行不同内容的广播,监控中心能够选择监听。

(3) 隧道内部采用分音区选路广播,音区长度按 200 m 考虑。同一隧道内至少能两个音区同时广播。上下行隧道可以同时进行不同内容的广播。不考虑在同一隧道内的不同音区同时进行不同内容的广播。

(4) 隧道内扬声器布置间距按 40～50 m 考虑,每个音区的扬声器分两组按两个方向布置,同一方向不同位置的扬声器发声应按照声波传输速度进行延迟。

(5) 在监控中心和道口检查亭设置话筒及广播操控键盘,其中监控中心的广播控制功能应集成到交通监控工作站,并应设置无线话筒。道口检查亭仅对本地广播音区广播,两者的优先级可以通过相应的软件来设置。

(6) 隧道广播系统功率放大器应设置在监控中心机房火工作井机房内。

(7) 广播系统具有隧道内扬声器检测功能,能识别短路和开路故障;自动检测系统内设备的故障,具有故障自动报警能力。

(8) 广播系统应配置备用广播功率放大器,当主用功率放大器故障时自动启用备用功率放大器。

(9) 隧道内广播宜采用总线传输方式,每个广播音区使用音区控制器控制扬声器的选通/关闭,以减少广播电缆敷设。

8.7.2 主要设备选型及技术要求

1. 系统指标

(1) 系统频率特性 40 Hz～16 kHz≤2 dB(不含扬声器)。

(2) 谐波失真 40 Hz～16 kHz≤2%(不含扬声器)。

(3) 信噪比:线放≥70 dB,话放≥50 dB。

(4) 输入过激励能力≥20 dB。

(5) 防卫度≥50 dB。

(6) 输出电压调整率 400 Hz≤1.5 dB, 4 kHz≤2 dB。

(7) 通道数 16 路。

(8) 负载区 64 路(最大)。

(9) 输出功率 5 200 W(按需求配置)。

(10) 电源:交流 220 V, 50 Hz。

2. DSP 数字处理器

(1) 形式为 16 输入、16 输出专业数字音频调音台。

(2) 输出电平 0～6 dB /200 Ω(平衡式)。

(3) 频率响应 20 Hz～20 kHz≤±1 dB。

(4) 失真度 1 kHz≤0.004%。

(5) 信噪比≥96 dB。

(6) 防卫度≥95 dB。

3. 功率放大器

(1) 形式:机架式安装,可遥控开、关机,有监听输出。

(2) 额定输出 400 W(按需求配置)。

(3) 输入阻抗≥5 K。

(4) 频率特性 40 Hz～16 kHz≤2 dB。

(5) 失真度 40 Hz～16 kHz≤1.5%。

(6) 信噪比≥88 dB。

(7) 额定输出电压:120 V、100 V、70 V 平衡式。

(8) 采用机内风扇强制冷却,具有短路、开路、过压、过流、过载、过温、强电倒灌、雷击等可靠的保护。

4. 广播系统主机

(1) 采用主流配置工控计算机。

(2) 17 英寸 LCD 显示器。

(3) 具有以太网接口、打印输出口,按系统规模配置的各类板卡。

(4) 配置广播系统的控制软件和监控软件,通过网络系统向各广播音区控制器发送控制命令,采集外场设备工作状态和故障信息。

5. 监控中心呼叫站

(1) 用于给监控中心值班人员使用机上话筒或语音合成器播放语音信息,界面内容包括:①液晶显示屏;②音区广播控制按钮和工作状态指示灯;③无线广播接口选择按钮及工作状态指示灯;④监听扬声器及监听音量旋钮。

(2) 话筒输入电平－60 dB。

(3) 额定输出电平 0 dB。

(4) 频率特性 40 Hz～16 kHz, ±2 dB。

(5) 信噪比≥52 dB。

6. 防水号筒扬声器

(1) 输出功率 30 W/100 V。

(2) 阻抗 8 Ω。

(3) 频率响应 250～10 000 Hz。

(4) 声压级≥113 dB。

(5) 灵敏度－20 dB 于 1 kHz。

8.8 火灾报警系统

8.8.1 火灾探测方案

1. 火灾探测装置

越江隧道的车道层采用感温光纤探测器或双波长火焰探测器作为火灾探测装置，其报警分区按消防分区划分。

2. 感温光纤探测器

(1) 感温光纤探测器采用分布式或光纤光栅方式，能够测量隧道内各区段的温度，并根据设定的温度阈值和温度变化率对火灾进行报警。

(2) 考虑到隧道内纵向气流的影响，线型感温光纤探测器的报警区段长度（空间分辨率）不应超过半个消防分区的长度，并且温度探测点的纵向间距不超过 10 m。

(3) 隧道宽度为 1 条或 2 条车道时，在隧道顶部中间布置 1 根感温光缆（或光纤光栅温度探测元件）；隧道宽度为 3 条车道时，在隧道顶部平行布置 2 根感温光缆（或光纤光栅温度探测元件），间距 6 m。

(4) 光纤型温度探测装置与火灾报警控制器必须采用通信接口连接，不应通过继电器转接报警信号。

3. 双波长火焰探测器

(1) 双波长火焰探测器的布置应与消防分区对应，在车行隧道内单侧布置，间距不应超过 50 m。

(2) 双波长火焰探测器安装高度不小于 2.5 m，安装位置应便于清洁和调试。

4. 防水型手动消防报警设置

隧道内设置防水型手动消防报警按钮，隧道宽度为 1 条或 2 条车道时宜结合消防分区布置在行车方向的右侧；隧道宽度为 3 条车道时，宜结合消火栓布置在隧道两侧，且消防分区内任一点至手报按钮的距离不超过 25 m。

5. 火灾探测装置设置

电缆通道应设置火灾探测装置，宜结合车行道的火灾探测方案，采用线型光纤感温探测器或感温电缆；一般电缆通道内设置 1 根感温光缆或感温电缆，布置在通道顶部或高压电缆表面。

6. 感烟、感温探测器

(1) 在工作井、监控中心和设备机房设置智能型烟感探测器和手动报警按钮。

(2) 采用气体灭火的电气设备机房，应设置感烟和感温两种探测器。

(3) 对于不适合设置感烟和感温探测器的电气设备用房，宜采用空气吸入式火灾探测报警装置。

8.8.2 系统构成方案

(1) 以火灾报警控制器为核心组成火灾报警控制网络系统。当隧道较长，超过火灾报警控制器总线电缆允许长度时，可采用分区域设置报警和控制从属机的方式，每个分区设一台火灾报警控制器，各分区火灾报警控制器采用光缆（主干光缆中的专用光纤）作环形连接，接入监控中心。

（2）火灾报警控制器总线电缆宜采用闭环连接方式。当网络中任一节点或线路发生故障时，不影响网络的通信及其他接点在系统中的功能和作用。

（3）火灾探测器、报警按钮等应采用具有地址编码的智能型产品。

（4）火灾报警系统设备应支持综合监控系统的集成，可以在综合监控系统的平台上，与设备监控、交通监控、CCTV、广播等系统充分协调。

（5）监控中心应设置消防水泵、防烟和排烟风机等重要消防设备的状态显示和控制按钮。

（6）当监控中心距离隧道较远，如隧道群监控中心的情况，应采用网络通信方式，实现重要消防设备的状态显示和控制功能。同时，在隧道的本地值班室设置重要消防设备的直接状态显示和控制操作盘。

（7）火灾报警系统在监控中心需设置与消防部门联网的设施。

8.8.3 主要设备选型及技术要求

1. 火灾报警控制器

（1）火灾报警控制器应由主控制器（提供回路控制）、主显示面板、联动显示板、电源模块、消防电话主机等组成，采用多 CPU 分布式智能系统。

（2）配置液晶显示屏，中文显示，最新报警信息始终显示在屏幕上，其余信息可滚动显示，并可显示网络内全部信息。

（3）配置回路控制卡，用于联接各探测器和监控模块。

（4）控制器支持的总线电缆长度应满足闭环连接的要求，且不宜小于 2.5 km。

（5）提供标准的 RS-232 接口与综合监控系统连接，实现整个隧道的集中统一管理和各系统运行协调。

（6）配有备用直流电源系统，自带浮充电装置，能在外部电源失电情况下持续 24 h 监视和 1 h 报警、联动。

（7）火警响应：回路报警响应时间≤0.75 s。

（8）系统容量：与系统需求相一致，支持多主机对等通信联网功能。

2. 智能型光电感烟/感温探测器

（1）探测器自身能分析所采集的环境信息并判断出是否进行报警。

（2）电子自动编码，自动编排软地址、自动存储、更新有关信息、失电时保存信息、抗干扰的数字信号通讯方式、自诊断功能及保持记录（其数据可在控制主机或通过 PC 机进行查看）、环境自动补偿功能。

（3）动作灵敏度：3%～17%多级可调。

（4）采用表面封装技术的制造工艺，并涂敷抗潮湿和耐腐蚀材料。电极采用镀金处理工艺以保证设备的高可靠性。动作信号分为：脏污报警、预报警、火警等级别。

（5）定/差温感温探测器报警点：周围温度在定温 60 ℃或升温率超过差温 9 ℃/min。

（6）工作电压 DC 24 V±10%。

(7) 工作电流：监视时≤250 μA；报警时≤2 mA。

3. 双波长火焰探测器

(1) 火灾监视角左右独立方式，水平方向左右各 90°，垂直方向上下各 60°。

(2) 探测半径≥45 m(无污损)。

(3) 防护等级 IP65。

(4) 工作电压 DC 24 V±10%。

(5) 工作电流：监视时≤7 mA；报警时≤65 mA。

4. 线型感温光纤探测器

(1) 报警原理：分布式或光纤光栅方式，连续检测隧道内的温度及其变化。

(2) 设置多级阈值/温升速率/温升趋势进行监测和报警，应可显示隧道内任一位置的温度及其变化，在火灾发生前早期预警。

(3) 温度测量误差：≤±1 ℃。

(4) 测量温度范围：−20 ℃～+100 ℃。

(5) 空间分辨率：≤半个消防分区。

(6) 定位误差：≤半个消防分区。

(7) 报警时间：≤60 s。

(8) 报警分区数：≥300(按需求确定)。

(9) 通信接口 RS-232、Modbus 等(与火灾报警控制器兼容)。

5. 线型感温电缆

(1) 形式：采用开关型不可恢复式。

(2) 报警温度：68.3 ℃/87.8 ℃/137.8 ℃/可选。

(3) 温度精度：±1 ℃。

6. 空气吸入式火灾探测器

(1) 探测原理：激光散射质量探测。

(2) 最高灵敏度：0.001 5/m 遮蔽度。

(3) 可侦测粒子范围：0. 000 3～10 μm。

(4) 警报级别：4 级(火灾 2、火灾 1、预警和辅助)。

(5) 最大取样管长度 50 m。

(6) 取样管内部直径 15～25 mm。

7. 防水型手动报警按钮

(1) 自带 CPU 处理器，属于智能型可编程设备。

(2) 报警开关被玻璃片的边缘保持在断开状态。当玻璃被击碎时，开关释放向回路控制器发送一个报警信号。

(3) 具有自诊断和历史记录、自动生成设备网络图、独立运行及快速稳定的通信。

(4) 防护等级：IP65。

(5) 工作电压：DC 24 V±10%。

(6) 工作电流：监视时≤250 μA；报警时≤2 mA。

8. 地址输入模块

(1) 自带 CPU 处理器，属于智能型可编程设备。

(2) 提供一个或两个干接点输入，点用于对被控设备进行监视。

(3) 具有自诊断和历史记录、自动生成设备网络图、独立运行及快速稳定的通信。

(4) 模块上设有 LED 指示灯提供正常和报警状态的直观指示。

(5) 工作电压：DC 24 V±10%。

9. 联动控制模块

(1) 自带 CPU 处理器，属于智能型可编程设备。

(2) 每个模块提供一路控制信号触点，用于对被控设备进行控制。并提供一路信号反馈，用于对被控设备进行监视。

(3) 具有自诊断和历史记录、自动生成设备网络图、独立运行及快速稳定的通信。

(4) 模块上设有 LED 指示灯提供正常和报警状态的直观指示。

(5) 工作电压：DC 24 V±10%。

8.9 电话通信系统

8.9.1 系统功能与主要设备布置

(1) 电话通信的需求主要包括运营公司的业务电话、调度电话和隧道内的紧急电话。

(2) 业务电话提供隧道运营公司日常业务联络的工具，也用于工程管理、调度和设备维护等，业务电话经程控交换机的转接可以进入市话网络。

(3) 调度电话用于控制中心与变电所、设备机房、维修值班室等重要场所的专线联络通信。

(4) 紧急电话布置在车行隧道内，为突发事件或抛锚车辆提供紧急求助的手段，也为隧道维护检修过程中的紧急情况提供通信联络手段。

(5) 紧急电话直通监控中心，免拨号，摘机即可通话，不进入市话网络，通话内容能录音记录。

(6) 隧道内紧急电话采用抗噪声防潮电话机，布置在行车方向右侧，间距不超过 100 m。上下行隧道的联络通道内、逃生通道出入口以及隧道出入口处应设置紧急电话。

(7) 隧道的各种电话通信需求应在同一套程控电话交换机的基础上进行扩展，一般不设置专门的调度电话总机和紧急电话控制主机。

(8) 重要设备机房内设置具有延时热线功能的自动电话分机，消防泵房应设置自动电话分机和消防专用电话分机，其他管理部门均设置自动电话分机。

(9) 监控中心、变电所控制室以及主要的管理人员办公室设置直接外线电话。

(10) 电话通信系统设话务台、维护终端和数字录音机，除话务台安装在监控中心前台外，其余设备安装在设备机房。

(11) 隧道电话通信系统与市话网络的连接采用中继线路。

8.9.2 主要设备选型及技术要求

1. 通信系统指标

(1) 用户线环路电阻：≤2 500 Ω。

(2) 馈电电流：≥18 mA。

(3) 串音衰耗：≥67 dB。

(4) 传输损耗：≤1.1 dB/km。

(5) 通信接口 RS-232 或以太网。

(6) 局间数字中继信号方式服从 NO.7 信令。

2. 交换机性能指标

(1) 具有自动话务员功能。

(2) 可提供即插即用的 CTI 接口，内置 CTI 通信规约 CSTA，遵循 ECMA 协会 phase 1、phase 2 标准。

(3) 可靠性：99.99%。

(4) 再启动时间：<5 min。

(5) 话务负荷能力：用户端口 1Erl/线；中继线为 1Erl/线。

(6) 模拟信号用户线：DP/DTMF；中继线：直流环路，E&M，DID，MFC 等。

(7) 数字信号。随路信号：中国 1 号数字型线路信号，R2ISDN：BRI (2B+D) 4 线接口；PRI (30B+D)NO.7 号信令；QSIG；DPNSS。

(8) 分机会议 3 方，可支持外接会议系统。

(9) 电源 380/220±10%V AC，50±3 Hz；−54～−44 V DC。

(10) 工作温度：5 ℃～45 ℃。

(10) 相对湿度：20%～80%。

3. 录音设备

(1) 1～8 个通道实时监听、同时录音。

(2) 2 个放音通道。

(3) 硬盘自动循环写盘。

4. 抗噪防潮紧急电话机

(1) 防静电、防水、防尘、防腐蚀。

(2) 密封型夜光轻触式按键，来电振铃信号灯指示。

(3) 通话距离：≥3 km。

(4) 接线方式：二线制。

(5) 适应环境：噪声≥100 dB；高温≥55 ℃；高湿≥95%。

(6) 防护等级：IP65。

(7) 振铃强度：90 dB；振铃电压：75～105 V。

8.10 无线通信系统

8.10.1 调度无线通信

(1) 调度无线通信系统提供隧道内部各工作面之间移动通信手段，覆盖隧道管理区域、重要设备机房及上下行隧道的联络通道、逃生通道和电缆通道等处。

(2) 调度无线通信系统采用 150 MHz 模拟通信方式，在适当时机向数字通信过渡，或采用 800 M 数字集群通信。

8.10.2 消防和公安无线引入

(1) 隧道工程建设应实现消防和公安无线通信系统的引入和覆盖，包括以下频段：消防，350～370 MHz；公安常规，350～370 MHz；公安集群，801～866 MHz。

(2) 所有无线通信系统的射频信号，应尽量合并到一根漏泄电缆中，以节省隧道的空间资源。

8.10.3 无线广播

(1) 隧道工程应实现全频段调频(88～108 MHz)广播引入。

(2) 具有对交通台广播频率(105.7 MHz)进行插播的功能，紧急情况下可以通过该频率向车载收音机广播救助信息。

8.11 监控系统设备供电

8.11.1 电源

(1) 监控系统设备按一级重要负荷供电，由就近变电所分别引入两路独立的电源，在末端自切。

(2) 计算机设备、网络设备、逻辑控制器及其远程 I/O、摄像机以及图像传输系统设备应设置不间断电源(UPS)作为后备电源。UPS 宜采用双机热备，单套 UPS 供电时间不少于 60 min。

8.11.2 接地和防雷

(1) 隧道工程监控系统宜采用联合接地的方式，设备的保护接地、工作接地采用同一个接地体，由供配电系统提供，接地电阻 $R_d \leqslant 1\ \Omega$。

(2) 隧道监控系统的供电、传输回路中，应设置必要的感应过电压防止和吸收装置。

(3) 监控中心内的中控室和监控设备机房内应设置防静电地板等保护措施。

(4) 安装在室外地面上的监控设备，应采取防止直击雷和感应过电压的措施。

8.11.3 主要设备选型及技术要求

1. 三相 UPS 电源

(1) 设备类型：在线式正弦波不间断电源。

(2) 输入输出相数：三相进/三相出或三相进/单相出。

(3) 输入电压三相 AC 380 V±20%，50 Hz±1%。

(4) 输出电压三相输出：AC 380 V±2%，50 Hz±0.2%。

单相输出：AC 220 V±2%，50 Hz±0.2%。

(5) 输出功率 6.3 kVA 或以上(按需求配置)。

(6) 输出波形正弦波，总谐波失真≤3%THD。

(7) 输入谐波电流：≤5%。

(8) 输入功率因数：≥0.95。

(9) 动态响应±3%，1 ms(100%负载突变)。

(10) 蓄电池供电时间额定负载下 60 min。
(11) 蓄电池:密封免维护铅酸电池,寿命>10 年。
(12) 过载能力:125%时 10 min, 150%时 60 s(逆变状态)。
(13) 平均无故障时间(MTBF)≥100 000 h。
(14) 在线式运行方式,自动/手动切换旁路工作,无切换时间。
(15) 微处理器控制,全自动操作,有联网监控通信接口。

2. 单相 UPS 电源

(1) 设备类型:在线式正弦波不间断电源,单相进/单相出。
(2) 输入电压 AC 220 V±20%, 50 Hz±1%。
(3) 输出电压 AC 220 V±2%, 50 Hz±0.2%。
(4) 输出功率:<6.3 kVA(按需求配置)。
(5) 输出波形:正弦波,总谐波失真≤3%THD。
(6) 输入功率因数:≥0.95。
(7) 动态响应±3%, 1 ms(100%负载突变)。
(8) 蓄电池供电时间:额定负载下 60 min。
(9) 蓄电池:密封免维护铅酸电池,寿命大于 10 年。
(10) 过载能力:125%时 10 min, 150%时 60 s(逆变状态)。
(11) 平均无故障时间(MTBF)≥100 000 h。
(12) 支持在线式运行方式,自动/手动旁路工作,无切换时间。
(13) 微处理器控制,全自动操作,有联网监控通信接口。

3. 信号线路浪涌吸收装置

(1) 标称电压 5 V/24 V(按端口配置)。
(2) 额定电压 6 V/26.8 V。
(3) 工作电流≥500 mA/100 mA。
(4) 放电电流 10 kA。
(5) 带宽≥1 M。
(6) 响应时间≤1 ns。

4. 电源线路浪涌吸收装置

(1) 标称电压 220 V/380 V(按设备电源电压配置)。
(2) 额定电压 250 V/440 V。
(3) 工作电流≥16 A。
(4) 放电电流 L—L: 3 kA, L—N: 3 kA, N—PE: 5 kA。
(5) 响应时间≤25 ns。

8.12 控制电线、电缆选择和敷设方式

8.12.1 电线、电缆选择

(1) 隧道监控系统应采用铜芯电线和电缆。

(2) 敷设在车行隧道内的控制电线和电缆应采用低烟、无卤、阻燃型。

(3) 敷设在电缆通道内的控制电线和电缆应采用阻燃型。

(4) 与消防联动有关的电线和电缆应采用耐火型。

(5) 隧道内所有采用非穿管方式敷设的控制电缆均应采用铠装电缆。

8.12.2 敷设方式

(1) 监控系统所采用的电线应穿管敷设,明敷时应穿钢管敷设。

(2) 火灾报警系统以及消防联动系统所采用的电线和电缆,除暗敷的情况外,均应穿钢管敷设或采用防火线槽。

(3) 监控电缆应尽量采用槽式电缆桥架、电缆托盘方式敷设。

(4) 用于在隧道内敷设电线电缆的钢管宜采用经热镀锌处理的厚壁型套接紧定式钢管。

8.13 隧道群监控中心总体技术要求

8.13.1 基本原则

(1) 地理位置比较接近,并且由同一单位进行运营管理的几条隧道满足隧道群的条件,这些隧道的监控中心宜合建,构成隧道群监控中心。

(2) 隧道群监控中心实行多条隧道的一体化监控和集约化管理,达到精简机构,减少人员,节约用地,降低运营成本的目的。

(3) 隧道群监控系统应采用综合监控的方法,实现多专业综合,多功能集成,多系统信息互通、资源共享的目标。

(4) 隧道群监控中心的席位设置应针对监控对象的分类进行集成,主要划分为设备及环境监控和交通监控两个大类。前者的工作内容包括供电、设备、环境的监控与管理,同时对火灾进行监视与报警;后者的工作内容包括交通状态监视、交通数据采集与信息发布、交通控制与管理等。

(5) 隧道群监控中心的大屏幕显示器应为各条隧道共享,主要应满足应急指挥的使用要求,并且遵循简单、实用、美观的原则。不应针对每条隧道设置大屏幕显示器。

(6) 隧道群监控中心应保障隧道及其周围交通与环境的协调,提高车辆通过能力、提高事故响应能力,提供紧急情况下的救援指挥。

(7) 隧道群监控中心应与快速路交通监控中心互联,在发生区域性交通故障的情况下提供必要的配合,包括信息互通、隧道内外交通诱导内容的协调及交通控制措施的协调,具体要求参见《上海市城市快速路交通监控系统技术标准》(SZ—52—2006)。

8.13.2 配置规模

在正常情况下,隧道群监控中心能够对所辖隧道实施日常的运行监控,处理一般的设备故障及常发的交通事件。隧道群监控中心的配置规模主要应考虑在非正常运行状态及突发事件情况下的应对能力,特别是并发事件的处理能力。隧道群监控中心应考虑以下非正常运行状态、突发事件情况下的应对能力。

1）交通阻塞情况

地理位置比较靠近的几条隧道，其交通功能有相互替代的作用，一条隧道的交通阻塞可能很快波及其他隧道，所以隧道群监控中心的功能配置应该考虑所辖隧道同时出现交通阻塞的情况。另外，在出现偶发的交通事件引起一条隧道的交通受阻时，隧道群监控中心应该具有引导过江交通及时分流的功能。

2）重大交通事故情况

本技术要求所述重大交通事故，指该事故造成严重的交通阻塞，严重影响隧道通行，并且需要较长的处理和恢复时间。

一处隧道群监控中心所管理的所有隧道中，按同一时间只有一条隧道发生重大交通事故考虑。在该类型重大交通事故发生时，其他几条隧道可能同时出现交通阻塞的情况。

3）重大设备故障情况

一处隧道群监控中心所管理的所有隧道中，按同一时间只有一条隧道发生重大设备故障考虑，该故障包括通风、排水等机械设备和供电、照明等电气设备的故障情况。该重大设备故障发生时，几条隧道可能同时出现交通阻塞的情况。

4）火灾情况

一处隧道群监控中心所管理的所有隧道中，按同一时间只有一条隧道发生火灾考虑，并且考虑火灾与重大设备故障同时发生的情况。

5）配置规模要求

环境与机电设备监控自动化程度较高，正常情况下操控任务较少，出现扰动时主要按预定模式运行，操控平稳；突发事件情况下执行预案流程，监控对象锁定，目标明确。所以在隧道群监控中心内，各隧道的环境与机电设备监控工作站可以合并设置。

隧道交通受随机因素影响较多，并发事件可能性较大，因此各隧道的交通监控工作站应分别设置，以便平行处理并发的事件。

隧道群监控中心的各类工作站应采用灵活配置的方式，既能针对各隧道各专业实施细分的监控操作，满足白天和高峰时段的运营监控功能；也能将各隧道各专业的操控功能集成在一个工作站上，满足夜间交通量极少情况下的监控操作。

8.13.3 隧道群监控系统构成

鉴于各隧道的建设时期不完全相同，机电设备的运行也是互不关联，基本控制设备也可能互不相同，所以各条隧道均应建有基本的单体监控系统，而隧道群监控中心应在各单体隧道监控系统的基础之上进行集成。

所以，隧道群监控中心应在隧道监控系统的信息层面进行集成，各隧道的控制层和设备层仍需独立配置。并且在监控中心集成以后，应加强控制层的单体（区域）控制功能，加强降级控制能力，以分散故障风险。

隧道群监控中心推荐采用下层控制系统独立，中央控制系统的集成方案。每条隧道拥有独立的设备层和控制层网络系统，各隧道的中央监控工作站集成，控制中心网络系统合并，并建立覆盖所有隧道的中央数据库。大屏幕显示器统一设置，功能共享。环境及机电设备监控工作站集成，功能共享。所有的工作站均具有相同的功能，只是按不同的认证取得相应的监控权限。

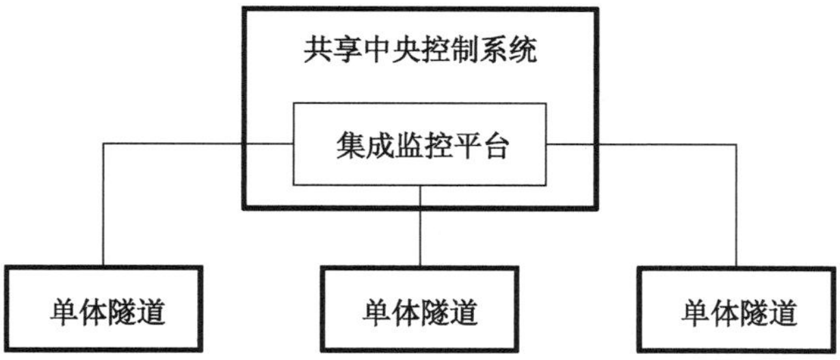

图 8-1　隧道群监控系统总体构成方案

8.13.4　单体隧道本地监控系统

各隧道监控系统在信息层集成后，本地仅设有隧道监控系统的控制层和设备层系统，具有数据采集和传送、本地控制协调、就地手动控制、执行隧道群监控中心指令的功能。

由于隧道群监控中心可能距离较远，单体隧道应考虑设置本地的监控值班。本地的监控值班可以设置在道口检查亭，或结合牵引车司机休息室设置。建议本地的监控值班设 1 个运行监控终端、2 个视频监视显示屏，可以监视隧道的行车状况及异常事件的报警，可以操控电视监视和广播设备，便于在突发灾难的情况下就地协调组织救援。

在本地网络发生故障，监控值班无法进行远程监控的时候，控制层 PLC 能够自动获取降级处理的权限，承担对本地设备自动或手动控制任务，并保存测量数据和操作日志。

本地监控值班室面积一般在 10 m^2左右，结合牵引车司机休息室设置时，在 15 m^2左右。有关内容可参见图 8-2。

8.13.5　子系统构成

1. 机电设备监控

各隧道的机电设备监控系统以 PLC 控制为主。在总体结构上，单条隧道应设置独立的控制系统网络，宜采用工业环形百兆以太网，并在此基础上采用冗余路由接入隧道群监控系统上层网络。在隧道群监控中心发生故障，或隧道群监控系统网络故障时，单体隧道控制系统网络仍能独立运行，实现降级处理功能，保证隧道的正常运营。

隧道内所有机电设备(包括变电所、通风、排水、照明、环境监测设备)的运行及其相互间的协调均由 PLC 控制器直接控制，隧道群监控中心通过单体隧道的 PLC 控制器实现对隧道机电设备的监控。

2. 交通监控

在正常情况下，隧道内的车辆检测器、信息显示板、信号装置等交通监控外场设备直接受控于隧道群监控中心。单体隧道监控系统仅为上述设备提供工业以太网接入，作为传输通道。

交通事件分析装置(视频图像分析系统)布置在隧道群监控中心内，事件报警信息及其相关的图像信息上传到隧道群监控中心。

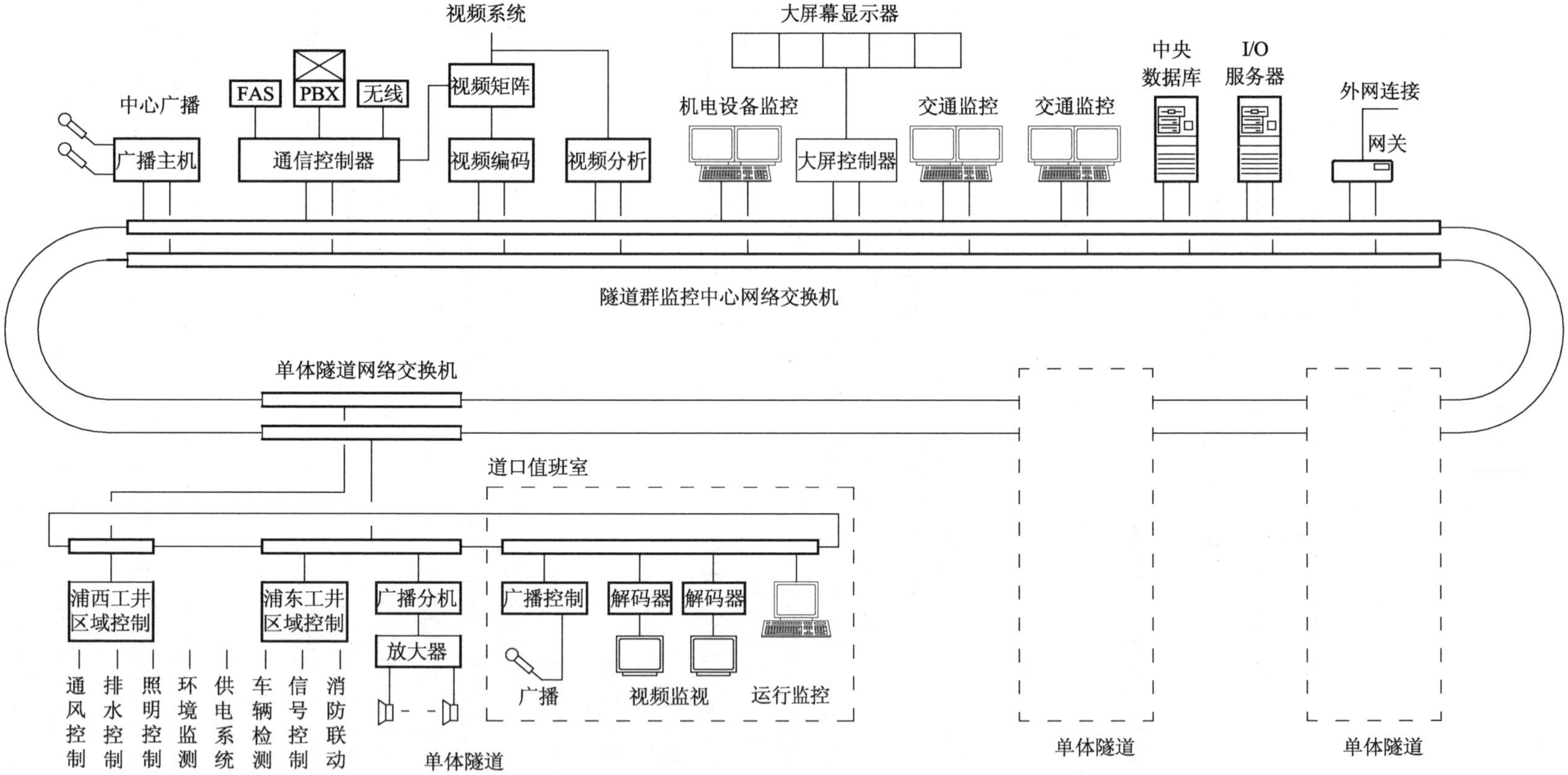

图 8-2　集成监控系统结构图

3. 闭路电视系统

视频图像信号经模拟光端机传送到隧道群监控中心，经视频多画面分割器和视频矩阵切换器将画面分配到监控操作台上。与外部系统交换图像信息采用数字化方式，视频数字化格式采用 MPEG2，并且采用与城市快速路网监控系统相同的编码方式和控制技术。单体隧道的本地监控操作台从网络系统获得视频信号。图 8-3 给出了闭路电视系统结构图。

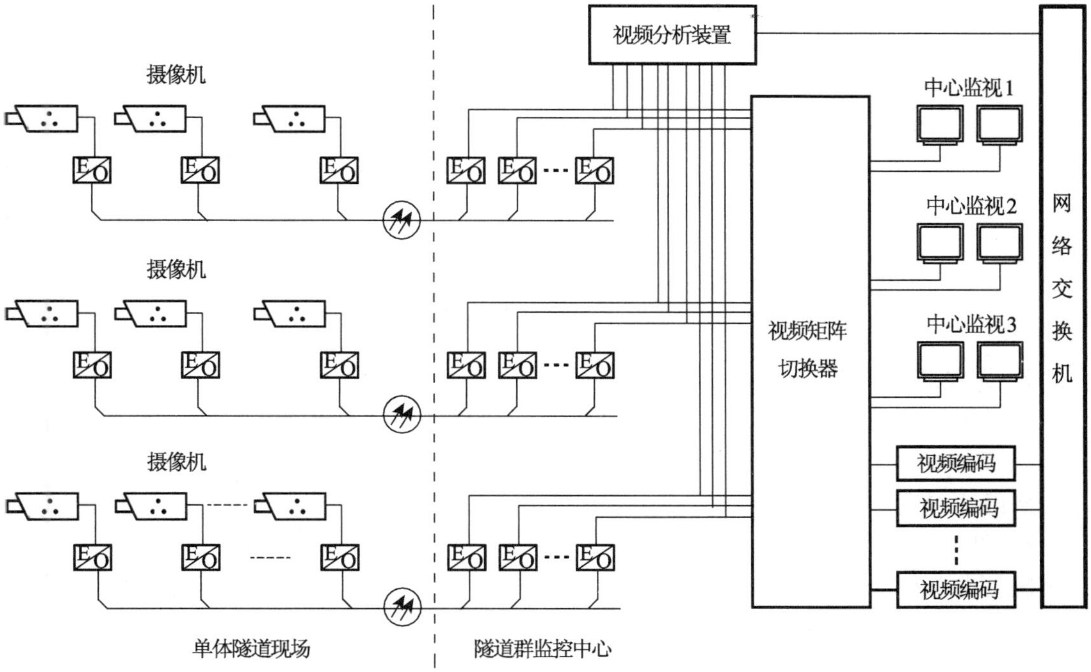

图 8-3　闭路电视系统结构图

4. 广播系统

广播系统通过监控系统网络组网，隧道群监控中心设广播控制主机，操作台设广播控制键盘，能分别对各隧道进行选区广播；单体隧道设广播控制器(分机)、放大器等广播设备，布置在隧道工作井内；道口检查亭设广播控制键盘，具有针对本隧道的选区广播功能。

5. 火灾报警系统

每一条单体隧道均设置区域级火灾报警控制器，并实现消防设备的联动控制及与设备监控系统的联动控制。各隧道的区域级火灾报警控制器再通过光纤环网组成中央级火灾报警控制网络。

6. 电话系统

隧道群监控中心设程控交换机，交换容量满足所有隧道的需要，每条隧道设置远端模块，接入隧道的紧急电话及工作井、道口管理设施内的公务电话和调度电话。程控交换机应采用具有公务电话交换和调度电话功能的设备，采用光缆连接远端模块。图 8-4 为电话系统结构示意图。

隧道群控制中心的控制台上设置一台 IP 电话，连接快速路交通监控中心的 IP 电话网络。

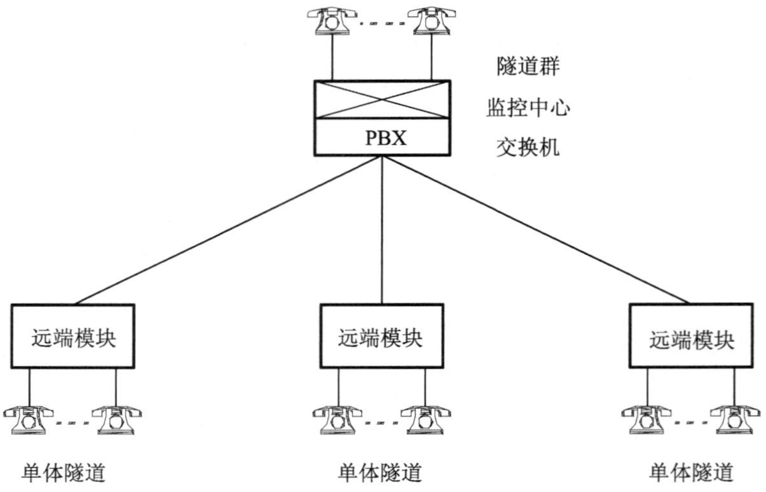

图 8-4　电话系统结构图

7. 无线通信系统

调度无线通信系统采用 150 MHz 频段，所有隧道共用相同上下行频点，可相互通信。

隧道群控制中心接受连接快速路交通监控中心的调度，设置相应的手持对讲机。

各隧道分别设消防、公安的无线引入和覆盖，同时设调频交通台的信号引入和覆盖。

8. 时钟

隧道群监控中心接收快速路交通监控中心的时钟信号，对各条单体隧道监控系统的时钟进行同步。

9. 光缆路径

各隧道及隧道群监控中心的光缆路径是隧道群监控中心能否成功建设的基本条件。宜租用电信管道来敷设隧道群监控中心的光缆，或直接租用电信的光纤来构成隧道群监控中心与各单体隧道之间的传输通道。

8.13.6　中央控制室

1. 席位设置

隧道群监控中心设置设备及环境监控操作台、交通监控操作台、值班长工作台等席位。在采用综合监控的前提下，集成的监控工作站并没有限定的专业分工，所有席位的工作站均配置统一的操作界面，不同专业的操作人员按不同的登录权限可以调用不同的功能，执行不同的监控任务。

当隧道群监控中心承担 3 条隧道的监控任务时，宜设置 5 个监控席位和 1 个值班长席位。在 5 个监控席位中，2 个主要按设备及环境监控台的功能配置设备，3 个主要按交通监控台的功能配置设备，而值班长席位同样具有上述席位的功能。

除监控席位外，隧道群监控中心还应设置网管工作站、工程师工作站等管理、维护和开发设备，以及打印输出设备。

所有计算机类设备的主机均安装在机房，操作台仅设置监视器、键盘等操控设备。

隧道群监控中心还提供事故分析、事件追忆、功能开发、运行模拟、仿真优化、信号控制策略、业务培训等功能。

2. 设备及环境监控台

主备用各设置 1 席，监控对象为各隧道内的风、水、电设备，内容包括隧道环境质量监视，机电设备运行状态监视和控制，机电设备故障报警和处理等。监控界面能够在各隧道之间任意切换，与事件相关的监控画面能够由事件触发自动推出。每个席位设置的操控界面如下：

(1) 电力监控界面(1 屏)；

(2) 设备监控界面(1 屏)；

(3) 视频图像显示屏(1 屏)；

(4) 火灾报警界面(1 屏)，主备用席位合用；

(5) OA 显示屏(预留 1 屏)，主备用席位合用。

除视频图像显示屏外，上述各类显示屏宜采用触控屏，能够在屏幕上指触完成控制操作和字符输入。配置屏幕触控操作功能的席位同时也应配置一套键盘、鼠标、操纵杆等装置，并且这些装置应能在该席位上各显示器之间进行切换。

设备及环境监控台上还需要设置调度电话、消防电话、无线通信、公务电话、广播控制盘等设备。

3. 交通监控台

每条隧道设置 1 席，监控对象为隧道内的车辆和交通状况，内容包括电视监视、语音广播、交通参数采集、交通事件分析和状态预测、交通信息发布与秩序疏导、交通事故处理等。发生交通事故、紧急电话接听、火灾报警等事件时，电视监视画面能自动定位、自动推出。每个席位设置的操控界面如下：

(1) 视频浏览监视器以及操控键盘(3 屏)；

(2) 视频主监视器(1 屏)；

(3) 广播、紧急电话等综合操控界面(1 屏)；

(4) 交通状态监控以及信息发布界面(1 屏)；

(5) OA 显示屏(预留 1 屏)，各交通监控席位合设。

上述各类显示屏中，除视频监视器外，均宜采用触控屏，能够在屏幕上指触完成控制操作和字符输入。配置屏幕触控操作功能的席位同时也应配置一套键盘、鼠标、操纵杆等装置，并且这些装置应能在该席位上各显示器之间进行切换。

交通监控席位上还需要设置调度电话、无线通信、公务电话、紧急电话接听、广播控制盘等设备。另外，各交通监控席位还应合设一台 IP 电话机，利用快速路交通监控中心的 IP 电话交换系统与快速路交通监控中心连接。

4. 值班长工作台

设置 1 席，提供各监控台的控制协调以及执行机动任务，值班长席位可以具有全部的监控和操作功能，具体的功能配置按登录权限确定。

在发生重大交通事件以及区域性越江交通能力不足的情况下，值班长工作台具有协调越江隧道和周边道路交通的能力，在市区快速路网交通监控系统的总体协调下，参与疏解区域性交通拥堵。

值班长工作台设置的操控界面如下：

(1) 供电、通风、排水、照明系统设备运行控制和状态显示(1 屏);
(2) 闭路电视操控盘和主监视器(1 屏);
(3) 广播、紧急电话等综合操控界面(1 屏);
(4) 交通状态监控以及信息发布界面(1 屏);
(5) OA 显示屏(预留 1 屏)。

5. 大屏幕综合显示设备

大屏幕显示设备是隧道监控中心的主要装备,尤其是在突发事件的情况下,大屏幕显示器可以从不同的角度提供多种相关的画面和数据,显示信息可以供多人同时观看和评价,有利于应急指挥。

隧道群监控中心的中央控制室应设置一块具有综合显示功能的大屏幕显示器,能多窗口组态、灵活切换、画面任意缩放,能显示任意一条隧道的信息画面(一般不考虑在屏幕上同时显示不同隧道的内容),能以窗口或全屏方式显示同一条隧道的如下内容及其任意组合:
(1) 反映隧道全貌和地形特征的总图及主要信息点的数据。
(2) 全部或部分的电视监视画面。
(3) 隧道环境数据、通风、照明、排水设备运行情况。
(4) 供电系统情况,电源、母线主要开关的状态和运行参数。
(5) 交通流量、交通状态、车道状况、交通事件。
(6) 周边道路交通状况、交通信息发布。
(7) 紧急电话呼叫、广播、通信设备状况。
(8) 火灾报警、人工报警状况。
(9) 供电、通风、照明、排水、监控、通信的系统构成图。
(10) 机电系统设备故障及其报警。

参 考 文 献

[1] 陈健. 大直径泥水平衡盾构在南京越江隧道工程施工中的关键技术综述[J]. 城市轨道交通研究，2015，18(4)：95-99.

[2] 张青文，陈仲林，余洪，等. 导光管照明技术在隧道照明中的应用前景[J]. 灯与照明，2008，32(3)：1-5.

[3] 王丽华，仇玉良. 光导照明技术在短隧道照明中的应用研究[J]. 中国交通信息化，2012(12)：126-128.

[4] 许景峰，翁季，胡英奎. 浅探光导照明系统在隧道照明中的应用[J]. 灯与照明，2012，36(2)：5-9.

[5] 冯励凡. 上海新建路隧道浦西主线隔声棚设计[J]. 建筑，2012(2)：64-66.

[6] 刘明高，马杰，洪锦. 公路隧道内壁的装饰材料的应用与选择[J]. 地下空间与工程学报，2009，5(4)：757-761.

[7] 刘明高，马杰，洪锦. 公路隧道内装饰材料的应用与选择[J]. 公路隧道，2009(2)：54-57.

[8] 刘建航，侯学渊. 盾构法隧道[M]. 北京：中国铁道出版社，1991.

[9] Hashimoto T, Zhu H H, Nagaya J. A new model for simulating the behavior of segments in sheild tunnel[C]// Proc of the 49th Annual Conference of the Japan Society for Civil Engineers, 1994.

[10] 朱合华，崔茂玉，杨金松. 盾构衬砌管片的设计模型与荷载分布的研究[J]. 岩土工程学报，2000，22(2)：190-194.

[11] 曾东洋，何川. 盾构隧道衬砌结构内力计算方法的对比分析研究[J]. 地下空间与工程学报，2005，1(5)：707-712.

[12] Rasheeduzzafar D F H, Al-Gahtani A S. Corrosion of reinforcement in concrete structures in the Middle East[J]. Concrete International, 1985, 7(9): 48-55.

[13] Bader M A. Performance of concrete in a coastal environment[J]. Cement and Concrete Composites, 2003, 25(4): 539-548.

[14] Doran S R, Robery P, Ong H, et al. Corrosion protection to buried structures[J]. Construction and Building Materials, 1987, 1(2): 88-97.

[15] Park Y S, Suh J K, Lee J H, et al. Strength deterioration of high strength concrete in sulfate environment[J]. Cement and Concrete Research, 1999, 29(9): 1397-1402.

[16] 伍振志. 越江盾构隧道耐久性若干关键问题研究[D]. 上海：同济大学，2008.

[17] 马孝轩，陈从庆，仇新刚. 硅酸盐材料在地下耐久性试验研究[J]. 混凝土与水泥制品，1995(4)：8-11.

[18] 马孝轩. 混凝土及钢筋混凝土材料土壤腐蚀数据积累及规律性研究[J]. 建筑科学，1998，14(1)：7-12.

[19] Brown P W, Doerr A. Chemical changes in concrete due to the ingress of aggressive species[J]. Cement and Concrete Research, 2000, 30(3): 411-418.

[20] Brown P W, Badger S. The distributions of bound sulfates and chlorides in concrete subjected to mixed NaCl, $MgSO_4$, Na_2SO_4 attack[J]. Cement and Concrete Research, 2000, 30(10): 1535-1542.

[21] 王建秀，刘丹，杨立中. 秦岭隧道地下水化学异常对衬砌混凝土的腐蚀及防治对策研究[J]. 现代隧道

技术,2002, 39(4):33-36.
[22] 杜应吉.地铁工程混凝土耐久性研究与寿命预测[D].南京:河海大学,2005.
[23] 林龙镔,周宏伟.钢纤维混凝土隧道的耐久性能研究[J].工业建筑,2006,36(12):5-8.
[24] 刘丰军,朱合华,廖少明.纤维混凝土在盾构隧道衬砌管片中的应用研究[J].地下空间与工程学报,2007,3(1):83-86.
[25] 杨林德,黄慷.越江信道工程盾构隧道耐久性失效风险评估[J].地下空间,2004, 24(1):1-4.
[26] 黄慷,杨林德.崇明越江盾构隧道工程耐久性失效风险研究[J].现代隧道技术,2004, 41(2):8-13.
[27] 乔宗昭,朱祖熹,范益群,等.水底盾构法公路隧道耐久性设计[C]//沿海地区混凝土结构耐久性及其设计方法科技论坛与全国第六届混凝土耐久性学术交流会论文集.2004.
[28] Bring A, Malmström T G, Boman C A. Simulation and measurement of road tunnel ventilation[J]. Tunnelling and Underground Space Technology, 1997, 12(3): 417-424.
[29] 曾艳华,关宝树.公路隧道全射流纵向通风方式的适用长度[J].公路,1998(1):38-41.
[30] 王永东,夏永旭,邓念兵.长大公路隧道的防火救灾对策[J].现代隧道技术,2007, 44(4):56-60.
[31] Haukur. An Overview of Vehicle Fires in Tunnels[R]. SP Swedish National Testing and Research Institute, 1996.
[32] 夏永旭,张进县,王永东,等.雁门关公路隧道通风方案[J].长安大学学报:自然科学版,2003, 23(4):46-50.
[33] 夏永旭,赵峰.特长公路隧道纵向一半横向混合通风方式研究[J].中国公路学报,2005, 18(3):80-83.
[34] 赵峰,夏永旭.公路隧道通风设计软件(VDSHT)的编制及特点[J].现代隧道技术,2003, 40(2):46-50.
[35] 闫治国,杨其新,朱合华.秦岭特长公路隧道火灾试验研究[J].土木工程学报,2005, 38(11):96-101.
[36] 王永东.公路隧道运营安全技术研究[D].西安:长安大学,2007.
[37] 王辉,王丹.公路隧道火灾事故统计分析[J].河北交通职业技术学院学报,2009(2):44-46.
[38] 张晓磊.公路隧道火灾案例统计分析[J].河北交通职业技术学院学报,2013(2):58-61.
[39] 赵东平,王峰,余颜丽,等.铁路隧道火灾事故及其规模研究综述[J].隧道建设,2015(3):227-231.
[40] 闫治国,杨其新.秦岭特长公路隧道火灾温度场分布试验研究[J].地下空间与工程学报,2003, 23(2):191-195.
[41] 王明年,杨其新,曾艳华,等.终南山特长公路隧道火灾模式下网络通风研究[J].地下空间与工程学报,2002, 22(1):65-71.
[42] 朱合华,闫治国.城市地下空间防火与安全[M].上海:同济大学出版社,2014.
[43] 闫治国.隧道衬砌结构火灾高温力学行为及耐火方法研究[D].上海:同济大学,2007.